KB206325

한국 고대의 천축구법승

문현인문학총서 **12**

한국 고대의 천축구법승

계미향 지음

문현
MUN HYUN

이 글은 6세기 전반기에 '천축구법天竺求法'을 목표로 이 땅을 떠난 겸익·의신을 필두로, 7세기의 아리야발마·혜업·현각·현태·구본·현유·두 신라승·혜륜·원표, 8세기의 혜초·무루·오진 등 15명의 승려들의 행적을 살펴보고, 그들이 어느 지역에서 활동하였으며 그들이 추구했던 사상이 무엇인지 살펴보기 위한 것이다. '천축구법승'이란 경전 원전을 구하거나 학업, 또는 성지 순례 등을 위해 천축에 가는 것을 목적으로 활동한 승려를 말한다.

한반도에 불교가 전래된 것은 마라난타摩羅難陀·담시曇始·아도阿道·묵호자墨胡子 같은 전법승들의 활동에 의한 것이었다. 전법승들은 늦어도 4세기 무렵에는 한반도에 불상과 경전을 전래하였으며, 그것들을 안치할 사찰이 창건되면서 삼보三寶가 형성되었다. 그리고 불교는 고구려(372년)·백제(384년)·신라(527년)의 순으로 국가 종교로 공인되었다. 가야의 경우에는 정확한 전래 시기와 공인여부에 대해서는 명확히 알 수 없다. 그러나 『삼국유사』에 근거한 허황옥과 장유화상 남매의 해로를 통한 인도불교 직수입설은 차치하더라도, 고령군 고아동 벽화의 연화문 등의 유물로 보아 가야에도 불교가 전래된 것은 부정할 수 없는 사실이다.

불교가 국가의 주 통치 이념으로 채택되면서 사상적인 면에서도 연구가 점차 심화되었다. 그런데 전법승들이 전래한 한역漢譯 경전은 수나 양도 많지 않았고, 그 가운데에는 지역 간의 문화나 사고방식, 생활습관, 언어와 문자, 산물의 차이로 오역되어 교의敎義가 명확히 전달되지 않은 부분도 있었다.

시간이 흐르자 한반도에서는 오역되거나 미비한 경전을 구하기 위해, 혹은 새로운 학문을 배우기 위해 인도로 가고자 하는 승려들이 생겨났다. 이 글은 그들 가운데 이름과 행적이 일부나마 알려진 15명의 천축구법승의 행로와 사상을 살펴보기 위한 것이다.

2,600여 년 전, 보드가야의 한 보리수 아래서 시작된 불교는 외부로 부터의 '계시(⑤ śruti)'가 아닌 내부로 부터의 '깨달음'으로 시작된 종교이다. 치열한 구도행을 펼치던 붓다의 가르침은 기원전 3세기에 아소카 대왕에 의해 인도 전역으로 확산되었고, 스리랑카, 동남아, 중국, 한국, 일본, 중앙아시아로 전파되었다.

불교가 유라시아 대륙의 동쪽 끝에 위치한 한반도에 전래된 후 전통신앙과 융화, 혹은 갈등하는 과정을 거치고 정착하면서 필연적으로 해결해야 할 문제가 생겨났다. 자생적인 민간신앙과 달리 기후나 풍토, 인종이 확연히 다른 곳의 종교인 불교가 한반도에 전래되었을 때는 이미 원형에서 많이 변형되었고, 문화의 차이로 인한 몰이해나 오해도 있기 마련이었다.

그래서 일부 진취적인 승려들은 교리를 더 깊이 공부하거나, 혹은 붓다의 유적지에 대한 순례를 위해 불교의 발상지인 천축으로 향하였다. 그들의 또 한 가지 중요한 구법 목적은 경전을 직접 수입(取經)하여 번역(譯經)하는 것이었다. 불학佛學에의 이해가 깊어지며 일부 번역 경전의 오류와 오역을 알게 된 승려 가운데에는 직접 나란타대학에서 유학하고 패엽경을 가지고 와서 원음대로 번역하여 보급시키고자 하는 사람도 있었던 것이다.

천축구법승의 효시인 겸익의 경우에도 '취경'과 '역경'이 주 목적이었다. 계율과 비담에 통효했던 아리야발마도 취경에 목적이 있었던 것으로 사료된다. 화엄승 원표 역시 우전국에서 새로 형성된 80권 본 『화엄경』을 구하고자 천축구법행을 하였고, 마지막 천축구법승으로 기록된 오진悟眞도 천축에서 밀교 전적을 입수하여 돌아오다가 동토번에서 입적하였다. 이에 문명교류의 주역이었던 15명의 천축구법승 개개인의 면모와 활동, 사상에 대해 각종 유적과 사료를 통해 최대한 밝혀보았다. 여러 가지로 부족한 글임에도 격려와 더불어 지도와 편달을 아끼지 않으신 고영섭, 김복순, 전호련(해주 스님), 정병삼, 지창규 교수님께 깊이 감사드린다.

2022년 11월

선묘명善妙明 계미향桂美香

일러두기

- 이 책은 2016년에 발표한 박사학위논문을 읽기 쉽게 재구성한 것이다.
- 한글과 한자를 병행하였다.(예: 천축구법승天竺求法僧)
- 다른 외국어나 내용 설명의 경우는 한자를 괄호 속에 표기하였다.
  (예: 서천축국(信德))
- 인용자료 중 결자缺字는 □로 표기하였다.
- ⑤는 산스크리트의 약자이다.
- 본문의 지도는 바이두(百度)에서 인용하였다.
- 표지 및 앞부분 사진은 선재학교 유지선 법사님이 제공하였다.

사진으로 보는
천축구법행로

8대성지(사르나트 박물관)

카필라바스투 유적

룸비니 마야데비사원과 아소카석주

초전법륜상(사르나트 박물관)

사르나트(녹야원)

쉬라바스티 여래향실

영축산 설법처

쿠시나가르 열반당

보드가야 대탑

부처님 진신사리(델리국립박물관)

간다라불상(국립중앙박물관)

나란타대학

미힌탈레 마하세야 다고바(스리랑카)

우루무치 천산산맥

송첸캄포왕

문성공주가 가져온 불상(조캉사원)

서안 대흥선사

I

머리말

우리나라에서 천축구법승에 관한 가장 오래된 기록은 고려시대에 영통사 승려 각훈覺訓이 쓴 『해동고승전』(海東高僧傳, 1215년)이다. 각훈은 의정義淨의 『대당서역구법고승전』(大唐西域求法高僧傳)과 또 다른 자료들을 참고하여 고구려와 신라의 천축구법승을 상세히 서술하고 있다. 이어 일연은 1280년대에 『삼국유사』, 「귀축제사」조에서 『대당서역구법고승전』의 일부를 인용하였다.

20세기에 들어와 천축구법승에 관한 연구는 프랑스의 동양학자 폴 펠리오에 의해 혜초의 『왕오천축국전』이 알려지며 시작되었다.[1] 국내에서

---

1 혜초는 지금은 너무나 유명한 인물이지만, 한반도에서는 지난 1,200년 이상 누구도 그의 존재를 몰랐다. 1908년에 폴 펠리오가 돈황 장경동에서 『왕오천축국전』을 발견하고, 1915년에

천축구법승의 전체적인 모습은 김호동[2], 김복순[3], 이주형[4] 등에 의해 연구되었다. 그러나 사료의 빈곤으로 인해, 겸익謙益·의신義信·아리야발마阿離耶拔摩·혜업慧業·현각玄恪·현태玄太·구본求本·현유玄遊·두 신라승(失名僧)·혜륜慧輪·원표元表·혜초慧超·무루無漏·오진悟眞 등 15명에 달하는 천축구법승 각각에 관한 연구는 거의 이루어지지 않았다.

백제의 율승 겸익에 관해서는 우선 백제 불교사상의 관점에서 연구된 것[5]이 있다. 또 그의 구법행이 512년부터 시작된 것으로 보고, 남조의 영

일본의 다카쿠스 준지로(高楠順次郎)가 唐 밀교 최전성기의 문헌인 圓照의 『代宗朝贈司空大辨正廣智三藏和尙表制集』(이하 『표제집』)에서 혜초가 신라승이라는 기록을 찾아내며 비로소 그 존재가 세상에 드러났다. 불공삼장은 『표제집』에 남긴 유서에서 자신의 8명의 제자 중 하나로 신라인 혜초를 언급하였던 것이다. 그 후 蘇田風八(1915), 『慧超往五天竺國傳箋釋』, 『大日本佛敎全書』, 『遊方傳叢書』, 第一佛敎刊行會, 東京. ; 大谷勝眞(1934), 「慧超往五天竺國傳中の一二に就いて」, 小田先生頌壽紀念, 『東京朝鮮論集』. ; 高柄翊(1959), 「往五天竺國傳史略」, 白性郁博士頌壽紀念, 『佛敎學論文集所收』, 서울 등의 연구논문이 발표되었다.

『표제집』(권3)의 내용은 다음과 같다. 不空, 「不空三藏和尙遺書」, "(전략) 吾當代灌頂三十餘年, 入壇受法弟子頗多. 五部琢磨, 成立八個, 淪亡相次, 唯有六人. 其誰得之. 則有金閣含光·新羅慧超·靑龍慧果·崇福慧朗·保壽元皎·覺超·後學有疑, 汝等開示, 法燈不絶, 以報吾恩.(후략)"

한편 신라의 혜초가 『왕오천축국전』의 저자 혜초와 동일인지에 대해 의문을 제시하는 주장도 있다. 이는 溫玉成이 『中國佛敎與考古』에서 少林寺 승려인 法如와 그 제자 惠超의 사적을 기록한 「皇唐嵩嶽少林寺碑」에 보이는 禪僧 惠超가 『왕오천축국전』의 저자라고 한데서 비롯된 문제로 그 타당성은 희박하다. 溫玉成(1994), 『中國佛敎與考古』(北京: 宗敎文化出版社), 77-79. ; 박현규, 「왕오천축국전 저자 혜초는 신라인일까?」 [연합] 입력 2010. 03.23. 07:12. 그러나 『일체경음의』 권100에 『왕오천축국전』의 용어를 수록한 혜림 역시 불공의 제자로 밀교승이며, 나이로 보아 혜초의 후배 승려이므로 그를 또 다른 혜초라고 보는 것은 곤란하다. 그 밖에 혜초에 관한 많은 연구서와 논문이 고익진, 정수일, 정병삼 등에 의해 발표되었다. ; 高田時雄, 「慧超『往五天竺國傳』の言語と敦煌寫本の性格」, 桑山正進 編 (1992), 『慧超往五天竺國傳硏究』, 京都大學人文科學硏究所, 197-212.

2 김호동(1999), 「『續高僧傳』과 『大唐西域求法高僧傳』에 입전된 韓國高僧의 행적」, 『民族文化論叢』 20, 대구: 영남대학교 민족문화연구소.

3 김복순(2012), 「『삼국유사』 「歸竺諸師」조 연구」, 『신라문화제학술발표논문집』 33.

4 이주형(2008), 「인도로 간 구법승과 신라불교」, 『신라학 국제학술대회 논문집』 2.

5 겸익에 관한 연구는 채인환(1991), 「百濟佛敎 戒律思想 硏究」·『불교학보』 28집, 동국대학

향을 넘어 계율을 정립하고자 율서를 구하러 직접 인도에 갔던 겸익의 활동에 대한 논문[6]도 발표되었다.

　신라승 의신義信의 경우에는 법주사 창건과 관련된 일부 기록[7]이 있을 뿐이며 아리야발마, 현각, 혜업, 현태, 혜륜, 구본, 현유, 실명(2인)에 대한 사료도 소략하여 개별적인 연구는 없다.

　원표元表에 관해서는 『송고승전』(宋高僧傳)을 바탕으로 원표와 천관보살 신앙을 연구한 것[8]이 있으며, 또 그것을 바탕으로 『삼산지』(三山志) 등의 사료에 의거해 원표의 활동시기가 측천조則天朝(684-705)[9]이며, 원표가 장흥에 창건했다는 사찰이 천관산 천관사天冠寺일 것으로 보는 견해[10]도 있다.

교 불교문화연구원 ; 고영섭(2014), 「고영섭 교수의 한국사상사 탐구 -불광(佛光) 겸익(謙益)과 옹산(翁山) 현광(玄光)」, 『문학 / 사학 / 철학』 36 ; 조경철(2000), 「백제 성왕대 유불정치이념 : 육후와 겸익을 중심으로」, 『韓國思想史學』 15 ; 조경철(2004), 「백제 사택지적비에 나타난 불교신앙」, 『역사와 현실』 52 ; 조경철(2010), 「한국 고대 동아시아 사상의 교류; 백제 불교의 중국 영향에 대한 비판적 검토」, 『韓國思想史學』 36 ; 박중환(2008), 「사택지적비문(砂宅智積碑文)에 반영된 소승불교적(小乘佛敎的) 성격에 대하여」, 『백제문화』 39 ; 조경철(2014), 「『삼국유사』홍법 난타벽제조와 백제의 불교수용」, 『신라문화제학술발표논문집』 35 등이 있다.

6　심경순(2000), 「6세기전반 謙益의 求法活動과 그 의의」(이화여자대학교 석사학위논문).

7　李能和, 『朝鮮佛教通史』(하편), 26, "俗離山 法住寺, 據說係新羅·眞興王十四年(553)義信所建. 該寺在全盛時期, 曾有殿堂·樓閣等二百餘所, 僧侶亦達千餘名之多." ; 『東國輿地勝覽』 卷16 ; 『朝鮮寺刹史料』卷上, 「俗離山事實碑」 ; 愛宕顯昌(1989), 『韓國佛敎史』(臺北: 佛光文化) ; 陳景富(1999), 『中韓佛敎關係一千年』(北京: 宗敎文化出版社), 35-36 등에 신라승 義信이 천축구법을 하고 흰 노새에 경전을 싣고 왔다(白騾駄經)는 내용이 있다. 이 내용은 東漢 영평연간에 竺法蘭과 迦攝摩縢이 서역에서 백마에 경전을 싣고 낙양으로 와서 전교하였으며 白馬寺를 지어 주석했다는 이야기와 거의 비슷하다. 객관적인 증거는 없지만 시기적으로 보아 신라승의 천축구법행이 전혀 불가능하지는 않기에 천축구법승의 명단에 넣었다.

8　呂聖九(1993), 「元表의 生涯와 天冠菩薩信仰研究」, 『國史館論叢』 48.

9　桂美香(2012), 「高句麗 元表의 華嚴經拿來 考察」(동국대학교 불교학과 석사논문).

10　桂美香(2011), 「원표(元表)의 생애 재고찰」, 『문학 / 사학 / 철학』 27.

혜초에 대한 연구는 신라와 이슬람의 교류에 관한 연구에서 혜초의 기록과 해류를 고찰한 것[11]과 신라인의 서역인식과 혜초의 구법행의 의미 등을 연구한 일련의 논문[12]들이 발표되었으며, 혜초의 구법로를 추적한 연구[13]도 있다. 또 『표제집』을 중심으로 하여 밀교승 혜초의 활동상을 고찰[14]한 것도 있으며 여행기를 통해 동서양의 교류를 살펴본 연구와 관련된 몇몇 논문,[15] 혜초의 기행문을 발견하게 되기까지의 과정과 혜초가 순례한 8대탑에 관한 연구,[16] 『왕오천축국전』의 문명사적 입장을 제시한 연구[17]도 있다. 그밖에도 『왕오천축국전』을 소재로 국문학이나 불교미술 분야 등에서 많은 연구가 진행되었으나 본고에서는 본 주제와 직접적인 관련이 있는 논문만 조사하였다.

한편 신라 왕자 출신의 밀교승 무루無漏에 관해서도 두 편의 논문이 있다. 무루의 신분과 관련하여 그 출가동기를 살펴보고, '보승불'신앙이 당이나 신라에 어떤 영향을 미치게 되었는지를 고찰한 논문[18]을 바탕으로 하여, 중국 닝샤자치구의 고고학적 발굴 내용을 토대로 무루가 수행하던

---

11 무함마드 깐수(1990), 「新羅·아랍 - 이슬람諸國關係史 硏究」(서울: 단국대학교 사학과 박사 논문).
12 김복순(2015), 「의정의 대당서역구법고승전과 신라인」, 『신라문화』 45 ; 김복순(2014), 「경주 괘릉의 문헌적 고찰」, 『신라문화』 44 ; 김복순(2013), 「신라 지식인들의 서역 인식」, 『경주사학』 38 ; 김복순(2012), 「삼국유사 귀축제사조 연구」, 『신라문화제학술논문집』 33 ; 김복순(2007), 「혜초의 천축순례 과정과 목적」, 『한국인물사연구』 8.
13 이춘희(2009), 「慧超『往五天竺國傳』의 求法行路 硏究」(동국대학교 불교학과 석사논문).
14 이정수(2010), 「밀교승 혜초의 재고찰」, 『불교학보』 55.
15 정병삼(2010), 「혜초가 본 인도와 중앙아시아」, 『동국사학』 49 ; 정병삼(2005), 「慧超의 활동과 8세기 신라밀교」, 『韓國古代史硏究』 37 ; 정병삼(2005), 「8세기 신라의 불교사상과 문화」, 『新羅文化』 25.
16 남동신(2010), 「慧超『往五天竺國傳』의 발견과 8대탑」, 『東洋史學硏究』 111.
17 정수일(2004), 「혜초의 서역기행과 『왕오천축국전』」, 『한국문학연구』 27.
18 여성구(1998), 「入唐求法僧 無漏의 生涯와 思想」, 『선사와 고대』 10.

하란산賀蘭山 백초곡白草穀의 위치와, 그의 유체를 모신 하원下院 굉불탑宏佛塔의 소재를 제시[19]하였다.

한편 밀교승 오진悟眞이 무상無相에 이어 중국의 오백나한 중 제479번째 나한으로 입전되었으며, 그의 입당시기가 781년이 아닌 훨씬 전의 일이었음[20]이 밝혀졌다.

어느 나라 역사이든 고대사 연구자는 사료의 빈곤과 유물의 희소함으로 인해 연구의 어려움을 많이 겪는다. 그런 문제는 천축구법승 연구자에게 있어서도 예외가 아닐 뿐 아니라, 오히려 다른 분야의 연구보다 어려움이 더 크다. 우선 연구 대상지가 너무나 광범위하여 혹여 각 지역의 기록이 남아 있다 하더라도 그것을 해석해 낼 수 있는 다양한 종류의 언어적 곤란에 직면하게 된다.

또 천축구법승들이 활동했던 지역과 시대에 따른 정치·경제·사회·문화·역사·자연환경 등에 대한 전반적이고 충분한 정보를 보유하고 있어야 하며, 그들을 천축으로 이끌었던 불교사상에 대한 광범위한 이해도 필요하다. 그런데 그런 많은 지식과 정보를 개인이나 소수의 연구자가 충분히 갖추기에는 애초부터 한계가 있을 수밖에 없다. 따라서 본 연구는 시작부터 많은 부족함이 예상되었다.

천축구법승들이 불교의 중심지인 인도의 나란타대학 진학을 목표로 구법행을 한 기록은 5세기 초, 법현法顯의 『불국기』로부터 시작된다. 물

---

19 桂美香, 「無漏와 西夏의 北五臺山 신앙 관련성 고찰」, 『한국불교학회 2015 추계 학술대회 자료집』, 2015. 11. 14. 발표.
20 桂美香(2015), 「신라 悟眞의 오백나한 입전 현황 고찰 - 第479番 羅漢 新羅國 悟眞常尊者 -」, 『한국불교학』 76.

론 법현의 구법시기에 나란타대학은 없었으나 그 지역의 사찰을 중심으로 불교가 매우 성행한 곳으로 묘사되고 있다.

천축구법승들의 행렬은 6, 7세기에 절정을 이루다가 9세기말이면 거의 막바지에 이르게 된다. 물론 그 이후에도 송대의 계업繼業을 필두로 하여 단체로 떠난 승려들의 행렬이 보이기는 하지만 당시의 국제상황이나 불교사상의 내용으로 보더라도 나란타대학으로의 유학은 현실적으로 어려웠다.

우리나라 천축구법승의 활동 시기는 6~8세기에 해당된다. 6세기 초에 백제승 겸익의 천축행을 시작으로 하여 신라의 의신이 그 뒤를 잇는다. 이 시기의 백제 관련 사료도 거의 없고 그 가운데 불교관련 내용은 더더욱 희소하다. 의신은 신라에 불교가 공인(527)된 지 얼마 지나지 않은 553년에 천축에 다녀왔다고 하는데 「대법주사본말사법」(大法住寺本末寺法)의 기록이 전부라 더 이상의 연구는 어려울 것으로 보인다.

이어 당 대에는 아리야발마·혜업·현태·혜륜 등의 신라승의 구법행렬이 줄을 잇는다. 그리고 오진이 789년에 취경取經을 위해 중천축에 다녀온 일이 마지막 기록이다.

그런데 한반도에 전래된 불교는 중국에서 일단 한문으로 번역되고 연구된 후에 수입되었으므로 구법승들의 유학지도 중국이 우선시되었다. 그러므로 본 연구는 중국 입축승들의 활동지나 활동 내용, 시대적·공간적 배경 등으로까지 연구의 폭을 넓혀야 한다. 그것이 본고의 연구범위를 4세기부터 10세기까지로 확대한 이유이다. 그러나 약 600년에 달하는 이 시기의 중국불교사에서 불교와 관련되는 부분만 살펴볼 것이다.

공간적으로는 혜초의 답사지 중 가장 서쪽에 해당하는 대식大寔(현 이란)[21]에서 중앙아시아의 서역국가들, 천축의 전 지역, 스리랑카, 동남아시아, 중국, 한반도까지 샅샅이 살펴보아야 할 것이다. 그러나 현실적으로는 연구를 위한 답사를 병행하기에 어려움이 많아 주로 서적이나 기존의 연구, 대중 매체에 많이 의존하였다.

그리고 본 책의 제Ⅲ장에서는 천축구법승의 행로와 행적, 제Ⅳ장에서는 사상과 특징, 제Ⅴ장에서는 구법행의 영향을 서술할 것이다. 본 연구의 기본적인 사료는 『불국기』(佛國記)·『송운행기』(宋雲行記)·『대당서역기』(大唐西域記)·『대당서역구법고승전』·『남해기귀내법전』(南海寄歸內法傳)·『왕오천축국전』(往五天竺國傳)·『해동고승전』·『삼국유사』 등이다. 이 책들은 비단 불교에 관한 내용뿐 아니라 해당지역의 정치, 역사, 문화, 풍습 연구에 매우 중요하고도 기본적인 사료이다. 그런데 전체 분량에서 천축구법승에 관한 기록은 매우 소략하다. 대부분의 역경譯經사업이 중국에서 이루어졌고, 각종 종파나 학파가 중국(隋·唐)에서 형성되었기에 한반도의 구법승들에게 불교학의 중심은 중국일 수밖에 없었다. 그래서 승랑僧朗·자장慈藏·원측圓測·의상義湘 등, 50명이 넘는 기라성 같은 입화구법승入華求法僧들은 당의 장안長安에서 활동하였다.[22]

그들은 중국 불교계에서 괄목할 만한 활약을 하였는데, 중관학을 바탕으로 중국의 삼론종三論宗을 창종한 승랑,[23] 당 황실의 명으로 티베트 라

---

21 페르시아인들은 아랍을 '타지(Tazi)'라고 불렀는데 중국인들은 그것을 '대식'으로 음역하였다고 한다. 중국에서는 '식'을 '食'으로 표기하였는데 혜초는 '寔'자를 썼다. 정수일은 고려 초에 대식국 상인들이 교역을 위해 개경에 왔다는 기록을 소개하고 있다. 그러나 『고려사』 권5, 세가5 현종2에 '대식국이 서역에 있다(大食國在西域)'하였으나 정확한 위치는 알 수 없다.

22 천징푸(2005), 「한국 승려의 長安에서의 활동」, 『佛敎硏究』 23, 97-98.

23 고구려의 승랑이 활동하던 시기인 480년대에 북중국에서는 아비달마론이, 남중국에서는 성실론이 성행하였다. 승랑은 아직 정립되지 않은 삼론학을 집대성하여 섭산 지관사에서 설법

I. 머리말 **17**

싸를 거쳐 천축으로 간 현각玄恪과 혜륜慧輪, 현장의 대표적인 제자 원측, 80권본『화엄경』을 전한 원표, 밀교승 혜초, 9세기의 혜각慧覺[24] 등이 중국인들에게 큰 영향을 끼친 고대 한국의 승려이다.

천축구법승에 관한 연구에서 가장 기본이 되는 텍스트인『불국기』·『송운행기』·『대당서역기』·『대당서역구법고승전』·『남해기귀내법전』·『왕오천축국전』·『고승전』·『해동고승전』 등의 사료를 세밀히 검토하여 천축구법승들의 행적을 추적하고 그들의 주된 불교사상을 살피는 것이 본 연구의 가장 기본이다.

또한 사료를 통한 연구만큼이나 현지답사도 병행되어야 하겠으나 개인이 연구하기에는 물리적인 한계가 있었다. 그리고 현장에 가더라도 여러 가지 이유로 더 이상의 정보를 얻기가 불가능한 경우도 있을 것이다. 그런 난점을 해결하기 위해 구글, 바이두, 야후재팬 등의 인터넷 정보를 최대한 활용하였으며, 또한 중국의 몇몇 지방지地方志나 사지寺志 등에서 우리나라 천축구법승들의 행적에 관한 기록을 찾을 수 있었다.[25]

천축구법승에 관한 사료는 매우 제한적으로 남아 있다. 그나마 15명 가운데서 두 사람은 법명도 전하지 않으며 겸익이나 혜초, 원표는 각훈의『해동고승전』에도 언급되지 않은 인물이다.

이에 천축구법승의 행적을 직접적으로 전하는『법현전』등의 고전을

하며 널리 이름이 알려졌다. 승랑에 관한 연구는 김성철(2012), 「승랑과 승조」, 『불교학보』 61 ; 김성철(2005), 「승랑의 생애에 대한 재검토1」, 『한국불교학』 40 ; 남무희(1997), 「고구려 승랑의 생애와 그의 신삼론사상」, 『북악사론』 4 ; 천징푸(2005), 「한국 승려의 長安에서의 활동」, 『불교연구』 23, 93-195 ; 한명숙(2005), 『三論學의 般若思想 硏究』, 한국학술정보 참조
24 누정호(2011), 「새로 發見된 新羅 入唐求法僧 惠覺禪師의 碑銘」(고려대학교 석사학위 논문) ; 여성구(2015), 「상산(常山) 혜각(慧覺)이 중국불교에 끼친 영향」, 『한국불교사연구』 8.
25 중국의 지방지 등은 한반도 출신 승려들의 중국 활동상을 살펴보기에 매우 유용하다.

텍스트로 하여 한국 고대 천축구법승들의 행적과 사상을 밝히기 위해 다음의 방법으로 연구를 진행하였다. 우선 1차 사료의 원본을 세밀히 검토하였고, 다시 그것의 번역서, 교감본 등을 대조해 가며 살폈다. 그리고 그간 학술지나 단행본, 학위논문, 서적 등으로 간행된 선행연구를 2차적 자료로 삼아 본 연구를 진행하였다.[26]

---

26 또한 구법승들의 흔적이 남은 현장에 대해서는 구글·바이두 등의 인터넷 검색을 통하여 많은 정보를 얻었다.

II

천축구법승의 사료와 저술

    천축구법승 연구의 기본 사료로는 그들이 직접 남긴 구법기求法記와 전기傳記, 비문碑文 등이 있다. 그들의 입축행入竺行의 직접적인 동인動因은 교주敎主 붓다의 성지를 참배하고, 학문의 중심지에서 불교사상을 연구하거나 붓다의 가르침이 담긴 경전 원본을 구하는 것이었다. 그러므로 천축구법승의 행적과 사상을 연구하기 위해서는 그들의 행적을 전하는 각종 사료와, 당시 그들이 가장 중시했던 경전에 관한 연구도 병행되어야 할 것이다.

    천축구법승들이 직접 남긴 대표적인 구법기로는 『불국기』(法顯)·『대당서역기』(玄奘)·『대당서역구법고승전』(義淨)·『왕오천축국전』(慧超)이 있다. 또 『송운행기』·『오공입축기』(悟空入竺記)·『계업서역행정』(繼業西域行程)[1]처럼 천축구법행의 내용을 제3자가 전해 듣거나 다른 기록을 보고 서술한 것도 있다.

천축구법승의 전기를 전하는 자료로는 『양고승전』·『당고승전』·『대당서역구법고승전』·『서역승쇄남양결전』(西域僧鎖喃嚷結傳)·『송고승전』·『해동고승전』·『삼국유사』·『당대화상동정전』(唐大和上東征傳)·『범승지공전고』(梵僧指空傳考) 등이 있다.

그 밖에 『당왕현책중천축행기일문』(唐王玄策中天竺行記逸文)·『남해기귀내법전』·『당상민역유천축기일문』(唐常愍歷遊天竺記逸文)·『남천축바라문승정비』(南天竺婆羅門僧正碑) 같은 기록도 천축구법승 연구의 주요 사료가 된다.[2] 1, 2차 사료 모두 한문으로 되어 있으며 기록 시기는 5~9세기이다. 그런데 본고의 연구범위는 6~8세기 간의 한반도 출신의 천축구법승을 고찰하는 것이므로, 이상의 사료 중에서 천축구법승들과 직접적으로 관련이 있는 것들 중심으로 서술하고자 한다.

---

1 繼業三藏은 宋 耀州人으로, 속성은 王氏이며 東京(현 開封) 天壽院에서 동진 출가하였다. 964년에 奉詔하여 인도에 가서 경전을 공부하고 사리와 貝葉經을 구하여 976년에 돌아왔다. 조정에서는 그의 장기간의 고생에 대한 보답으로 명산을 골라 '修住'하게 하였는데, 계업은 성도 아미산을 선택, 암자를 지어 머물렀다. 계업의 입축구법행은 후에 南宋의 範成大에 의해 세상에 드러났다. 범성대는 아미산 牛心寺에서 계업삼장의 유품인 『涅槃經』을 보았는데, 각 권의 뒷부분에 天竺의 지명, 노정, 풍토, 인물 등이 적혀 있었던 것이다. 범성대는 그 정성에 감탄하여 자신의 소감을 '雖不甚詳, 然地理大略可考, 世所罕見.'이라 묘사하였다.

2 『大正藏』(권52, 2089)과 『大日本佛教全書』(72권)의 『遊方記抄』에 『往五天竺國傳』·『悟空入竺記』·『繼業西域行程』·『梵僧指空傳考』·『西域僧鎖喃嚷結傳』·『南天竺婆羅門僧正碑』·『唐大和上東征傳』·『唐王玄策中天竺行記逸文』·『唐常潛曆遊天竺記逸文』이 수록되어 있다.

1. 구법의 사료들

'구법求法'의 사전적 의미는 '붓다의 진리를 구한다.'는 말이다. '법'(Ⓢ dharma, 진리)이란 불교는 물론, 인도의 철학과 종교에서 매우 중요한 용어로 사용되어 왔다. 불교의 교주인 붓다는 '법'을 찾는 구법승이자, 동시에 최초의 전법승이었다. 그는 뛰어난 통찰력과 지혜를 갖춘 왕위계승자였으나 오로지 '법을 구하기 위해' 세속에 대한 '위대한 포기'를 하고 궁전을 나갔다.

그 후 지난 2,600여 년의 불교의 역사에서 활동했던 수많은 구법승과 전법승들은 붓다의 행적을 효시로 하고 그의 가르침을 지남으로 삼아 개인으로서의 삶을 넘어 대 사회적이고 초역사적인 교화를 펼쳐 왔다.

본고의 연구대상인 천축구법승들의 구법행은 당시의 시대적 여건이나 교통, 정보 등의 사회적 기반시설의 취약, 지역에 따른 언어, 생활습관, 풍속의 차이로 인해 목숨을 담보로 한 매우 위험한 일이었다.

그럼에도 그들은 불교의 성지인 룸비니 동산, 수자타 마을, 부다가야의 금강좌, 초전법륜지인 녹야원, 바이샬리, 열반처인 쉬라바스티 등을 참배하고 경률론經律論 삼장=藏의 취경, 불교학의 전당으로의 유학 등을 위해 천축행을 하였다.

천축까지 가는 멀고도 험한 길은 진취적인 기상으로 적극적으로 세계인이 되고자 한 이들에게만 열려 있었다. 그러나 성공적인 천축구법행은 그나마 극히 일부의 승려에게나 가능한 일이었다. 그들은 경전과 몇몇 선배들이 남긴 여행기, 비문의 내용을 지도 삼아 '구법'을 위해 목숨을 바쳤다. 이제 그들의 숨결이 녹아 있는 구법서들을 살펴보고 그것들의 의미를 되새겨 본다.

1) 『불국기』

중국의 여러 천축구법승 가운데서도 법현과 현장, 의정은 중요한 기행기를 남겨 더욱 그 명성이 높다. 그 가운데서도 법현(334-420)[3]은 가장 이른 시기에 구법행을 하였고 또 육로로 가서 해로로 돌아오는 특이한 이력을 가지고 있기에 『불국기』는 모든 천축구법승들의 교과서가 되었다.[4]

『불국기』는 그가 경험한 총 32개국을 기록한 것으로 그 과정은 다음과 같다. 법현은 399년에 발적發跡 등과 장안을 출발하여 장안과 돈황敦煌 사이에 있던 건귀乾歸와 누단국耨檀國을 보고 기록하였다. 이 두 곳은 북방 16국 중의 서진西秦과 남량南涼에 해당된다.

다음으로 돈황에서 총령蔥嶺 사이에 있는 선선鄯善・언이焉夷・우전于闐・자합子合・어휘於麾・갈차竭叉 등을 기록하였다. 법현은 그렇게 사하沙河(流沙, 즉 타클라마칸사막)를 건너고 총령을 넘었다. 이어 북천축北天竺・서천축・중천축・동천축을 주유하였다. 북천축과 서천축 등의 제국諸國(陀

---

3 법현의 속성은 공龔으로 平陽 武陽(현 山西省 長治市 襄垣縣) 출신이다. 위의 세 형이 요절한 탓에 그 부친은 법현을 3세로 寶峰寺로 출가시켰다. 그가 10세 되던 해에 부친마저 사망하자 모친을 보살피기 위해 환속하고자 하였는데 얼마 지나지 않아 모친도 세상을 떴다. 법현은 20세에 비구계를 받고 특히 律藏을 열심히 공부하였다.

4 법현의 일생을 기록한 책은 ① 법현의 『法顯傳』, ② 梁 僧祐 撰, 『出三藏記集』, ③ 梁 慧皎 撰, 『高僧傳』(권3), 『法顯傳』, ④ 唐 道宣 撰, 『大唐內典錄』, ⑤ 唐 靖邁 撰, 『古今譯經圖紀』, ⑥ 唐 智升 撰, 『開元釋教錄』, ⑦ 唐 圓照 撰, 『貞元新定釋教目錄』, ⑧ 隋 費長房 撰, 『歷代三寶記』, ⑨ 元 念常 集, 『佛祖歷代通載』 등이 있다.

曆·烏萇·宿呵多·犍陀衛·竺刹屍羅·弗樓沙·那竭·羅夷·跋那·毗茶 등)은 현재의 카슈미르 서부, 파키스탄 북부, 아프간 동부, 인도 북부 일대에 해당된다.

또 중천축과 동천축의 여러 나라들(摩頭羅·僧伽施·沙祇大·拘薩羅·藍莫·毗舍離·摩揭提·迦屍·拘睒彌·達□·瞻波·多摩梨帝)이 기록되어 있는데 이곳은 대부분 현재 인도 경내에 해당되며 네팔 남부에 해당하는 곳도 있다. 법현은 천축에서의 유학을 마친 후에는 사자국師子國·야파제耶婆提를 거쳐 귀국하였다.

이상의 32국 중에서 '달□국達□國'은 들어서 안 곳(傳聞國)이고 나머지 31국은 직접 가 본 곳이다. 그 밖에 '계요이성罽饒夷城·가유라위성迦維羅衛城·구이나갈성拘夷那竭城' 등, 일부 성의 이름을 표시하지 않은 곳도 있다.

법현은 천축으로 가는 노선뿐 아니라 머문 날짜 및 활동, 5세기 초의 역사적 상황, 거리, 방위, 산천, 기후, 인구, 언어, 풍속, 산물, 정치, 종교 등을 기록하였는데 특히 불교 사찰, 유적, 승려의 수, 학습 내용, 수많은 불교 전설 등을 전하고 있다. 법현은 스리랑카를 거쳐 귀국하였는데, 412년(義熙8)에 청주青州 장광군長廣郡 뇌산牢山(즉 지금의 青島 嶗山)에 상륙하였으며, 다음 해에 동진東晉의 수도인 건강建康(현 南京)에 도착하였다. 법현은 399년부터 413년까지의 천축구법행을 정리하여 『불국기』(1권, 13,980字)를 썼는데 책은 416년(義熙12)에 완성되었다.[5]

『불국기』는 현장·현조玄照·혜초와 같은 천축구법승들의 길잡이가 되

---

5 『佛國記』를 달리 『法顯傳』·『曆遊天竺記』·『釋法顯行傳』·『曆遊天竺記傳』·『昔道人法顯從長安行西至天竺傳』이라고도 한다.

[그림 II-1] 법현의 천축 왕래 길

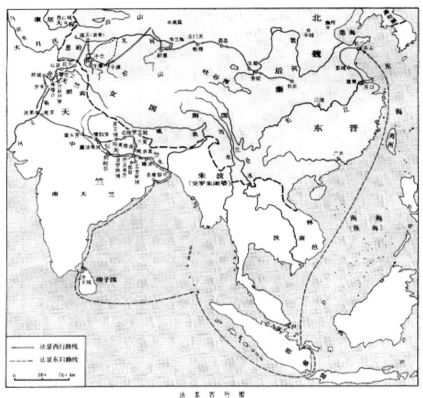

법현서행도

었다. 이 책은 장안 → 서역 → 인도까지의 육로와, 인도 → 스리랑카 →
동남아 → 중국으로의 해로를 기술하고 있으며, 또한 서역 여러 국가들
에 대한 기록을 많이 담고 있다. 따라서 중국과 인도, 파키스탄 등과의
교통과 역사연구에 중요한 사료가 된다.

법현의 구법 목적은 불적지 순례와 나란타대학 유학, 율서의 수입과
역출譯出이었으며, 그의 구법행로가 육로와 해로를 아우르다 보니 그의

유일한 저술인『불국기』는 모든 천축구법승 연구의 기본 텍스트가 된다. 따라서 겸익부터 오진까지, 고대 한국의 천축구법승들 모두가『불국기』를 보았을 가능성은 충분하다 하겠다.

2)『대당서역기』

『대당서역기』는『불국기』가 출판된 지 230년 후에 간행되었다. 삼장법사 현장(600-664)[6]은 13세에 출가하여 먼저 출가한 형 장첩長捷과 함께 낙양洛陽 정토사淨土寺에서 공부하였다. 그는 경법사景法師에게서『열반경』을, 엄법사嚴法師에게서는『섭대승론』(攝大乘論)을 배웠다. 당이 건국되자 형제는 장안을 거쳐 사천四川으로 가서 성도成都 공혜사空慧寺에 머물며 도기道基, 보섬법사寶暹法師에게서『섭대승론』·『비담』(毘曇) 등을, 진법사震法師에게서『가연』(迦延)을 배웠다. 현장은 622년(唐武德5)에 성도에서 구족계를 받은 후에는 율律을 배웠다.

그 후 형과 작별하고 형주荊州 천황사天皇寺로 가서『섭대승론』·『비담』을 세 번씩 강의하였다. 또 조주趙州 심법사深法師에게서『성실론』(成實論)을 배운 후 627년에 장안 대각사大覺寺로 가서 악법사岳法師에게서『구사론』(俱舍論)을 배웠다. 현장은 이런 학습경력으로 점차 유명해졌지만, 각

---

6 현장은 洛州 緱氏(현 河南 偃師縣 南緱氏鎭) 사람으로 속성은 陳, 이름은 禕이다. 13세부터 洛陽의 淨土寺에서 佛典을 배우고 익혔으며 후에 장안으로 옮긴 후에 成都·江陵(현 湖北 荊州)·揚州·蘇州·相州 등을 유력하였다. 현장은 다시 장안으로 돌아와 法常과 僧辯 두 대사에게 배웠는데, '佛門의 千里駒'로 불릴 만큼 명석한 승려였다. '천리구'란 '千里馬'와 같은 용어로, 하루에 천리를 간다는 말을 나타내며, 능력 있는 젊은이를 비유하는 단어이다.

파 경론의 모순되는 점에 대한 의문으로 스스로는 만족하지 못하였다.

현장은 626년(武德9)에 장안에서 우연히 중인도에서 온 파파밀다라波頗蜜多羅를 만나게 되었다. 그는 계현戒賢의 제자였는데 현장은 그에게서 계현이 나란타사那爛陀寺에서 『유가사지론』(瑜伽師地論)을 강의한다는 말을 듣고 천축행을 굳게 결심하였다. 그의 유학의 가장 큰 목적은 남북조 시대 이래로 중국 승려들 간에 장기적인 논쟁을 불러일으킨 불성佛性 문제[7]를 해결하기 위해 『유가사지론』을 공부하고 경전을 구해오는 것이었다.

현장은 627년(貞觀元年)에 단신으로 장안을 출발하여 맨 몸으로 위험하기 짝이 없는 사막을 건너고 길을 걸은 후, 마침내 1년 만에 북인도 남파국濫波國에 도착하였다. 당시의 인도는 동서남북, 중앙의 5소국으로 분열되어 있었으므로 5인도, 혹은 5천축이라 하였다. 현장은 먼저 북인도로 갔는데 여러 곳을 거쳐 가습미라국迦濕彌羅國에 닿은 후 70세가량의 노법사에게서 2년간 『구사론』(俱舍論) · 『순정리론』(順正理論) · 인명因明 · 성명聲明 등을 배웠다. 그 후 현장은 제4차 불교결집의 결과인 30만 경론을 모두 배우고 불교 성지를 순례한 후 10여국을 둘러보았다.

---

7 불성 문제란 '凡人은 成佛할 수 있는가? 할 수 있다면 언제 어떤 단계를 거치고 어떤 방법을 통하여 성불하는가?' 하는 것이었다. 佛性(buddha-dhātu)은 法性 · 實相 · 如來藏 등과 같은 말로 如來性 · 覺性이라고도 한다. 『大乘玄論』(권3)에서 "經中有名佛性 · 法性 · 眞如 · 實際等, 並是佛性之異名."이라 했고, 『涅槃經』에서도 "佛性有種種名, 於一佛性, 亦名法性 · 涅盤, 亦名般若 · 一乘, 亦名首楞嚴三昧 · 師子吼三昧."라 하였다. 즉 佛陀의 본성, 혹은 성불의 가능성 · 因性 · 種子 · 佛의 菩提의 본래성질을 말한다. 北本 『涅槃經』(卷7)에 의하면 "一切衆生悉有佛性, 凡夫以煩惱覆而無顯, 若斷煩惱卽顯佛性"이라 하였다. 초기불교나 부파불교에서는 佛 · 보살이외의 자에 대해 성불여부를 말하지 않아 一切衆生悉有佛性이라고는 할 수 없다. 단 世親의 『佛性論』(卷1)에 有部 등의 部派에서는 "중생에게는 선천적인 '性得佛性'은 없으나 후천적 修行으로 얻을 수 있다(修得佛性)"고 했다. 이에 의거하여 決定無佛性 · 有無不定 · 決定有佛性의 3류 중생으로 나뉜다.

631년에는 구법의 최종목적지인 중인도로 와서 다시 30여 국가를 돌며 유명한 승려들로부터 불교 경론을 배우고 마갈타국 왕사성王舍城을 거쳐 나란타사로 갔다. 나란타사는 현장이 가장 큰 가르침을 받은 곳으로 대승불교의 발원지이자 인도불교 최고의 학부學府였다. 그곳에는 항상 1만여 명의 승려가 연구하고 있었으며 또한 대승, 소승의 경전, 바라문 경전, 의약·천문·지리·기술 등의 수많은 서적이 있었다고 한다.

나란타사에서는 대소승경론을 함께 가르쳤으나 대승이 중심이었다. 나란타사는 대승 공종空宗의 월칭月稱, 유종有宗의 무착無著·세친世親·진제眞諦·덕혜德慧·진나陳那·상갈라주商羯羅主·호법護法·법칭法稱·계현戒賢·적호寂護·연화생蓮花生 등의 계보가 이어진 곳으로, 수업 내용은 베다·인명因明·성명聲明·의방명醫方明 등이었다. 현장이 머물 당시 나란타에는 만여 명의 학생과 1,500명의 교수가 있었는데 그 중 29부部 경론을 외우는 자가 1,000여 명, 30부를 외우는 자는 500여 명이었다고 한다. 50부를 외우는 자를 '삼장법사三藏法師'라 하였는데 현장을 포함하여 당시 10명의 삼장법사가 있었다고 한다.

현장은 나란타사에 5년을 머물며 당시 인도 불교계의 권위자인, 100세가 넘은 노주지 계현법사戒賢法師에게서 『유가론』(瑜珈論) 등을 배웠다. 또 현장은 도서관에 수장된 전적을 연구하였으며, 범문梵文과 인도의 여러 방언을 익혔다. 현장은 거기에 만족하지 않고 중·동·남·서 인도의 수십 개 국가를 유력하며 스승을 찾아 배운 후 다시 나란타로 돌아와 계현에게 보고하였다. 그는 다시 저라택가사低羅擇迦寺(Ⓢ Tiladhāka)로 가서 반야발타라般若跋陀羅에게서 두 달 동안 공부하였고 이어 장림산杖林山 승군勝軍에게로 가서 2년간 유식과 인명을 익혔다. 641년에 다시 나란타사로 돌아가니[8] 계현은 그에게 『섭대승론』 등의 강의를 넘겨주었다.

[그림 II-2] 현장玄奘의 서행노선도西行路線圖

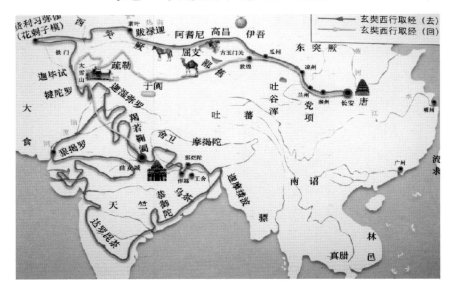

642년에 계일왕戒日王은 곡녀성曲女城에서 5년마다 여는 무차대회無遮大會를 거행하며 현장을 논주論主로 삼았다. 그는 왕의 제안으로 75일의 시사대회施捨大會에 참가한 이후 귀로에 올라 645년에 장안에 도착하였다. 현장의 귀국 시에는 서역 각국 왕들의 호위를 받았으며[9] 당에서도 성대한 환영을 받았다. 태종은 직접 마중을 나왔으며 재상 방현령房玄齡에게 대규

---

8 그때 스승 戒賢法師는 그에게 다른 승려들을 대상으로 『攝大乘論』을 강의하게 하였고, 이로 인해 현장은 큰 명성을 얻었다. 현장은 높은 학식으로 많은 사람들의 존경을 받았는데 그중 羯若鞠闍國의 戒日王은 그를 초대하여 수도 曲女城에서 큰 법회를 열었다. 현장은 법회의 論主가 되었는데 법회에는 5인도 18국의 왕, 관원 및 승려 6천여 명이 참여하였다. 이 법회로 인해 현장은 '大乘天'이라는 명성을 얻기도 했다.

9 그가 인도에서 가져온 경론은 大乘經 224部, 大乘論 192부, 上座部經律論 15부, 大衆部經律論 15부, 三彌底耶部經律論 15부, 彌沙塞部經律論 22부, 迦葉臂耶部經律論 17부, 法藏部經律論 42夾, 說一切有部經律論 67부, 因明論 36부, 聲論 13부 등, 520夾 657부이다.

모 번역장을 만들게 하고 고승들을 모으게 했다. 현장은 장안 홍복사弘福寺에 시설된 역경장에서 정관 19년부터 역경을 시작하여 20년간 『대보살장경』(大菩薩藏經)·『유가사지론』(瑜伽師地論)·『현양성교론』(顯揚聖教論) 등 대소승경전 75부 1,335권을 번역하였다. 이 역출로 현장은 구마라집鳩摩羅什·진제眞諦·불공不空과 함께 4대 번역가의 한 사람이 되었다.

한편 그는 인도에 있을 때 변론의 수요를 위하여 범어로『제악견론』(制惡見論)·『회종론』(會宗論)을 썼다고 하는데 현재 전하지 않는다. 또『노자』(老子)·『대승기신론』(大乘起信論)을 범어로 번역하였다. 현장의 『대당서역기』(12권)는 서역과 인도의 역사, 지리, 종교, 문화 연구에 중요한 사료가 된다.

현장은 특히 무착無著·세친世親 일파의 법상학法相學을 중시하였다. 그는 '(인간의 내면에 존재하는 진리 종자인) 식識은 일체의 자연 사물과 현상의 기원'이라 주장하는 유식론唯識論을 주장하여 중국 법상종法相宗의 창시자가 되었다. 또 그는 인도의 인명학을 중국에 소개하여 중국학자들의 관심을 고취시켰다.

한편 태종은 현장에게 서역과 인도에서의 견문을 책으로 남기게 하였다. 이에 현장은 자신의 경험을 구술 하였고 그것을 제자 변기辯機가 받아 적어 646년(貞觀20) 7월에 『대당서역기』(12권, 『西域記』)가 완성되었다.[10]

---

10 『大唐西域記』에는 정관원년에서 정관19년까지, 현장이 직접 가 본 110개 지역 및 전해들은 28개 지역의 개황이나 강역·기후·산천·풍토·人情·언어·종교·佛寺 및 수많은 역사, 전설, 신화 등의 견문이 기록되어 있다. 그것은 中古시기의 중앙아시아, 남아시아 제국의 역사·지리·종교·문화 및 中西 교통의 소중한 자료이며, 불교사학, 불교유적의 중요 문헌이다. 『대당서역기』는 불어, 영어, 일본어, 한국어 등으로 번역되었으며 중국에서는 淸 丁謙의

『대당서역기』가 간행된 시기가 646년이므로 한국고대의 천축구법승 가운데 그 책을 읽고 천축에 관한 정보를 얻거나 그 영향을 받은 이는 현태玄太·혜륜·원표·혜초·무루·오진 등이 될 것이다. 아리야발마·혜업慧業·현각玄恪은 현장과 같은 시기인 정관연간(627-649)에 천축으로 갔기에 그 책을 보지 못했을 가능성이 더 크며, 구본求本과 두 신라승 역시 못 보았을 것으로 짐작된다.

3) 『대당서역구법고승전』

『대당서역구법고승전』은 나란타대학에서의 장기 유학을 마친 의정이 690~691년(天授2年)에 수마트라 팔렘방에서 기술한 책으로, 641년부터 691년 사이에 인도와 남해南海(동남아시아)를 방문한 61[11]명의 구법승이 기록되어 있다. 의정은 당·신라·토하라(覩貨羅)·강국康國·토번土蕃의 선사나 법사들의 사적뿐 아니라 그들이 거쳐 간 지역의 경제, 풍속, 여행노선, 7세기 남양南洋 제국諸國의 상황, 국제교통상의 주요 자료들을 기록하였다.

『大唐西域記考證』, 章巽 校點(1977)의 『大唐西域記』(上海: 上海人民出版社出版社), 季羨林 등이 校注(1985)한 『大唐西域記校注』(北京: 中華書局) 등의 교감본이 출간되었다.

11 의정은 『대당서역구법고승전』의 서문에서 총 57명의 이름을 언급하고 있으나 그 가운데서 신라의 求本법사는 이름만 있을 뿐, 본문에 전하는 내용은 없다. 따라서 서론 말미에서 56명의 천축구법승을 기록하였다고 한 것으로 보인다. 그리고 의정이 팔렘방에서 머물며 역경을 하기 위해 광주에서 4명의 승려와 다시 팔렘방으로 돌아갔는데 이들은 附傳에 수록되었다. 이로써 전체 61명의 천축구법승 명단이 완성되었다. 고려대학교 한국사연구소 엮음, [義淨 저](2015), 『대당서역구법고승전』(서울: 아연출판부), 15-17 표 참조. 그런데 여기에는 의정 자신도 포함되어야 하므로 총 62명의 구법승이 기록된 것으로 보아야 할 것이다.

의정이 기록한 승려들의 국적은 다음 표와 같다. 중국인으로는 현조玄照·도희道希·사편師鞭·도방道方·도생道生·상민常愍·상민의 제자·말저승가末底僧訶·현회玄會·질다발마質多跋摩·문성공주文成公主 유모의 자식(嬭母息) 두 명·융법사隆法師·명원明遠·의랑義朗·의랑의 제자(義玄)·(益州)지안智岸·회령會寧·신주信冑·피안彼岸·(高昌)지안智岸·담윤曇潤·의휘義輝·당승唐僧 3인·도림道琳·담광曇光·당승 1인·혜명慧命·현규玄逵·선행善行·영운靈運·승철僧哲·지홍智弘·무행無行·법진法振·승오乘悟·승여乘如·대진大津 및 부전附傳에 있는 정고貞固·승가제바僧伽提婆·도굉道宏·법랑法朗 등 44명이다.

한반도 출신 승려는 아리야발마·혜업·구본·현태·현각·두 신라승·혜륜·현유 등 9명이다. 베트남 승려로는 운기運期·목차제바木叉提婆·규충窺冲·혜염慧琰·지행智行·대승등大乘燈 등 6명이고, 중앙아시아 출신으로는 불타달마佛陀達摩·승가발마僧伽跋摩 두 사람이 있다. 국가별로는 중국·고구려·신라·베트남·강국·고창高昌의 6개국이며 대부분은 각각의 전기에 기록되어 있지만 두 명, 혹은 세 명을 함께 기록한 경우도 있다.

---

12 嬭母는 유모와 동의어로 奶母, 奶娘, 你母, 乳母라고도 한다. 『大唐西域求法高僧傳』(卷

	출신지	법명
1	唐 太州	玄照法師
2	唐 齊州	道希 · 師鞭
3	新羅	阿離耶跋摩 · 慧業 · 求本 · 玄太 · 玄恪 · 失名2 · 慧輪 등
4	覩貨羅	佛陀達摩大師
5	唐 並州	道方 · 道生 · 常愍禪師 및 弟子
6	唐 長安	末底僧訶師 · 玄會法師
7	土蕃	土蕃公主 嬭母息2[12]
8	唐 益州	明遠法師 · 義朗律師 · 智岸法師 · 會寧律師 · 義朗弟子
9	唐 交州	運期法師 · 木叉提婆師 · 窺冲法師 · 慧琰法師
10	唐 愛州	智行法師 · 大乘燈禪師
11	康國	僧伽跋摩師
12	高昌	彼岸 · 智岸
13	唐 洛陽	曇潤法師 · 義輝論師
14	唐	僧(법명 미상)
15	唐 荊州	道琳法師 · 曇光法師 · 慧命禪師 · 無行禪師 · 法振禪師 · 乘悟禪師
16	唐 潤州	玄逵律師
17	唐	義淨
18	唐 晉州	善行法師
19	唐 襄陽	靈運法師
20	唐 澧州	僧哲禪師 · 哲禪師弟子 · 大津法師
21	高句麗	玄遊
22	唐 洛陽	智弘律師
23	唐 梁州	乘如律師
24	唐	質多跋摩師 · 隆法師 · 朗律師弟子一人 · 信胄法師
25	唐	貞固 · 僧伽提婆 · 道宏 · 法朗

上), "(전략)是吐蕃公主嬭母之息也. 初並出家. 後一歸俗住大王寺. 善梵語並梵書. 年三十五二十五矣."

번호	경유지	법명
1	西印度	玄照·師鞭·末底僧訶·窺冲·道琳
2	闍蘭陀	玄照·末底僧訶
3	泥波羅	玄照·玄太·道方·道生·末底僧訶·玄會·吐蕃公主奶母息2
4	信度國	玄照
5	羅荼國	玄照
6	覩貨羅	玄照
7	北印度	道希·玄恪·道方·末底僧訶·隆法師·信冑·慧輪·道琳·智弘·無行·玄照
8	中印度	玄照·玄太·道生·末底僧訶·智行·慧輪·道琳
9	南印度	明遠夏·會寧·大乘燈·道琳
10	東印度	大乘燈·道琳·玄遠·僧哲
11	那爛陀	義淨·阿離耶跋摩·慧業·佛陀達摩·靈運·玄照·道希·道生·大乘燈·道琳·智弘·無行
12	室利佛逝	新羅僧·運期·義淨·善行·智弘·無行·大津·貞固·懷業·道宏
13	西婆魯師	2新羅僧
14	訶陵	常湣·常湣弟子·明遠·會寧·運期·曇閏·道琳·法振·法朗
15	末羅瑜	常湣·常湣弟子·義淨·無行
16	羯濕彌羅	玄會·道琳·智弘
17	健陀羅	隆法師
18	師子洲	明遠·義朗·智岸·義玄·窺冲·慧琰·智行·大乘燈·靈運·僧哲·玄遊·無行
19	扶南	義朗·智岸·義玄
20	朗迦戍	義朗·智岸·義玄·義輝·道琳
21	耽摩立底	大乘燈·義淨
22	裸國	道琳·義淨
23	烏長那	道琳·唐僧三人
24	迦畢試	道琳·玄照
25	訶利雞羅國	曇光
26	占婆	慧命

27	羯荼	義淨・無行・法振
28	薄渴羅	玄照法師・質多跋摩
29	三摩呾吒	僧哲

의정은『대당서역구법고승전』에서 구법승들의 사적 외에도 각 지역의
경제・풍속・여행 노선 등도 함께 기록하고 있는데 그것들은 7세기 남양
제국의 상황과 국제 교통의 중요 자료가 된다. 각 편의 전기는 수십 자에
서 일천여 자로 이루어진 단문으로 구성되어 있으며, 그 중에는 전傳의
후기에 4언, 5언 혹은 7언의 감탄이나 칭송의 시를 게송으로 첨부한 것
도 있다.

한국 고대의 천축구법승에 관한 연구에서『대당서역구법고승전』이 가
장 중요한 텍스트임은 새삼 언급할 필요도 없다. 이 책은 총 15명 가운데
60%에 해당하는 9명의 행적을 전해주고 있으며,『해동고승전』과『삼국
유사』, 「귀축제사」조의 기본 자료가 되었기 때문이다.

4)『남해기귀내법전』

의정의『남해기귀내법전』(4권)은 그가 나란타대학에서의 유학을 마치
고 다시 동남아시아(南海)의 실리불서室利佛逝(현 수마트라)로 돌아와 머물며
『대당서역구법고승전』과 함께 쓴 책이다. 그는 설일체유부說―切有部의 소
전所傳에 근거하여 인도와 동남아 제국에서 행해지던 불교 의궤를 40조條
로 엮어 상세히 소개하고 있다.『남해기귀내법전』은 인도 고대철학의 각
파와 불교 발전의 역사, 당시 부파불교의 분포 상황 등을 기록함으로써

불교사와 종교사 연구에 귀중한 자료가 되고 있을 뿐 아니라, 동남아시아의 역사, 지리 등에도 중요한 사료[13]가 되고 있다.

이 책은 천축구법승에 대해 직접적인 정보를 주지는 않지만 당시 천축이나 동남아시아 승려들이 지키고자 애썼던 계율에 관해 소상히 전하고 있어 구법승연구의 보조 사료로 매우 중요한 역할을 담당하고 있다.

[그림 II-3] 현장玄奘과 의정義淨의 서행노선도西行路線圖

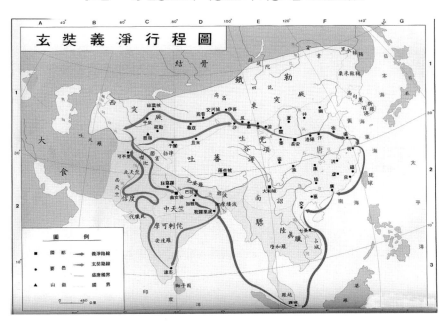

---

13 예를 들어 제 32조 「讚詠之禮」에서는 당시 인도에서 유행하던 수많은 찬송을 소개하고 있는데 그 중에서도 龍樹의 「勸誡王頌」이 가장 유명하다. 그것은 『密友書』라고도 하는데 그 내용이 심오하고 문장이 아름다워 당시에 매우 유행하였다고 한다. 그래서인지 중국에서도 전후 세 종류의 번역본이 나왔다. 제34조의 「西方學法」에서는 인도의 聲明學과 산스크리트 언어학자인 파니니 등의 저술이 소개되어 있다.

5) 『왕오천축국전』

천축행을 결심한 승려라면 누구라도 먼저 선구자의 기록을 찾아 읽고
자 하였을 것이다. 법현의 『불국기』와 현장의 『대당서역기』, 의정의 『대
당서역구법고승전』에 이어 또 한권의 기행문이 혜초의 『왕오천축국전』
이다. 천축구법승 혜초慧超(704?-780?)는 700년에서 704년 무렵에 신라[14]
에서 태어나 10대에 출가하였다. 그는 어려서 구법행을 시작하여 719년
에는 중국 광주廣州에 가서 밀교승 금강지金剛智(Vajrabodhi, 671-741)의 제
자가 된 것으로 보인다. 이어 혜초는 723~727년 까지, 약 4년간의 천축
구법행을 마치고 728년에 장안으로 와서 50년 이상을 밀교승으로 활동
하였다.[15]

금강지와 불공은 광주에서 낙양을 거쳐 장안으로 가서 본격적으로 밀
교를 홍법하기 시작했다. 그리고 혜초는 723년(개원 11년)에 광주를 떠나

---

14 경북 선산의 도리사 창건 설화로 보아 신라에는 이미 불교가 일찍 전래되어 있었으나 527년
에 이차돈의 순교라는 사건을 통해 공인 되었다. 초기에는 불교수용에 부정적이던 신라였지
만, 일단 공인이 되자 불교는 사회 곳곳으로 뻗어나가 마침내 신라의 주류이념이 되었으며,
이어 入華求法僧도 등장하였다. 기록으로 보이는 최초의 신라 구법승은 覺德이다. 정확한
시기는 알 수 없지만 각덕은 梁에 가서 활동하다가, 진흥왕 10년(549)에 양의 사신과 함께 불
사리를 가지고 들어왔다. 그 이후로 수많은 구법승들이 중국이나 천축, 서역 등으로 갔다.
15 혜초가 광주에서 밀교승 금강지 등을 통해 처음으로 밀교를 접했을 수도 있으나(정수일
(2004), 『혜초의 왕오천축국전』, 서울: 학고재, 33), 선무외의 제자인 아리야발마가 천축의 나
란타사에서 활동(의정, 『대당서역구법고승전』 ; 각훈, 『해동고승전』 ; 일연, 『삼국유사』, 「귀
축제사 조」)한 것, 또 의정이 703년에 번역한 밀교경전인 『最勝王經』을 金思讓이 704년에
가지고 들어온 기록(김부식, 『삼국사기』, 「신라본기」 제 8, 성덕왕 3년 조) 등을 고려한다면
이미 신라에도 순밀이 전래되어 있었다고 보아야 할 것이다. 소년승 혜초는 분명한 목적을
가지고 구법 행을 시작하였을 것이며, 따라서 이역만리인 광주에서 신라인 혜초가 천축인
금강지를 만날 수 있었던 것이다. 즉 혜초는 신라에서 밀교승으로 출가하여 구법의 길에 올
랐을 것으로 추측된다.

스승이 온 길을 거슬러 인도로 갔다. 이후 약 4년간, 동남아,[16] 천축, 서역을 순방한 혜초는 727년(개원 15년, 11월 상순)에 중앙아시아, 파미르 고원, 소륵국疏勒國(현 카스)을 거쳐 당시 안서도호부安西都護府 소재지인 쿠차(龜玆)[17]에 도착했다.

7세기 중엽에 타림분지를 제압한 당은 안서도호부를 중심으로 서역의 안정화에 힘썼다. 그에 따라 동서간의 무역도 번창하게 되면서 쿠차는 실크로드 서역북도西域北道의 중심도시이었으므로 혜초가 장안으로 가는 길에 반드시 경유해야 할 곳이었다.[18] 혜초는 그곳에서 727년의 겨울을 보내고 장안으로 갔는데, 그 무렵 자신의 여정을 정리하여 기행문 『왕오천축국전』(3권)을 쓴 것으로 추측된다.

『왕오천축국전』은 완본이 아니므로 앞과 뒤의 내용은 알 수 없지만 바이샬리(吠舍釐國)에서 나체 수행자를 본 것에서 시작되고 있다. 지금 남아 있는 절약본 『왕오천축국전』의 상·중·하로 된 원전을 보고 쓴 혜림慧琳

---

16 해양실크로드를 이용한 혜초의 여정을 살펴보는 데에는 의정의 구법로가 참고가 될 것이다. 의정은 671년 봄에 고향 齊州(현 山東 濟南市)를 떠나, 11월에 廣州에서 시자인 善行과 페르시아(波斯)의 상선을 탔다. 그들은 20일 가량 걸려 室利佛逝(현 수마트라 Palembang)에 도착, 6개월을 머물며 聲明學을 공부하였다. 685년에 유학을 마치고 천축을 떠난 의정은 당시 불교학이 융성했던 팔렘방에 머물며 번역과 찬술을 하였다. 혜초 역시 팔렘방에서 범어를 익히며 현지적응을 위한 시간을 보내었음을 짐작할 수 있다.

17 당의 安西都護府는 쿠차에서 50~60킬로미터 정도 떨어진 곳에 있던 오루성이다. 안서도호부는 동투르키스탄과 서방의 무역로를 관할하기 위해 설치된 곳으로 당의 서역정벌 시 군사전초기지였다.

18 한편 그곳은 십여 년 후, 고구려 유민 출신의 고선지 장군이 절도사로 오랜 시간을 보낸 곳이기도 하다. 불과 20세에 장군이 된 고선지는 740년경, 2,000명의 병력으로 톈산(天山) 산맥 서쪽의 達奚部를 정벌하고, 747년과 750년의 1, 2차 서역원정에서 당나라의 중앙아시아 지배를 위협하던 토번족과 그의 동맹국인 小勃律國 및 타슈켄트 지방의 石國 등 서역의 여러 나라를 정벌하여 명성을 떨쳤다. 751년에 서역 각국과 사라센의 연합군이 석국 정벌에 대한 보복으로 쳐들어오자, 고선지장군은 다시 7만의 정벌군을 편성하여 탈라스(Talas) 대평원으로 제3차 원정에 출전했다.

의 『일체경음의』(一切經音義) 권 상은 각멸閣蔑(Khmer)・나형국裸形國 등의 단어로 시작되는데 이곳은 모두 동남아시아에 해당된다. 혜초는 동천축에서 불교성지를 참배하고 중・남・서・북천축의 순서로 순례하였다. 그런 다음 혜초는 서역의 대식국大食國(현 아랍)까지 갔다가 중앙아시아를 둘러보았다.

현장의 『대당서역기』와 혜립慧立・언종彦悰의 『자은전』(慈恩傳)은 7세기 전반기의 중앙아시아 및 인도 각지의 중요한 기록이다. 의정의 『대당서역구법고승전』・『남해기귀내법전』은 7세기 후반의 아시아 역사 연구에 가장 중요한 사료이며, 혜초의 『왕오천축국전』은 8세기 상반기의 주요 기록이다. 이 시기는 당, 토번吐蕃, 돌궐, 대식 등의 몇몇 강대국이 중앙아시아의 영토를 놓고 치열한 투쟁을 하던 시기였다. 또 안서安西 사진四鎭을 둘러싼 투쟁이 670년(鹹亨元年)부터 당과 토번 간에 반세기 가량 이어졌다.

704년에 대식의 쿠타이바(屈底波, Qutaybah ibn Muslim, 670-715)가 호라산(呼羅珊, Khurasan) 장관에 임명된 후 대식인은 여러 차례 중앙아시아로 진군해 와서 705년에는 토화라吐火羅를 점령하였다. 이어 706~709년에는 소그드(粟特)[19]를 정복하였고 710~712년에는 사마르칸트 및 그 이서의 호라이즘(Khorazm)을 정복하였다. 또 713~715년에는 Syr Darya 강 유역 각지를 침략하였다. 715년에 쿠타이바의 부대는 중국 서부변경까지 왔으며 738~740년간에 Nasr는 다시 쿠타이바가 정복했던 곳을 지나갔다. 대

---

19 소그드인은 상업에 능하여 오랫동안 실크로드를 통해 貿易하였다. 이미 東漢시기에 洛陽에 粟弋(즉 粟特)賈胡가 있었으며, 唐代에는 그들을 興生胡 혹은 興胡라 불렀다. 당시 상인인 그들은 특수한 신분으로 분류되었다.

식인은 751년에 타시켄트(Toshkent)를 점령하였다. 그리고 바로 그 해에 고구려 유민 출신의 장군 고선지高仙芝가 패하였다.

이렇게 연이은 전쟁으로 복잡한 상황에서 구법승들이 육로를 통해 천축으로 가는 것은 매우 어렵게 되었다. 당의 마지막 천축구법승인 오공悟空은 원래 당의 사신 자격으로 인도에 갔다가 늦게 출가하였다. 오공은 후에 사신이라는 신분 덕에 겨우 돌아오기는 했으나, 회홀로回鶻路로 오는 길에 선우單于가 불교를 믿지 않았기에 함부로 범본 경전을 가지고 올 수가 없었다. 그래서 이 시기의 천축구법승의 여행기 수는 매우 적다.

따라서 돌궐突厥 각부 및 중앙아시아 각국의 정황을 연구하는 데에는 혜초의 『왕오천축국전』과 오공의 『오공입축기』(悟空入竺記)가 매우 중요하다. 특히 혜초의 기록은 대식인의 인도 서북부 침략 과정을 서술하고 있기에 더욱 중요한 사료로 인정받고 있다. 장의張毅는 『왕오천축국전전석』(往五天竺國傳箋釋)의 서문(前言)에서 다음과 같은 사실을 정리하고 있다.

쿠타이바가 중앙아시아로 진군할 때 또 하나의 부대가 인도를 향하였다. 7세기 중엽에 대식군은 인더스강 하구의 Debal을 공격하였으나 큰 전과가 없어 공격을 멈추었다. 그 후 양국은 일시적 안정을 찾았으나 대식국은 708년에 다시 대규모 원정단을 인도에 파견하였다. 710년에는 Makelan을 정복하고 Baloch를 넘었으며 711~712년에는 인더스강 삼각주 일대를 점령하였다. 713년에는 Punjab 남부의 Multan을 점령하였다. 714년 후에 대식인의 진군행렬은 잠시 멈추었다. 724~738년에는 대식인의 임명을 받은 신덕信德(Sindh, 서천축국)의 총독 Garnett(賈奈德)가 다시 군사를 일으켜 Malwa(摩臘婆)·Ujjayini(鄔闍衍那)·Baroach·Surastra(蘇剌侘)·Vallabhi(伐臘毘) 등을 공격하였다.

이 무렵 혜초는 서천축을 순례 중이었으므로 그가 목격한 바를 간단하지만 충실하게 기록[20]했다. 그는 '서천축국(信德)이 대식의 침입을 받아 그 땅의 절반을 잃었다("今被大食來侵, 半國已損")'며 대식인이 인더스강 하류 하곡과 삼각주를 점령한 상황을 그대로 기록하였다. 또 '신두고라국新頭故羅國이 대식의 침입으로 많은 영토를 잃었다("見今大食侵, 半國損也")' 한 것은 Garnett의 대군이 구절라瞿折羅 국경을 정벌하고, Valabhī · Surastra 및 타사국吒社國 서부를 점령한 상황을 서술한 것이다.

혜초는 당시 인도인의 주거상황이나 의생활 뿐 아니라 오천축국의 군사력[21]에 대해서도 구체적으로 기재하고 있다. 이런 서술은 다른 곳에서는 찾아볼 수 없다.

혜초는 파미르 고원을 넘어 구자국을 경유, 727년(개원15) 11월 상순에 안서安西에 도착하였다. 723년에서 727년의 4년간은 동인도에 도착하여 입당하기까지의 시기이며, 실제로 그의 천축구법행의 기간은 더 길다. 이 책이 갖는 역사적 의의는 8세기 인도와 중앙아시아에 대한 최초의 기록이라는 점에 있다.[22]

---

20 [唐]慧超(著), 張毅 箋釋(1994), 『往五天竺國傳箋釋』(北京: 中華書局).
21 중천축에 대해서는 "王有九百頭象, 餘大首領各有二三百頭." 南天竺은 "王有八百頭象." 西天竺은 "王亦有六百頭象." 北天竺은 "王有三百頭象." 迦(濕)彌羅는 "王有三百頭象."이라 하였다.
22 일본의 藤田豊八은 법현과 현장의 책을 참고, 고증하고 箋注하여 1911년, 『慧超往五天竺國傳箋釋』(1권)을 저술하였다. 1931년에는 錢稻孫도 이 책을 번역, 출판하였으며, 羽田亨은 殘卷을 영인 출판하였다. 高楠順次郎은 그것을 『遊方傳叢書』에 편입시켜 후에 『大日本佛教全書』와 『大正新修大藏經』에 수록되게 하였다.
그 후 冉雲華와 梁翰承이 영어로 合譯하였다. Yang, Han-Sung and Yun-Hua, Jan(1984), *The Hye Ch'o Diary, Memoir of the Pilgrimage to the Five Regions of India*, Berkeley/Seoul, Sh. Iida & L. W. Preston. ; 한국의 高炳翊은 『慧超往五天竺國傳研究史略』을, 북한의 鄭烈模는 『慧超傳』을 발표하였다. 중국에서는 1931년, 錢稻孫이 藤田豊八의 『箋釋』을 번역하였고, 王重民은 『敦煌古籍敍錄』에서 혜초의 책을 소개하였다.

2. 전법의 저술들

'전법傳法'이란 '불법佛法을 전수하는 것'으로, 불교 역사상 붓다는 최초의 구법승이자 동시에 전법승이었다. 붓다는 정각 후 전법을 포기하고자 하였으나 범천과 제석천의 권청으로 마음을 바꾸었고, 먼저 5비구를 찾아 해탈지도解脫之道를 전하며(鹿苑轉法) 비로소 불교가 시작되었다. 그리고 5비구에 의해 '법의 바퀴가 구르게(轉法輪)' 되었고 마침내 승가(Samgha)가 탄생한다.[23] 이후 붓다의 전법은 야사의 출가와 그 친구, 친족들의 귀의, 전도 선언, 가섭 삼형제의 교화 등으로 이어졌다.[24]

그 후 아소카 대왕(B.C.E. 268년 즉위)의 적극적인 전법으로 제3차 결집이 이루어졌고, 인도 전역과 간다라, 스리랑카, 카시미르 등지에 전도사를 파견하면서 비로소 인도 아대륙 전체에 불교가 전파되었다. 그 이후 수많은 전도승들이 중국과 한반도에 불교를 전파하기 위해 동래東來하였다.

한반도에도 마라난타·묵호자·아도 같은 서역, 천축승들의 전법행으로 불교가 전래되었다. 그들의 노력은 천축구법승들의 목숨을 건 구법행으로 이어졌으며, 그것은 결국 전법의 길로 연결된다. 붓다에게서 시작되고 강조되어 온 구법행과 전법행은 이처럼 동전의 양면처럼 항상 함께

---

23 그 과정을 정리한 경전이 『轉法輪經』(Dhammacakkapavattana Sutta)으로, '법의 바퀴를 돌리는 경'이라는 의미이다. 여기서 '輪'(cakka, 바퀴)은 하늘을 날며 지상을 정복할 수 있는 강력한 무기이다. '전법륜'이란 붓다가 깨달은 진리로 온 세계를 조복시키고 교화시킨다는 뜻이다.
24 한편 隋의 天台 智顗(538-597)는 붓다의 전법륜에 대해, 성도 후 49년간 교화 활동을 한 것으로 보고 주요 경전과 설법 기간에 대해 '『화엄경』 21일, 『아함경』 12년, 『방등경』 8년, 『반야경』 21년, 그리고 『법화경』과 『열반경』 8년'이라는 五時敎判으로 정리하였다.

이루어지는 것이지 결코 별개의 행위가 아니었다.

그들이 진리를 찾기 위해 멀고도 험한 길을 떠났다는 자체가 다른 승려나 후세인들에게 귀감이 되었던 것이다. 이제 그들의 구법과 전법에 영향을 끼친 몇 가지 저술을 살펴본다.

1) 『송운행기』

5세기 초의 『불국기』에 이어 6세기의 구법승의 모습을 전하는 사료가 『송운행기』(宋雲行記)이다. 저자인 동위東魏의 양현지楊衒之는 547년에 북위의 수도인 낙양 사찰들의 번영한 모습을 『낙양가람기』(洛陽伽藍記 5권, 이하 『가람기』)[25]라는 책[26]으로 남겼는데, 그 마지막 부분에서 문의리聞義里의 송운宋雲의 집을 소개하면서 혜생惠生의 『행기』와 「도영전」(道英傳)을 기록하였다.

그에 의하면 돈황 출신인 송운은 북위 명제明帝시의 승통僧統으로 승려를 관리하는 관원이었다. 그는 북위(386-534) 태후의 명으로 법력法力 · 혜생慧生(惠生) 등과 함께 취경取經을 위해 518년 11월에 낙양을 출발하였다.

당시 숭립사崇立寺의 승려였던 혜생은 낙양 → 섬서성 → 감숙성 → 청해

---

25 『四庫全書』卷70,「史部」26, 地理類 3.
26 『伽藍記』는 남북조 시기(420-581) 북위의 수도에 있던 사찰의 흥망성쇠를 기록한 지방지인데, 낙양성을 성내 · 동 · 남 · 서 · 북의 다섯 부분으로 나누어 40여 사찰의 창건, 변화 등을 서술하였다. 이 책은 불교는 물론, 역사 · 지리 · 문학적인 면에서도 중요한 가치를 갖는다. 양현지는 자신이 528~529년(魏孝庄帝永安年間)에 처음 낙양에 갔을 때는 매우 번화했는데, 20년 후에 동위가 鄴城으로 천도한 후인 547년에는 성곽이 무너지는 등 매우 황폐해졌다고 한다.("城郭崩毀, 宮室傾覆, 寺觀灰燼, 廟塔丘墟, 牆被蒿艾, 巷羅荊棘")

호 → 적령赤嶺(日月山)[27] → 차이담분지 → (서역남로) → 토곡혼吐穀渾 → 선선성鄯善城 → 호탄(于闐)에 도착하였다.(혹은 崑崙山 北麓을 넘어 파미르 고원으로 갔다.)

일행은 아프간 → 파키스탄 페샤와르 일대를 거쳐 520년 4월에 건타라乾陀羅, 나가라아국那迦羅阿國 등지를 방문하였다. 그들은 마침내 522년, 대승경론 170부를 가지고 낙양 문의리로 돌아왔다.[28]

그런데 양현지는 소략한 혜생의 글 「송운가기」(宋雲家記)와 「도영전」(道英傳)을 보충하고 재편집하여 자신의 말로 서술하였다. 그러다 보니 양현지의 기록은 실제 내용과 잘 부합되지 않는 부분이 있다. 아쉽게도 송운 등이 찬한 글은 직접 전하지 않고『가람기』에서만 볼 수 있으나, 송운이 중심인물이므로 후에 그 제목을『송운행기』라고 부르게 된 것이다.

이 책은 법현의『불국기』와 현장의『대당서역기』사이를 이어주는 중요한 역할을 하고 있다. 간행 시기로 보아 고대 한국의 천축구법승들 중 겸익만 제외하고는 모두 이 책을 보았을 가능성이 충분하다.

2)『오공입축기』

『오공입축기』(悟空入竺記)[29]는 당의 승려 원조圓照가 800년에 오공悟空을

---

27 여기서 적령은 당의 화번공주의 하나인 문성공주가 토번으로 下嫁할 때 지난 곳이기도 한데 그 이름에서 알 수 있듯 나무나 풀이 거의 자라지 않는 지역이다.

28『北史』·「西域傳」, "熙平中, 明帝遣滕伏子統宋雲·沙門法力等使西域, 訪求佛經, 時有沙門慧生者亦與俱行, 正光中還."

29『대정장』·史傳部, 2089호 ;『속장경』,『佛說十力經』. ;『오공입축기』에 관한 번역서로는

찾아가서 그의 천축 및 서역 기행담을 유기遊記의 형식으로 서술한 것이다. 이 글은 8세기의 중국과 인도의 관계를 살펴보는데 매우 중요한 사료가 된다. 그리고 오공은 오진이 천축으로 떠난(789년) 다음 해(790년)에 중국으로 돌아왔으므로, 시기적으로 보아 한반도 출신 천축구법승은 아무도 그의 글을 볼 수 없었다.

석오공은 선비족으로 속명은 차봉조車奉朝이다. 750년(天寶9年), 계빈국罽賓國(카시미르)의 특사가 장안에 도착하여 당에 귀부할 것을 청하자 현종은 이를 수락하여 이듬해인 751년에 내시성內侍省 장도광張韜光 등 40여 명의 사신을 계빈에 파견하였다. 차봉조는 그때 좌위左衛를 담당하는 수행인원 중의 하나였다. 사절단은 754년(천보13)에 계빈국 왕의 겨울철 행궁인 건타라健陀羅에 도착하였다. 그런데 그 사절단이 귀국할 무렵 공교롭게도 차봉조는 중병에 걸려 계빈국에 남게 되었다. 그런데 차봉조는 병이 나은 후에도 귀국하지 않고 건타라의 삼장법사인 사리월마舍利越摩에게 출가하여 법계法界라는 법호를 받았다. 그 후 그는 북천축과 중천축을 주유하며 스승을 찾아 다녔고 불적지를 순례하였다.

그 후 그가 고국으로 돌아가고자 하자 스승은 법계에게 범어로 된『십력경』(十力經)·『십지경』(十地經)·『회향륜경』(回向輪經) 및 불사리 등의 성물을 주었다. 법계는 귀국하며 1년간 쿠차에 머물렀는데 이 기간 동안 쿠차 연화사蓮花寺의 고승 연화 정진蓮花精進이 그에게 『십력경』의 한역을

중국학자 楊建新이 간략하게 注釋을 달아『古西行記選注』를 간행했다. 또 일본의 長澤和俊은 그에 관한 연구 내용을 「釋悟空の入竺について」(『東洋學術研究』14-4, 105-126, 1975年 7月)와 「再び「悟空入竺記」について」(『東洋學術研究』16-2, 125-141, 1977年 3月)라는 두 논문으로 발표하였다.

청하였다. 또 후에 천산天山 북록의 북정北庭(현 吉木薩爾縣, Jimusaer)에 도착했을 때는 우전于闐의 승려 시라달마尸羅達摩가 『십지경』과 『회향륜경』의 한역을 청하기도 하였다.

법계는 사절단의 수행원으로 751년에 당을 떠난 후 약 40년만인 790년에 승려의 신분으로 장안으로 돌아왔다. 그는 장경사章敬寺에 머무르며 정식으로 '오공悟空'이라는 법호를 받았으며, 당대의 마지막 서행인西行人으로 기록 되었다.

고승 원조는 800년(정원16)에 『정원석교록』(貞元釋敎錄)을 편찬하며 『십력경』을 수록하고 얼마 후에 오공을 방문하여 서역과 인도 경험을 듣고서 그것을 『오공입축기』라는 책으로 펴냈다.[30]

3) 『계업서역행정』

또 하나의 천축구법기인 『계업서역행정』(繼業西域行程)은 송 초에 황명으로 천축을 다녀온 구법승 계업繼業[31]의 행적을 기록한 것이다. 송대[32]

---

30 『오공입축기』는 『정원석교록』에 수록되었으며 또 『十力經』의 序言에도 오공의 인도, 서역 체류와 蓮花精進과의 事跡이 수록되었다. 宋代의 贊寧은 『오공입축기』와 『十力經』 등에 의거하여 『宋高僧傳』 · 『譯經篇』에 오공을 立傳시켰다. 찬영은 그 밖에도 별도로 『唐上都章敬寺悟空傳』을 두어 蓮花精進과의 사적 부분을 수록하였다.

31 정수일 편저(2013), 『실크로드 사전』(파주: 창비), 22-23 ; 東初(1991), 『中印佛敎交通史』(台北: 東初出版社), 第九節, "繼業等訪印之西域行程 顯示頁碼 關閉頁碼 回目錄 北宋初, 有政府官費派遣沙門赴印度事, 規模最大, 但其成績則爲歷代西行中最劣者."

32 漢代에 서역과 인도의 승려들에 의해 불교가 전래된 후, 남북조, 수, 당 대를 거치며 중국의 불교계는 나날이 그 영향력이 커졌다. 송 대에 들어오면서 비로소 그 성장이 둔화되었고 구법승의 행렬도 차차 줄어들었지만, 대규모의 구법 행렬은 오히려 송대에 이루어졌다.

의 관료 범성대範成大는 계업의 여행기를 900자 정도로 간략하게 정리하여 『오선록』(吳船錄) 상권에 실었다. 물론 그 글에서 본고와 직접 관련 있는 인물을 다루고 있지는 않지만 법현·현장·의정 등의 여행기에 없는 내용을 보충해 주고 있어 그 가치를 인정받는다.

범성대[33]가 초록한 계업 등의 서행 행로에 의해 중당 이후의 중인中印 교통과, 당시의 인도 불교 상황 등을 알 수 있다.[34] 『오선록』에 의하면 계업법사의 속성은 왕씨로 요주인耀州人이다. 그는 동경東京 천수원天壽院의 승려로 964년(宋 太祖 乾德2)[35]에 사문 3백 명과 함께 황제의 명을 받고 사리와 범본 경전을 구하기 위해 천축으로 갔다.[36]

천축구법행 역사상 최대 규모의 인원으로 구성된 계업삼장 일행의 행정은 계주階州에서 출발하여 변방으로 서행, 영무靈武[37] → 서량西涼 → 감숙

---

33 범성대는 1177년(淳熙4), 四川에서 制置使 및 文閣直學士로 재임하던 중 수도로 돌아오라는 명을 받고 5월에 成都를 떠나 6월에 峨眉山에 닿았다. 6월 28일에는 金頂에 올라서 29일에 하산하였고, 7월 초하루에는 아미산 牛心寺를 지나게 되었다. 범성대는 이 아미산 기행을 『吳船錄』이라는 책으로 남겼는데 그 중 그가 牛心寺에서 초사한 「牛心寺繼業三藏西域行程」이 있다. 그 글은 송초에 繼業 등의 승려가 황명을 받고 인도로 가서 구법한 사적을 기록한 것인데 이로 인해 계업의 구법행이 비로소 세상에 알려지게 되었다.

34 범성대의 『오선록』(1권, 혹은 2권)은 몇 가지의 刻本과 印本이 전하는데 明代 이래 몇 종의 叢書에 수록되었다. 『오선록』은 『大正藏』 卷51, 2089호의 「遊方記抄」에 있으며 또 『大日本佛教全書』에도 있다.

35 실제로는 건덕4년이다. 『宋史』 卷490의 『天竺傳』, "(乾德)四年, 僧行勤一百五十七人詣闕上書, 願至西域求佛書. 許之. 以其所歷 甘·沙·伊·蕭等州, 焉耆·龜玆·于闐·割祿等國, 又歷布路沙·加濕彌羅等國, 並詔喻其國 令人引導之." ; 『佛祖統記』 卷43에도 비슷한 내용이 있다.

36 『大正藏』 卷51, 2089호, 「遊方記抄」, 範成大, 『吳船錄』記峨眉山牛心寺一節云, "此寺卽繼業三藏所作. 業姓王氏, 耀州人, 隷東京天壽院. 乾德二年詔沙門三百人 入天竺求舍利及貝多葉書, 業預遣中. 至開寶九年始歸. 寺藏《涅經》一函, 四十二卷. 業於每卷後分記西域行程, 雖不甚詳, 然地里大略可考, 世所罕見. 錄於此, 以備國史之闕." ; 정수일 편저 (2013), 『실크로드 사전』(파주: 창비), 22에는 그 인원이 157명으로 되어 있다.

37 당 숙종이 황제로 즉위할 당시 靈武 하란산에는 신라의 천축구법승 無漏가 머무르고 있었다. 그후 9세기 후반에는 '황소의 난 진압과정에서 장안 수복에 결정적인 기여를 한 서하의

甘肅 → 과주瓜州 → 사주沙州 → 이오伊吾 → 고창高昌 → 언기焉耆 → 우전于闐 → 소륵疏勒 → 대석大石 → 발로리鉢露羅 → 파미르 고원 → 히말라야(雪嶺)를 넘어 인도에 도착하였다. 이어 카시미르(伽濕彌羅) → 대산大山 → 간다라국 (建陀羅國) → 서류파국庶流波國 → 자란달라국(闍蘭達羅國) → (西行) 4개국 → 대곡녀성大曲女城 → 파라나국波羅奈國 → 녹야원 → 마갈타국 → 금강보좌 → 가야산伽倻山 → 왕사성 → 나란타사 → 화씨성(Pataliputra) → 비야리성毘耶離 城 → 구시나성拘尸那城 → 니파라국尼波羅國 → 마성麻城을 지나 976년에 마침 내 계주[38]로 돌아왔다. 송초의 서역과의 교통은 개봉開封에서 출발하여 육로로 영주靈州를 지나 서행하는 것이 일반적인데 계업은 계주에서 출발 한 것이 특이하다.

계업일행은 귀국 전에 네팔을 둘러보고 976년에 입경入京하였는데 이 때는 이미 송 태종이 즉위한 후였으므로 자신들이 가지고 온 범협梵夾, 사 리 등을 태종에게 바쳤다.

계업은 이후 아미산峨眉山 우심사牛心寺에 은거하며 84세까지 살았다. 그 곳에서 계업은 자신이 소장하던 『열반경』(42권)의 뒷부분에 자신의 천축 행을 기록하였는데, 그것이 범성대에 의해 『오선록』을 통해 세상에 알려 진 것이다. 계업[39] 이후에도 서행한 승려는 있지만 서하西夏 세력의 확장

拓跋思恭이 당 황실로 부터 李씨 성을 하사 받고 夏國公에 봉해졌다. 이어 德明, 元昊 부 자는 大夏의 황제로 등극하고 무루의 수행처인 백초곡과 탑묘인 굉불탑을 대폭 수리하여 서 하불교의 성지로 삼았으며, 하란산을 문수도량의 거주처인 오대산으로 상정하였다.

38 階州는 唐 대에 설치되어 皐蘭鎭(현 甘肅 武都)를 다스렸는데 892년(景福元年)에 武州를 階州로 개명하였다.

39 계업이 각 권의 끝에 자신의 행적을 기록했다고 한 『열반경』은 곧 『大般涅盤經』으로, 曇無 讖이 번역한 北本 40권 본과, 남본 36권으로 구성되어 있다. 따라서 계업이 보았다는 42권 본은 권수의 착오가 있는 듯 하지만 북본을 가리킨다. 한편 의정은 『대당서역구법고승전』에

으로 영무靈武에서 시작되는 서행도西行道가 막혔으며, 또 12세기에는 이슬람 세력이 서북인도를 점령하며 구법의 장거는 그 막을 내렸다.

〈표 Ⅱ-3〉 구법기로 본 구법승의 구법기간과 목적

번호	법명	국명	관련서	구법기간	주목적
1	法顯	東晉	『佛國記』	399-412	取經
2	慧生	北魏	『宋雲行記』	518.11-522	取經
3	玄奘	당	『大唐西域記』	627(9)-645	取經
4	義淨	당	『大唐西域求法高僧傳』	671-695	取經
5	慧超	당	『往五天竺國傳』	723-727	성지 순례
6	悟空	당	『悟空入竺記』	751-790	사절단・取經
7	繼業	송	『繼業西域行程』	964-976	取舍利・取經
8	?	송	『西天路竟』	966-	取經

서 항상 經卷을 휴대한 승려가 있다 하였는데 그들은 道希・慧業・大乘燈・彼岸・智岸・大津 등이다. 계업 역시 그들처럼 『열반경』을 늘 가지고 다녔던 것으로 보인다.

4) 『서천로경』

『서천로경』(西天路竟)[40]은 계업과 동시대에 서행한 구법승이 쓴 것으로 런던박물관에 소장된 돈황 사본이 유일한데 19행으로 되어 있으며 저자는 알 수 없다. 그런데 제목 아래에 '일본─本'이라는 두 자가 있어 이 글을 『서천로경』의 약본으로 보기도 한다.

'서천'은 '서천축'을 줄인 용어이며, 송의 수도 개봉에서 남인도 해변까지 가는 경로상의 지명이 적혀 있는데 그 지명으로 보아 저자는 오대, 혹은 송초의 승려일 것으로 추정하였다.

966년(北宋乾德4)에 행근行勤 등의 157인이 황명으로 천축구법행을 하였는데 그 중의 한 명이 기록한 것으로 보인다. 행근은 오대~송초의 학승으로 송 태조의 명으로 서역과 인도로 경전을 구하러 갔다. 태조는 불교와 도교를 진흥시키기 위해 산실된 경전을 구하고 고승을 우대하며 역경원을 조성하기 위해 966년에 행근 등 157인을 천축으로 파견하였다. 그들은 토번, 인도를 거쳐 수많은 경전을 구하고 호승胡僧과 함께 돌아와 태조의 대장경 간행에 큰 역할을 하였다.[41]

『서천로경』(編號S. 383)의 시작 부분에서는 개봉을 출발하여 영주까지의 거리에 대해 4,000리("東京至靈州四千里")라 하였다. 한편 후진後晋 천복연간(936-944)에 고거회高居誨가 우전으로 출사하며 쓴 「사우전기」(使于闐

---

40 『西天路竟』은 런던박물관 소장의 敦煌寫本(스타인S · 0383) 한 편이 유일한데 『西天路竟』에 대한 연구로는 黃盛璋(中國科學院地理研究所)의 『西天路竟曆史地理研究』와 『西天路竟箋證』 두 편이 있다.
41 『佛祖統紀』 권43 참조.

記)에서도 구법로에 대해, "영주靈州에서 강을 건너 양涼·감甘·숙肅·과瓜·사주沙州 등을 지난다."하였다. 서량西涼(현 武威)·감주甘州(張掖)·숙주肅州(酒泉)·과주瓜州(西安)·사주沙州(敦煌) 등은 오대에서 북송 사이에 처음에는 위구르(回鶻)에, 후에는 서하에 속하였다. 위구르 아장牙帳은 감주로 천도한 후 중원의 여러 왕조와 상통하며 그 공로貢路로 영주를 취하였다. 그 후에는 영주에서 건국한 서하가 그 지역을 통치하게 되었다. 영주는 신라승 무루無漏의 수행지로 유명한 곳으로, Ⅲ장에서 살펴본다.

5)『송고승전』

천축구법승에 대해 전하는 또 한 권의 책은 송 찬영贊寧(919-1002)이 찬한『송고승전』(宋高僧傳, 30권)이다.[42] 찬영은 북송 대의 학승으로 그의 행적은『대송승사략』(大宋僧史略)의 서문에 전한다. 찬영의 속성은 고高씨로 아버지가 발해인이다. 호는 통혜通慧이며 출생지는 중국 절강성 호주湖州 덕청德淸이다. 발해가 926년에 거란에게 멸망당하자 부친은 일곱 살의 어린 찬영을 데리고 송으로 피난하였다.

그는 항주 상부사祥符寺에서 출가하였으며, 천태산天台山에서 구족계를 받고 경률론 3장을 널리 공부했는데, 특히 남산율南山律에 정통하였다. 또한 그는 유교나 노장사상에도 해박하고 담론에도 뛰어나 왕후 귀족과 지

---

42 『대정장』50, 2061. 이 책은 唐 道宣의『續高僧傳』에 이어 발간된 책으로『大宋高僧傳』이라고도 한다. 또『梁高僧傳』·『續高僧傳』·『大明高僧傳』과 함께 '高僧傳四集'으로 분류되기도 한다.

식인의 존경을 받았다.

찬영은 978년에 송 태종에게서 통혜대사通慧大師라는 명호를 받고 우가右街 천수사天壽寺의 주지가 되었다. 만년인 982년에 황명으로『송고승전』(30권)·『대송승사략』(3권)을 지었는데, 이 책들은 불교사 연구에 없어서는 안 될 중요한 전적으로 평가된다.

『송고승전』은 당 태종 정관연간(627-649)에서 송 태종 단공 원년(988)까지의 343년간의 고승을 기록한 것이다. 정전正傳에는 533인, 부附에는 130인이 보이는데 실제로는 정전에 531인, 부에 125인이 있다. 좌가左街 천수사天壽寺에서 완성되었기에 『천수사』(天壽史)라고도 한다.

내용은『양고승전』(梁高僧傳)의 체제를 따라 10과科로 분류하여, ① 역경 32인(附 12인), ② 의해義解 72인(附 22인), ③ 습선習禪 103인(附 29인), ④ 명률明律 58인(附 10인), ⑤ 호법護法 18인(附 1인), ⑥ 감통感通 89인(附 23인), ⑦ 유신遺身 22인(附 2인), ⑧ 독송讀誦 42인(附 8인), ⑨ 흥복興福 50인(附 6인), ⑩ 잡과雜科 45인(附 12인)을 기록하였다.『송고승전』을 저술할 때의 직접적인 사료에는 비명碑銘과 야사류野史類가 적지 않았다. 한편 찬영은 또 다른 저술인『대송승사략』에서 불교 사상을 유가儒家의 윤리학설과 융화시키고 있다.『송고승전』은 고려대장경에는 수록되지 못하였고 송·원·명 본에 입장되어 있다.[43]

『송고승전』에는 신라의 천축구법승 원표元表와 무루無漏가 입전되어 있는데 그런 점에서 우리나라 천축구법승 연구에 더 없이 소중한 자료이다. 그런데 「원표전」(元表傳)에서는 원표의 구법시기에 대해 천보연간

43『佛祖統紀』卷43·『佛祖曆代通載』卷26·『釋氏稽古略』卷4 참조.

(742-756)이라고 한 오류가 보인다.

6) 『해동고승전』

　『해동고승전』(海東高僧傳)은 2권 1책의 필사본으로 찬술 연대는 1215년(고종 2년)으로 추정되고 있다. 이 연도는 본문에서 '순도順道가 고구려에 들어온 때로부터 844년이 지났다.'라는 기록을 바탕으로 계산한 것이다. 일연은 『삼국유사』에서 이 책을 달리 『승전』·『해동승전』, 혹은 『고승전』이라고도 하였다. 『해동고승전』은 한반도에 불교가 전래되면서부터 널리 알려진 승려들을 수록하고 있는데 각훈의 집필시기인 고려 고종대가 기록의 하한선이다.

　현존본은 권1(유통편 1-1)과 권2(同 1-2)만이 남아 있는데, 그나마 유통편도 온전한 것이 아니다. 그 중 1-2가 천축구법승에 관한 전기로, 1-2의 마지막 부분에 아리야발마·혜업慧業·혜륜慧輪·현조·망명2인·현각玄恪·현유玄遊·현태玄太 등이 수록되어 있다. 내용은 『대당서역구법고승전』과 유사[44]하지만 약간 다른 내용도 실려 있어 별도의 참고 서적이 더 있었을 것으로 보인다. 그런데 1-1에 수록된 원표는 고구려의 천축구법승 원표가 아니고 양의 사신과 함께 온 승려[45]이다. 그리고 당승 현조를 신라

---

[44] 『대당서역구법고승전』에는 阿離耶跋摩·慧業·求本·玄太·玄恪·法師二人·혜륜·현유의 전기가 실려 있다. 그 중 求本은 별도의 傳이 없으며 그 법명이 목차에만 있다.

[45] 이 책에서의 원표는 80권 본 『화엄경』을 구하러 우전으로 갔던 고구려유민 출신의 신라승이 아니고 『三國遺事』, 「阿道基羅」條에 있는 元表와 동일한 인물이다. 『삼국유사』의 元表는 양나라에서 사신으로 온 승려이며, 신라승 원표는 670년에서 680년 사이에 태어나 760년 무

의 구법승이라고 한 점 등의 오류가 있다.

각훈은 『해동고승전』에서 자신이 인용한 문헌과 전거를 일일이 밝히고 있는데 그것은 『국사』(國史)·『기로기』(耆老記)·『수이전』(殊異傳)·『화랑세기』·『송고승전』·『속고승전』·『신라국기』(新羅國記)·『법원주림』·『양고승전』·『대당서역구법고승전』·『삼국사기』 등과 아도비阿道碑·난랑비鸞郎碑·안함비명安含碑銘·「의상전」(義湘傳) 등이다. 또한 각훈은 일반적인 고승전이 역경譯經 편으로 시작하는 것과 달리 역경 편 대신 유통流通 편을 두게 된 것에 대해 우리나라에서는 역경을 한 일이 없기에 편명을 달리한 것이라고 밝히고 있다.

그간 실전失傳되었던 『해동고승전』은 1910년대에 그 일부가 다시 발견되어 『대일본불교전서』(大日本佛教全書)의 제114권 『유방전총서』(遊方傳叢書) 제2(1917)와 『대정신수대장경』 제50권 사전부史傳部에 편입, 간행되었다. 그것을 바탕으로 1984년에 편성된 『한국불교전서』 제6권에도 수록되었다.[46]

그런데 『해동고승전』에는 백제의 겸익이나 신라의 혜초, 오진은 물론, 『송고승전』에 기록된 원표나 무루에 관해서도 기록되지 않은 것으로 보

렵까지 살았던 고구려 유민 출신의 화엄승이다. 一然, 『三國遺事』, 「阿道基羅」, "阿道基羅一作 我道 又阿頭, 新羅本記 第四雲 第十九 訥祇王時, 沙門墨胡子, 自高麗至一善郡, 郡人毛禮 或作毛祿, 於家中作堀室安置. 時梁 遣使賜衣著香物 高得相 詠史詩雲 梁遣使僧曰元表, 宣送溟檀及經像. 君臣不知其香名與其所用, 遣人齎香遍問國中"

그런데 『해동고승전』권제1의 전법승을 기록한 부분에서 阿道·黑胡子·元表·玄彰을 하나로 묶어 기술하고 있는데, 원표의 부분은 보이지 않는다. 일연은 지금은 볼 수 없는 『해동고승전』의 원표에 관한 기록을 참고했을 수도 있다.

46 『해동고승전』의 판본이나 번역본, 관련 논문에 대해서는 장휘옥 저(1991), 『해동고승전연구』 (민족사), 14-20 참조.

아 각훈은 천축구법승에 관한 한 『대당서역구법고승전』을 기본 사료로 사용하였던 것으로 보인다. 우리나라 고승전의 효시는 김대문金大問의 『고승전』이지만 전하지 않아 『해동고승전』의 가치는 더욱 크다 하겠다.

7) 기타

천축구법승의 전기를 알 수 있는 기타 자료로는 『서역승쇄남양결전』(西域僧鎖喃囔結傳)[47] · 『당왕현책중천축행기일문』(唐王玄策中天竺行記逸文) · 『당상민역유천축기일문』(唐常湣歷遊天竺記逸文) · 『남천축바라문승정비』(南天竺婆羅門僧正碑) 등과 같은 일문이나 비문[48]이 있다. 이런 자료 역시 천축구법승 연구의 주요 사료가 된다.

『당왕현책중천축행기일문』은 사신의 신분으로 천축에 세 번이나 갔던 왕현책의 여행기이다. 왕현책은 낙양인으로 당 태종 대에 황수현黃水縣(현

---

47 『서역승쇄남양결전』은 明代의 서역승 쇄남양결을 기록한 것이다. 그는 高昌國 荅辣 法藏寺에서 출가, 無上法王圓通至勝佛의 제자 囑喝寶利를 스승으로 모셨는데 정확한 생존연대는 알 수 없다. 후에 중국에 와서 明 憲宗의 國師 板的荅(具生吉祥)의 遺德을 앙모하여 천축으로 가서 약 10개월간 大雪山 證道台 · 靈鷲山 설법대를 순례하고 王舍城 · 茄赤建國 · 白水城 · 呾羅斯城 등을 둘러보았다. 이후에 다시 蔥嶺을 넘어 烏思藏(티베트)에서 2년여를 머물렀다. 이어 玉門關 岷州 秉靈寺 · 雅州 紅花寺를 둘러보고 五台山 羅睺寺에 2년을 머물렀다. 欽差禦馬監太監 劉潤을 따라 북경 雙林寺에 왔다. 1602년(萬曆30)에 蕭황태후의 명을 받고 萬壽庵에서 持咒하였으며, 3년 후에는 雙林寺로 돌아가 49일간 壇을 시설하고, 紫衣 · 寶冠 · 織金禪衣 · 金段十疋 · 膳盒八副 등을 하사하였다. 후에 관음상을 만들었고 3,000여 명의 승려를 제도하였다.

48 『대정장』 51, 2089, 『遊方記抄』에 ①『往五天竺國傳』(新羅慧超記), ②『悟空入竺記』, ③『繼業西域行程』, ④『梵僧指空傳考』, ⑤『西域僧鎖喃囔結傳』, ⑥『南天竺婆羅門僧正碑』, ⑦『唐大和上東征傳』, ⑧『唐王玄策中天竺行記逸文』, ⑨『唐常湣歷遊天竺記逸文』 등이 수록되어 있다.

廣西 羅城 西北)을 다스렸다. 그는 643년(貞觀17)에 처음에는 정사正使로 조산대부朝散大夫 이의표李義表와 천축 마갈타국(현 비하르주 남부)에 갔다. 이때는 아직 현장도 천축에 있었으며 아리야발마, 혜업 등의 신라승도 천축에 있었으므로 당시의 천축국 상황을 살피는데 참고가 된다.

당시 왕현책 등은 막 개통된 토번과 네팔의 '차도車道'[49]를 통해 갔는데 그 길은 현장이 갔던 길보다 좀 더 가까웠다. 그들은 네팔에서 나렌드라(那陵提婆, Narendra-deva)왕의 환대를 받았다.[50] 왕현책 일행은 천축에서는 계일왕戒日王(즉 屍羅逸多)의 환대를 받았다. 그들은 약 2년 가까이 머물렀으며, 왕사성 북쪽의 기사굴산耆闍崛山의 불적佛跡을 앙모하여 바위에 그 흔적을 새겼다고 한다. 또 대각사(摩訶菩提寺)에 비석을 세우고 그 아래에 사절단의 활동과 보고 느낀 점을 새겼다고 한다. 귀국시에 계일왕이 선물한 화주火珠(탑 상단 장식용)·울금·보리수 등을 가지고 돌아왔다. 647년에 왕현책은 두 번째로 다시 차도로 중천축에 갔다. 그런데 그때 계일왕이 사망하고 아라나순阿羅那順이 모반하는 내란이 일어나 일행의 입국을 막았다. 이에 왕현책은 바로 토번으로 달려가 군사 1,200명을 빌리고 네팔의 기병 7,000명과 함께 중천축의 수도 곡녀성을 공격하여 아라나순을 생포하여 장안으로 돌아왔다.

이에 태종은 왕현책을 조산대부朝散大夫로 봉하였다. 이 출사에서 왕현

---

49 西安晚報(2011.4.17.), 「唐初三次出使印度的使者－王玄策」(封五昌)에 '車道'라는 용어가 나오는데 당시에 개통된 토번과 네팔을 잇는 도로를 칭하는 것으로 이해된다. 이 루트는 현장이 이용했던 기존의 코스보다 조금 더 단축된 것이었다.
50 647년에 네팔은 당에 사신을 파견하여 菠棱(시금치)·酢菜·渾提蔥 등을 보내었다. 菠棱은 즉 菠菜인데 『冊府元龜』에 의하면 시금치(菠菜)가 중국에 전래된 것은 바로 이때부터라고 한다.

책은 현장이 범어로 번역한 『도덕경』을 가지고 가서 동인도 가마루파국 迦摩縷波國(阿薩密)의 동자왕童子王에게 주었다고 한다.[51]

왕현책은 657~661년에 세 번째로, 마하보리사에 불가사佛袈裟를 보내기 위해, 역시 차도를 통해 출사, 중천축으로 갔다. 이때 두 번째 비석을 세웠으며 귀국길에 인도의 고승 승가발마僧伽跋摩를 모시고 왔다. 또한 가필성국迦畢誠國을 지나올 때 불정골佛頂骨 사리 하나를 얻어와 궁중에 모셨다. 왕현책은 또 마하보리사의 미륵도상에 근거하여 장안 경애사敬愛寺에 미륵소상 한 구를 세웠다.

그는 『중천축국행기』(中天竺國行記)[52]를 썼으나 산일되었으며 당 석도세釋道世의 『법원주림』 등에 일부 내용이 남아 있다. 『중천축국행기』는 661~666년 사이에 완성된 것으로 보인다.

『당상민역유천축기일문』[53]은 당의 천축구법승 상민의 구법기이다. 상

---

51 이때 120세 된 인도의 方士 那羅邇娑婆寐가 함께 귀국하였는데 그는 長生不老의 기술을 가지고 있었다고 한다. 태종은 그를 매우 환대하여 장안에서 머물게 하였는데 얼마 후에 죽었다. 포로 阿羅那順도 장안에서 죽었다. 고종은 태종의 능인 昭陵에 외국의 賓王의 석각상을 세웠는데 阿羅那順·돌궐 頡利可汗·吐蕃 贊普棄宗弄贊·新羅 樂浪郡王 金貞德 등의 14尊 석상을 昭陵司馬 北門내에 조성하였다. 『唐會要』권20 참조.
52 왕현책에 관한 연구서로는 柳詒徵, 「王玄策事跡」·馮承鈞, 「王玄策事輯」·列維 著, 馮承鈞 譯, 『王玄策使印度記』 등이 있다. 또 논문으로는 陸慶夫, 「論王玄策對中印交通的貢獻」·「關於王玄策史跡跡的幾點榷」, 莫任南, 「王玄策第二次奉使印度點」, 陰松生, 「王玄策出使印度·尼泊爾諸問題」 등이 있다. 사료연구로는 孫修身이 「〈大唐天竺使出銘〉的研究』에서, 1990년 6월에 발견된 티베트의 「大唐天竺使出銘」에 대한 해석과 고증을 진행하였다. 林梅村은 그 연구를 바탕으로 「大唐天竺使出銘」에 대한 校釋을 하여 『〈大唐天竺使出銘〉 校釋』을 펴내었다. 孫修身의 『王玄策事跡鉤沉』이 가장 종합적인 연구서인데 이 책은 시간 순에 따라 사건을 분류하여 왕현책의 사적과 공헌에 대해 상세히 고증하고 평가하였다.
53 「唐常湣遊天竺記逸文」(「遊天竺記」는 「遊曆記」라고도 함.) 1) 第一 優塡王波斯匿王釋迦金木像感應 三寶感應要略錄 卷上(『大正五』 1, 827a), 2) 第十 北印度僧伽補羅國沙門達磨流支 感釋迦像驚感應 三寶感應要略錄 卷上(『大正五』1, 830b), 3) 第二十九 造毗盧遮那佛像拂障難感應 三寶感應要略錄 卷上(『大正五』 1, 833b).

민은 병주並洲(山西 太原) 사람으로 천축에 갈 것을 발심하고 그곳에서 반
야경류 만권을 초사抄寫하였다고 한다. 상민은 정관연간(627-649)에 서역
으로 가 성지를 참배하고 돌아올 때는 해로를 택하여 실리불서로 가던
중에 태풍을 만났다. 배가 침몰하려 하자 다른 사람들은 앞 다투어 작은
배로 옮겨 타는데 그는 스스로 희생하고자 마음먹고 합장한 채 서쪽(즉
정토)을 향해 앉아 아미타불을 칭명하였으며 배와 함께 가라앉았다.[54] 한
편 상민과 그의 제자는 말라유末羅瑜에도 갔다.

「남천축바라문승정비」(南天竺婆羅門僧正碑)에 의거한 일본의 『동대사요
록』(東大寺要錄, 권2) 대안사大安寺 보제전래기菩提傳來記에 의하면, 730년에
임읍국林邑國 사문 불철佛哲(혹은 佛徹)이 보리선나菩提仙那 등과 일본에 와서
보살무菩薩舞·발두무拔頭舞·임읍악林邑樂 등을 전하였다고 한다.[55]

그 밖에도 『삼국유사』, 「귀축제사」조는 『대당서역구법고승전』과 『해
동고승전』의 내용에서 구법승의 인명만 전한다. 또한 중국의 지방지나
사지에도 구법승에 관한 기록이 있어 본 연구의 매우 중요한 사료가 된
다.

---

54 의정은 상민대사에 관해 다음의 시를 남겼다. 義淨, 『大唐西域求法高僧傳』卷上, "悼矣偉
人, 爲物流身. 明同水鏡, 貴等和珍. 涅而不黑, 磨而不磷. 投軀慧蟻, 養智芳津. 在自國而
弘自業, 適他土而作他因. 觀將沈之險難, 決於己而亡親在物." ; 『淨土聖賢錄』卷二.
55 『隋書』·「南蠻列傳」제47에 "人民多信奉佛法, 文字與天竺同"이라 한 것이나 『舊唐書』·
「南蠻列傳」제147의 "第一四七載, 人民特信佛法, 出家者衆多" 라는 기록으로 보아 임읍에
불교가 전래된 시기는 隋代 이전임을 알 수 있다. 『南海寄歸內法傳』권1에도 "小乘佛教
流傳於此, 尤以正量部爲然."이라 하였다.

III

▌천축구법승의 행로와 행적

1. 천축구법승의 행로

　본 단원에서는 천축구법승 개개인의 행로를 추적하여 고대인들의 동
서교통로를 살펴보고자 한다. 그것은 바로 불교가 중국으로 전래된 경로
와도 같다. 불교는 먼저 천축 전역으로 확대된 후 인더스강의 상류지역
을 통해 북서쪽의 중앙아시아, 서역 등으로 전파되었다. 이어 서투르키스
탄 남부를 지나 타림분지 주변의 오아시스 도시들을 경유하고 하서회랑
을 통하여 낙양으로 들어왔다.

　전파의 주체는 1세기 중엽 이전부터 형성된, 이른바 실크로드라는 대
상로隊商路를 따라 동서를 횡단하던 상인과, 그들과 동행한 전도승들이었
다. 그들에 의해 불교는 중국과 한국, 일본 등으로 동래東來하였다.[1] 그리

고 그들의 '동행로東行路'는 곧 중국과 한반도 천축구법승들의 '서행로'가 되었다.

'서행로'(혹은 '동행로')는 크게 육로와 해로로 나눌 수 있다. 또 같은 육로라고 하더라도 그 시대의 정치적 상황이나 지역 간의 교류 정도, 개별 구법승의 출발지에 따라 다시 여러 길로 나뉜다.

한편 전법승 가운데에는 육로와 해로를 함께 이용한 경우도 있었다. 예를 들어 북천축 카필라국(迦毗羅衛國) 출신의 불타발타라佛馱跋陀羅 (359-429)[2]는 다른 승려와 함께 가습미라국迦濕彌羅國(즉 罽賓)에 갔다가 중국 승려 지엄智嚴 등을 만나 그 인연으로 동래東來하였다. 그들은 설산雪山을 지나 인도를 통과하여 배를 타고 청주靑州에 상륙하였다. 그리고는 장안으로 가서 구마라집을 만났으며, 입적할 때까지 수많은 경전을 번역하

---

1 불교가 중국에 전래된 것은 1세기경으로 볼 수 있지만 그것은 주로 서역에서 온 이들 외국인의 종교이었다. 불교는 265년-317년 사이인 西晉시대에 들어와 중국북부와 북동지역에 살던 이들 외국 상인집단들에 의해 갑작스럽게 발전하였다. 그 모습을 볼 수 있는 지역은 실크로드 東路상의 돈황·酒泉·長安·낙양·陳留 등의 대도시였으며 농촌에서는 전혀 그런 흔적을 찾을 수 없다는 점도 그 사실을 뒷받침한다. 에릭 쥐르허, 『불교의 중국 정복』, 최연식 역(2010), 서울: 씨·아이·알, 94-98.
2 北天竺 迦毗羅衛國 출신의 불타발타라(Buddhabhadra)는 Kapilavastu에서 출가하였는데 청정한 계율행으로 이름이 높았다. 그 후 그는 罽賓에서 중국승려 智嚴을 만나 지엄의 청으로 중국에서 弘法하게 되었다. 그들은 우선 雪山을 넘은 후 해로로 중국으로 갔는데 온갖 역경을 겪고 3년 만인 408년(晉 義熙4)에 靑州 東萊郡(현 山東 掖縣)에 도착하였다. 그들은 곧 장안으로 가 鳩摩羅什을 만나고 장안의 宮寺(齊公寺)에 머물렀다. 그 후 法顯이 천축구법행에서 돌아오자 416-418년에 梵本 經律『大般泥洹經』(6卷)·『摩訶僧祇律』(40卷)·『僧祇比丘戒本』(1卷)·『僧祇比丘尼戒本』(1卷)·『雜藏經』(1卷)을 번역하였다. 이는 곧 법현의 천축구법행의 목표를 달성하는 일이었다. 불타발타라는 이 경험을 살려 418년에는 孟顗·褚叔度의 청으로 法業·慧嚴 등, 백여 명의 사문과 함께『大方廣佛華嚴經』(50卷)을 번역하였다. 이 번역본은 후에 60권으로 나뉘며 이른바 60권 본『華嚴經』이라 불리게 된다. 이것은 원래 36,000偈로 구성되었는데 西晉의 사문 支法領이 392년에 法淨과 함께 于闐에서 가지고 왔으나 아무도 번역하지 않고 있던 것이었다. 불타발타라의 번역은 문체나 각 품과의 배합 등에서 구마라집이 번역한 『十住品』의 영향을 받았다. 불타발타라는 그 외에도 수많은 역경을 한 후 429년(劉宋 元嘉6)에 71세에 입적하였다.

였다. 또 계빈인罽賓人 담마밀다曇摩密多(法秀, Dharmamitra)는 돈황을 경유하여 촉蜀으로 와서 건업建業에 이르렀다.

해로로 중국과 인도를 왕래할 때의 항구는 교지交趾[3]와 광주廣州[4]가 대표적인데, 한漢 말에는 교지가, 남조南朝 대에는 광주가 주요 항구였다.

한편 불교의 동점東漸에서, 육로로 전해진 불교경전과 해로로 전해진 것의 종류와 내용에는 차이가 있다. 인도의 서북지역에서는 대승불교가 성행하였으므로 그곳에서는 반야·방등 경전류를 중심으로 한 북방불교가 전해졌다. 그 중 카시미르(迦濕彌羅)는 설일체유부說一切有部의 발상지로, 『발지론』(發智論)·『비바사론』(毘婆娑論) 등의 제 전적이 전역傳譯되었다. 그곳과 중국의 중간에 있는 우전·쿠차는 『화엄경』·『반야경』·『법화경』·『열반경』 등의 대경이 중심이었다. 그래서인지 우전에서 출토된 경전은 대부분 대승경전이고 소승경전은 극히 일부이다.[5]

---

3 『禮記』·「王制」에서 "南方曰蠻, 雕題交趾"라 서술한 交趾(혹은 交阯, Cochin)는 원래 廣東省과 베트남 북부에 해당되었으나 秦 이후로는 베트남 북부만을 가리키게 되었다. 그 기원은 다음과 같다. 기원전 257년에 蜀國의 마지막 왕자 蜀泮이 그 민족을 이끌고 전전하다가 越南 북부에 도착, 甌雒國을 세우고 자칭 安陽王이라 했다. 그런데 기원전 214년, 진시황이 대군을 파견, 越南북부·廣西·廣東·福建의 越의 제 부족을 정복하고 이 일대에 대량의 이주민을 보내어 3개 郡을 설립하였는데 그 중 월남북부는 象郡에 귀속시켰다. 기원전 203년, 秦朝의 南海尉 趙佗는 秦朝 말년의 혼란기를 틈타 자립, 南越 武王(후에 南越 武帝라 개칭)이라 하고 廣州에 도읍하였는데, 이때 交趾는 南越國의 일부분이었다. 기원전 111년에는 漢 武帝가 南越國을 멸망시키며 越南北部에 交趾·九眞·日南의 3郡을 설치하고 직접적인 행정관리를 하였다. 交趾郡이 다스리던 交趾縣은 지금의 하노이(河內)로, 후에 武帝가 전국에 13刺史部를 설치할 때 交趾내의 7개 군을 나누어 交趾刺史部라 하였는데 그것을 후세에 交州라고 불렀다. 그 후 漢·東吳·晉·南朝·隋·唐·南漢·明의 1천 년간에 걸쳐 交趾는 계속 반항하였다. 東漢末年(192년)에 占族人 區連이 漢朝의 日南郡 象林縣令을 죽이고 東漢을 따라 독립, 日南郡의 대부분 지역(越南中部)을 점령한 후 占婆國을 세우고 바라문교를 국교로 삼았다. 유명한 역경승인 康僧會(?-280)는 3세기 초에 이곳 交趾에서 소그드 상인의 아들로 태어났다. 그는 10대에 고아가 되어 교지에서 출가한 후 247년에 수도 建業으로 갔다.
4 후한대(25-220)에는 廣州를 南海라고 하였다.

주요 해로인 동남아시아는 베트남·캄보디아·라오스·태국·버마 등의 대륙부 동남아시아(Mainland Southeast Asia)와 말레이시아·싱가포르·브루나이·인도네시아·필리핀 등의 도서부 동남아시아(Island Southeast Asia)로 나뉜다. 동남아시아에는 유교·대승·소승불교·이슬람교·힌두교·기독교가 혼재되어 있는데 불교국가인 스리랑카(錫蘭)·미얀마(緬甸, Myanmar)·태국(暹羅, Siam)·캄보디아(高棉, 吉蔑) 등은 주로 소승불교가 전래된 곳으로, 경전류도 상좌부上座部(현재의 팔리문 경전류)의 것을 받아들였다.

예를 들어 팔리어 율장 주소註疏인 『선견율비바사』를 한역한 서역인 승가발타라僧伽跋陀羅와 그 스승 삼장법사는 영명연간(483-493)에 해로로 광주에 도착하였다. 그런데 스승은 가지고 왔던 율장을 승가발타라에게 주고 바로 천축으로 돌아가 버렸다. 그 후 승가발타라는 사문 승의僧猗(혹은 僧禕)와 함께 광주의 죽림사竹林寺에서 『선견율비바사』(18권)를 역출해 내었다.[6]

한편 양 무제는 해로로 사문 담보曇寶를 사자국에 보내었고 부남扶南과도 교류한 기록이 있다.[7] 부남은 1~7세기에 현 베트남 남부의 서북쪽을 중심으로, 현재의 캄보디아, 라오스, 태국 일부까지 영향권 내에 두었다. 부남은 중국과 인도 사이의 해상무역 중개지점이었으므로 종교에서도 힌두교와 불교가 공존하였다. 그 후 부남의 첸라(진랍)라는 크메르 왕국이

---

5 우전과 구자는 중국불교와 매우 긴밀한 관계에 있었다. 그런데 서역불교는 1030년대에 티베트계 탕구트의 일족인 拓跋氏가 세운 西夏가 돈황 일대를 점령하며 불교 소의전적들도 자취를 감추었다.

6 『歷代三寶紀』권11·『出三藏記集』권12·『法經錄』권5·『開元釋教錄』권上.

7 東初(1991), 『中印佛教交通史』(台北: 東初出版社), 288-292.

앙코르제국으로 성장했다.

또 수마트라의 스리비자야는 7세기에 번성하기 시작했는데 그곳에서는 대승불교가 발달하였다. 중부 자바에서 8세기경에 흥기한 샤일렌드라도 대승불교가 발달하였으며 그곳의 보로부두르도 대승사원이다.

베트남은 현재 대승불교가 보편적이며, 11세기에 창건된 일주사一柱寺가 대표적 유적이다. 동남아의 다른 지역은 11세기경부터 급속히 전파된 소승불교가 주류이다.

동남아 지역은 연간 주기적으로 북동(10-4월)과 남서(5-9월)로 부는 계절풍을 이용한 무역선에 의해 동북아와 서역간의 인력과 물자가 교류되는 무역의 중심지였다. 따라서 전도승과 구법승들도 동서를 오가는 무역선을 이용하였다.

본 장에서는 고대 중국과 한국의 천축구법승들의 구법로인 육로와 해로를 살펴 볼 것이다. 우선 1) 육로에서는 최초의 구법승인 주사행에 이어 법현·현장 등, 중국 구법승의 구법로를 살펴보고, 다음으로는 한반도 구법승들이 이용했던 길을 살펴볼 것이다. 또 2) 해로에서는 중국 및 우리나라 구법승 가운데 바닷길을 이용한 승려들 개개인의 행로를 살펴볼 것이다.

1) 육로

(1) 서역도

육로, 즉 서역도西域道는 한 무제에 의해 개척되어 위진魏晉시대 부터 본격적으로 사용되었다. 특히 서안, 감숙, 신장을 통과하여 중앙아시아로 들어간 후 남하하여 인도로 가는 길을 '전통적인 서역도'라고 한다. 여기서 '전통적인 서역도'란 협의의 실크로드로, '사막도', '초원길'이라고도 한다. 이 길을 이용한 고대 한반도의 승려로는 아리야발마·혜업·현각·현태·혜륜·원표·혜초·무루·오진 등이 있다.

전통적으로 서역(The Western Regions)은 중화 이서以西의 전역을 포함하는 말이지만 보통은 타림 분지 일대를 의미한다. 신장 위구르 자치구에 있는 타클라마칸 사막(Taklamakan Desert)[8]은 타림 분지의 대부분을 차지하는 곳으로, 육로를 택한 천축구법승들이 당연히 지나야 할 곳이었다. 이 사막은 과거에 바다나 호수였던 곳으로 최저 해발 ‑130m에 이르며 동쪽의 돈황, 남쪽의 쿤룬(崑崙) 산맥, 남서쪽의 파미르 고원, 서쪽과 북쪽의 천산산맥으로 이어져 있다.

서역도는 다시 동로, 중로, 북로의 세 가지로 나뉘는데, 그 루트에 대해서는 현장과 제자 변기辨机가 찬한 『대당서역기』나 혜립慧立 등의 『대자은사삼장법사전』(大慈恩寺三藏法師傳)[9]에 상세히 서술되어 있다. 도선道宣(596-667)의 『석가방지』 권상, 「유적편」[10] 제4에는 입축 3도 중 중로와 북

---

8 'Taklamakan'은 위구르어 Takli(死)와 makan(無限)의 합성어로, '죽음의 세계', '영원히 생명이 존재할 수 없는 곳'이라는 의미를 갖는다.
9 『慈恩傳』(10권, 唐 慧立本·彦悰箋)은 『大唐大慈恩寺三藏法師傳』·『大慈恩寺三藏法師傳』·『三藏法師傳』이라고도 한다. 玄奘의 일생의 事跡을 기록한 것인데, 현장은 大慈恩寺에 오래 머물렀으므로 '慈恩三藏法師'라고 불렸다. 원래는 5권으로 구성되었으나 688년에 彦悰에 의해 10권이 되었다. 彦悰은 앞의 5권을 玄奘의 출가부터 인도구법의 경과로『大唐西域記』에 의거하여 서술하였고, 뒤의 5권은 귀국 후부터의 譯經과정에 대해 서술하였다. 또한 太宗·高宗의 예우와 사회적 존숭을 받은 내용도 포함된다. 고대 西域·인도 및 당의 장안 중심의 문화와 종교를 알아보는데 유용하다. ; 정병삼(2010), 「혜초가 본 인도와 중앙아시아」, 『동국사학』 49, 43 참조

로가 서술되어 있다. 그 길을 정리해 보면 다음과 같다.

첫째, 동로는 장안에서 하주河州(현 甘肅省 臨夏 蘭州市 西北)를 경유하여 서북으로 가 선주鄯州(현 靑海省 樂都縣) → 청해靑海 → 토곡혼吐谷渾 → 다미국多彌國 → 소비국蘇毗國 → 감국敢國 → 토번(라싸) → 소양동국小羊同國 등을 지나 네팔을 통과하여 중인도로 가는 것이다. 이의표, 왕현책 등이 전후 3차례에 걸쳐 인도에 사신으로 갈 때 이용했던 길이다. 또한 『대당서역구법고승전』에 실린 인물 중 현조玄照·도희道希·사편師鞭·현태玄太·현각玄恪·혜륜慧輪·도방道方·도생道生·말저승가末底僧訶·문성공주文成公主 유모의 두 아들 등이 천축으로 갈 때 모두 동로로 간 것으로 보인다.

즉 『대당서역구법고승전』의 한반도 천축구법승 중 현태·현각·혜륜 등, 적어도 세 명이 이 길을 이용하였다. 그들이 장안을 떠나 천축으로 갔던 시기는 당의 종실로 화번和蕃공주[11]의 하나인 문성공주의 혼인로가 개통된 지 얼마 되지 않은 시점이었다. 따라서 그들이 라싸까지 간 길은

---

10 이 루트에 대해 道宣, 『釋迦方志』, 「遺跡篇」을 참조할 것. "其東道者 從河州(현 甘肅 臨夏) 西北渡大河(黃河) 上漫天嶺. 減四百里至鄯州(현 靑海 樂都). 又西減四里至鄯城鎭(현 西寧) 古州地也. 又西南減百里至故承鳳戍 是隋互市地也. 又西減二百里至淸海(현 靑海 湖) 海中有小山 海周七百餘里. 海西南至吐穀渾衙帳. 又西南至國界 名白蘭羌 北界至積魚城 西北至多彌國. 又西南至蘇毗國. 又西南至敢國(라싸 西北). 又南少東至吐蕃國 又西南至小羊同國. 又西南度口旦蒼 法關 吐蕃南界也. 又東少南度末上加三鼻關 東南入穀 經十三飛梯·十九棧道. 又 東南或西南 緣葛攀藤 野行四十餘日 至北印度尼波羅國."

11 화번공주란 中國의 前漢·唐代에 西域 등의 이민족 왕을 회유하기 위해 시집보낸 왕족이나 황족 여성을 칭하는 용어이다. 前漢에 烏孫王에게 보낸 細君을 필두로, 흉노족에게 시집간 王昭君이 대표적이다. 그밖에 北周에서 突厥可汗에게 보낸 千金公主, 당 초에 吐蕃으로 간 文成公主, 금성공주 등이 있다. 藤野 月子(2010), 「中國古代·中世における和蕃公主の降嫁をめぐって」, 九州大學 博士學位 ; 菅沼 愛語(2014), 「和蕃公主を通じての唐の外交戰略」, 總合女性史研究. ; 배근흥, 「입당구법(入唐求法) - 당과 신라간에 불교문화 교류의 다리를 놓다 - 입당구법 승려를 중심으로」 ; 강호숙(1981), 「신라의 구법도축승 연구」(동국대 석사논문) 등 참조

문성공주의 혼인로와 거의 일치했을 것으로 보인다.

당 태종 대에 토번국을 통일한 송첸캄포(617-650)는 632년에 라싸(拉薩)로 천도하고 639년, 네팔의 브리쿠티 공주를 왕비로 맞이했다. 한편 그는 638년에 당 태종과 전쟁을 일으켰고 태종은 화친의 조건으로 640년, 토번왕과 종실의 문성공주와의 결혼을 허락하였다. 토번의 요구로 이루어진 황실 종녀의 하가下嫁는 토번으로 가는 새로운 길을 만들어냈다. 16세의 문성공주는 641년에 송첸캄포와 결혼하기 위해 이 길을 떠나며 당과 토번의 옹서翁婿관계는 약 200년간 이어진다. 그리고 그 혼사에 의해 개척된 약 3,000킬로미터 이상의 '황금로'인 '당번고도唐蕃古道'는 다음과 같이 장안에서 라싸로 이어진다.

우선 장안에서 토번으로 가기 위한 첫 번째 관문은 위수渭水 북안北岸의 마외역馬嵬驛이다. 그 곳에서 계속 서진하며 무공역武功驛 → 부풍扶風 → 기산岐山 풍상風翔 → 대진관大震關 → 천수天水 → 복강현伏羌縣 대상산大像山 → 수렴동水帘洞 → 무산역武山驛 → 위원渭源 → 임조臨洮 → 임하성臨夏城(河州) → 풍림관風林關 → 대하가大河家 → 황하 건넘 → 청해관정진青海官亭鎮 → 기련산祁連山 → 고선진古鄯鎮 → 민화현民和縣 → 선주鄯州 → 평안역平安驛 → 서녕西寧 → 연화산蓮花山 탑이사塔爾寺 → 불아애佛兒涯 → 일월산日月山(赤嶺) → 청해호青海湖 → 토곡혼吐谷渾 → 대비천大非川 → 난천역暖泉驛 → 열막해烈漠海 → 찰능호扎陵湖 → 악능호鄂陵湖 → 성수해星宿海 → 마곡瑪曲(孔雀河) → 파안객랍산巴顏喀拉山 → 청수하清水河 → 통천하通天河 직문달도구直門達渡口 → 늑파구勒巴沟 → 옥수주玉樹州 → 잡다현雜多縣 → 사오납산구查午拉山口 → 나곡那曲 → 양팔정羊八井 → 라싸(拉薩)로 이어진다.[12]

다음으로 중로는 천산산맥 남쪽의 사막 남도를 넘어 파미르 고원을 지나 아프간을 거쳐 인도아대륙으로 들어가는 노선이다. 즉 선주郡州에서 양주涼州(현 甘肅省 武威縣)를 거쳐 숙주肅州 → 옥문관玉門關 → 과주瓜州 → 사주沙州(현 甘肅省 敦煌縣) → 선선鄯善 → 저말咀末 → 구살항나瞿薩恒那(新疆 維吾爾自治區 和田縣) → 거사佉沙(新疆 維吾爾自治區 疏勒縣) → 걸반타揭盤陀 (新疆 維吾爾自治區 塔什庫爾幹縣) → 가필시迦畢試(현 아프간) → 벌랄라伐剌拏 (현 파키스탄 서북경계, 인더스강 서쪽의 Bannu) 등을 거쳐 중인도로 간다. 이 길은 현장이 정관19년(645)에 인도에서 장안으로 돌아올 때 이용했던 노선에 해당된다.

한편 북로는 장안에서 과주(甘肅省 安西縣)를 경유하여 이주伊州(현 新疆 維吾爾自治區哈密縣) → 고창高昌(현 新疆維吾爾自治區 吐魯番縣) → 언기焉耆 → 굴지屈支(新疆維吾爾自治區 庫車縣) → 노적건簛赤建(러시아, 카자흐스탄 국경) → 철문鐵門(러시아, 우즈베키스탄 국경) → 오장나烏伏那(현 파키스탄) → 가습미라迦 濕彌羅(현 카슈미르) 등을 거쳐 중인도에 닿는다. 이 길은 천산산맥 북쪽과 이어지는 사막 북도에서 파미르 고원을 지나 북쪽으로 아프간, 파키스탄을 지나 카슈미르로 가는 노선으로 정관 3년(629)에 현장이 인도로 갈 때 이용했던 길이다. 한편 현회玄會·질다발마質多跋摩·융법사隆法師·당 승려 3인·신주信胄 등은 북로와 중로를 이용하였다.

---

12 장안에서 라싸까지의 이 노선은 문성공주의 혼인 행렬이 지나간 길로, 당시 구법승들이 라싸까지 가던 길과 거의 일치하였을 것으로 보인다. 白漁(2004), 『唐蕃古道』(北京: 中國靑年 出版社) 참조.

<表 III-1> 도선道宣의 『석가방지』, 「유적편」으로 본 육로

	여정	이용자
동로	장안長安 → 하주河州 → 선주鄯州 → 청해靑海 → 토곡혼吐谷渾 → 다미국多彌國→소비국蘇毗國→감국敢國→토번吐蕃(라싸) → 소양동국小羊同國 → 니파라泥波羅 → 중인도中印度	이의표李義表·왕현책王玄策·현조玄照·도희道希·사편師鞭·현태玄太·현각玄恪·도방道方·도생道生·말저승가末底僧訶·문성공주이모文成公主你母의 두 아들·혜륜慧輪 등.
중로	장안長安 → 선주鄯州 → 양주涼州 →숙주肅州 → 문관門關 → 과주瓜州 → 사주沙州 → 선선鄯善 → 저말咀末 → 구살항나瞿薩恒那 → 구사伕沙 → 걸반타朅盤陀 → 가필시迦畢試 → 벌랄라伐剌拏 → 중인도中印度	현장玄奘의 귀국로
북로	장안長安 → 과주瓜州 → 이주伊州 → 고창高昌 → 언기焉耆 → 굴지屈支 → 노적건笯赤建 → 철문鐵門 → 오장나烏仗那 → 가습미라迦濕彌羅 → 가필시迦畢試 → 중인도中印度	현장玄奘의 왕천축로往天竺路

한 무제의 서역로는 신강新疆에서 타클라마칸 사막을 경계로 남로와 북로로 나뉜다. 사막은 천산산맥과 곤륜산맥의 영향으로 극도로 건조하며, 몇 줄기의 내륙하천이 있다. 따라서 사막을 횡단하기 위해서는 사막 남쪽이나 북쪽 가장자리의 오아시스로 연결된 물길을 택해야 했다. 사막 북쪽의 오아시스를 연결한 길을 서역북도(즉 天山南路, 漠北路)라 하고, 남쪽을 연결한 길을 서역남도(漠南路)라 한다.

그 길의 위험성에 대해 법현[13]이나 현장은 생생하게 묘사하고 있다. 남

---

13 法顯, 『佛國記』, "沙河中多有惡鬼熱風 遇則皆死 無一全者. 上無飛鳥 下無走獸 遍望極目 欲求渡處 則莫知所以 唯以死人枯骨爲標幟耳."

로는 양주涼州 → 돈황敦煌 → 사막 → 선선鄯善 → 우전于闐 → 사차莎車 →
파달극산巴達克山(Badakhshan) → 대설산 → 계빈罽賓에 닿는다.

한편 북로는 누란樓蘭에서 북상하여 이오伊吾 → 투루판(吐魯番) →언기
焉耆 → 구자龜玆 → 소륵疏勒으로 간다. 다시 총령葱嶺을 지나 서남으로 가
면 계빈에 닿는다. 그런데 법현은 북로의 언기에서 남하하여 우전에 이
르렀으며 현장은 언기에서 서북쪽으로 가서 천산산맥을 넘었다.

〈표 III-2〉 타클라마칸 사막의 남로와 북로

	노 선	이용자	이명異名
남로	양주涼州 → 돈황敦煌 → 사막沙漠 → 선선鄯善 → 우전于闐 → 사거莎車 → 파달극산巴達克山 (Badakhshan) → 대설산大雪山 → 계빈罽賓	원표元表 무루無漏	서역북도西域北道 천산남로天山南路 막북로漠北路
북로	누란樓蘭 → 이오伊吾 → 투루판(吐魯番) → 언기焉耆 → 구자龜玆 → 소륵疏勒 → 총葱 → 계빈罽賓	혜초	서역남도西域南道 막남로漠南路

한편 서역[14]의 여러 나라 중에서도 계빈·우전·구자 3국은 교통의 요
지로 중국 불교에 미친 영향이 지대하였다. 중인문화의 교류지인 돈황에

---

14 서역 36국은 138년에 張騫이 漢 武帝의 명으로 西域으로 出使했을 때, 지금의 新疆지역에
있던 烏孫·龜玆·焉耆·若羌·樓蘭·且末·小宛·戎盧·彌·渠勒·皮山·西夜·蒲
犁·依耐·莎車·疏勒·尉頭·溫宿·尉犁·姑墨·卑陸·烏貪訾·卑陸後國·單桓·蒲
類·蒲類後國·西且彌·劫國·狐胡·山國·車師前國·車師後國·車師尉都國·車師後
城國 등의 36국을 말한다. 서역에는 그밖에도 大宛·安息·大月氏·康居·浩罕·坎巨
提·烏弋山離 등의 10여 국가도 있었다. 당시 장건은 흉노의 서역침입에 공동대응 하자며
大月氏를 향해갔다. 비록 그의 계획은 성공하지 못했으나 결과적으로는 동서교통로의 확보
에 큰 공헌을 하였다.

서 동남향으로 가면 장안, 낙양에 닿으므로 서역에서 동래한 전교자들은 반드시 돈황을 거쳐야 했다. 남북조 대에도 서역에서 돈황 → 양주를 거쳐 남쪽의 파촉을 지나 동남쪽으로 가서 강릉江陵, 강동江東에 닿았으며 또한 진대晉代에는 중원의 대란으로 많은 사족士族들이 돈황으로 난을 피해서 가기도 하였다.

(2) 중국 구법승의 행로

이제 위에서 살펴본 동서교통로를 바탕으로 하여 중국과 한국으로 나누어 구법승 개개인의 행로를 살펴보기로 한다. 중국 최초의 서행 구법승은 조위曹魏 대의 주사행朱士行이다. 그는 영천인潁川人으로 어려서 출가하였는데 총명하고 의지가 강하였다고 한다. 그의 가장 큰 구법 목적은 '취경取經'이었다. 주사행은 출가 후 불전을 열심히 공부하였는데 특히 『도행반야경』에 심취하였다고 한다. 그는 낙양에서 여러 사람들과 『도행반야경』에 대해 연구하던 중 경문의 번역에 문제가 있음을 알게 되었다. 그래서 그 원본을 구하기 위해 260년에 혼자서 구법의 길을 떠났다.

그는 장안을 출발하여 서쪽으로 가 "위로는 새 한 마리 날지 않고 아래로는 짐승 한 마리 없는"[15] 사막을 지나 마침내 우전에 도착, 『도행반야경』의 범문 원본을 찾을 수 있었다. 이 경은 우여곡절 끝에 282년, 제

---

15 法顯, 『佛國記』, "沙河中多有惡鬼熱風 遇則皆死 無一全者. 上無飛鳥 下無走獸 遍望極目 欲求渡處 則莫知所以 唯以死人枯骨爲標幟耳."

자 법요法饒에 의해 낙양으로 들어왔으나 주사행은 돌아올 수 없었다.

구법을 위해 떠나 고향으로 돌아오지도 못하고 이역만리에서 목숨을 바친(忘身求法) 주사행은 비록 총령을 넘거나 천축까지 가지는 않았지만 중국 최초의 서역구법승이라 할 수 있으며, 우전[16]으로 간 것으로 보아 그가 이용한 길은 사막남로였음을 알 수 있다.

주사행의 뒤를 이어 동진 대의 법현은 65세의 고령으로 장안을 출발하여 중앙아시아를 거쳐 천축으로 갔다. 법현의 행로를 통해 '전통적인 서역도'를 살펴 볼 수 있다. 법현은 장안 → 하서주랑河西走廊 → 돈황 → 언이焉夷(현 焉耆 부근) → 타클라마칸 사막(南路) → 우전 → 총령 → 인더스강 유역 → 파키스탄 → 아프간변경 → 파키스탄 경내 → 갠지스강(恒河) 유역 → 천축 변경 → 네팔 남부 횡단 → 동천축 → 마갈제국摩竭提國으로 갔다.

그는 광대한 사막을 나침반도 없이 사자死者의 유골로 길을 짐작하며, 태양의 위치에 의존하여 방향을 잡고 서행하였다. 천축으로 간 법현은 70대의 나이로 마갈제국의 수도인 파트나에 3년간 거주하며 범서梵書와 계율을 공부하는 한편 범문을 공부하고 범문경전을 수집, 초사하였다.

법현의 귀국길은 동천축의 항구 다마리제多摩梨帝(Tamralipti, 현 캘커타 서남부)에서 시작되었다. 법현은 인도에서 초사한 경전과 수많은 패엽경을 가지고서 상선을 타고 벵골 만을 종단하여 사자국獅子國에 도착하였다. 법

---

16 우전으로 구법행을 하였던 주사행은 보다 좋은 원본 경전을 구해서 잘 번역하여 유통시키고자 하는데 그 목적이 있었다. 그는 우전에 대승불교가 유행하고 있다는 사실을 처음으로 중국사회에 알렸는데, 자신의 경전유출 문제로 소승불교도의 심한 반대를 받았다는 기록으로 보아 우전에는 소승의 세력도 제법 강했음을 짐작할 수 있다.

현은 사자국에서 2년간 체류하며 경전을 수집한 후 다시 상선을 타고 당으로 향하였다. 그런데 그는 야파제국耶婆提國[17]에서 배를 갈아타고 광주로 가던 중 풍랑에 휩쓸려 산동반도 남부의 라오산(嶗山) 부근에 상륙하였다. 이로써 법현은 399년에 천축을 향해 떠난 후 약 14년간, 육로와 해로를 모두 이용하여 총 32개국을 돌아보고 413년에 마침내 동진의 수도 건강으로 돌아온 것이다. 그가 남긴 『불국기』는 이후 서역기행기의 교과서가 되었다.

법현의 귀국 후 약 200여 년이 흘러 당의 현장법사도 육로로 서행구법의 길을 떠났다. 구법행을 한 수 많은 인물 중 현장이 가장 유명하지만, 그의 구법행은 황제의 후원을 받았다거나 누군가의 호위를 받은 것도 아니었다. 그는 장안 → 진주秦州(현 감숙 天水) → 난주蘭州 → 양주涼州(현 감숙 武威) → 과주(현 감숙 安西縣東南) → 옥문관 → 사막 → 이오伊吾(현 新疆 哈密) → 고창高昌(현 新疆 투르판)으로 가서 그곳에서 고창왕 국문태麴文泰의 예우를 받았다.

현장은 다시 천산남록을 따라 서행 → 아기니국阿耆尼國(현 新疆 焉耆) → 굴지국(현 新疆 쿠차) → 발록가국跋祿迦國(현 新疆 阿克蘇) → 능산淩山 → 대청지大清池(현 키르키스스탄 이식쿨 호)에서 서행하여 소엽성素葉城으로 갔다. 여기서 현장은 공교롭게 서돌궐의 통엽호 칸(統葉護 칸, 618-628 재위)을 만나 도움을 받고 전진하였다.

이어 그는 소무昭武 구성九姓[18] 중의 석국石國・강국康國[19]・미국米國・조

---

17 耶婆提國(Yāvadvīpa)은 인도네시아 자바(爪哇), 혹은 수마트라(蘇門答臘), 혹은 그 두 섬을 합한 용어일 수도 있다.
18 여러 사서에서 이른바 昭武九姓이라 불리던 소그드(粟特)인들은 장사에 능하여 일찍부터

국서국國書·하국何國·안국安國·사국史國(현 우즈베키스탄)을 지나 → 철문鐵門(현 우즈베키스탄 남부) → 토화라국覩貨邏國(혹은 吐火羅, 현 아프간 北境) → (南行) → 대설산 → 가필시국迦畢試國(현 아프간 Begram) → (東行) → 건타라국健馱羅 國(현 페샤와르) → 인도로 갔다. 현장은 나란타대학에서의 장기 유학을 마치고 643년 봄, 계일왕과 나란타사 승려들의 만류에도 불구하고 657부의 불경을 가지고서 파키스탄 북부 → 아프간 → 파미르 고원 → 타림분지 를 거쳐 2년 후 장안에 도착하였다. 현장의 왕복 구법 행정은 총 5만 리

중국과 교역하였다. '昭武'라는 용어는『漢書』·「地理志」에서 張掖郡 昭武縣(현 甘肅)이라 는 지명으로 처음 보이며,『魏書』·『北史』·『隋書』·兩『唐書』중의「西域傳」에도 보인다. 『新唐書』에 의하면 康·安·曹·石·米·何·火尋·戊地·史의 9성을 昭武九姓이라 한 다. 南北朝·隋·唐 대의 무역상인중 昭武九姓이 가장 많았으며, 그 중에서도 康國人·石 國人이 위주였다. 중앙아시아 소그드지역에서 중국으로 온 소그드인이나 그 후예로 이루어 진 10여개 소국의 왕들은 보통 '소무'를 성으로 하였다. 南北朝時期에 姑藏 등의 몇 지역에 昭武九姓胡가 건립한 거주지가 생겼는데, 唐代에는 碎葉·蒲昌海(현 新疆羅布泊)·西 州·伊州·燉煌(현 甘肅敦煌縣城西)·肅州(현 甘肅酒泉)·涼州(현 甘肅武威)·長安·藍 田·洛陽·關內道北部河曲六胡州 등에도 그들의 거주지가 형성되었다. 內地에도 수많은 昭武九姓胡의 거주지가 생겨 스스로 그 지도자인 統領을 두고 大·小 首領이라 불렀다. 安 史의 亂을 주도한 安祿山과 史思明 역시 昭武九姓胡의 후예이다.『北史』·『隋書』등에 의하면 烏那曷·穆國·漕國도 王姓이 昭武인 국가이다. 昭武諸國은 7세기 중엽에 당에 歸附되어 安西都護府에 편재되었으나 동시에 아라비아제국의 침공을 받으며 당에 구원을 요청, 唐朝로 부터 王號를 賜封하고 아라비아제국에 대항하였으나 8세기 하반기부터 점차 소멸되었다.『隋書』에 의하면 昭武九姓은 원래 月氏人으로 옛날에 祁連山 북쪽의 昭武城 (현 甘肅 臨澤)에 살았는데, 흉노에게 쫓겨 서쪽의 蔥嶺을 넘어 여러 나라에 나뉘어져 昭武 를 姓으로 삼았다고 한다. 다른 사료에도 그들이 흉노의 공격으로 쫓겨 중앙아시아로 가서 흩어져 주로 농사와 목축을 하며 여러 국가를 이루었다 하였다. 唐代에는 또 '九姓胡' 혹은 '胡'라 하였는데 西文으로는 '粟特(Sogdians)이라 하였다. 후에 부분적으로 돌궐과 당의 통치 를 받았으며 8세기에 大食에 의해 망하였다.

19 康國은 우즈베키스탄 Samarqand 일대에 있었으며 昭武九姓의 중심이었다. 세 명의 大臣이 國事를 다스렸으며 병력이 강하였고 戰士(즉 赭羯)가 많았다. 唐 高宗 영휘연간에 그곳에 康居都督府를 두고 그 왕 부르한을 도독으로 삼았다. 696년에 武則天은 大首領 篤娑体提 를 康國王으로 봉하였다. 712년에 大食이 그 城國을 파괴하자 烏勒伽왕은 투항하고 조약을 체결하였다. 719년에 다시 당에 表를 올려 도움을 청하고 大食에 반항하였다. 744년에 당은 그 아들인 강국왕 咄曷을 欽化王으로 봉하였다.

로, 자그마치 18년이 걸린 대장정이었다.

의정은 주사행, 법현, 현장과 달리 왕복 모두 해로를 선택하였다. 의정은 671년, 광주에서 파사 상선을 타고 팔렘방을 거쳐 인도로 갔다. 그는 인도에서 성지를 순례하고 나란타사에서 10년간 스승을 찾아 배우고 경전을 구하였다. 유학을 마친 그는 685년에 인도에서 실리불서국室利佛逝國[20]으로 가 7년을 머무르며 경전 번역과 찬술에 힘을 쏟았다. 694년, 의정은 25년간의 인도, 팔렘방 유학과 30여국의 순유巡遊를 마치고 배를 타고 광주로 돌아왔다. 그가 가져온 범문 불교전적은 약 400부에 이른다. 그의 찬술인 『남해기귀내법전』·『대당서역구법고승전』은 7~8세기의 인도, 남아시아, 동남아시아 지역의 역사, 종교 연구에 귀중한 사료가 되었다.

한편 의정은 자신의 유학 과정을 『대당서역구법고승전』·「현규전」(玄逵傳)의 뒤, 무행無行·대진大津·정고貞固 등의 전기 중에 기술하였다. 이 책은 비록 단문으로 쓰긴 했지만, 대부분 개개 인물의 출신지와 본관, 서행노선, 각국의 불교 학습 정황, 당시의 불교 사료와 일반사료를 상당부분 포함하고 있다.

이상과 같이 주사행, 법현, 현장, 의정의 구법로를 보면 당시 당에서 서행한 노선은 해로와 육로, 또 두 경로를 모두 이용한 경우로 나뉨을 알 수 있다. 이는 한반도 출신 천축구법승이 이용한 길이기도 하였다.

---

20 Palembang, 혹은 Djambi(占碑, 수마트라 동남부의 도시).

	주사행	법현	현장	의정
往	육로	육로	육로	해로
來		해로	육로	해로

(3) 한국 구법승의 행로

고대 한국의 천축구법승에 대해 기행기별 천축구법승과 전법승의 행적을 사료를 중심으로 분류해 보면 「미륵사사적」(彌勒寺事蹟, 謙益), 「대법주사본말사법」(大法住寺本末寺法, 義信),[21] 『대당서역구법고승전』(아리야발마·혜업·구본·현태·현각·두 무명승·혜륜·현유), 『송고승전』(元表, 無漏), 기타(慧超, 悟眞)로 나눌 수 있다. 그 가운데 초원 실크로드[22]를 이용한 구법승은 아리야발마, 혜업, 현태, 현각, 혜륜, 혜초, 무루, 오진 등이다.

총 15명 가운데 겸익과 의신은 6세기, 아리야발마·혜업·구본·현

---

21 의신에 관한 기록은 553년(眞興王14)에 창건된 속리산 법주사의 설화와 관련된다. 즉 천축으로 구법행을 갔던 신라승 義信이 흰 노새(白騾)에 경을 싣고 돌아와서 이 절에 머물렀기에 사찰명이 法住寺가 되었다 한다. 李能和, 『朝鮮佛敎通史』(하편), 26, ; 『東國輿地勝覽』卷16 ; 『朝鮮寺刹史料』卷上, 「俗離山事實碑」; 愛宕顯昌(1989), 『韓國佛敎史』(臺北: 佛光文化) ; 陳景富(1999), 『中韓佛敎關係一千年』(北京: 宗敎文化出版社), 35-36.

22 'Silk Road'라는 용어에 대해 중국에서는 西域과 실크로드(Silk Road)를 동일한 개념으로 쓰고 있으며, 일본에서는 주로 서역의 개념에 초점을 맞추어 연구하고 있다. 서양에서는 주로 중앙아시아학(Central Asia)의 개념으로 연구되었다. 정수일은 『실크로드학』에서 그 범위를 육로와 해로를 모두 포함한 개념으로 보고 있다. 李春姬(修海, 2009), 「慧超『往五天竺國傳』의 求法行路 硏究」(동국대학교 석사논문), 2, 각주 2) 참조

〈표 III-4〉 천축구법승별 정보

번호	법명	국가	출전	구법시기	불교사상
1	겸익	백제	李能和, 「彌勒佛光寺事蹟」, 『朝鮮佛教通史』(1918년)에 인용	?-526 (聖王4)	戒律
2	義信	신라	李能和, 「大法住寺本末寺法」, 『朝鮮佛教通史』(권 하)	553년 이전	
3	아리야발마	신라	『대당서역구법고승전』·『해동고승전』·『삼국유사』	貞觀年間 (627-649)	律論
4	혜업	신라	상동	貞觀年間 (627-649)	唯識『섭론』/『정명경』
5	구본	신라	『대당서역구법고승전』		
6	현태	신라	『대당서역구법고승전』·『해동고승전』·『삼국유사』	永徽年中 (650-655), 2회入竺	
7	현각	신라	상동	貞觀年間 (627-649)	
8	두 무명승	신라	상동		
9	혜륜	신라	상동	고종(665-674-685?)	구사론, 계율
10	현유	고구려	상동		
11	元表	고구려	『삼산지』·『지제사지』·『지제산지』·『영덕현지』·『송고승전』·『신수과분육학승전』·「보림사사적기」	당 天朝 (684-705)	80화엄, 천관보살신앙
12	慧超	신라	『왕오천축국전』·『일체경음의』	당 현종 (719-727)	밀교
13	無漏	신라	『宋高僧傳』·『佛祖統紀』·『佛祖歷代通載』(권36의 17, 『乾隆大藏經』)	당 숙종 (?-758)	밀교 보승 불신앙
14	悟眞	신라	「大唐青龍寺三朝供奉大德行狀」·唐 海雲集, 「金胎兩界師資相承」	781(建中2년)-789	밀교 나한신앙

태·현각·두 무명승·혜륜·현유는 7세기, 원표는 7~8세기, 혜초, 무루, 오진은 8세기의 천축구법승이다. 그들 가운데는 현각, 혜륜, 현유처럼 중국의 천축구법승과 동행한 경우도 있었으며, 신라의 두 실명승은 임종까지 함께 하였다. 단언할 수는 없지만 나머지 10인의 경우에도 독자적인 구법행을 했다기보다는 몇 명이 함께 구법행을 시도 했을 것으로 보인다. 15인 중 겸익, 의신, 원표는 귀국하였으며, 아리야발마, 혜업, 혜륜 등은 천축에서 입적하였다. 두 실명승은 파로사에서 입적하였고, 현태, 혜초, 무루, 오진은 중국에서 활동하다 입적하였다.

① 아리야발마의 구법로

아리야발마의 행적을 알 수 있는 사료적 근거는 『대당서역구법고승전』·『해동고승전』·『삼국유사』이며 그 내용은 거의 비슷하다. 왜냐하면 각훈은 의정의 『대당서역구법고승전』을 토대로 『해동고승전』을 썼으며, 일연은 『삼국유사』권4, 의해義解 제5「귀축제사」조에서 『해동고승전』의 일부 내용을 인용하고 있기 때문이다.

현장의 구법시기인 정관연간(627-649)에 초원 실크로드를 이용해 천축으로 간 구법승은 아리야발마, 혜업, 현각 등이다. 그들의 구법로도 현장과 거의 비슷하였을 것이다. 당시 그 길이 일반적인 구법로였을 것이기 때문이다.

640년경부터 당과 토번과의 정치적 관계가 가까워져 장안 → 토번 → 네팔 → 천축으로 연결되는 루트가 가장 안정적이었다. 그런데 사실 아리야발마의 구법 시기는 640년 이전일 수도 있고 그 이후일 수도 있기에 그가 어느 길을 택했는지 단정할 수 없다.

아리야발마에 대해서는 처음으로 그를 기록한 『대당서역구법고승전』[23]에 이어 『해동고승전』[24]의 주해서인 『해동고승전연구』[25]에서 가장 자세히 번역하였지만 사료의 부족으로 아리야발마를 연구한 독립된 논문은 없다. 다음 표는 아리야발마의 행적을 전하는 세 권의 책을 비교한 것이다. 천축구법승 중 아리야발마 만이 유일하게 그 행적이 세 권의 책에 다 수록되어 있다.

〈표 III-5〉 아리야발마 관련사료 비교

출전	의정(691년, 당), 『대당서역구법고승전』	각훈(1215년, 고려), 『해동고승전』	일연(1280년 전후, 고려), 『삼국유사』
내용	阿難耶跋摩者, 新羅人也. 以貞觀年中出長安, 之廣脅(王城山名). 追求正教, 親禮聖蹤. 住那爛陀寺, 多閱經論, 抄寫衆經. 痛矣歸心, 所期不契. 出雞貴之東境, 沒龍泉之西裔. 即於此寺無常, 年七十餘矣.(雞貴者. 梵雲矩矩吒瑿說羅.[26] 矩矩吒是雞. 瑿說羅是貴. 即高麗國也. 相傳雲. 彼國敬雞神而取尊. 故戴翎羽而表飾矣. 那爛陀有池. 名曰龍泉. 西方喚高麗爲矩矩吒瑿說羅也)	釋阿離耶跋摩 神智獨悟 形貌異倫 始自新羅 入於中國 尋師請益 無遠不參 瞰憇冥壑 淩臨諸天 非惟規範當時 亦欲陶津來世 志切遊觀 不憚遊邀 遂求法於西竺 乃迴登於蔥嶺 搜奇討勝 歷見聖蹤 夙願已圓 資糧時絶 乃止那爛陀寺 未幾終焉 是時高□僧)專業 住菩提寺 玄恪 玄照 至大覺寺 此上四人竝於貞觀年中有此行也 共植勝因 聿豐釋種 遙謝舊域 往見竺風 騰茂譽於東西 垂鴻休於罔極 非大心上輩 其何預此乎 按年譜 似與玄奘三藏 同發指西國	阿離耶跋摩, 此云聖鎧[27] 新羅人也, 未詳漢名. 以貞觀中(六二七至六四九), 出長安之廣脅(王舍城西北山名) 追求正教, 觀禮聖跡, 住那爛陀寺, 多閱律論, 抄寫衆經, 即殁於該寺, 年七十餘矣(求法傳上).

23 義淨 原著; 王邦維 校注(2004), 『大唐西域求法高僧傳校注』(北京: 中華書局), 40. ; 『대정장』51, 2中.
24 『대정장』 50, No.2065, 『海東高僧傳』卷第2, 京北五冠山靈通寺住持敎學賜紫沙門(臣)覺訓奉 宣撰.
25 장휘옥(1991), 『海東高僧傳硏究』(서울: 민족사), 210-212.

		但不知第何年耳	
특징	특별한 불교사상을 알 수 없음. 무상당無常堂에서 입적함.	외모 묘사, 구법로(蔥嶺) 제시.	불교사상 (율律과 논論을 중시함)

『대당서역구법고승전』에 의하면 아리야발마의 구법행에 대해 정관연간에 장안을 출발하였다고 했을 뿐, 정확한 출발연대는 알 수 없다. 그럼에도 그를 육로를 이용한 승려로 분류한 것은 『해동고승전』에서 그가 총령을 넘었다고 했기 때문이다.

또한 의정은 『대당서역구법고승전』의 신라승려를 기술하는 부분에서 아리야발마를 처음으로 꼽고 있는데, 그 뒤를 잇는 혜업, 현태, 현각 등이 모두 육로를 이용한 것으로 보아 아리야발마 역시 그랬던 것이 아닐까 하는 추측을 할 수 있다.

그 사실을 뒷받침하듯 의정은 아리야발마의 루트에 대해 따로 언급하지 않은 체 바로 중인도의 광협산廣脅山을 서술하고 있다. 그 이유는 의정에게 아리야발마의 천축구법로에 대한 정보가 없어서였을 수도 있지만, 그 보다는 굳이 언급하지 않더라도 당시에는 그 길이 일반적이었기 때문일 수도 있다.

본문중의 '之廣脅'의 '광협'은 왕사성(⑤ Rājagṛha)에 있는 광협산(즉 王城

---

26 서길수는 '구구떼스바라(Kukkuṭeśvara, 矩矩吒醫說羅)'를 고구려라고 주장한다. 서길수(2014), 「高句麗・高麗의 나라이름(國名)에 관한 연구(1) - 서녘(西方)에서 부르는 '계귀(鷄貴)'를 중심으로」, 『고구려발해연구』 50, 119-164.
27 '聖青'라고도 한다. 義淨 著, 王邦維 教注(1988), 『大唐西域求法高僧傳教注』(北京: 中華書局), 41.

山)이다. 왕사성은 지금의 인도 비하르주 파트나시의 동남쪽에 해당되는 곳으로, 붓다 당시 마갈타국의 수도였으며 성도처가 있는 곳이다. 아리야발마는 왕사성의 북쪽에 있는 나란타사에서 머물렀으며 70여 세로 입적[28]하였다고 한다.

『해동고승전』[29]에서는 아리야발마의 구법로에 관해 좀 더 자세하게 전한다. 그가 구법을 위해 신라에서 중국으로 갔으며, 다시 중국에서 총령을 지나 서천축에 갔다는 것이다. 또 그의 연보를 고려해 보면 현장법사와 같은 시기에 서천축으로 갔다고도 하였다.

이로 보아 아리야발마는 전통적인 구법로인 서역도를 이용하였음을 알 수 있다. 의정은 이 길에 대해 간략하게 서술했지만 왕방유의 교주에서는 "당대의 장안에서 출발하여 감숙, 신장을 지나 중앙아시아로 들어가 인도로 간다."라고 상세히 설명 하였다.[30] 이 길은 한漢 대 이후로 중국과 인도간의 가장 중요한 육상교통로로 『대당서역기』, 『대자은사삼장법사전』에 비교적 상세히 기록되어 있다.

그런데 『대당서역구법고승전』에서는 간략히 서술하고 있다. 또 각훈

---

28 아리야발마에 대해 새로운 사실은 찾아내지 못했지만, 그가 70여세로 나란타사에서 임종을 앞두고 머물렀던 곳이 '無常(堂)'이었음을 알 수 있었다. 나란타대학은 남북으로 긴 장방형으로, 그 서북쪽에 입적을 앞 둔 승려들이 머무는 공간인 무상당이 있었다. '無常(anitya, anityat)은 '常住'의 반의어로 '一切의 有爲法은 生滅遷流하여 不常住한다는 뜻이다. 무상당은 延壽堂・涅槃堂・無常・無常院・重病閣 등으로도 불렸다. 『雜阿含經』(권1, 10, 47) ; 『北本大般涅槃經』(권14) ; 『法句經』(권상) ; 『維摩經』(권상) ; 『大智度論』(권19) ; 『瑜伽師地論』(권18) ; 『成唯識論』(권8)) ; 『佛光大辭典』, 5109 등 참조

29 『대정장』50, No.2065, 『海東高僧傳』卷第2, 京北五冠山靈通寺住持敎學賜紫沙門(臣)覺訓奉宣撰, "始自新羅入於中國", '遂求法於西竺 乃遐登於蔥嶺", "按年譜似與玄奘三藏同發指西國, 但不知第何年耳."

30 義淨 原著, 王邦維 敎注(2004), 『大唐西域求法高僧傳敎注』(北京: 中華書局).

은 현장과 아리야발마의 구법행의 시기가 거의 일치하므로 그에 준하여 『해동고승전』에 기록하였을 것으로 보인다.

② 혜업慧業의 구법로

혜업慧業(혹은 惠業) 역시 『대당서역구법고승전』[31] · 『해동고승전』 · 『삼국유사』에 일부 전거가 있다. 그도 정관연간(627-649)에 서역을 거쳐 천축으로 갔다. 『대당서역구법고승전』에서는 혜업의 천축구법로에 대해 '왕유서역往遊西域'이라는 문구로 표현하고 있다. 한편 비슷한 시기에 천축으로 간 아리야발마가 총령을 넘어 갔으며, 바로 다음 절에 나오는 현각玄恪이 현조와 함께 갈 때도 이 길을 이용한 것으로 보아 혜업 역시 그 당시의 대다수가 이용한 육로를 이용했던 것으로 추측해도 큰 무리는 없을 것으로 보인다.

혜업은 우선 붓다의 성도처인 보드가야의 보리사(菩提寺)에 머물며 성적聖跡에 참례한 후 다시 나란타사에서 오랫동안 공부하였다. 보리사는 당시 마갈타국 영토로 비하르주 가야시 남쪽에 있다. 혜업의 구법행에서 알 수 있는 것처럼, 나란타대학에서의 본격적인 유학에 앞서 성지를 참배하는 것이 당시 구법승들의 중요한 목표 중의 한 가지였다.[32]

---

31 『대당서역구법고승전』, "慧業法師者, 新羅人也. 在貞觀年中 往遊西域, 住菩提寺, 觀禮聖蹟. 於那爛陀, 久而聽讀. 淨因檢唐本 忽見梁論 下論云, '在佛齒木樹下新羅僧慧業寫記'. 訪問寺僧, 云終於此. 年將六十餘矣. 所寫梵本 並在那爛陀寺.", 義淨 原著; 王邦維 校注 (2004), 『大唐西域求法高僧傳校注』(北京: 中華書局), 42. ; 『대정장』51, 2中·下.
32 비하르주 가야시 남쪽 부근의 보리사는 붓다가 正覺을 한 금강보좌가 있는 곳으로 菩提伽

『해동고승전』권2[33]의 내용은 위와 거의 비슷한데 "遠入中華, 遂於貞觀年中往遊西域. 涉流沙之廣漠, 登雪嶺之嶔岑"이라 하여 혜업의 천축구법행의 시기와 육로를 통한 구법로를 알려준다.

중국에서는 황제의 영토를 표현하는 구절("六合之內 皇帝之土. 西涉流沙, 南盡北戶. 東有東海, 北過大夏.")이 있다. 천지와 동서남북간을 구획 짓는 것이다. 즉 서변은 사막, 남변은 영남嶺南, 동변은 대해大海, 북변은 대하大夏를 지나는 곳(晉中一帶)으로, 그 구역 내의 사람은 모두 황제의 신하로 복종한다는 말이다.

고대의 '서섭유사西涉流沙'는 지금의 신장 천산天山일대의 광활한 사막지역으로, 유사는 주 목왕 때부터 중국인이 진출한 지역이었다. 그리고 '廣漠'은 '廣大空曠'의 줄임말로 사막과 동의어이다. 따라서 혜업은 타클라

耶·菩提道場·佛陀伽耶·摩訶菩提·菩提場이라고도 한다. 붓다는 항하의 지류인 尼連禪河와 인접한 이곳의 畢鉢羅樹下의 金剛座에서 結跏趺坐하고서 12因緣·4諦法 등을 證悟하고 정각을 깨쳤으므로 필발라수를 菩提樹라고도 한다. 의역으로는 '覺樹'라고 한다.

혜업이 간 이곳의 菩提伽耶大塔은 大覺塔·大覺寺·大菩提寺·摩訶菩提僧伽耶라고도 하는데 보리수 북쪽의 精舍이다. 그 창건 시점의 기원에는 2세기와 4세기의 두 가지 설이 있다. 5세기 초, 法顯도 天竺 순례 시에 이 탑을 보았으며 부근에는 3곳의 가람이 더 있었는데 주지승의 持律이 엄준하여 유명했다고 한다. 6세기 중엽에는 唯識大論師 護法이 나란타사를 떠나 이곳으로 와서 『唯識三十頌』의 釋文을 찬술하였다. 玄奘도 이 탑과 기타 유적에 대해 상세히 서술하였다. 『法苑珠林』(卷29)에 의하면 645년(貞觀19)에 黃水縣令 王玄策이 이곳에 와서 탑의 서쪽에 비석을 세웠다. 현재의 탑은 12-13세기에 미얀마의 왕이 전면 보수한 것이다.

唐代에 이곳을 다녀간 승려로는 玄照·道希·智光·悟空 등, 10여 명에 이른다. 현조는 4년간 주석하며 俱舍·律儀 등을 공부하였다. 智光도 2년간 머물며 俱舍·因明 등을 익혔다. 五代~兩宋 대에는 志義·歸寶·蘊述 등도 이곳에 와서 비석과 탑 등을 세웠다. 보리사에 관해서는 『대당서역기』 권8, 「마갈타국」에 상세히 기록되어 있다.

33 義淨, 『大唐西域求法高僧傳』, "釋惠業 器局沖深 氣度凝深 巉巖容儀 戌削風骨 直辭邊壤 遠入中華 遂於貞觀年中 往遊西域 涉流沙之廣漠 登雪嶺之嶔岑 每以淸暉啓曙 卽潛伏幽林 皓月淪霄 乃崩波永路 輕生徇法 志切宣通 遂往菩提寺 觀禮聖蹤 又於那爛陀寺 寄跡棲眞久之 請讀淨名經 因撿唐本 淹通綸貫 梁論下記云 在佛齒樹下 新羅僧惠業寫記 傳云 業終于是寺 年將六十餘矣 所寫梵本 竝在那爛陀寺焉".

마칸 사막을 넘어 갔음을 알 수 있다.

'嶔岑'은 '고준한 산봉'을 나타내는 말로 총령이나 히말라야 산맥을 넘어 갔을 것으로 추측된다. 그런데 각훈은 이 부분을 나타내며 『대당서역구법고승전』의 도희법사에 관한 일부 구절에서 모방한 것으로 보인다.[34]

③ 현태玄太의 구법로

현태는 한반도 출신 천축구법승으로는 유일하게 인도를 두 번 방문하였다. 또 당으로 가서 활동하였다. 『대당서역구법고승전』(권 上)에 의하면 현태법사의 구법로 역시 현각과 마찬가지로 타클라마칸사막 → 금잠嶔岑 → 토번도吐藩道 → 니파라(네팔, 무스탕 수도 로만탕[35]) → 중인도로 이어지는 차도車道를 이용했음을 밝히고 있다. 단 현태법사의 구법 시기는 영휘연간(650-655)으로, 현각의 구법행 보다 약간 뒤의 일이었다.

그런데 현태법사는 구법행을 마치고 돌아가다가 토곡혼에서 도희법사

---

34 義淨, 『大唐西域求法高僧傳』, 「道希法師」, "(전략) 涉流沙之廣蕩 觀化中天 陟雲嶺之嶔岑 (후략)"
35 토번과 네팔을 이용하는 천축구법로는 무스탕을 거쳐 북인도로 연결되었다. 이 길은 4대 성지인 북인도의 룸비니, 쿠시나가르, 사르나트, 부다가야로 가는 가장 빠른 길이었기 때문이다. 무스탕이란 명칭은 만탕, 몬탕에서 변천한 것으로, 현재는 로왕국과 수도인 만탕을 합성하여 로만탕이라 부르지만 원래 명칭은 만탕이었다. 로만탕은 로왕국의 수도로 '기원의 평원'이라는 뜻이다. 한편 무스탕은 로왕국의 수도 주변, 즉 '검은 강'이란 뜻의 깔리 간다키강의 상류 지역을 의미했다. 무스탕계곡을 통해 천축구법승은 물론, 8세기 탄트라불교의 대가이며 티베트불교의 아버지 파드마 삼바바, 11세기 티베트 불교의 중흥자인 아티샤 존자, 히말라야의 성자 밀라레빠 등 여러 승려들이 천축과 티베트로 갔다. 저지대인 천축은 건조한 고산지대와 달리 각종 바이러스가 창궐해 설사와 이질 등의 질병이 티베트 순례자를 괴롭혔다. 그런 이유로 티베트어로 '설사라는 말이 '인도로 가다와 같은 뜻으로 쓰였다고 한다.

를 만나게 되었다. 현태는 도희법사의 청으로 그와 동행하여 다시 천축으로 가서 대각사를 방문하고 당으로 갔다고 한다.[36] 그 상황에 대해 도희법사편에도 서술하고 있다.[37]

즉 현태는 두 번째 방문에서 토번과 니파라를 잇는 길을 통해, 여러 나라를 거쳐 부다가야의 마하보디사로 왔음을 알 수 있다. 그들이 우연히 만난 토곡혼吐穀渾(313-663)은 토혼이라고도 하며 선비 모용부慕容部의 한 파가 세운 나라이다. 서진에서 당 사이에 기련산맥祁連山脈과 황하 상류에 존재했다. 서진 말에 수령은 무리를 이끌고 부한(枹罕)으로 옮긴 후 청해·감남甘南·사천의 서북지역에 거주하던 강羌·저氐의 여러 부족을 통합하였다. 동진 16국 대에는 청해·감숙 등을 지배하며 남북조 각국과 우호관계를 맺었다. 수隋와는 혼인정책을 맺었으나 당에 정복된 후 청해왕靑海王에 봉해졌다. 당 중기에 토번에게 쫓겨 하동河東으로 갔으며, 당 후기에 퇴혼退渾, 토혼으로 칭해졌다.

수 대에 두 차례 토곡혼을 정벌하여 하원河源·서해西海·선선鄯善·차말且末(Qiemo)의 4군을 설치하였는데 수 말의 혼란기에 점차 토곡혼으로 돌아갔다. 토곡혼이 계속 분쟁지역이 되자 당 초인 635년에 그곳을 정벌하고 모용慕容을 서평군왕西平郡王에 봉하였다. 또 그 아들 모용낙갈발慕容諾曷鉢(?-688)을 하원군왕河源郡王에 봉하였으며 640년에는 화번공주인 홍화공주弘化公主를 보내고 청해국왕靑海國王에 봉하였다. 그의 두 아들은 당의

---

36 義淨, 『大唐西域求法高僧傳』, "永徽年內取吐蕃道 經泥波羅到中印度 禮菩提樹詳撿經論 旋踵東土行至土穀渾 逢道希師覆相引致 還向大覺寺後歸唐國"
37 "(전략)觀化中天 陟雲嶺之嶮岑 輕生殉法 行至吐蕃中途危厄 恐戒檢難護遂便暫捨 行至西方更復重受 周游諸國遂達莫訶菩提 翹仰聖蹤經於數載 既住那爛陀 亦在俱屍國 蒙庵摩羅跋國王甚相敬待 在那爛陀寺頻學大乘 (후략)"

금성공주金城公主, 금명공주金明公主와 혼인하였다.

토번이 흥기하며 영토를 감숙·청해 지역으로 점차 확장하였는데 바로 이 시기에 현태법사가 토곡혼을 지난 것으로 보인다. 663년에는 토곡혼 동부가 토번에 멸망당하여 낙갈발은 양주涼州로 달아났다가 당에 귀속하였다. 당은 그 무리를 영주靈州로 보내어 안락주安樂州를 설치하고 낙갈발로 하여금 안락주 자사刺史로 삼아 세습하도록 하였다.

④ 현각玄恪의 구법로

현각에 대한 기록도 『대당서역구법고승전』·『해동고승전』·『삼국유사』에 남아있다. 지극히 짧은 문장으로만 남아 있는『대당서역구법고승전』의 내용만으로는 현각의 천축구법로를 알 수가 없지만, 다행히 동행했던 현조의 구법로를 통해 알 수 있다.

『대당서역구법고승전』에 의하면 신라의 천축구법승인 현각[38]은 현조와 동행하여 정관연간(627-649)에 대각사에 갔다. 현조는 636년(정관10)에 첫 구법행을 떠나 인덕연간(664-665)에 돌아왔으므로 현각 역시 636년에 천축행을 하였음을 알 수 있다. 다음과 같이 그의 행적이 전한다.

---

38 『대당서역구법고승전』의 입전 순서로 보면 현각에 앞서 求本이라는 이름의 신라승이 있었음에는 분명하지만 본문에는 없고 목차에만 그 이름이 있다. 그를 본문에서 다루지 않은 것은 의정이 구본에 대한 자료를 구할 수 없었기 때문으로 추측된다. 그 밖의 사료에는 구본이 언급되지 않는다. 그리고 그 뒤를 이은 현태는 『해동고승전』에 현대 범(玄大 梵)으로 되어 있다.

현각법사는 신라인이다. 현조법사와 정관연간에 함께 대각사에 가
서 예경하였다. 병이 들어 입적하였다. 나이는 불혹이 넘은 때였다.[39]

현각과 동행한 현조는 신라승과의 인연이 깊었는지 당 고종 대인 665
년에는 혜륜과 동행하여 두 번째 천축구법행을 하였다.[40] 현조는 현각과
동행했을 때는 학승으로서 유학을 간 것이고, 혜륜과 동행한 두 번째 천
축행은 고종황제의 심부름으로 갔다. 현조 일행은 두 번의 구법행 모두

---

39 각훈(1991), 『해동고승전』(서울: 민족사), 215-216. ; [唐]義淨 原著; 王邦維 校注(2004), 『大
唐西域求法高僧傳校注』(北京: 中華書局), 44, "玄恪法師者 新羅人也. 與玄照法師貞觀年
中相隨而至大覺 旣伸禮敬遇疾而亡. 年過不惑之期耳."

40 『大唐西域求法高僧傳』(卷 上), 「玄照法師傳」, "沙門玄照法師者 太州仙掌人也. 梵名般迦
捨末底(唐言照慧)乃祖乃父冠冕相承. 而總髫之秋抽簪出俗 成人之歲思禮聖蹤 遂適京師
尋聽經論 以貞觀年中乃於大興善寺玄證師處 初學梵語 於是伏錫西邁掛想祇園 背金府而
出流沙 踐鐵門而登雪嶺 漱香池以結念 畢契四弘 陟蔥阜而翹心誓度 三有途經速利過睹
貨羅 遠跨胡疆到吐蕃國蒙文成公主送往北天 漸向闍闌陀國 未至之間 長途險隘爲賊見拘
旣而商旅計窮控告無所 遂乃援神寫契伏聖明夷 夢而鹹征 覺見群賊皆睡私引出圍 遂便免
難 住闍闌陀國經於四載 蒙國王欽重留之供養 學經律習梵文 旣得少通 漸次南上到莫訶
菩提 復經四載 自恨生不遇聖幸睹遺蹤 仰慈氏所制之眞容 著精誠而無替 爰以翹敬之余
沈情俱捨旣解對法 淸想律儀兩敎斯明 後之那爛陀寺 留住三年 就勝光法師中百學等論
復就寶師子大德受瑜伽十七地 禪門定漉 亟睹關涯 旣盡宏綱 遂往弶(巨亮反)伽河北 受國
王苫部供養 住信者等寺復歷三年 後因唐使王玄策歸鄉 表奏言其實德 遂蒙降敕 重詣西
天追玄照入京 路次泥波羅國 蒙王發遣送至吐蕃 重見文成公主 深致禮遇 資給歸唐 於是
巡涉西蕃而至東夏 以九月而辭苫部 正月便到洛陽 五月之間途經萬裡 於時麟德年中 駕
幸東洛奉謁闕庭 還蒙敕旨令往羯濕彌囉國 取長年婆羅門盧迦溢多 旣與洛陽諸德相見 略
論佛法綱紀 敬愛寺導律師觀法師等 諸譯薩婆多部律攝 旣而敕令促去不遂本懷 所將梵本
悉留京下 於是重涉流沙還經磧石 崎嶇棧道之側 曳半影而斜通 搖泊繩橋之下 沒全軀以
傍渡 遭吐蕃賊脫首得全 遇凶奴寇僅存余命 行至北印度界 見唐使人引盧迦溢多於路相遇
盧迦溢多復令玄照 及使傔數人向西印度羅荼國取長年藥 路過縛渴羅到納婆毗訶羅(唐雲
新寺)睹如來澡盥及諸聖跡 漸至迦畢試國禮如來頂骨 香華具設取其印文 觀來生善惡 復
過信度國方達羅荼矣 蒙王禮敬安居四載 轉歷南天 將諸雜藥望歸東夏 到金剛座旋之 那
爛陀寺淨與相見 盡平生之志願 契總會於龍華 但以泥波羅道吐蕃擁塞不通迦畢試途多氏
捉而難度 遂且棲志鷲峰沈情竹苑 雖每有傳燈之望 而未諧落葉之心 嗟乎苦行標誠利生不
遂 思攀雲駕墜翼中天 在中印度庵摩羅跛國遘疾而卒 春秋六十余矣(言多氏者卽大食國
也)."

토번, 네팔로 이어지는 길을 이용하였다. 따라서 현각 역시 육로 중에서
도 장안과 토번, 네팔을 잇는 길을 이용하였다.

그런 까닭에 현조의 발걸음을 따라 현각의 구법로를 살펴본다.[41] 현조
는 정관연간(627-649)에 유학을 떠나 장안을 출발, 유사流砂를 건넜다. 철
문鐵門을 지나 설령雪嶺를 통과, 향지香池 → 총부葱阜 → 속리速利 → 토화라
→ 호강胡疆 → 토번국으로 갔다. 641년 이후에 토번국에서 문성공주를
만나서 후원을 받고 니파라(네팔)를 거쳐 북천축에 도착하였다.

그들은 사간타국闍闌陀國(Jullundur, 혹은 Jalandhar)[42]에 가던 중 도적을 만
나 겨우 목숨을 구하고 사간타국에서 4년을 머물렀다. 그곳에서 국왕의
공양을 받으며 경률을 배우고 범문을 익혔다. 그 후 다시 남쪽으로 가서
마하보리사에 도착, 4년을 머물렀다.

그는 구사를 열심히 공부하고 이미 대법對法을 이해하여 율의律儀 양교
를 분명하게 밝혔다. 후에 나란타사에서 3년을 머물렀다. 승광법사勝光法
師에게서 배우고 다시 보사자대덕寶師子大德에게서 유가瑜伽 17지地를 익혔
다. 다시 갠지스강 북쪽으로 가서 점부苫部 왕의 공양을 받았다. 이어 신
자사信者寺 등에서 3년을 머물렀다.

당의 사신 왕현책王玄策이 그에 대해 황제에게 고한 것이 계기가 되어

---

41 현조는 정관연간(627-649)에 장안의 대흥선사에서 玄證師에게서 梵文을 배운 후 유학을 떠
   나 토번을 거쳐 천축에 도착하였다. 현조는 오천축을 몇 년 돌아다니다가 나란타사에서 3년
   을 머물며 많은 것을 얻은 후 다시 토번을 거쳐 귀국하였다. 그런데 그는 인덕연간(664-665)
   에 황명을 받고 다시 천축행을 하였다. 이때 동행한 또 한 명의 신라승이 혜륜이다. 현조는
   이 구법행에서 중인도 암마라파국에서 60여 세에 병으로 입적하였다.
42 이곳에 대해 혜초는 『왕오천축국전』에서 闍蘭達羅國이라 했다. Jalandhar는 고대부터 인도
   편잡지방의 주요 도시로 Jullundur라고도 한다. Satluj강과 Beas강의 사이에 있으므로 '물의 안
   쪽'이라는 의미이다.

현조는 황명을 받고 장안으로 돌아왔다. 이때 현각에 대한 언급은 더 이상 없는 것으로 보아 이미 그가 병으로 입적한 것으로 보인다.

현조는 귀국시에도 네팔을 거쳐 토번으로 가서 문성공주의 환대와 후원을 받고 인덕연간에 당으로 돌아갔다. 당시의 네팔 불교는 릿차비(梨車毗)왕조 앙수벌마益輪伐摩왕(Amsuvarma, 606-621년 재위)[43]의 지지 하에 현저한 발전을 하였다. 이런 사실은 당시 네팔에 사신으로 갔던 왕현책이 그 무렵 창건된 네팔의 대규모 건축물을 보고 매우 찬탄하였던 기록에서 알 수 있다.[44] 앙수벌마왕은 그의 딸 브리쿠티(尺尊)공주를 토번의 송첸캄포(松贊幹布)에게 시집보내었다. 그때 그녀는 석가모니의 8세 시절을 묘사한 등신상과 기타 불교문물을 가지고 갔는데, 이로써 인도에서 카트만두, 라싸에서 장안으로 이어지는 길이 개통되었다. 한편 이 무렵부터 토번에서는 범문 경전의 토번어 번역이 시작되었는데, 그 과정에 네팔의 시라만주屍羅曼殊, 향달香達 등도 참여하였다.

천축구법승 가운데서 네팔을 거쳐 간 승려도 여럿 된다. 우선 현장玄奘

---

43 塔庫里(Thakuri) 왕조를 개창한 鴛輪伐摩는 의역으로 光胄王이라 한다. 栗呫婆왕조의 濕婆提婆(Śivadeva, '吉天') 왕의 封臣이다. 6세기말에 阿毗羅(Abhira)인의 공격을 격퇴한 공으로 수상이 되었다. 濕婆提婆 왕 사후에 스스로 왕이 되어 塔庫里王朝를 건립하였다. 鴛輪伐摩王은 불교를 독신하여 널리 공부하였으며 『聲明論』을 사경하였다. 『大唐西域記』卷7 尼波羅國, '王, 剎帝利栗呫婆種也, 志學淸高, 純信佛法. 近代有王, 號鴛輪伐摩, 唐言光胄. 碩學聰叡, 自製《聲明論》, 重學敬德, 遐邇著聞.' ; 이 때는 토번이 굴기하던 시기로 贊普 松贊干布가 噶爾·東贊域松(祿東贊)과 일백여 명을 이곳에 파견하여 金幣 5枚, 보석을 양감한 琉璃頭盔 등의 예물을 보내어 구혼하였다. 앙수벌마왕은 처음에는 토번이 야만국이고 불교를 믿지 않는다며 그 혼인을 거절하였다. 東贊域松는 강온양공책으로 군대를 거느리고 공격하러 갔더니 마침내 앙수벌마왕은 赤尊公主를 보내기로 했다. 공주는 토번으로 시집가며 不動金剛佛像·慈氏法輪·旃檀度母像·琉璃乞化鉢·金銀器·비단 등을 가지고 갔는데 이것이 불교가 토번에 초전 된 것으로 기록된다.
44 烈維(S. Lévi) 等 著·馮承鈞 譯(2003), 『王玄策使印度記』(北京: 中國國際广播出版社).

은 633년에 카필라성과 납벌니림臘伐尼林에 참례하고 『대당서역기』에 기록을 남겼다.[45] 이 시기에 당의 현조, 도희道希, 도방道方, 도생道生, 말저승가末底僧訶, 현회玄會, 오공悟空(8세기 말)을 비롯하여 신라의 현각, 현태, 혜륜 등이 이곳을 경유하여 천축을 오갔다. 그 중 도생, 말저승가, 현회는 네팔에서 입적하였으며, 현조는 첫 천축행에서 오천축을 주유하고 나란타사에서 3년간 공부한 후 다시 토번을 거쳐 귀국하였다.

신라의 혜초도 현장이 다녀간 후 90년이 지나 카필라성을 방문하였다. 그 시기에 네팔의 왕 습파제바 2세(Ⓢ Śiva Deva)는 725년에서 749년 사이에 세운 비명에서 '濕婆提婆'라는 자기의 이름을 딴 습파제바사濕婆提婆寺를 건축하였고 사찰 내에 비구 승가를 세웠다고 한다. 비명에는 당시 유명했던 '曼納提婆寺', '仰羅㖂哩伽寺', '闍摩寺' 등의 사찰명도 언급되어 있다. 이런 사찰들은 네팔 불교의 중심지이자 토번과 기타 북전北傳 불교 국가들과 깊은 관련을 맺고 있었다.

한편 『해동고승전』에서는 현조와 동행한 현각의 구법행을 다음과 같이 서술하고 있다.[46]

---

45 玄奘, 『大唐西域記』, "劫比羅伐窣堵國, 周四千餘里, 空城十數, 荒蕪已甚……伽藍故基, 千 有餘所, 而宮城之側有一伽藍, 僧徒三千餘人, 習學小乘正量部敎. 天祠兩所, 異道雜居" ; "尼波羅國, 周四千餘里, 在雪山中……伽藍天祠, 接堵連隅. 僧徒二千餘人, 大小二乘, 兼攻綜習."

46 각훈, 『해동고승전』, 「流通」一之二, "釋玄恪 新羅人. 嶷然孤硬 具大知見. 性喜講說 赴感隨機. 時人指爲火中芙蓉也. 常歎受生邊地 未覩中華. 聞風而悅 木道乃屆. 皇目東圻 遂含西笑 心慚中晝. 志要歷參. 比猶月行 午夜任運而轉 或層岩四合 鳥道雲齊. 或連氷千里 風行雲臥. 遂與玄照法師 相隨至西乾大覺寺. 遊滿焰之路 賞無影之邦 負笈精硏 琢玉成器. 年過不惑 遇疾乃亡. 玄照者 亦新羅之高士也. 與恪同科 始終一揆 未詳所卒. 復有新羅僧二人 莫知其名. 發自長安 泛泊至室利佛逝國 遇疾俱亡."

승 현각은 신라사람이다. 대단히 뛰어나 꼿꼿하였으며 큰 지혜와 통찰력을 갖추고 있었다. 성질은 강설하기를 좋아하여 (사람들을) 근기에 따라 감응시켰으므로 그때의 사람들은 (그를) 가리켜 불속의 부용이라 하였다. (그는) 항상 변지邊地에 태어나 중화를 보지 못함을 한탄하였으며 (중국에 관한) 소문을 듣고 기뻐하였다. 마침내 배를 타고 (중국에) 이르러 동쪽 서울을 둘러보고 드디어 부러움을 머금었지만, (중략) 마침내 현조법사와 함께 서쪽으로 (중)인도의 대각사에 이르렀으니 (후략)[47]

현각이 동행한 현조의 제1차 천축구법행은 636년에 시작되었고, 문성공주가 라싸로 간 것이 641년이므로 현조와 현각은 641년 이후에 토번에 도착하였을 것이다. 현각은 천축에서 입적하였고 현조는 664년경에 돌아와 신라승 혜륜과 동행하여 다시 천축으로 갔다.

현조일행은 1, 2차 입축시 모두 라싸에서 문성공주를 만나 후원을 받고 인도로 갔던 것으로 보인다. 한편 토번왕 송첸캄포와 네팔의 공주 브리쿠티는 650년[48]에 전염병으로 세상을 떠났는데, 당 고종은 사신을 보내어 문성공주를 애도하였다.

---

47 각훈(1991), 『해동고승전』(서울: 민족사), 215-216.
48 한편 650년에 현장은 『本事經』 등을 번역하였고 道宣은 『釋迦方志』를 찬하였다.

⑤ 혜륜慧輪의 구법로

천축구법승 혜륜에 관한 최초의 기록은 의정(635-713)의 『대당서역구법고승전』권 상의 마지막 부분에 있는 「혜륜전」(慧輪傳)이다.[49] 고려의 각훈은 그것을 바탕으로 1215년에 『해동고승전』[50]을 썼으며, 일연은 『삼국유사』, 「귀축제사」(歸竺諸師)조에서 혜륜의 법명을 언급하고 있다.

혜륜의 범명은 반야발마般若跋摩(S) Prajñā varman)로 당에서는 '혜갑慧甲'으로 번역했다. 혜륜의 천축구법로를 요약하면 신라 → 복건성 → 장안 → 토번 → 네팔(무스탕 수도 로만탕) → 천축으로 이어진다. 신라에서 태어나 출가한 혜륜은 해로로 복건성[51]으로 갔으며 복건성에서 장안으로 갔다. 혜륜은 665년, 현조 등과 함께 장안을 출발, 카쉬미르국(羯濕彌囉國)에 장년바라문長年婆羅門 노가일다盧迦溢多를 만나러 갔다. 토번을 거쳐 네팔을 지나 북인도에 가는 도중에 당 사신과 동행중인 노가일다를 만났다. 노가일다는 현조에게 서인도 라도국羅荼國에 가서 장년약長年藥을 가져오게

---

49 혜륜 보다 앞서 천축구법로에 오른 신라의 아리야발마·혜업·현태·현각과 두 명의 失名僧은 『대당서역구법고승전』권 上의 4-8번째로 기록되어 있으며, 혜륜은 41번째로 등장한다. 그것은 의정이 그들의 활동 순서에 따라 기록했기 때문으로 보인다.
50 각훈의 『해동고승전』의 내용이 『대당서역구법고승전』과 차이가 있는 것으로 보아 아마 각훈은 고종 33년(1246)에 판각된 『고려대장경』과, 또 다른 책들을 참고한 것으로 보인다. 『대정장』50, No.2065, "釋惠輪 新羅人 梵名般若跋摩(唐云惠甲) 自本國出家 翹心聖境 泛舶而凌閩越 涉步而屆長安 寒暑備受 艱危罄盡 奉敕隨玄照法師 西行充侍 飛梯架險 旣至西國 遍禮奇蹤 寓居菴摩羅波國信者寺 淹住十載 近住次東邊 犍陀羅山茶寺 貲産豐饒 供養餐設 餘莫加也 其北方胡僧往來者 皆住此寺 蜂屯雲集 各修法門 輪旣善梵言 薄閑俱舍 來日尙在 年向四十矣 具如義淨三藏求法高僧傳中"; 김상현(1984), 「海東高僧傳의 史學史的 性格」, 『藍史鄭在覺博士古稀紀念東洋學論叢』, 190-194 참조.
51 이 후 원표도 천축으로 가는 길의 중간 기착지로 복건성을 이용했다. 복건성 영덕현의 지제산(즉 천관산)은 화엄승 원표가 755년 신라로 돌아가기 전까지 약 50여년을 수행하던 곳이기도 하다. 혜초 역시 해로로 입축하였으므로 이곳을 거쳤을 것으로 짐작된다.

하였다. 일행은 부하라(縛渴羅)를 지나 신사新寺(納婆毗訶羅, Navavihara)에 도착, 여러 성지를 참배하였다. 가필시국迦畢試國에 이르러 여래의 정골頂骨에 예배하였다. 신도국信度國에서는 4년을 머물렀고 다시 남천축으로 갔다. 그 후 의정은 나란타사那爛陀寺에서 현조와 만났다. 현조는 대식국大食國의 침입으로 네팔과 토번을 연결하는 길이 막혀 당으로 돌아가지 못하고 중인도 암마라파국庵摩羅跋國에서 60여세로 입적하였다.

의정은 나란타사에서 현조를 만났으며, 자신이 건타라산도사健陀羅山茶寺[52]에 갔을 때는 혜륜이 그곳에 있었으며, 당시 혜륜의 나이가 40세[53]에 가깝다고 하였다. 그것을 바탕으로 의정이 건타라산도사에 간 시점을 통해 혜륜의 출생 시기를 추정해 보면 다음과 같다.[54]

의정[55]은 673년 2월에 동인도 탐마립저국耽摩立底國으로 입축 하였는데,

---

52 碩本에는 '茶'를 써서 建陀羅山茶寺로 되어 있으나, 지금은 麗本·大本·天本·內本을 따라 고쳐 '茶'(씀바귀 도)를 사용, 建陀羅山茶寺라 한다. [唐]義淨 原著; 王邦維 校注(2004), 『大唐西域求法高僧傳校注』(北京: 中華書局), 101.

53 의정, 『대당서역구법고승전』, 「혜륜」, "惠輪師者 新羅人也. 梵名般若跋摩(唐云惠甲). 自本國出家. 戀心聖境 泛舶而淩閩越. 涉步而居長安 奉敕隨玄照法師西行 以充侍者. 旣至西國. 遍禮聖蹤. 居菴摩羅跋國 在信者寺 住經十載. 近住次東邊北方 覩貨羅僧寺 元是覩貨羅人 爲本國僧所造. 其寺巨富 資産豊饒. 供養飡設 餘莫加也. 寺名健陀羅山茶. 慧輪住此. 旣善梵言 薄閑倶舍. 來日尙存 年向四十矣. 其北方僧來者 皆住此寺爲主人也."『대정장』51, 5上.

54 [唐]義淨 原著; 王邦維 校注(2004), 『大唐西域求法高僧傳校注』(北京: 中華書局), 1 ; 253-267.

55 義淨(635-713)은 齊州(지금의 河南)人으로 동진 출가하여 불교와 유교·도교를 공부하였는데, 특히 戒律을 중시하였다. 의정은 법현·玄奘을 앙모하여 뜻을 세우고 高宗대인 671년에 구법의 길을 떠났다. 의정은 성지를 돌아본 후 나란타사에서 10년간 공부하였으며, 685년에 인도를 떠나 다시 室利佛逝國에 가서 7년을 머무르며 경전 번역과 찬술활동을 하였다. 694년에는 광주로 돌아와 695년에 낙양에 도착하였다. 그는 25년간 인도와 南海의 30여 국을 巡遊하며 학문을 구하였고, 약 400部의 梵文佛敎典籍을 구하였다. 귀국 후에는 武則天·中宗·睿宗의 지지 하에 낙양과 장안을 오가며 역경작업을 하였는데, 그가 번역한 경전은 총 68부, 289권으로 그 대부분은 戒律방면의 典籍이다. 그의 대표저술인『남해기귀내법전』과『大唐西域求法高僧傳』은 실리불서에서 저술하였다.『남해기귀내법전』은 그가 보고 들은 인

그곳에서 그는 당승 대승등大乘燈[56]을 만나 온갖 고생 끝에 중천축국 나란타사에 도착하였다. 의정은 그 후 비사리국毗舍離國(북쪽) → 구이나갈拘彝那竭(서북쪽) → 파라나성波羅奈城(서남쪽) → 녹원계령鹿苑雞嶺(동북쪽)을 돌아보며 영취산, 계족산雞足山, 녹야원, 기원정사 등의 불적지를 순례 하였다. 다시 나란타사로 돌아온 의정은 41세이던 675년부터 50세가 되던 684년까지 10년동안 나란타대학에서 공부하였다.

따라서 그가 혜륜을 만난 것은 성적을 순례하고 천축을 답사하던 674-675년으로 보인다.[57] 물론 684년에서 685년 사이[58]에 혜륜을 만났을 수도 있었겠지만 귀국을 앞두고 있던 그가 천축에서 입수한 수많은 경전을 가지고서 여러 곳을 여행한다는 것[59]은 아무래도 부자연스럽다.[60]

도와 南海諸國의 불교정황이나 승려의 일상생활, 승단제도와 수행 규정 등을 기록하였다. 『大唐西域求法高僧傳』은 정관 15년(641)부터 天授2年(691)까지의 구법승의 事跡을 기록한 책이며, 이 두 권은 7-8세기의 인도·남아시아·동남아시아의 역사, 종교 등을 알 수 있는 중요한 자료이다.

56 大乘燈은 愛州(현 베트남 淸化) 출신으로 어려서 부모를 따라 杜和羅鉢底國으로 이주하였다. 출가한 후 장안의 玄奘에게서 구족계를 받고 천축으로 갔으나 탐마립저국에서 강도를 만나 12년간이나 강제로 체류하게 되었는데 그 과정에서 의정을 만나 동행하게 된 것이다. [唐]義淨 原著; 王邦維 校注(2004), 앞의 책, 권 상 참조

57 [唐]義淨 原著 王邦維 校注(2004), 『大唐西域求法高僧傳校注』(北京: 中華書局), 257.

58 김상현은 그 시기를 足立喜六의 글에 따라 685년으로 보고 있지만, 귀국길에 오른 의정이 수많은 경전을 소지한 채 여러 곳을 여행했다고는 보이지 않는다. 김상현, 「17. '머나먼 천축의 길, 보리심 등불삼아 바다를 건너고 사막을 넘다」, ≪법보신문≫(발행호수: 1095호), 2011.5.4.

59 『대당서역구법고승전』에 입전된 다른 구법승들의 경우에도 주로 불적지 답사를 먼저 하고 나서 본격적으로 학업에 매진하였다. [唐]義淨 原著 王邦維 校注(2004), 앞의 책 참조

60 의정은 『대당서역구법고승전』 권 下에서 자신이 10년간 구한 경전의 분량에 대해 기록하고 있는데, 범본 삼장 50여 만송으로, 그것을 한역 하면 약 1,000권에 이를 만큼 방대한 양이었다. 『대당서역구법고승전』 卷 下, "於時咸享二年仲冬 由廣州登船 至佛逝 經留六月漸學聲明 至末羅瑜國 復停兩月 轉向羯荼 至十二月乘王舶 漸向東天矣. 約六七三年春初達耽摩立底國 即東印度之南界也.……十載求經 方始旋歸 還耽摩立底 ……於此升舶 過羯荼國 所將梵本三藏五十餘萬頌 唐譯可成千卷 權居佛逝 不遑還本國 必因西南風已息 計停佛逝有六年"

혜륜은 천축에서 불교유적지를 참배하였고, 암마라파왕국에 있는 신자사信者寺[61]에 10년간 머물며 수행하였다. 스승 현조는 신자사에서 673-674년 사이에 60여 세의 일생을 마쳤다. 그 후 혜륜은 그곳에서 동쪽에 있는 건타라산도사建陀羅山茶寺로 옮겨서 살았다. 이 절은 북방의 토화라 승려들이 머물며 공부하던 곳으로, 공양이나 살림이 매우 여유로웠다고 한다. 당시 북방에서 유학 온 승려들은 모두 이곳에 머물렀는데, 혜륜은 그곳에서 의정과 만난 것이다. 혜륜이 당, 혹은 신라로 돌아올 계획이 있었는지는 알 수 없지만 그 무렵 토번 지역의 국제관계가 악화되어 토번·네팔로를 이용할 수 없었다.

혜륜이 천축구법행을 시작한 665년은 신라, 고구려와 당의 교류사에서 가장 활발하고 긴밀한 시기중의 하나였다. 특히 655년에는 당과 고구려 간의 직접적인 충돌이 여러 차례 있었다.[62]

그런데 혜륜의 구법행은 신라를 출발한 순간부터로 보아야 하므로 사실 언제부터로 잡을지 추측하기 쉽지 않다. 그가 의정을 만난 674년에 40세 가까이 되었다면, 현조의 천축행에 동행한 665년에는 30세 전후의 나이였을 것이며 그의 입당은 660년을 전후한 시점이 될 것이다.

---

61 『대당서역구법고승전』 卷下의 「智弘傳」에 의하면 신자사는 신자도량이라고도 하며 소승을 전공하는 소승불교 사원이었다고 한다. 지홍은 왕현책의 조카로 그 역시 對法과 俱舍에 밝았다고 한다. 이로 보아 당시 당에서 온 유학승들이 주로 이곳에서 공부했으며, 공부한 내용도 짐작 할 수 있다. 그러나 그 정확한 위치는 알 수가 없다. [唐]義淨 原著; 王邦維 校注 (2004), 앞의 책 (北京: 中華書局), 179. ; 卷上의 지행법사도 신자사에 머물다 입적하였는데 갠지스강의 북쪽이라 한다. 「智行法師傳」, "智行法師者 愛州人也. 梵名般若提婆(唐云慧天)泛南海詣西天 遍礼尊儀 至殑伽河北 居信者寺而卒 年五十余矣."

62 『資治通鑑』, 卷199, "高麗與百濟 連兵 侵新羅北境 取三十三城 新羅王金春秋遣使求援. 二月乙丑 遣營州都督程名振 左衛中郎將蘇定方發兵擊高麗.", 6287.

『대당서역구법고승전』(권상),「병서」(並序)의 마지막 부분[63]에 의하면 혜륜은 674년경에 의정에 의해 관찰된 후, 685년에도 여전히 살아 있었음을 알 수 있다.

혜륜이 장안에서 이용했던 천축 구법로도 육로였다. 당 태종 대인 638년에 송첸캄포는 당과 전쟁을 일으켰고 태종은 640년, 화친의 조건으로 종실의 문성공주를 토번으로 보내기로 하였다.

토번의 요구로 이루어진 황실의 종녀 문성공주의 하가下嫁는 토번으로 가는 새로운 길을 만들어냈다. 문성공주의 혼사에 의해 장안에서 라싸까지의 약 3,000킬로미터에 이르는 '황금로'이자 '혼인로'인 '당번고도唐蕃古道'가 개척되었던 것이다.[64] 641년에 문성공주는 송첸캄포와 결혼하며 당과 토번의 옹서翁婿관계는 약 200년간 이어진다.

의정은 『대당서역구법고승전』에서 첫 순서로 기록한 「현조」 편에서 토번까지의 루트[65]를 말해 주고 있다. 태주太州의 현조법사는 범명梵名이 반가사말저般伽舍末底로, 장안 대흥선사의 현증玄證법사에게서 범어를 배웠

---

63 『대정장』51, No.2066, "(전략)右總五十六人. 先多零落. 淨來日有無行師道琳師慧輪師僧哲師智弘師五人見在計. 當垂拱元年. 與無行禪師執別西國. 不委今者何處存亡耳."
64 문성공주의 혼인 행렬을 따라 답사한 책을 통해 행적을 따라가 보면 渭水北岸의 馬嵬驛 → 武功驛 → 扶風 → 岐山 風翔 → 大震關 → 天水 → 伏羌縣 大像山 → 水帘洞 → 武山驛 → 渭源 → 臨洮 → 臨夏城(河州) → 風林關 → 大河家 → 黃河 건넘 → 靑海官亭鎭 → 祁連山 → 古鄯鎭 → 民和縣 → 鄯州 → 平安驛 → 西寧 → 蓮花山 塔爾寺 → 佛兒涯 → 日月山(赤嶺) → 靑海湖 → 吐谷渾 → 大非川 → 暖泉驛 → 烈漠海 → 扎陵湖 → 鄂陵湖 → 星宿海 → 瑪曲(孔雀河) → 巴顔喀拉山 → 淸水河 → 通天河 直門達渡口 → 勒巴溝 → 玉樹州 → 雜多縣 → 査午拉山口 → 那曲 → 羊八井 → 拉薩로 이어진다. 이 길은 구법승들이 라싸까지 간 길과 거의 일치하였으리라고 생각된다. 白渔(2004), 『唐蕃古道』(北京: 中國靑年出版社) 참조
65 [唐]義淨 原著; 王邦維 校注(2004), 『大唐西域求法高僧傳校注』(北京: 中華書局), 9-10. 한편 『남해기귀내법전』에 의하면 이 루트를 통해 천축행을 한 승려는 약 10명에 이르는데, 그들 중 현조 같은 이는 문성공주의 후원을 받기도 했다.

다.[66] 그는 혜륜과 동행하여 마지막으로 천축에 가는 길에도 문성공주를 만나 후원을 받았다.[67]

또한 이 길의 개통에 약간 앞서, 토번국왕과 네팔 공주와의 혼인을 통해 라싸에서 네팔과 천축으로 이어지는 새 길도 개통되었다. 이 길을 통해 전도승과 구법승, 상인과 사신들의 발걸음이 당과 천축, 토번, 네팔로 이어졌다. 이렇게 송첸캄포왕과 문성공주, 브리쿠티공주와의 결혼으로 당과 토번, 네팔은 한 가족처럼 화친하였고, 당과 토번, 네팔, 천축 간의 경제·문화 교류를 크게 촉진시켰다.[68]

신라승 혜륜의 구법로는 이상과 같이 신라에서 복건성, 장안, 토번, 네팔로 이어지는 긴 여정을 거쳤다. 마침내 꿈에도 그리던 '고향으로 돌아간(歸竺) 혜륜은 천축의 여러 곳에 그 자취를 남겼지만, 건타라산도사에서 그 이상의 흔적이 끊어졌다.

---

66 현조에 관한 나머지 기록은 다음과 같다. "背金府而出流沙, 踐鐵門而登雪嶺, 漱香池以結念, 畢契四弘 ; ……途經速利, 過睹貨羅, 遠跨胡疆, 到土蕃國 (吐蕃). 蒙文成公主送往北天(北天竺), 漸向闍闌陀國……後因唐使王玄策歸鄕, 表奏言其實德, 遂蒙降敕旨, 重詣西天, 追玄照入京.路次泥波羅國, 蒙國王 發遣, 送至土蕃, 重見文成公主, 深致禮遇, 資給歸唐". [唐]義淨 原著; 王邦維 校注(2004), 『大唐西域求法高僧傳校注』(北京: 中華書局), 9-10.

67 陳景富(1999), 『中韓佛敎關系一千年』(北京: 宗敎文化出版社).

68 이 루트에 대해서는 『釋迦方志』를 참조할 것. 『대정장』51, No.2088, 『釋迦方志』, "其東道者, 從河州(今甘肅臨夏) 西北渡大河(黃河), 上漫天嶺, 減四百里至鄯州(今靑海樂都). 又西減百里至鄯城鎭(今西寧), 古州地也. 又西南減百里至故承鳳戌, 是隋互市地也. 又西減二百里至淸海(今靑海湖), 海中有小山, 海周七百餘里. 海西南至吐穀渾衙帳. 又西南至國界, 名白蘭羌, 北界至積魚城, 西北至多彌國. 又西南至蘇毗國.又西南至敢國(拉薩西北). 又南少東至吐蕃國, 又西南至小羊同國. 又西南度口旦蒼 法關, 吐蕃南界也.又東少南度末上加三鼻關, 東南入穀, 經十三飛梯·十九棧道. 又東南或西南, 緣葛攀藤, 野行四十餘日, 至北印度尼波羅國."

⑥ 무루의 구법로

신라국 왕자 출신의 천축구법승 무루無漏(?-758, 혹은 762)는 750년대에 천축구법행을 시작하였다. 그의 행적은 『송고승전』·『불조통기』(佛祖統紀, 권40)·『불조역대통재』(권13)·『신승전』(神僧傳, 권8)·『신수과분육학승전』(新修科分六學僧傳, 권28)의 「증오과」(證悟科)·『고금도서집성』(古今圖書集成)·『융흥불교편년통론』(隆興佛教編年通論, 권17) 등에서 찾아 볼 수 있다. 찬영은 『송고승전』의 정전正傳에 531명, 부附에 125명의 승려를 기록하였는데 무루는 그 중 「감통편」(感通篇, 제21권)의 4에서 일곱 번째에 「당삭방영무하원무루전」(唐朔方靈武下院無漏傳)이라는 제목으로 편제되어 있다.

당대의 신승神僧인 무루는 왕자라는 특수한 신분임에도 불구하고 신라를 떠나 천축에 가고자 했다. 무루의 구법 시기인 당 현종 재위기(712-756)는 의정, 혜초 등의 경우처럼 해양실크로드를 이용한 시기를 지나, 다시 정관연간의 주요 구법로였던 초원과 사막을 이용 하던 때였다. 『송고승전』에 의하면 무루는 당 현종(712-756 재위) 대에 신라에서 배를 타고 중국으로 가서, 오천축을 유람하고 8탑에 예불하고자('欲遊五竺, 禮佛八塔') 사막을 건너 총령까지 갔다고 한다. 그런데 무루는 그곳의 한 사찰에서 특별한 체험을 통해 자신의 길이 당에서의 교화에 있음을 깨닫고 천축행을 그만 두기로 했다. 그 후 그는 당으로 돌아오다가 영무靈武의 하란산賀蘭山 백초곡에 띠집을 짓고('遂入其中, 得白草穀, 結茅棲止') 은거, 수행하였다고 한다.

후에 무루는 영무에서 즉위한 숙종에게 발탁되어 내사內寺에서 국가의 안녕을 위한 기도를 하였다. 숙종은 영무(靈州, 현 寧夏 吳忠市)에 있는 행재行在에서 무루와 불공 삼장을 비롯한 백여 명의 승려를 모셔놓고 국가를 위한 기양祈禳을 하게 하였다. 무루는 안사의 난이 잦아들자 숙종과 함께 장안으로 가서 궁궐의 내사에 머물렀다.

그런데 신승 무루는 장안에 온지 얼마 되지 않아 여러 가지 이적을 보이고 입적하였다. 한편 무루는 숙종에게 자신을 원래 머물던 곳에 안장해 줄 것을 유표遺表로 남겼다. 숙종은 그 뜻을 받들어 무루의 유체를 영무의 회원현懷遠縣에 안치시켰다.

이상의 과정을 본다면 무루는 엄밀한 의미에서 천축 땅을 밟아 본 것은 아니므로 천축구법승이 아니라고 볼 수도 있다. 그러나 그의 구법의 의지는 천축에 있었으며, 또 일단 실행에 옮겼으므로 구법승의 대열에 충분히 합류시킬 수 있다. 무루가 머물던 영무는 당, 송 초의 실크로드의 동단東段 북도北道로 나뉘는 영주도靈州道로, 당시의 유일한 육로 통도通道였다.

실크로드상의 중요한 교통의 요지인 영무는 종교문화가 발달하여 진晉·당 시기에 이곳에서 고승대덕이 많이 배출되었다. 『송고승전』에 입전된 고승만 해도 4명에 이르는데 영무 하원下院 무루, 영복사永福寺 도주道舟, 용흥사龍興寺 증인增忍, 광복사廣福寺 무적無跡이 그들이다.

당 개원연간에 추진된 동서간의 경제와 문화 교류로 대규모의 외국사절, 서역상인, 승려, 기타 종교의 전교사傳敎士 등이 실크로드를 오고갔다. 이 영주도로 인해 당말의 삭방 요충지는 서북 국제 교역의 중심지가 되었다. 서역의 상인들은 앞 다투어 영주로 와서 물건을 매매하였다. 특히 영주도 주변에 분포된 수많은 유목지로 인해 오대 시기에 영주의 차와 말(茶馬) 시장 교역량은 규모가 매우 컸다. 영주 시장에서는 영양각羚羊角·파사금波斯錦·대붕사大硼砂·상아·유향·화전옥 등이 교역되었다. 서역상인들은 중국의 비단·자기·차·칠기 등을 사 갔다. 그러다 보니 영주로는 육로를 이용한 천축구법승들이 반드시 통과하는 길이기도 했다.

당말~송초에도 영주는 천축으로 가는 경로로, 명대 오승은의 소설『서유기』의 배경이 되기도 하였다. 또 영주도에 대한 다음과 같은 기록도 살펴 볼만하다.

938년에 후진의 고조高祖 석경당石敬瑭은 창무군절도판관彰武軍節度判官인 고거회高居誨를 우전에 파견하였는데 고거회는『사우전기』(使于闐記)에서 이 사절단이 장안에서 영주를 지나 우전에 도달하는 과정을 기록[69]하였다. 그들은 엽성葉盛에서 서쪽으로 30리를 가서 청동협대패青銅峽大壩에 도달하였다. 그곳에서 계속 서쪽으로 간 후 사막이 보이기 시작하자 자신들이 통과한 지명을 세요사細腰沙, 신점사神點沙, 삼공사三公沙 등으로 나누어 불렀다.

또 송 범성대範成大의『오선록』(吳船錄)[70]에 의하면 964년, 개봉開封 천수원天壽院의 계업繼業 등이 봉조奉詔하여, 300명의 승려를 인솔해서 천축에 경전을 구하러 갈 때도 이곳을 통과하였다. 그들은 감숙성 무도武都를 출발하여 영주를 거쳐 황하를 지나 지금의 중위中衛 서쪽인 하서주랑에 진입하였다. 계업은 갖은 고생 끝에 12년 후『열반경』(42권)을 가지고 왔는데 경권 뒷부분에 그 노정을 기록하였다. 그것을『서역행정』(西域行程)이라고 한다.

또 런던박물관 소장의 돈황 유서遺書『서천로경』(西天路竟)[71] 사본에 의

---

69 高居誨,『使于闐記』, "……自靈州過黃河, 行三十里, 始涉入黨項界."
70 본고 48쪽, 각주 36) 참조.
71『西天路竟』은 런던박물관에 돈황 사본(S·0383)이 있는데 북송 乾德 4년(966)에 승려 行勤

하면 북송 966년, 고승 행근行勤이 157명의 승단을 이끌고 장기간에 걸쳐 경을 구하기 위해 천축으로 갔다고 한다. 그때 동행한 한 승려가 그 과정을 기록하였는데 그 중 영주와 관련하여 "동경(즉 洛陽)에서 영주까지는 4,000리 이다. 영주에서 서쪽으로 20일을 가면 감주, 다시 서쪽으로 5일을 가면 숙주(현 酒泉市 동부)에 닿는다."고 하여 영주도를 설명하고 있다.

이탈리아의 마르코 폴로도 1275년에 영주를 지났다. 그는 무위武威에서 출발하여 8일 동안 300여 리 되는 텡그르(Tengger)사막을 지나 중위中衛에 도착하였다. 당시 중위에는 황하수역黃河水驛이 개통되어 마르코 폴로 일행은 배를 타고 불과 3일 만에 서하西夏의 도성인 흥경부興慶府[72]에 도착하였다.[73]

등 157인이 서역으로 구법행을 하며, 그 중 한 승려가 기록한 것이다. 『繼業行程』·『宋史』·『佛祖統記』 등에 인용되어 있다. 『西天路竟』, "東京至靈州四千里地, 靈州西行二十日至甘州, 是汗王. 又西行五日至肅州……."

72 興慶府는 서하의 수도로 현재의 寧夏 銀川인데 구법승 무루의 유체가 모셔진 곳은 靈州(현 靈武 西南) 懷遠縣이다. 그런데 北宋 초에 廢縣하고 鎭을 설치하였다. 1020년에 李德明이 大臣 賀承珍을 파견하여 성을 쌓고 궁궐을 조성, 이곳에 定都하고 興州라 하였다. 이어 李德明의 아들 李元昊(西夏 景宗)가 즉위하고 1033년에 다시 宮城을 넓히고 殿宇를 지었으며 興州를 興慶府라 하였다.

73 그 때는 이미 서하가 멸망한 지 45년 후로 元朝는 그곳을 中興府路라 개명하였다. 마르코 폴로는 그곳을 Egrigaia 지방이라고 했다. 도시와 농촌이 많으며 도읍은 Calacian이라 했는데 이것은 곧 하란산이다. 산명을 도읍명으로 오기한 것으로 보아 傳聞地로 보기도 한다. 마르코 폴로는 靈州 특산인 毛氈에 큰 관심을 가졌다고 한다. 그는 흰 낙타의 털로 만든 낙타털 카페트(氈)가 세계에서 가장 아름다운 氈이라며 상인들이 거란이나 세계 각지에 많이 팔았다고 하였다. 마르코 폴로·김호동 譯(2002), 『동방견문록』(서울: 사계절), 203-204.

⑦ 원표·혜초의 구법로

화엄승 원표의 경우에는 구법행의 목적이 성지 순례와 경전의 입수에 있었는데, 그가 구하고자 한 경전은 범본, 80권 본『화엄경』이었으므로 최종 목적지는 나란타대학이 아닌 타클라마칸 사막의 서남부에 있는 우전[74]이었다. 한편 그의 신앙은 『화엄경』천관보살신앙이었으므로 구법승 원표에게 있어서는 비단 붓다의 8대 성지뿐 아니라 천관보살이 거처하는 스리랑카, 인도의 우선니국, 중국 복건성 영덕현의 천관산도 소중한 성지였을 것이다.

'천관天冠'이란 범어 차이티아(Ⓢ caitya)의 의역으로, 산의 정상이 기암괴석으로 형성되어 있어 멀리서 보면 마치 왕관을 쓰고 있는 것 같다. 그래서 그것을 '탑산·보관' 혹은 '비로관'이라고도 하며 '머리를 장식하는 것'·'적집'·'취상聚相'·'공덕취산'·'상산'·'우두산' 혹은 '취산'이라고도 한다. 음역으로는 '지제支提'라고 한다.[75]

---

74 『華嚴經』을 편집한 곳은 斫句迦(즉 新疆의 Karghalik)로, 이곳에 10만 頌의 大經이 있다는 전설이 있는데, 그곳은 바로 于闐國이다. 石井教道(1978), 『華嚴教學成立史』(京都: 平樂寺書店), 154.

75 '천관산은 caitya의 의역이고 '지제산은 음역이다. 두 용어의 혼란을 막기 위해 의미를 규정해야 할 필요가 있다. 첫째는 보통명사로서의 '천관산, 혹은 '지제산이다. '天冠'·'支提'·'塔山' 등은 동의어이며, 독특한 산세에서 비롯된 용어로 '천관보살의 주처지'를 말한다. 따라서 스리랑카·인도·우전·중국·한국의 천관보살 주처지를 모두 '천관산, 혹은 '지제산이라고 부를 수 있다. 둘째는 고유명사로서의 '천관산, 혹은 '지제산이다. 스리랑카의 미사가산, 우전의 皇冠峰, 중국의 지제산, 한국의 천관산 등으로, 모두 천관보살의 주처지임에는 동일하지만, 나라마다 고유의 이름이 있다. 우리나라의 지제산인 장흥 천관산에는 천관사·지제사·탑산사 등, 89개의 사찰이 있었다고 하는데, 그 세 사찰명은 동일한 의미의 다른 표현이다. 따라서 이들 중 어느 곳이 원표가 창건한 사찰인지, 혹은 또 천관사가 다른 곳에 있었는지, 현재로서는 알 수 없다.

그러므로 원표의 천축구법로는 육로와 해로 두 가지가 다 가능하다. 여러 상황을 종합적으로 추정해 보면, 원표가 해로로 서행하여 각지의 천관산을 순례하고 천축으로 들어간 후 북행하여, 우전국으로 가서 경을 구하고, 다시 육로로 복건성까지 오는 코스를 택했을 것으로 보인다.

왜냐하면 그가 이미 천관보살 주처지로서의 복건성 영덕寧德의 지제산의 존재를 알고 있었고, 또 그의 구법시기(684-705)는 의정이 당으로 돌아온 시점(695)과 거의 일치하는데, 당시의 일반적인 동서교역로는 해로가 중심이었기 때문이다.

영덕의 지제산은 복건성의 해안에 있어 비교적 접근하기가 용이한 위치에 있다. 또 스리랑카의 지제산(미사가산)은 아소카왕의 아들인 마힌다와 딸 상가미타가 전법을 위해 처음 발걸음을 내디뎠다는 전설이 있는 곳으로, 지제산(천관산)의 원조격이다. 그 후 원표는 다시 바다를 건너 인도로 가서 데칸고원에 있는 인도 우선니국의 지제산을 참배한 후, 북진하여 마침내 우전의 지제산으로 가서 그가 원하던 경전을 구하였을 것으로 추정된다.[76]

그 후 원표는 사막을 지나 중국으로 돌아와 남쪽의 복건성으로 가서 지제산 나라연 동굴에 머물며 조석으로 『화엄경』을 염송하였다. 원표의 구법행의 최종 목적지가 우전이었으며 그 다음 수행처는 영덕의 지제산이었으므로 그의 동래東來 과정에 사막로는 선택이 아닌 필수였다.

다음으로는 혜초의 구법로를 살펴본다. 혜초의 구법로에 관해서는 여

---

76 桂美香(2012), 「高句麗 元表의 『華嚴經』拏來 考察 : 生涯와 求法을 中心으로」(동국대학교 석사학위 논문).

러 편의 연구[77]가 있다. 혜초는 신라를 떠나 당의 광주에서 금강지, 불공 등을 만났고, 그들과 헤어진 후 해로로 천축으로 갔다.[78] 그가 광주에서 스승들을 만난 것으로 보아 애초부터 해로를 이용해 천축으로 가려했음을 알 수 있다.

의정이 671년 11월에 광주에서 탄 페르시아상선이 실리불서에 도착한 것은 12월이었다. 의정은 그곳[79]에서 반년 간 머물며 범어를 익혔다. 이어 실리불서왕의 후원으로 말라유국으로 왕의 배를 타고 가서 2개월을 머물렀다. 그 후 게도국으로 갔으며 같은 해 12월에 왕의 배를 타고 북행하여 10여일 만에 나인국을 통과하였다. 이듬 해 2월 8일에 동인도 탐마립저국에 도착하였다.

의정의 행적을 통해 원표나 혜초가 천축으로 간 해로도 짐작할 수 있다. 의정이 광주를 출발하여 동인도 탐마립저국까지 가는데 소요된 전체 시간은 1년 3개월에 이른다. 당시 사람들은 계절풍을 이용한 정기적인 상선을 이용하였으므로 노정에 큰 차이는 나지 않을 것으로 보인다. 인도양이나 중국남해상의 계절풍은 5-9월에는 서남풍이, 10-4월에는 북동

---

77 고익진(1984), 『韓國古代 佛敎思想史 硏究』(동국대학교 박사학위 논문) ; 정수일(2004), 「혜초의 서역기행과 『왕오천축국전』」, 『한국문학연구』20 No.-. ; 정수일 옮김(2008), 『혜초의 왕오천축국전』(서울: 학고재) ; 이춘희(2009), 「慧超『往五天竺國傳』의 求法行路 硏究」(동국대학교 석사학위 논문) ; 정병삼2010), 「혜초가 본 인도와 중앙아시아」, 『동국사학』49 No.-. ; 정병삼, 「慧超의 활동과 8세기 신라밀교」, 164-166. ; 拜根興(2008), 「入唐求法 : 鑄造新羅僧侶佛敎人生的輝煌」, 『陝西師范大學學報』(哲學社會科學版).

78 의정의 『대당서역구법고승전』에서는 62명 중 40명(60% 이상)이 해로를 이용해서 천축으로 갔을 만큼 해양로 이용이 일반적이었다. 이주형에 의하면 3~10세기에 천축으로 간 인물 중 북로이용자가 118명, 사천~운남로는 2명, 티베트~네팔로는 13명, 해로 63명이라고 한다. 이주형, 「인도로 간 구법승」, 29-30.

79 수마트라 동남부의 도시인 Palembang, 혹은 Djambi(占碑, Jambi). 원명은 Telanaipura(特拉奈普拉)이다.

풍이 불었다.

혜초의 구법시기가 723~727년까지이므로 721년 11월경에 광주를 출발, 723년 2월경에 탐마립저국에 도착했다고 추정할 수 있다. 혜초의 구법로는 그가 남긴 여행기와 혜림의 『일체경음의』권100에 남아 있는 단어들을 통해 다음과 같이 정리된다.[80]

혜초는 신라 → 광주廣州 → 수마트라 → 탐마립저(인도 동부의 Tamlalipti)[81] → 동인도 → 강가강과 야무나강 일대 불적지 순례, 마갈타국(摩揭陀國) → 바이샬리(毗耶離, Vaisali) 추정 → (1개월 후) 쿠시나가라(拘尸那, Kusinagara,) → 바라나시(婆羅疤斯, Varanasi) → (2개월간 서행) 중천축국 카나우지(葛那及自, Kanauj) → (3개월간 남행) 남천축국(지금의 Nasik) → (2개월간 북행) 서천축국(신드, Sind) → (3개월간 북행) 북천축국 잘란다라(闍蘭達羅, Jalandhara), 수바르나고트라(蘇跋那具怛羅, Suvarnagotra) 전문傳聞 → (1개월간 서행) 탁샤르(咤社, Takshar, 지금의 파키스탄 Sialkot) → (1개월간 서행) 신드구자라트(新頭故羅, Sindh-Gujarat, 지금의 Punch) → (15일간 북행) 카슈미르(迦葉彌羅, Kashmir) 대발로르국(大勃律國, Balor Major, 지금의 Baltistan) · 양동楊同(지금의 카슈미르 동남부와 서티베트) · 사파자娑播慈(지금의 카슈미르 중부 Ladakh) · 티베트(吐藩) 전문 → (카슈미르) 서북 7일 소발로르국(小勃律, Balor Minor, 지금의 Gilgit) → (카슈미르) 1개월 간다라(建馱羅, 지금의 Peshawar) → (3일간 북행) 우디야나(烏長, Uddiyana, 지금의 Swat) → (동북으로 15일) 쿠위(拘衛, Kuwi, 지금의 Chitral) → (간다라) (서쪽으로 7일) 람파카(覽波, Lampaka, 지금

---

80 정병삼(2010), 「혜초가 본 인도와 중앙아시아」, 『동국사학』 49 No.-., 44-45.
81 고병익(1987), 「慧超의 印度往路에 대한 考察」, 『佛敎와 諸科學』, 동국대학교출판부, 873 -887.

의 아프가니스탄 Lagman) → (8일) 카피시(罽賓, Kapisi, 지금의 Kabul) → (서쪽으로 7일) 자불리스탄(Zabulistan, 지금의 Ghazni) → (북쪽으로 7일) 바미얀(犯引, Bamiyan) → (북쪽으로 20일) 토하라(Tokhara) 발흐(Balkh) → (서쪽으로 1개월) 페르시아(波斯) 니사푸르(이란, Nishapur) → (북쪽 10일) 아랍(大寔), 비잔틴제국(大拂臨, Byzantine Empire) 전문, 소그드(Sogd) 호국胡國 6국 전문, 페르가나(跋賀那, Ferghana)·쿠탈(骨咄, Khuttal, 지금의 Khatlan)·투르크(돌궐, Turk, 지금의 카자흐스탄 일대) 전문 → (토하라) (동쪽으로 7일) 와한(Wakhan, 胡蜜)의 서울 이슈카심(Ishkāshim) → 쉬그난(識匿, Shighnan) 전문 → (와한) (동쪽으로 15일) 타슈쿠르간(塔什庫爾干, 渴飯檀; 蔥嶺鎮, Tashukurghan, 지금의 타시쿠르간) → (1개월) 카슈가르(疏勒, Kaharashar, 지금의 카시喀什) → (동쪽 1개월) 쿠차(龜玆, Kucha, 지금의 庫車), 호탄(于闐, Khotan, 지금의 和田) 전문 → (쿠차) (동쪽) 카라샤르(焉耆, Kharashar) → (기록 끝) → (서역북도) → 고창 → 돈황 → 장안(728년)의 루트로 이동하였다.

당은 7세기 중엽에 타림분지를 제압하고 안서도호부를 중심으로 서역의 안정화에 힘썼다. 동서간의 무역도 번창하게 되면서 쿠차는 실크로드 서역북도西域北道의 중심도시이었으므로 혜초가 장안으로 가는 길에 반드시 경유해야 할 곳이었다. 한편 그곳은 약 10~20년 후, 고구려 유민 출신의 고선지 장군[82]이 절도사로 오랜 시간을 보낸 곳이기도 하다.

---

82 불과 20세에 장군이 된 고구려 유민 고선지는 740년경, 2,000명의 병력으로 톈산(天山) 산맥 서쪽의 達奚部를 정벌하고, 747년과 750년의 1, 2차 서역원정에서 당나라의 중앙아시아 지배를 위협하던 토번족과 그의 동맹국인 小勃律國 및 타슈켄트 지방의 石國 등 서역의 여러 나라를 정벌하여 명성을 떨쳤다. 고선지는 751년, 서역 각국과 사라센의 연합군이 석국 정벌에 대한 보복으로 쳐들어오자 다시 7만의 정벌군을 편성하여 탈라스(Talas) 대평원으로 제3차 원정에 출전했다.

혜초의 경우 구법행의 목적이 유학이나 취경 보다는 오히려 불적지를 둘러보는 순례에 있었던 것으로 보인다. 따라서 그는 나란타대학에서의 유학 여부에 대해서는 언급도 하지 않았으며, 서방으로 더 멀리 갈 수 있었으나 당시 대식국의 동진으로 인한 불안한 정세로 더 이상 서행하지 않고 중국으로 발길을 돌렸다.

⑧ 오진의 구법로

밀교승 오진悟眞은 한국 고대의 마지막 천축구법승으로 기록된다. 오진의 천축행의 목적 역시 불적지를 돌아보고 경전을 구하는 것이었다. 오진은 초원과 사막을 건너는 전통적인 구법로를 통해 천축을 다녀온 것으로 보인다. 당시 당과 토번과의 긴장관계가 완화되어 육로이용이 일반적이었기 때문이다. 오진보다 약 30년 정도 앞서 천축행을 한 무루도 초원을 지나 사막을 걸어 총령으로 갔다. 한편 오진은 귀당 중에 동토번 어딘가에서 입적하였으므로 그가 육로로 돌아온 것은 확실하다.

오진의 첫 여정은 소년시절에 신라에서 당으로 가는 길로부터 시작되었다. 삼국시대에서 통일 신라에 이르기까지, 수많은 구법승들이 육로 혹은 해로로 중국으로 갔다. 오진이 어느 길을 이용했는지는 알 수 없지만, 그는 10대의 어린 나이에 밀교의 중심지이자 혜초가 머물던 장안의 대흥선사로 갔다. 그곳의 분위기는 법현 → 현장 → 의정 → 혜초로 이어지는 천축구법행이 하나의 전통처럼 여겨졌을 것이며, 소년승 오진은 그런 분위기에 훈습되어 자연히 선배 구법승의 발자취를 이을 결심을 했을 수 있다.

현장의 구법 시기와 달리, 의정의 구법행 무렵부터는 중앙아시아가 영토 다툼으로 인하여 정치적으로 불안정한 시기에 해당하였다. 따라서 의정은 해양실크로드를 통해 천축으로 갔으며, 금강지, 불공 같은 전도승들도 역시 같은 해로를 통해 중국으로 왔다. 혜초 역시 광주에서 금강지, 불공 등이 온 길을 거꾸로 밟아 천축으로 갔던 것이다.

그런데 오진이 천축행을 한 789년경에는 당과 토번간의 관계가 안정되었기에 문성공주의 혼인 이후 약 140년가량 이어지던 당번고도를 구법로로 택하였던 것으로 보인다.[83]

오진은 어려서부터 대흥선사에서 오랫동안 공부를 하였으며 이후 당의 여러 곳을 주유하다가 경전을 구하고자 789년에 천축구법의 길에 올랐다. 오진이 대흥선사에 머물던 기간은 혜초가 머물던 시기와 겹쳐지므로 그의 구법행에는 혜초의 조언이 없지 않았으리라 생각된다.

당시 오진은 금강계와 태장계를 아우르는 당대 최고의 밀교승 혜과에게서 가르침을 받을 정도로 실력을 인정받은 승려였다. 그럼에도 성공한 승려로서의 안정적인 삶 대신 목숨을 건 천축구법행을 떠났는데 거기에는 선배인 혜초의 영향도 분명 작용했을 것으로 보인다.

한편 소주蘇州의 서원사西園寺에는 오백나한도를 설명한 글이 있는데 그 내용 중 '오진이 대강大江(즉 揚子江)의 남북을 주유하며 고승대덕을 두루 방문하여 학행을 증익 하였다.'[84]는 구절로 보아 오진에게 있어 왕천축행

---

83 오진의 천축행 보다 약 100여 년 전의 의정(671출발-694귀국)이나 690년대 무렵의 元表, 720년대의 혜초 같은 신라승들이 활동하던 시대에는 해상교통의 발전으로 육로보다는 해로가 훨씬 빠르고 안전하여 주 구법로로 이용되었다.

84 『五百羅漢圖及講解』, "悟眞常尊者, 唐代新羅國人, 法號悟眞, 尊者少年時卽來中國硏習佛學知識, 與他同來中國的還有惠日等人. 長期居住在長安大寺, 以學密宗『毘盧遮那經』

과정에서의 어려움은 다른 사람들보다는 비교적 견디기가 쉽지 않았을까 생각된다.

오진의 당에서의 폭넓은 활동반경 만큼이나 그의 두타행, 신이한 행적 등에 관한 소문이 중국 전역으로 퍼져 많은 사람에게 알려져 있었기에 그가 오백나한의 반열에 들 수 있었을 것으로 생각된다.

오진이 중천축으로 간 시기는 789년으로 알려져 있는데 그 후 그가 언제 돌아왔는지에 대한 정보가 없어 생몰년을 추측하거나 구법행의 기간을 추산하기에는 어려움이 있다. 따라서 통상적인 천축구법행이 몇 년씩 걸리는 것을 고려하면 오진은 오히려 오공(790)보다 더 늦게 귀당歸唐하였을 수도 있다. 또 한 가지 추측은 오진이 천축에 간 목적은 경전을 가져오기 위해서이지 나란타대학 등으로의 유학은 아니었던 것으로 보인다.

티베트에서 불교를 적극 홍양한 인물은 금성공주金城公主의 아들로 알려진 티송테첸(赤松德贊, 755-797재위)으로, 그는 왕권을 공고히 하기 위해 구 귀족세력을 압박하는 방법의 하나로 불교를 이용하였다. 그는 연화생대사蓮華生大師(Ⓢ Padmasambhava)와 당의 마하연摩訶衍 선사를 초청, 연화생의 주재 하에 12년(775-787)에 걸쳐 티베트에서 처음으로 삼보를 갖추어 삼예사(桑耶寺)를 세웠다.

그 후 그는 인도의 초암사超岩寺(혹은 超戒寺, Ⓢ Vikramasila)에서 모셔 온 12명의 설일체유부 승려를 의궤사儀軌師로 하고, 보리살타(菩提薩埵)를 친

及諸尊持念教法爲主, 學識廣博, 是當時的名僧之一. 悟眞曾遊訪大江南北, 遍訪高僧大德, 增益學行. 爲了進一步硏究佛法, 於唐德宗貞元五年(789)前往中天竺, 求得珍本『大毘盧遮那經』及『梵夾餘經』, 在返回中國的途中, 圓寂於吐藩(西藏)地區.悟眞尊者勤學不倦, 相求不捨的品德受到廣大僧俗的仰慕."

교사(親敎師)로 삼아 삼예사에서 비로자나(毗如遮那) 등, 이른바 칠각사七覺士라 하는 최초의 티베트인 출가자 7명을 탄생시켰다.

같은 해에 왕비는 삼예사에서 마하연에게 비구니계를 받고 법명을 보리주(菩提主)라 하였다. 그 때 귀족의 부녀 30명도 동시에 출가하여 티베트 비구니출가의 시초가 되었다.[85] 그 후 티베트인의 출가자 수가 늘어 300여 명이 되었는데, 그것은 혜초가 727년에 안서安西에 도착한 지 60여 년 후의 일로, 혜초와 오진의 구법시기에 달라진 티베트불교의 모습을 알 수 있다.[86]

오진은 마침내 성공적인 구법행을 하고 그의 천축행의 주목적이었던 『대비로자나경』과 기타 범본 경전들을 가지고 돌아오다가 안타깝게도 토번의 어딘가에서 입적하였다. 현재 오진을 모신 탑도 비문도 남아있지 않지만, 그의 탁월한 수행력이나 두타행, 박식함 등에 관한 사료가 중국의 어느 지방지나 사지寺志 등에 전하였을 것이다. 또 그것을 바탕으로 이르면 당말, 혹은 오대, 늦어도 송 초에 오백나한의 명호를 정할 때 그를 제479번째 나한인 오진상존자悟眞常尊者로 입전시켰을 것으로 보인다.

---

85 이 내용은 돈황본 『頓悟大乘正理決』의 다음 기록에 의한 것이다. "我贊普夙植善本, 頓悟眞筌, 湣萬姓以長迷, 演三乘之奧旨……於五天竺國請諸婆羅門僧等卅人, 於大唐國請漢僧大禪師摩訶衍等三人同會淨城, 手說眞宗, 我大師密援禪門, 明標法印, 皇後沒盧氏一自虔誠, 劃然開悟, 剃除鬢髮, 披掛緇衣, 朗戒珠於情田, 洞禪宗於定水, 雖蓮花不染, 猶未足爲諭也. 贊普姨母悉囊南氏及諸大臣夫人卅餘人, 說大乘法, 皆一時出家矣."

86 8세기 중엽 이전에는 티베트에서는 불교를 믿지 않았는데, 혜초뿐 아니라 의정도 『南海寄歸內法傳』권2, 「衣食所須」조에서 다음과 같이 말하고 있다. "唯波刺斯及裸國·吐蕃·突厥元無佛法." ; 또 『冊府元龜』권981, 「外臣部」에도 "肅宗元年建寅月, 吐蕃使者來朝請和……使者曰 : 蕃法盟誓, 取三牲揷之, 無向佛寺之事."라 하여 그 내용을 뒷받침 한다.

2) 해로

보통 '실크로드'라는 말을 들으면 우선 육로가 먼저 연상된다. 그런데 사실 한[87]·위 대에는 해상 실크로드를 이용한 교역이 더 일반적이었다. 동한말에 대진大秦도 이 길로 사신을 파견하였으며, 오吳의 손권이 강남을 통치하며 해로의 중요성은 훨씬 커졌다.

남조南朝의 전경傳經 구법승들이 자바(爪哇) 및 바로주(婆羅洲, Borneo), 석란錫蘭(스리랑카) 등으로 가며 이용한 중국의 대표적인 항구는 광주·교지交趾·양안군梁安郡·교주膠州 등이다. 한국 고대의 천축구법승들도 그 항구들을 이용하였을 것이기에 그곳에 대해 간단히 정리해 본다.

우선 광주는 진秦 대부터 군·주·부府가 설치된 행정 중심 항구로 3세기부터 해상실크로드상의 주요 항구 역할을 하였다. 또한 당 대에는 중국에서 가장 큰 항구로 가장 많은 전도승과 천축구법승들이 이곳을 통해 왕래하였다. 광주를 이용한 대표적 구법승은 담무갈曇無竭(法勇)로 그는 서행 구법한 후 이곳을 통해 돌아왔다. 전법승인 구나발타라求那跋陀羅와 진제眞諦, 금강지, 불공도 광주를 거쳐 내륙으로 들어갔다. 법현도 귀국길에 이곳으로 상륙하고자 하였지만 태풍을 만나 산동성 청주靑州에 도착하였다.

교지交趾는 베트남의 하노이(河內)[88]로, 2세기 말 경에 불교가 전래되었

---

87 『한서』·「지리지」, "7군의 가장 남쪽에 있는 日南으로부터는 막혔지만, (광동의) 徐聞과 合浦에서 배를 타고 다섯 달 정도 가면 都元國이 있고 또 넉 달 정도 가면 邑盧沒國이, 또 20여 일을 가면 諶離國, 걸어서 10여 일을 가면 夫甘都盧國, 거기서 배를 타고 2개월여를 가면 黃支國에 닿는다." 광주에서 인도남부의 황지국에 가려면 수마트라 및 버마의 이곳들을 지나야 한다. 石田幹之助(1945), 『南海に關する支那史料』(東京: 生活社), 14-23.

다. 중국의 이주민 사섭士燮(137-226)은 삼국시대에 오나라의 교지 태수라는 공식 직함으로 교지, 구진, 일남 3군을 지배했다. 교지는 3세기에 인도차이나 남부와 중부에서 전성기를 구가하던 참파, 부남扶南과 더불어 교역상들의 주요 통로였으므로 늘 중국, 동남아시아, 인도, 아라비아에서 온 상인으로 붐볐다.

동남아에 퍼져있던 대승불교도 교지를 통해 남중국으로 전파되었다. 강승회康僧會는 교지에서 활동하며 247년에 손권을 불교에 귀의시켰고, 『이혹론』(理惑論)을 쓴 모자牟子가 불교를 배운 곳도 바로 이곳이었다.

교지는 6조 대에는 교주交州[89]의 주도主都로, 226년에 대진大秦의 상인(賈人) 진론秦論이 교지에 도착하자 태수 오막吳邈은 그를 손권孫權에게 보내었고[90] 손권은 그에게 대진의 풍속, 지리 등을 물었다고 한다.

송 대에는 구나발마求那跋摩가 자바에서 홍법弘法하며 명성이 널리 퍼지자 문제文帝는 교주 자사刺使 범해泛海를 칙사로 보내어 그를 영접하게 하였다. 송 원가元嘉 중에는 보도道普가 『열반경』후분後分을 가지러 가기 위해 서행하였으나 교주 일대인 장광군長廣郡에서 난파되어 입적하였다. 교지는 그 이후 6세기까지 흥성하였다.[91]

---

88 본고 63, 각주 3) 참조.
89 交州는 중국 東漢~唐 초기까지의 행정적 명칭으로, 현재의 베트남 중부, 북부, 중국의 광동성·광서성에 까지 이르는 지역을 말한다.
90 『양서』(권54), 「諸夷傳」, "漢桓帝延熹九年, 大秦王安敦遣使自日南徼外來獻, 漢世唯一通焉. 其國人行賈往往至扶南·日南·交阯. 其南徼諸國人少有到大秦者. 孫權黃武五年, 有大秦賈人字秦論來到交阯, 太守吳邈遣送詣權. 權問論方土風俗, 論具以事對. 時諸葛恪討丹陽, 獲黝·歙短人. 論見之曰: 「大秦希見此人.」 權以男女各十人, 差吏會稽劉咸送論, 咸於道物故, 乃徑還本國也.".
91 南宋代에는 河內에 宋平郡을 설치하여 昌國縣까지 통치하였다. 隋代에는 宋平縣을 交阯郡의 治所로 하였다. 唐朝는 621년에 交州의 治所를 宋平縣(즉 河內, 후의 安南都護府)으

양진梁陳의 양안군梁安郡(福建省 南安市 豐州鎭)은 진제가 천축으로 돌아갈 때 이용하고자 했던 항구이다. 『고승전』에 의하면 진晉의 불타발타라佛馱跋陀羅도 교주膠州 일대를 통과하였다. 그는 서북인도의 계빈국罽賓國에서 인더스강을 거쳐 갠지스강의 상류로 나와 갠지스강에 연한 서남으로 간 다음, 갠지스강의 하구에서 비르마(버마)에 상륙, 육로로 캄보디아 해안으로 나와 배로 하노이 근처로 이동, 산동반도로 갔다.[92]

중국의 항구는 아니지만 불서국佛逝國의 팔렘방은 동서 무역상인이나 전법승, 구법승 모두에게 매우 중요한 항구였다. 불서국, 즉 실리불서국室利佛逝國(Srivijaya)은 7~13세기에 수마트라섬에 있던 왕국으로 범어명인 Srivijaya는 '가묘승리佳妙勝利'라는 뜻이다.

수도인 팔렘방(渤淋邦, Palembang, 현 巨港)[93]은 수마트라섬의 동남부에 위치하였으며 말라카해협과 순다해협 가까이에 있었기에 강한 해군력만 있다면 동서교역을 주도할 수 있는 곳이었다. 따라서 전성기에는 그 영향력이 서부 자바, 말레이반도 및 칼리만탄 서부에 까지 미쳐 중국, 인도, 아라비아 국가간의 무역로의 중심지로 번성을 누렸다. 중국과는 오랜 동안 우호관계를 맺었으며 여러 차례 사신을 파견하였다.

당시 스리비자야는 동남아 항해의 중심지이자 종교 전파의 장으로, 또

로 옮긴 후 城池를 만들고 '紫城', 혹은 '(大)羅城'이라고 불렀다. 唐朝 후기에는 다시 靜海軍節度使의 駐地로 삼았다. 624년(高祖 武德7)에 都督府로 개칭했으며 679년(高宗儀鳳4)에 安南都護府로 고쳤다. 이때부터 交州를 安南이라 하게 되었다.

92 『대정장』50, No.2059.

93 Palembang(巨港, 巴鄴旁)은 수마트라섬 동남부의 MUSI河 하류, 수마트라 남부의 최대 규모 항구로 경위도 02°59´N, 104°45´E상에 위치한다. 巨港은 7세기 실리불서국의 발상지로 '舊港'이라고도 한다. 중국에서는 그곳을 宋代 이후로 '三佛齊'라고 하였는데 수도인 舊港은 1659년 네덜란드의 침입으로 불타버렸으며 17세기에는 네덜란드東印度회사가 세워졌다.

동서 간 인적·물적 접촉의 중심지로, 도서부 동남아 항구도시들을 하나의 거대한 세력 하에 통합한 교환과 교류의 중심지였다.

그 무렵 부남국의 세력은 약화되었고, 당은 동서교역에 적극적이었는데 스리비자야는 그런 외적 요인에 의해 흥기하였다. 스리비자야는 항만 시설을 마련하고 시장을 열어 교역선을 유치하였으며 두 해상로에 출몰하는 해적을 단속하여 이용자들의 안전한 항해를 보장하였다. 또한 다른 기항지를 이용하려는 배에 대해 영향력을 행사할 만큼의 강한 해군력을 보유하였다.

스리비자야는 말레이 반도의 도시들을 아우르고 자바를 압도하였으며 11세기까지 번성하다가 13세기에 멸망하였다. 의정은 천축으로 가던 671년에 광주에서 페르시아 상선을 타고 20일 만에 수마트라에 도착, 팔렘방에서 6개월간 범어를 익혔다. 당시 성체로 둘러싸인 도시에는 천여 명의 승려가 있었으며 주로 대승불교였다고 한다. 한편 그는 당시 부남의 불교는 이미 사라지고 있었다고 서술했다.[94] 그는 당으로 돌아오는 길에 팔렘방에 10년이나 머무르며 번역도 하고 두 권의 책(『大唐西域求法高僧傳』·『南海寄歸內法傳』)도 썼다. 혜초도 분명 팔렘방에 일정 기간 머무르며 천축에 대한 정보를 얻고 언어를 익혔을 것이다.

한편 당시 자바 섬에는 보로부두르 사원을 세운 샤일렌드라왕국도 있었다. 샤일렌드라와 스리비자야가 모계 혈족이라는 공통점은 있지만 혜초가 그곳에도 갔는지는 알 수 없다. 그런데 보로부두르 사원은 778년(혹은 776)에 짓기 시작했기에 혜초가 그 모습을 볼 수는 없었을 것이다. 그

---

94 최병욱(2015), 『동남아시아사』(광주: 도서출판 산인), 63-66.

때는 혜초가 장안을 떠나 오대산에서 말년을 보내고 있을 무렵이기 때문이다.

한편 9세기 초에는 교지交趾의 승려들이 경전을 구하기 위해 인도가 아닌 중국으로 구법행을 하는 일이 많아졌다. 교지는 859년부터 866년에 당과 남조南詔[95]의 전쟁에서 주요 격전지가 되었다. 9세기 말, 남조는 교주交州를 점령하고 안남도호安南都護 겸 정해절도사靜海節度使 고병高駢으로 하여금 남조의 침입에 방어하게 하고 나성羅城을 수축하며 교주(河內)는 대라大羅라고 불리었다.

남조는 939년에 중국에서 독립한 후 10~14세기[96]에 이르기까지 불교가 매우 융성하였다. 이 후 하노이는 이李·진陳·후려後黎 등, 제 왕조의 수도가 되었다. 15세기 초에 후려조가 건국되며 유학을 중시하여 불교는 일반인들의 종교가 되었다.

천축구법승들에게 있어서 천축으로 가는 경로는 각각이 처한 시대 상

---

95 南詔國(738-902)은 8세기에 雲貴高原에서 일어난 왕국으로 蒙舍部의 수령인 皮羅閣이 738년(開元26)에 개국하였으며 902년에 한인 權臣 鄭買嗣에 의해 멸망 당하였다. 정매사는 스스로 왕이라 칭하고 大長和國을 세웠다. 남조의 국호는 여러 차례 바뀌었는데 752년에는 大蒙이라 하였으며, 784년에는 異牟尋이 大禮라 고쳤다. 이모심은 794년에 歸唐하며 南詔라 하였다. 860년에 世隆이 叛唐하며 다시 大禮라 하였고 878년에는 隆舜이 개국, 大封民이라 하였다.
　　劍川 石鍾山석굴은 南詔 석각예술의 대표적인 작품이다. 石鍾寺·沙登村·獅子關에 모두 17窟, 139尊의 造像과 碑碣 5通, 造像題記와 기타 44기의 題記가 남아 있다. 造像은 如來佛·관음·天王·大力士 등의 불교관련 소재와, 南詔王·淸平官·승려 등을 소재로 한 것도 있다. 석굴예술은 돈황·티베트·동남아의 영향은 물론 한족 문화의 영향도 보인다.
　　南詔의 불교전래 등에 대해서는 899년에 완성된 『南詔中興二年國史畫』를 통해 일부 알 수 있는데 불교 중에서도 밀교가 통치자의 추숭을 받고 국교가 되었다. 그들은 대형 사찰과 불상을 조성했는데 특히 勸龍晟은 황금 3,000兩으로 3尊佛을 조성하였다. 특히 豊佑의 통치기간(823-859재위)이 불교의 전성기였다.
96 이 400년간 8명의 왕이 출가하였으며 승려를 중용하여 국정에 참여시켰고 불교를 국교로 삼았다. ("百姓大半爲僧 國內到處皆寺")

황에 따라 달리 선택되었다. 그 기준은 '보다 안전하고 보다 빠르게'였을 것임은 현대인의 경우와 다르지 않을 것이다. 그리고 한 가지를 덧붙인 다면 '최대한 많은 불교유적지'를 둘러보는 것이었을 것이다. 천축구법행 자체가 유학이나 취경, 순례를 목적으로 하였기 때문이다.

가장 먼저 천축으로 간 겸익의 경우는 당시 백제 항해술의 발전을 바 탕으로 한 것이었다. 이어 아리야발마, 혜업, 혜륜 등은 당의 정치적 안 정과 토번과의 화친관계 무드에 힘입어 당 → 토번 → 네팔 → 천축으로 연결되는 길을 이용하였다. 그런데 당, 토번과의 관계악화로 그 길이 폐 쇄되자 그 이후의 구법승들은 다시 해로를 택하였다. 원표, 혜초가 그 예 이다. 그러다가 다시 당의 정권 안정에 힘입어 무루, 오진 등은 육로로 서행하였다.

해양 실크로드를 추적할 수 있는 중요한 사료는 혜림의 『일체경음의』 에 수록된 『왕오천축국전』의 단어들이다. 혜림은 혜초의 책에서 특수하 거나 어려운 단어들을 골라 뽑아서 해석을 하였는데 그 단어들과 관련 있는 지역을 추적하면 혜초의 경로가 뚜렷하게 드러날 것이다. 그러나 아직 이 부분에 대한 연구는 충분하지 못하다. 그런데 그 경로는 의정의 『대당서역구법고승전』·『남해기귀내법전』을 통해서 추정할 수 있다.

(1) 겸익과 백제 항해술

백제는 일찍부터 물길이 발달하여 크고 작은 강들은 한강·금강·섬 진강·영산강 등으로 합해져 바다로 유입된다. 백제는 조선술의 역사도 오래되고 조선업도 발달해서 일본뿐 아니라 중국 연해도시와도 해상을

통해 교류하였다. 우리나라 천축구법승의 효시인 백제승 겸익이 최초의
해양 실크로드 이용자인 것은 그런 배경 하에서 더욱 가능한 일이었다.

그런데 그 길은 이미 겸익보다 120여 년이나 앞서 구법행을 한 동진의
법현에 의해 알려진 길이었다.[97] 65세의 고령으로 동진을 출발한 법현은
13년 동안 32개국을 순방하고 78세의 나이로 돌아왔다. 그는 구해온 경
전을 번역하는 중간에 자신의 여행경험을 9,500여 자로 정리하여 『불국
기』(佛國記)를 펴내었다.

이 책은 당시 서역과 인도 역사 연구에 더없이 소중한 자료가 되고 있
으며, 특히 중국 남해南海(동남아시아) 교통사의 보고이다. 왜냐하면 중국과
인도, 페르시아 간의 해상 무역은 이미 동한 대에 시작되었지만 무역에
필요한 계절풍이나 선박에 대한 구체적인 기록이 없었는데 『불국기』로
인해 많은 정보를 얻을 수 있기 때문이다.

한편 백제는 지리적 특수성으로 인하여 중국과의 해상교통이 빈번하
였다. 『송서』(宋書)·「이만전」(夷蠻傳)의 「백제국전」(百濟國傳)에 백제왕 여
영餘映(腆支王)이 424년(少帝 대)에 장사長史 장위張威를 파견하였다고 한다.
또 425년에 송 문제가 백제왕에게 외교적 답신을 보낸 후 백제는 해마다
사신을 파견하고 특산품을 바쳤는데 통계에 의하면 그 횟수가 100여 차
가 넘었다고 한다.

---

97 법현은 천축 유학을 마치고 더욱 많은 경전을 구하기 위해 409년에 獅子國으로 갔다. 그는
   동인도에서 상선을 타고 벵골만을 종단, 사자국에 도착하였다. 사자국에서 소기의 목적을 달
   성한 그는 411년 8월에 다시 큰 상선을 타고 귀국길에 올랐다. 그런데 얼마 후에 배는 풍랑
   을 만나 백여 일을 표류하다가 겨우 耶婆提國(수마트라, 혹은 자바섬)에 도착하였다. 법현은
   이곳에서 5개월을 머문 후 다시 상선을 타고 廣州로 향하였다. 그러나 배는 다시 풍랑을 만
   나 표류하다가 마침내 사자국을 떠난 지 거의 일 년 가까이 지난 412년 7월 14일에 靑州 長
   廣郡의 勞山에 닿았다.

또 『양서』·「백제전」에 의하면 514년, 양 무제(502-549 재위)는 백제의 요청으로 양나라의 명의를 백제에 보냈으며 동시에 백제에서는 양나라에 백제의 유명 약재를 보냈다.[98] 백제왕은 534년(大通6)과 541년(大同7)에 수차례 사신을 파견하고 공물을 바쳤으며(遣使方物), 『열반경의』(涅槃經義)와 모시박사毛詩博士 및 공장화사工匠畫師[99] 등을 청하였고, 또 양 무제는 그것을 보내주었다.

양(502-557)은 6세기에 부남관扶南館을 설치하여 부남의 고승들을 초대, 불경을 번역하게 하였다. 부남국은 3세기에 수마트라섬의 말라카해협, 순다해협을 통해 중국남부로 대승불교를 전파하였다. 동서교역의 중심지이자 여러 왕조와 교류했던 부남은 백제와도 직간접적인 접촉이 있었던 것으로 보인다.[100]

『삼국사기』·「백제본기」에 의하면 겸익의 구법행 약 80여 년 후에도 구법을 위해 바다를 건넌 예가 보인다.[101] 또 일본 효덕천황은 650년(白雉

---

98 위진남북조 시대 陶弘景(456-536)의 『本草經集注』에는 백제에서 생산되는 유명 약재로 왕느릅나무(蕪荑)·五味子·昆布·款冬花·菟絲子 등이 수록되어 있다.

99 여기서 『열반경의』는 劉宋 元嘉年間에 北涼에서 江南으로 전입된 것으로 南朝 고승 慧觀 등이 刪定한 『南本涅槃經』이다. 毛詩博士란 모시를 전담하여 관장하고 전수하는 學官이다. '毛詩'는 (『詩經』) 西漢 초의 古文學派인 毛亨과 毛萇의 所傳으로 『漢書』·「藝文志」에 전한다. 鄭玄曾의 箋注가 간행되었지만 魏晉 이후 모두 실전되었는데 오직 모시만 성행하였다. 또 『周書』·「高句麗傳」에 "書籍有五經·三史·三國志·晉陽秋"란 기사가 있는데 여기서 "三史"란 『史記』·『漢書』·『東觀漢記』를 말한다. 또 중국의 曆法과 佛學, 도교, 공예기술 등의 문화가 이 시기에 고구려, 백제, 신라에 전입되어 사서에 기록되었다.

100 이도학은 『日本書紀』(543년 조)와 백제가 554년에 왜에 보낸 탑등(Taptan), 기타 관련 지역에서 발굴된 유물 등과, 겸익의 중천축 유학 등을 근거로 백제와 부남의 교역 가능성을 주장하고 있다. 그는 그 시대 백제의 항해술이 매우 뛰어났으며, 백제의 동남아시아 지역에 대한 교역루트를 제주도→북큐슈→오키나와→대만→필리핀 군도→인도차이나 반도→인도로 보고 있다. 이도학(1996), 『백제장군 흑치상지 평전』(서울: 주류성), 41-52.

101 『三國史記』·「百濟本紀」에 의하면 武王 璋 10년(609)에 "僧道欣·惠彌爲首一十人, 俗七十五人"이라 한 기록이 있는데, 이는 해로로 吳國에 구법하러 간 사적을 말하는 것이다.

元年)에 안예국安藝國에게 명하여 백제선百濟船 두 척을 건조하게 하였다.[102] 이런 백제식의 견당사遣唐使 박舶은 원래 일본 응신천황과 인덕천황 대의 저명선猪名船을 개량한 것이다. 『일본서기』(日本書紀)에 의하면 신라가 일본으로 조선造船 목장木匠을 파견한 것이 '저명부猪名部'의 시조가 되었으므로 '저명선'이라 했다고 한다. 그런데 그 배는 선체가 작고 선행航行이 경쾌하여 멀리 항해하기에는 어려움이 있었다. 그 후 백제 선사船師가 들어와 백제의 조선기술로 큰 배를 건조하며 견당사 박舶이 되었다는 것이다.[103]

이 기록은 일본이 3세기부터 이미 신라와 백제의 조선기술을 운용하였음을 증명한다. 그런 선박제조기술과 항해술은 겸익이 구법행을 할 때 해로를 택하게 된 배경이라 할 수 있다.[104]

552년, 백제의 달솔 노리사치계가 성왕의 명으로 일본에 불상과 경전을 직접 전한 후[105] 위덕왕도 557년 11월, 백제에 왔다가 돌아가는 사신에게 경론과 율사, 선사, 비구니, 조불공造佛工, 조사공造寺工, 주금사 등 6인을 함께 보냈다.

일본은 588년에 자국에서 승려를 배출하지 못하는 문제를 해결하기 위해 선신니, 선장니, 혜선니 등 비구니 3명을 백제에 보내 유학[106]을 시

---

102 木宮泰彦은 이 '遣唐使舶'이 바로 백제식의 선박일 것으로 본다.

103 747년에 光明皇后는 遣唐大使 藤原清河에게 "大舶挿滿櫓 送汝赴唐土. 且祝神與祇, 海上多庇護."라는 御制歌를 지어 주었는데 그 가사가 지금도 전한다.

104 노중국(2000), 「新羅와 百濟의 交涉과 交流- 6-7세기를 중심으로」, 『新羅文化』第17·18合輯, 동국대학교 신라문화연구소, 129-162.

105 그 시기는 『일본서기』(720년 편찬)에 의하면 552년인데 『元興寺緣起』(747년 편찬)에는 538년의 일로 기록되어 있다. 연민수 등 역(2013), 『역주 일본서기』2(서울: 동북아역사재단), 372-373.

106 연민수 등 역(2013), 위의 책, 448-449.

켰다. 이들은 백제에서 계를 받아 정식 비구니가 되어 2년 후인 590년에 돌아갔다. 계율이 중시된 백제불교를 특징짓는데 일익한 겸익의 율서번역의 노력이 국제적으로 맺은 결실 중의 하나라고 할 수 있겠다.

(2) 두 실명승과 파로사

겸익에 이어 해양 실크로드를 통해 서행한 두 번째 구법승은 『대당서역구법고승전』에 행적이 전하는 두 실명승失名僧이다. 그들의 법명조차 전해지지 않지만 신라 출신의 두 승려는 당의 장안에서 일정 기간 머무른 후 천축구법행을 시작하였다. 그러나 안타깝게도 실리불서국의 서쪽에 있는 파로사국婆魯師國에서 병사하였다.[107] 이제 그들이 거쳐 간 실리불서와 파로사에 대해 살펴본다.

① 실리불서室利佛逝

실리불서는 수마트라의 옛 명칭으로 7~9세기에 그 지역 불교의 중심지였다. 당시 수마트라섬에는 실리불서국과 말라유末羅游 두 나라가 있었다. 천축구법승들이 실리불서국을 경유하였다는 표현은 즉 팔렘방에 머

---

107 義淨, 『大唐西域求法高僧傳』, "復有新羅僧二人. 莫知其諱發自長安遠之南海. 泛舶至室利佛逝國西婆魯師國. 遇疾俱亡."

물렀다는 말이다. 의정은 구법승들에게 천축에 가기 전 이곳 팔렘방에서 범어를 배우고 기후나 풍토에 적응할 것을 권하였다. 파로사에서 입적한 두 신라승(失名僧)과 원표, 혜초도 천축으로 가는 길목인 이곳에 머무르며 본격적인 준비를 한 것으로 보인다.[108]

두 신라승이 장안에서 실리불서를 거쳐 파로사국까지 간 길은 의정 등의 다른 승려들이 이용했던 해로와 큰 차이는 없었을 것으로 보인다. 왜냐하면 그들 역시 계절풍을 이용해 정기적으로 다니던 페르시아의 상선을 이용했을 것이기 때문이다.

의정에 의하면 당시 남해 제주諸州에는 불교를 경신하는 자가 매우 많았다고 한다.[109] 또 그곳의 불교 습속은 하릉河陵과 비슷하였다고 한다. 유명한 고승으로는 실리불서국의 석가칭釋迦稱(釋迦雞栗底)이 있는데 그는 의정과도 친밀한 관계였기에 의정은 그에게 『수장론』(手杖論)[110]을 번역, 소개하였다. 또한 그곳의 불교 학문기관도 매우 발달하여 인도의 갈라도사羯羅荼寺, 나란타사 등에서 온 대덕들이 인명因明·유가瑜伽·중관中觀·유부有部 등을 가르쳤는데 그들 모두 불학에 능하였다고 한다.[111]

한편 당과 실리불서와의 불교 교류도 적지 않았다. 예를 들면 670~741년에 실리불서의 왕 갈밀다曷蜜多는 여러 차례 당에 사신을 보내어 각

---

108 『대당서역구법고승전』에 입전된 승려 가운데 실리불서를 경유했다는 기록이 있는 승려만 해도 두 신라승, 運期, 義淨, 善行, 智弘, 無行, 大津, 貞固, 懷業, 道宏 등이 있다. 그밖에도 많은 승려들이 이용했을 것으로 보인다.

109 義淨, 『大唐西域求法高僧傳』, "人王國主 崇福爲懷 此佛逝郭下僧衆千餘 學問爲懷 並多行鉢 所有尋讀乃與中國(指天竺)不異 沙門軌儀 悉皆無別."

110 尊者釋迦稱造 : 唐·義淨 譯, 『手杖論』(一卷), T32n1657.

111 義淨의 『大唐西域求法高僧傳』에 의하면 당시 각국의 유학승들이 공부했던 인도의 대학으로 那爛陀寺, 大覺寺, 信者寺, 新寺, 大寺, 般涅槃寺, 羯羅荼寺 등이 있다.

종 인적, 물적 헌상품을 보내었는데 그 중에는 사원에서 춤추는 무희인 승기녀僧祗女도 있었다.

두 신라승의 뒤를 이어 671년에 페르시아(波斯)의 상선을 타고 실리불서에 온 의정은 인도로 가기 전 이곳에서 6개월을 거류하며 성명학을 배웠다. 이어 그는 실리불서 왕의 도움으로 말라유로 갔다. 의정은 다시 수마트라섬의 북단에 있는 Kedah(羯茶, 吉打)에서 왕의 배를 타고 인도로 갔다. 말레이시아 Kedah의 머복강[112]은 한자로는 마말하瑪末河이다.

말레이 반도에 있던 고대 왕국의 하나인 고길타古吉打 왕국(Kedah Tua)은 5세기에 성립되었으며, 인도에서는 Kataha, Kalagam, Kadaram, Kedaram, Kidaram, Kalagram(逝陀訶, 혹은 羯茶訶), 태국에서는 Sa, 아라비아에서는 Kalah, Kalah Bar라 하였다.

Sungai Mas(雙溪馬士)가 중요 항구였는데 후에 목달하穆達河 인근의 포장곡布章谷(Lembah Bujang)으로 옮겼다. 포장곡은 말레이시아의 대표적 유적지인데, 그곳의 사묘寺廟 유물을 통해 고길타가 처음에는 불교, 후에는 힌두교의 영향을 받았음을 알 수 있다. 이 항구는 사우디아라비아, 인도, 스리랑카, 페르시아, 유럽의 상인들에 의해 상업중심지가 되었다. 주석, 금, 쌀, 후추, 상아, 수지樹脂 등이 유명하다.

Al-Mutawakil(蘇丹, 847-861 재위) 왕의 통치 시기가 전성기였다. 이 시기의 은, 인도에서 수입한 진주와 중동에서 수입한 유리제품 등이 발굴되었다. 거항巨港의 산(Si Gundang)에서 인도 나란타 불교 유적지와 비슷한 곳이 발견되었고 박물관에도 실리불서국의 유적이 있다.

---

112 The Merbok River(Malay어: Sungai Merbok)

의정은 이곳(羯荼 布秧谷)에 두 번 갔는데 당시 고길타왕국을 '羯荼'(Cheh-Cha/ Chieh-Cha/ Kaccha)라 하였다. 말레이반도는 Titiwangsa 산맥(Banjaran Gunung Titiwangsa, 蒂蒂旺沙主干)에 의해 동과 서로 나뉘는데 왕국은 서해안에 있었다. 의정은 동해안의 낭아수狼牙修 왕국에 대해서도 언급했다. 영역은 지금의 Terengganu주(登嘉樓州) · Kelantan(吉蘭丹) · Pahang(彭亨)과 태국 북부에 이르렀다. 그가 인도에서 거항으로 돌아왔을 때는 이미 실리불서왕국이 성립되었고 그 영역은 남수마트라, 말레이반도 전체, 태국남부에 해당된다. 지금의 거항과 Terengganu주는 여전히 실리불서의 문화를 포함하고 있다. 포장곡의 도로 공사시 연철창煉鐵廠 유지[113]와 불교 유지가 발견되었다. 거항에서는 해마다 실리불서국을 기념하는 행사를 하고 있으며 현 말레이 길타주吉打州(Kedah) 고고박물관에는 '西來古岸'이라 하여 불교가 전래된 것을 기념하는 유적이 남아 있다.

[그림 III-1] 팔렘방 고고박물관(左)과 廣州의 '西來古岸'(右)

---

113 의정, 『大唐西域求法高僧傳』卷下, 「玄逵傳」다음 부분, '其所愛者, 但唯鐵焉, 大如兩指, 得椰子或五或十.'

의정이 685년에 인도에서 다시 이곳에 돌아왔을 때 말라유는 이미 실리불서에 병합되어 있었다. 그는 685년에서 693년간 실리불서의 왕사王寺[114]에 거류하며 번역과 찬술을 하였다.

의정은 자신의 경험을 살려 천축으로 가는 승려들에게 이곳에서 1~2년 정도 공부하고 가는 것이 좋다고 권하였다. 왜냐하면 실리불서는 언어학습이나 서방에 대한 지식을 배우기에 편리한 조건을 갖추고 있기 때문이었다.

『대당서역구법고승전』에 의하면 낙양의 지홍智弘, 형주荊州 무행無行은 국왕의 특별한 환대를 받은 후 왕의 배를 타고 말라유를 지나 갈다(Kaccha)를 거쳐 서행하였다. 8세기 초에는 동래東萊의 혜일慧日도 이곳을 거쳐 갔다. 한편 금강지는 당으로 오는 길에 이곳에서 실리불서국 왕의 큰 환대를 받았다. 고구려유민 출신의 원표나 신라승 혜초 역시 이곳을 거쳐 천축으로 갔다.

한편 실리불서국의 왕은 9세기 무렵에 인도에서 유학 온 승려들을 위해 나란타사와 비슷한 한 사원을 세웠다고 한다. 그런데 9세기 이후의 중국 문헌에서는 실리불서를 삼불제三佛齊로 고쳐 쓰고 있다. 983년(宋 太平興國 8年), 법우法遇가 인도에서 귀국하며 삼불제에 갔을 때 천축승 미마라실려彌摩羅失黎도 그곳에 있었다고 한다.

11세기 초에 아티사(Atisa, 982-1054)는 티베트에 밀교를 전파하러 가기 전에 먼저 이곳에 와서 법칭法稱에게 12년간 사사하였다. 실리불서의 고승인 법칭은 『현관장엄론소』를 썼는데 그 인연으로 이 책은 후에 티베트

---

114 馮承鈞(2011), 『中國南洋交通史』(新北: 台灣商務印書館).

〈표 III-6〉 해로를 이용한 승려

법명	출신국가	시기	특이사항
法顯	東晋	412년	귀국길
두 新羅僧	新羅	7세기 중엽	往天竺
運期	交州	671-673년 이전	귀당 중 환속(실리불서)
義淨	齊州	7세기 후반	천축가기 전후 모두 머뭄
善行	晉州	의정과 동행	의정의 제자
智弘	洛陽	7세기 중엽	王玄策의 조카, 입축로
無行	荊州	7세기 중엽	智弘과 동행, 입축로
大津		683년 출발	의정의 두 책을 황제에 전달
貞固		689년	의정과 譯經함
懷業	의정과 동행	689년	貞固의 제자
道宏	汴州	689년	의정, 貞固와 실리불서 감
智行	愛州		
彼岸	高昌		王玄策과 실리불서 동행
智岸	高昌		王玄策과 실리불서 동행
元表	고구려유민	天朝(684-705)	
慧日	東萊	8세기 초	18년간 70여국 돌아봄
金剛智	남인도	8세기 초	719년에 廣州 머뭄
不空	사자국	8세기 초	719년에 廣州 머뭄
慧超	新羅	720년대 초	719년에 廣州 머뭄
彌摩羅失黎	천축	983년	중국에서 역경함
法遇	宋	983년	인도에서 귀국길에 들름
法稱	실리불서	11세기 초	『現觀莊嚴論疏』
Atisa	인도	11세기 초	12년간 거주

어로 번역되었다. 이것은 실리불서국의 밀교전통이 매우 심오했음을 말해주는 하나의 증거가 된다.

현재의 자료로 본다면 실리불서의 불교는 소승이 많지만 대승도 있었
으며, 684년에 조성된 탑란塔蘭·도옥圖沃 비문碑文에 '보리심菩提心'·'삼보
三寶'·'금강신金剛身' 같은 용어가 있는 것으로 보아 밀교가 상당히 유행하
였음을 알 수 있다.[115]

② 파로사

파로사婆魯師는 팔렘방에서 천축으로 가는 도중에 있는 항구로, 해로를
이용한 구법승이나 전법승들이 거쳐 가는 곳이었다. 의정은 『대당서역구
법고승전』권 상에서 신라승 현각玄恪의 기술[116]에 이어 이름을 모르는 두
신라승에 대해서도 간략하게 기술하고 있다.[117] 두 신라승은 천축으로 가
는 길에 실리불서국의 서쪽에 있는 파로사에서 병사하였다고 한다. 파로
사는 실리불서에서 천축으로 가는 최서단에 해당되는 소승불교권[118]으로,

---

115 任繼愈 主編(1985), 『中國佛教史』第二卷, 中國社會科學出版社, 第三節 南海佛教概況
    참조
116 의정, 『대당서역구법고승전』(권상), "玄恪法師者 新羅人也 與玄照法師貞觀年中相隨而至
    大覺 旣伸禮敬遇疾而亡 年過不惑之期耳."
117 의정, 『대당서역구법고승전』(권상), "復有新羅僧二人 莫知其諱發自長安遠之南海 泛舶至
    室利佛逝國西婆魯師國 遇疾俱亡"; 각훈, 『해동고승전』, 「流通」一之二, "復有新羅僧二人
    莫知其諱 發自長安遠之南海 泛舶至室利佛逝國西婆魯師國 遇疾俱亡."
118 『唐書』에도 두 실명승이 머물렀던 실리불서와 파로사에 대한 기록이 있다. 실리불서에 대
    해서는 『唐書』卷222下, 「列傳」第147下, 南蠻下, "室利佛逝, 一曰屍利佛誓. 過軍徒弄山二
    千里, 地東西千里, 南北四千里而遠. 有城十四, 以二國分總. 西曰郎婆露斯. 多金·汞·
    砂·龍腦. 夏至立八尺表, 影在表南二尺五寸. 國多男子. 有橐它, 豹文而犀角, 以乘且耕,
    名曰它牛豹. 又有獸類野豕, 角如山羊, 名曰雩, 肉味美, 以饋膳. 其王號「曷蜜多」. 鹹亨至
    開元間, 數遣使者朝, 表爲邊吏侵掠, 有詔廣州慰撫. 又獻侏儒·僧祇女各二及歌舞, 官使
    者爲折衝, 以其王爲左威衛大將軍, 賜紫袍·金鈿帶. 後遣子入獻, 詔宴於曲江, 宰相會,

위에서 열거한 승려들 역시 이곳을 경유하여 천축으로 갔음을 알 수 있다.

이렇게 두 신라승의 입적지에 대해 수마트라섬 서쪽 항구인 파로사로 보는 것이 일반적인데, 한편 중국의 여러 사서에서 그 지명이 칼리만탄의 파리국婆利國과 혼동되므로 이에 명확히 구분을 해보고자 한다.

(가) 수마트라 파로사婆魯師

수마트라는 고대에 용뇌향龍腦香(camphor)이 교역되던 중요한 지역으로 고대부터 용뇌향을 사기 위해 외국상인들이 모이는 곳으로 유명했다.[119]

冊封賓義王, 授右金吾衛大將軍, 還之."라 하였고, 또 파로사에 대해서는 다음과 같이 서술하고 있다. 『唐書』卷222下, 「列傳」第147下, 南蠻下, 「環王」, ".....隋仁壽中, 遣將軍劉芳伐之, 其王範梵志挺走, 以其地爲三郡, 置守令. 道阻不得通, 梵志哀遺衆, 別建國邑. 武德中, 再遣使獻方物, 高祖爲設九部樂饗之. 貞觀時, 王頭黎獻馴象·鏐鎖·五色帶·朝霞布·火珠, 與婆利·羅刹二國使者偕來....."

"婆利者, 直環王東南, 自交州汎海, 歷赤土·丹丹諸國乃至. 地大洲, 多馬, 亦號馬禮. 袤長數千里. 多火珠, 大者如鷄卵, 圓白, 照數尺, 日中以艾藉珠, 輒火出. 産瑇瑁·文螺;石坩, 初取柔可治, 旣鏤刻卽堅. 有舍利鳥, 通人言. 俗黑身, 朱髮而拳, 鷹爪獸牙, 穿耳傅瑠, 以古貝橫一幅繚於腰. 古貝, 草也, 緝其花爲布, 粗曰貝, 精曰氎. 俗以夜爲市, 自掩其面. 王姓剎利邪伽, 名護路那婆, 世居位. 繚班絲貝, 綴珠爲飾. 坐金榻, 左右持白拂·孔雀翣. 出以象駕車, 羽蓋珠箔, 鳴金·擊鼓·吹蠡爲樂. 其東卽羅刹也, 與婆利同俗. 隋煬帝遣常駿使赤土, 遂通中國." 등의 기록이 있다.

119 용뇌향수는 kapur, 혹은 Barus camphor, kapur Barus라고도 하는데 camphor는 불어로 camphre 이고, camphre는 중세의 라틴어 camfora에서 왔다. 그런데 camfora는 아라비아어 kafur에서, kafur는 梵語 karpoor에서 왔다. 그런 이유 때문인지 龍腦香樹와 용뇌향을 나타내는 영어 단어로 kapur, Barus, camphor의 세 가지가 있는데 그 중에서 Barus라는 단어가 보인다. 현재 말레이어에서도 용뇌향을 Kapur Barus라고 한다. 그리고 말레이어 kapur Baros 혹은 kapur Barus 의 음역은 '箇不婆律'인데 그 용어는 범어 karpura 혹은 karpoor에서 온 것이다. camphor의 어원은 karpura 혹은 karpoor이고, 후에 kafur 혹은 kapur로 변한 것인데 이로 보아 옛날부터 인도에 龍腦香科의 식물이 있었음을 알 수 있다.

당시 용뇌향의 교역항인 수마트라 서해안의 항구인 파로사는 Barus(Baros, Balus)의 음역으로, 파율婆律, 파리婆利라고도 하지만 '婆魯師'로 쓰인 용례가 가장 많다.

또 다른 책에서는 "용뇌향은 수마트라와 보르네오(즉 婆羅洲)의 특산 약품으로 현지인들은 그것을 'kapur-barus'라고 부른다. ……아라비아의 의사들은 용뇌향의 효능에 대해 해박한 듯하다. 그들은 그것을 진정제와 발한제를 만드는데 쓴다. kapur-Barus 중의 kapur(龍腦香樹)는 각국에서 그것을 부르는 용어로 채용해 범문의 karpura, 아라비아와 페르시아의 kafur(camphor가 어원임)가 되었다. kapur-Barus에서 Barus는 수마트라의 한 지명이다."[120] 라 하였다. 따라서 두 신라승이 팔렘방을 떠나 천축으로 가며 파로사는 꼭 거쳐야 했던 항구였으며, 그들은 그곳에서 병으로 입적하였던 것이다.

(나) 칼리만탄 파리국婆利國

한편 『당서』에서 말하는 파리국은 '파려婆黎' 혹은 '파리婆利'라고도 하는데 당말에 '발니浡泥'라 개칭하였다.[121] '婆利·浡泥·渤泥·佛泥·佛打泥'의 발음은 거의 비슷한데 모두 파리국을 가리킨다. 중국의 고문헌에 따라 '婆律·婆魯師·婆利·勃泥·渤泥·婆羅·佛泥·佛打泥' 등의

---

120 William Marsden, 『蘇門答臘史』第7章.
121 趙汝適, 『諸蕃志』, "腦子出渤泥國, 一作佛泥." ; 『廣東新語』와 『南越筆記』에서는 "龍腦香, 出佛打泥者良, 來自番舶, 粤人以樟腦亂之."라 기록하였다.

명칭이 더 큰 지방, 즉 칼리만탄(婆羅洲, 현재 인도네시아, 말레이시아, 브루나이로 나뉨)을 가리키기도 한다.[122]

이상 살펴본 것처럼 두 신라승의 입적지에 대해 사서에 근거하면 수마트라섬 서쪽 항구인 파로사와 칼리만탄의 파리국婆利國[123] 두 곳으로 생각해 볼 수 있다. 그러나 일단 그들이 실리불서국을 지나 서행하던 중이었으므로 그들은 수마트라의 서쪽 항구 파로사婆魯師에서 입적한 것으로 보인다.

(3) 현유와 사자국獅子國

한국 고대의 천축구법승 15명 가운데서 세 번째로 해양 실크로드를 이용한 천축구법승은 『대당서역구법고승전』에 입전된 현유玄遊이다. 현유는 한국 고대의 천축구법승 가운데 유일한 고구려 승려이다. 현유를 뒤이은 원표元表 역시 고구려인이라고는 해도 고구려 멸망(668) 후에 태어난

---

122 謝弗著, 吳玉貴譯(1995), 『唐代的外來文明』(北京: 中國社會科學出版社). 한편 溫翠芳은 『唐代外來香藥硏究』에서 『唐代的外來文明』을 참조하여 "'箇不婆律'은 말레이시아의 상업 용어인 'Kapur Baros'의 音譯으로 '婆律膏'라고도 한다." 하였다. 溫翠芳은 또 "龍腦香은 범어로 Karpūra, 즉 羯布羅香이다.……婆律, 혹은 婆利는 Balus를 가리킨다. Baros 혹 Barus를 漢譯하면 婆魯師이다. …… 宋岘 譯注의 『道里邦國志』에 이르기를 Balus는 즉 婆羅洲, 즉 지금의 칼리만탄(加里曼丹)이다."하였다.
123 한편 『酉陽雜俎』에 의하면 婆利國에서는 용뇌향수를 '箇不婆律'이라 하였고 또 그것의 樹脂油를 婆律膏라 하였음을 알 수 있다. 『酉陽雜俎』에서는 龍腦樟樹의 龍腦香과 龍腦香脂油의 채집 방법에 대해 소개하고 있다. "龍腦香樹, 出婆利國, 婆利呼爲箇不婆律. 亦出波斯國……香在木心, 中斷其樹, 劈取之, 膏於樹端流出, 斫樹作坎而承之. 入藥用, 別有法."(『酉陽雜俎』권18, 廣動植之三)

유민이므로 엄밀히 말하면 신라인이라 해야 할 것이다.

각훈은 현유를 '불가의 동량이요 승도僧徒의 영수'라고 극찬하고 있으나 현재 남아 있는 사료만으로는 자세한 사적을 알 수 없다. 그래서 현유의 활동영역과 시기를 추정하기 위해 그 스승 승철에 대해 살펴 볼 필요가 있다.

승철은 당대 예주자사豊州刺史 이구李絿가 예주를 관리하던 651~663년과, 이경李曔이 관리하던 664~689년 사이에 예주의 용담사龍潭寺 주지로 있었다. 승철은 경전을 구하기 위해 영운선사靈運禪師·대진선사大津禪師 및 자신의 제자 한 명과 함께 천축구법의 길에 올랐다. 그들은 용담사를 출발하여 광주 남해신사南海神寺를 거쳐 인도 나란타사에 갔다. 일행 중 영운선사는 10년간 나란타대학에서 회화와 조소를 공부하였고 대진선사는 역경가이다.[124]

영운선사의 학습기간이 10년이라 하였으며 691년도에 귀당한 것을 고려하면 승철 일행이 천축으로 간 시기는 670~680년 전후로 추측된다. 의정은 현유가 사자국에서 출가하였으며 그곳에 머물고 있다 하였다. 그런데 『대당서역구법고승전』의 찬술 연대가 690~691년이고 승철이 용담사로 돌아온 것도 691년이므로 현유가 출가한 시점은 승철 일행이 천축구법행을 마치고 스리랑카로 갔을 때로 보아야 할 것이지만, 구체적인 시기는 확정할 수 없다.

현유와 원표(則天朝인 684-705년에 구법행)의 구법 시기는 현유가 십 몇

---

124 僧哲禪師·靈運禪師·大津禪師와 승철의 제자 등 네 명은 691년(天授2) 4월 25일에 나란타사에서 석가모니불상 한 점, 회화 다섯 장, 인도의 曆法인 <九執曆>, 스리랑카에서 석가모니의 骨舍利를 모셔와 용담사에 안치 하였다고 한다.

년 정도 앞서지만 두 사람 모두 해양 실크로드를 통해 천축으로 갔다. 또한 두 사람 모두 스리랑카와 인연이 깊다. 현유는 스리랑카에서 출가하고 머물렀으며,[125] 원표는 자신의 신앙의 중심인 천관산의 원조가 스리랑카에 있으므로 그곳을 순례 하였을 가능성이 매우 높기 때문이다.

한편 『해동고승전』에 의하면 현유는 당의 승철선사를 스승으로 모시고 예로써 섬기고 가르침을 받았다고 한다. 그는 석가모니의 자취를 사모하여 스승과 함께 배를 타고 인도로 들어가 불적지를 순례하였으며 그곳에서 널리 전법활동을 하였다고 한다. 그 후 현유는 당으로 돌아 오려했으나 오지 못하고, 동인도에 머무르다가 입적하였다고 한다.[126] 즉 승철선사와 현유는 당에서 이미 사제관계를 맺었으며 그 인연으로 천축구법행도 함께 하였다는 것이다.

---

125 [唐]義淨 原著; 王邦維 校注(2004), 『大唐西域求法高僧傳校注』(北京: 中華書局), 174. ; 의정, 『대당서역구법고승전』(권 하), "僧哲禪師者澧州人也. 幼敦高節早托玄門 而解悟之機. 實有灌瓶之妙 談論之銳 固當重席之美 沉深律苑控總禪畦 中百兩門久提綱目 莊劉二籍亟盡樞關 思慕聖蹤泛舶西域 旣至西土適化隨緣 巡禮略周歸東印度到三摩呾吒國 國王名曷羅社跋毛 其王旣深敬三寶兼大邬波索迦 深誠徹信光絶前後. 每於日日造摹模泥像十萬軀 讀大般若十萬頌 用鮮華十萬尋親自供養所呈薦設積與人齊 整駕將行觀音先發 幡旗鼓樂溢日彌空 佛像僧徒並居前引 王乃後從 於王城內僧尼有四千許人 皆受王供養 每於晨朝令使入寺合掌房前急行疾問 大王奉問法師等宿夜得安和不. 僧答曰 願大王無病長壽 國祚安寧 使返報已方論國事 五天所有聰明大德廣慧才人博學十八部輕通解五明大論者並集茲國矣. 良以其王仁聲普洎駿骨遲收之所致也. 其僧哲住此王寺 尤蒙別禮 存情梵本頗有日新矣 來時不與相見 承聞尚在年可四十許. 僧哲弟子玄游者 高麗國人也. 隨師於師子國出家 因住彼矣."

126 『대정장』50, No.2065, 『해동고승전』, "釋玄遊 句高麗人 協性虛融 稟質溫雅 意存二利 志重詢求 乘盃泝流 考室幽壑 入唐禮事僧哲禪師 摳衣稟旨 哲思慕聖蹤 泛舶西域 適化隨緣 巡禮略周 歸東印道 遊常隨附鳳 因住於彼 慧矩夙明 禪枝早茂 窮涯盈量虛往實歸 誠佛家之棟樑 實僧徒之領袖 旣而舟壑潛移 悼陵谷之遷質 居諸易脫 惻人世之難常 薪盡火滅 復何可追 義淨三藏嘉爾幼年慕法情堅 旣虔益於東夏 復請益於西天 重指神洲 爲物淹留 傳十法而弘法 竟千秋而不秋 雖捐軀異域 未返舊都 彼之功名落落如此 安得不掛名竹帛以示將來 遂著求法高僧傳 予偶覽大藏 閱至於斯 志深嚮慕 遂抽繹而書之."

그런데 『해동고승전』에서 '현유가 당에서 부터 승철을 스승으로 모시고 동행하였다' 한 것에서, 용담사에서 부터 동행한 승철의 제자가 바로 현유가 아닐까 하고 생각해 볼 수 있다. 한편 현유가 스리랑카에 머물렀다거나 동인도에서 교화하다가 입적하였다는 두 사료에 근거해 보면 현유가 다시 당으로 돌아오지는 않았던 것으로 보인다.

(4) 원표와 천관보살 주처지

80권 본『화엄경』의 범본을 구하고자 우전으로 갔던 원표가 해양 실크로드를 통해서 천축으로 갔다는 정확한 기록은 없다. 그런데『송고승전』등에서 원표가 '『화엄경』심왕보살心王菩薩의 권유를 받아, 천관보살이 머무르고 있는 지제산(천관산)으로 80화엄을 지고 갔다'고 한 점에서 그의 구법루트를 짐작해 볼 수 있다.

원표가 50여 년을 수행했던 복건성 영덕현 천관산은『화엄경』의「보살주처품」에서 말하는 천관보살과 일천 보살이 거주하는 곳이다. 따라서 그가 천관산에 대한 사전 지식 없이 우연히 그곳으로 간 것은 아닐 것으로 보인다. 천관산은 이미 중국의 화엄가들 사이에 천관보살의 주처지로 알려져 있었다.[127]

---

127 '천관산'과 '지제산'은 보통명사와 고유명사로 쓰인다. 보통명사로는 '천관보살의 주처지'를 의미하는 바, 독특한 산세에서 비롯된 용어이므로 '천관산', '지제산', '塔山'과 동의어이다. 따라서 스리랑카·인도·우전·중국·한국의 천관보살 주처지를 모두 '천관산', 혹은 '지제산'이라고 부를 수 있다. 또 고유명사로서의 '천관산', 혹은 '지제산'은 스리랑카의 미사가산, 우전의 皇冠峰, 중국의 지제산, 한국의 천관산 등으로, 모두 천관보살의 주처지임에는 동일하

복건성은 당시 한반도에서 중국을 거쳐 천축으로 가는 해양실크로드의 중간 기착지였다. 복건성 연안은 중국, 동남아, 한반도, 일본 등을 잇는 주요 해상로로, 원표보다 20~30년 앞서 간 혜륜도 복건성을 통해 장안으로 들어갔고, 또 원표보다 약 20~30년 후에 혜초 역시 이 길로 천축에 갔다.

당 대에 복주福州에는 민안진閩安鎭, 해구진海口鎭, 황기진黃崎鎭 등의 중요 항구가 있었는데 그 중 황기진은 지제산에서 동쪽으로 수십 킬로미터 거리에 있는 하백석진下白石鎭의 백마항白馬港을 말한다. 당시 이 항구를 통한 국제교역은 매우 번성하였는데 한반도와 일본[128]의 승려들이 취경을 위해 중국에 갈 때도 이 항구를 많이 이용하였다.

한중 양국의 사료 중 원표의 구법로를 언급한 내용은 없지만, 복건성 천관산은 중요한 하나의 힌트가 된다. 즉 그는 화엄승으로, 『화엄경』의 천관보살을 신앙하였기에, 그에게 천관보살 주처지는 불적지 만큼이나 중요한 순례지가 된다.

그가 우전국에서 구한 범본 경을 등에 지고서, 수 천 킬로미터나 떨어진 복건성 나라연 동굴에서 50여 년을 수행한 점이나, 신라에 돌아와 전남 장흥에 또 하나의 천관보살 주처지를 세운 것이 그런 추측을 뒷받침하게 해 준다.

그는 천축으로 가던 중 복건성 천관산에 들러 천관보살을 참배하고, 다음으로 천관산[129]의 원조격인 스리랑카 미힌탈레[130]의 미사가(Missaka)

지만, 나라마다 고유의 이름이 있다.
128 일본의 空海도 804년에 白馬港 霞浦赤岸으로 입당하였다.
129 天冠山과 支提山은 범어 Caitya의 음역과 의역이다. 『佛光大辭典』에는 중국·스리랑카·

산을 올랐을 것이다.

그 다음으로 원표가 갔을 것으로 추정되는 곳은 인도 보팔(Bhopal)주 북부 빌사(Bhilsa)시 부근의 우선니국優禪尼國에 있는 천관산(Vedisa)이다. 천축의 불적지를 순례한 원표는 그 다음으로 그의 구법행의 목표인 우전국에 가서, 그곳의 천관산인 황관봉皇冠峰을 참배했을 것이다.[131]

우전의 황관봉 부근에서 범본『화엄경』을 입수한 원표는 700년을 전후한 시기에 심왕보살의 가르침에 따라 중국대륙을 종단하여, 복건성 영덕현 지제산 나라연 동굴로 갔다. 원표는 그곳에서 약 50년 가까운 세월을 조석으로 범본『화엄경』을 봉독하며 화엄 수행하여, 그곳은 지금까지도 복건성의 화엄 성지로 여겨진다.

마지막으로 노년의 원표는 경덕왕의 부름을 받고 신라로 돌아온 후, 왕의 시주를 받아 장흥 가지산에 보림사를 창건했다고 전한다.[132] 그러나 원표의 화엄학은 천관보살신앙을 기본으로 하고 있으므로 그의 흔적은 가지산이 아닌 천관산에서 찾아야 한다고 생각한다. 천관산과 그 주변의 대덕면, 삼산리三山里 등의 지명과, 천관사天冠寺・지제사支堤寺・탑산사塔山寺와 같은 천관산의 사찰들은 평생을 천관보살사상을 신앙하며 살아온 원표와 연관 짓지 않을 수 없다.

그가 경덕왕 대에 귀국한 이유는 아마 왕의 부름이 있었기 때문일 것

인도의 천관산만 언급하고 있지만, 우전의 황관봉과 전남 장흥의 천관산도 넣어야 할 것이다. 桂美香(2012), 「高句麗 元表의『華嚴經』拿來 考察」(동국대학교 석사학위 논문).
130 그곳은 '마힌다 장로의 언덕'이라고도 하는데 아육왕의 아들인 마힌다 장로가 처음 도착한 곳이다.
131 桂美香(2012), 「高句麗 元表의『華嚴經』拿來 考察(동국대학교 석사학위 논문), 66-70 참조
132 「보림사 사적기」.

으로 이해된다. 통일 후 약 100년 가까운 세월이 흐르며, 신라는 정치·사회·경제·문화적으로 큰 발전을 이루어 안정기에 접어들었다. 특히 경덕왕 대(742-765 재위)에 축조된 황룡사 종이나, 굴불사·영흥사·원연사 등의 창건, 그리고 불국사, 석굴암 등의 중·창건의 예에서 알 수 있듯 불교는 신라사회를 지탱하는 구심점이 되었다.

개혁군주였던 경덕왕은 진표율사에게서 계를 받은 독실한 불자였다. 왕은 통치의 효과를 극대화하고 신라를 더욱 굳건한 반석위에 올리기 위해 적극적인 한화정책을 펼쳤다. 그는 전국의 지명을 중국화 하였고, 유교 이념을 적극 도입하여 통치의 기본 사상으로 삼았다.[133]

이상의 서술을 바탕으로 원표의 추정 구법로를 정리해 보면 다음과 같다. 원표는 690년을 전후하여 신라 혹은 고구려 구지舊地에서 복건성 → 실리불서 → 스리랑카 → 천축 → 네팔 → 토번(혹은 네팔·토번 대신 파미르 고원) → 우전국 → 장안 → 복건성 → 경주 → 장흥 천관산에 이르는 길고도 먼 길을 걸어, 평생 동안 구법과 전법승으로서의 삶을 마감하였다.

(5) 혜초와 남해양

혜초는 15명의 한국 고대 천축구법승 중 유일하게 해로를 통해 천축으

---

133 개혁군주였던 경덕왕에게 천축과 서역을 거쳐, 한역된 적이 없는 범본 신『화엄경』을 가지고 와서 화엄행자로 이름을 날리던 원표라는 존재는 분명 만나보고 싶은 인물이었을 것이다. 왕의 부름이 없었다면 신라에 아무런 기반도 없던 원표가 왕을 만나 국제 정세에 대한 조언을 줄 수는 없었을 것이다.

로 갔다는 확실한 기록을 남기고 있다. 본 단락에서는 그의 전체 구법행[134] 중에서 중국 남부와 동남아시아 각 지역으로 연결되는 해양로만을 살펴보기로 한다. 혜초의 구법로를 간단히 정리하면 신라 → 등주 → 복건성 → 광주 → 실리불서 → 나인국 → 천축 → 중앙아시아 → 중국으로 정리할 수 있을 것이다. 그러나 현재 남아 있는『왕오천축국전』[135]에서는 나인국을 지나 동인도로 들어가는 부분 이후만 알 수 있고 신라에서 나인국에 이르기까지의 경로는 상세히 알 수 없다.

한편 그 길은『당서』,「지리지」에도 소개되어 있는데, 광주를 출발하여 둔문산屯門山(홍콩) → 점불로산占不勞山 → 능산陵山 → 문독국門毒國 → 고황국古篁國 → 분타랑주奔陀浪洲 → 군돌롱산軍突弄山 → 나월국羅越國(현 말레이반도 남단) → 불서국佛逝國 사이의 해협(현 싱가폴 해협) → 가릉국訶陵國(자바섬) → 사자국師子國에서 인도로 연결된다.

〈표 III-7〉『唐書』,「地理志」로 본 해로

경로	광주廣州 → 둔문산屯門山 → 점불로산占不勞山 → 능산陵山 → 문독국門毒國 → 고황국古篁國 → 분타랑주奔陀浪洲 → 군돌롱산軍突弄山 → 나월국羅越國 → 불서국佛逝國 → 가릉국訶陵國 → 사자국師子國 → 인도
이용자	의정義淨·명원明遠·의랑義朗·의현義玄·회영會寧·대승등大乘燈·도림道琳 등 37명.

134 정병삼(2010),「혜초가 본 인도와 중앙아시아」,『동국사학』49, 44-45.
135『왕오천축국전』은 20대의 청년 혜초가 중국, 동남아, 천축, 서역의 순례 및 순방을 마치고 자신의 견문을 적은 기행문이다. 그런데 그 기간은 80여 세에 달하는 혜초의 행적 중 극히 일부에 불과하다. 그 후 혜초는 장안으로 가서 금강지, 불공 등의 밀교 고승으로 부터 인정받는 승려가 되어 밀교의식에 정통한 승려만이 할 수 있는 의식을 집전할 정도였다. 실제로 혜초는 황제의 명을 받아 옥녀담에서 기우제의 제문을 작성하고 의식을 주관하였다.

해양실크로드에서의 혜초의 여정을 살펴보는 데에는 그 보다 몇 십 년 앞서서 같은 길을 이용한 의정의 구법로가 참고가 될 것이다. 의정이 구법하던 시기에는 항해술의 발달로 해상교통이 상당히 편리하여 해로로 동서를 오간 이용자가 훨씬 많았음을 알 수 있다.

의정은 671년 봄에 고향 제주齊州(현 산동성 濟南市)를 떠나, 11월에 광주에서 시자 선행善行과 페르시아(波斯)의 상선을 탔다. 그들은 20일 가량 걸려 실리불서(현 수마트라 Palembang)에 도착, 6개월을 머물며 성명학을 공부하였다. 당시 팔렘방은 불교학이 융성하여 해로로 천축행을 하던 구법승들이 반드시 들르는 곳이었다.

『대당서역구법고승전』에서는 의정·명원明遠·의랑義朗·의현義玄·회영會寧·대승등大乘燈·도림道琳 등, 37명의 구법승이 이 항로로 서행하였다고 전한다.[136] 물론 그들 모두가 그 루트로만 간 것은 아니어서, 어떤 이는 흠주欽州, 합포合浦 혹은 교주交州에서 배를 타고 가기도 했고 또 부남扶南(현 캄보디아)·랑가수郞迦戌(현 태국남부) 혹은 가리계라국訶利雞羅國(현 미얀마 서부)을 경유한 경우도 있었다. 또한 그들 모두가 천축행에 성공한 것은 아니어서 가릉, 불서, 사자국에서 천축행이 끝난 승려도 있었다.

혜초 역시 팔렘방에서 범어를 익히며 현지적응을 위한 시간을 보내었음을 짐작할 수 있다. 혜초가 동남아시아의 어느 곳에 머물렀으며 그곳

---

136 그 밖에도 항구는 아니지만 천축구법승들이 이용한 경로 중에 촉천장가도蜀川牂牁道도 있다. 의정이 『대당서역구법고승전』, 「慧輪傳」에서 말한 것처럼, 3세기 간 중국의 20여 승려가 촉천장가도에서 출발하여 중인도로 가는 노선을 택했는데, 즉 지금의 운남성(滇), 사천성(川) 변경 및 미얀마 북부의 Assam을 경유하여 가는 길이다. 후에 慧琳도 『一切經音義』에서 이 길을 서술하였다. 이렇듯 의정의 기록은 단순히 승려들의 서행로에 대한 기록을 넘어, 고대 중국과 아시아 각국 간의 육상·해상교통의 중요한 역사적 자료가 되었다.

의 상황이 어떠했는지는 사실 혜림^{慧琳}[137]의 『일체경음의』(一切經音義) 권
100에 나오는 용어를 추적, 연구하면 어느 정도 파악할 수 있을 것이
다.[138] 상중하 3권으로 된 혜초의 『왕오천축국전』의 순서에 따라 단어를
취사・선택하였기 때문이다.[139]

---

137 慧琳은 唐代 大興善寺의 翻經沙門으로 어려서부터 역장에서 '八備' 전통을 익혔다. 혜림
은 또 不空三藏의 제자('室灑')가 되며 더욱 실력이 배양되었다. 불공은 金剛智三藏의 입적
후 開元年間에 천축으로 밀교 경전을 구하러 갔다가 746년(天寶5)에 장안으로 돌아와 77부
의 밀교 경전을 번역하였다. 불공이 大興善寺 譯場을 主持할 때 혜림은 겨우 13세였으며
혜초는 40여 세의 장년이었다. 불공이 774년에 입적하였을 때 혜림은 41세였다. 이로 보아
혜림은 어려서부터 불공 밑에서 역경장의 여러 가지 일을 익히며 가르침을 받았음을 알 수
있다.

138 慧琳(737-820)의 『一切經音義』(『慧琳音義』, 100권)는 『字林』・『字統』・『聲類』・『三倉』・
『切韻』・『玉篇』 및 諸經 雜史 등을 참조하여 『大般若波羅蜜多經』부터 시작하여 『護命放
生法』까지, 1,233部, 5,250卷, 100餘萬字로 『新譯大方廣佛花嚴經音義』(大唐沙門慧苑
撰)・『大般涅槃經音義』(釋雲公撰)・『妙法蓮花經音訓』(翻經沙門大乘基撰)・『一切經音
義』(玄應, 『大唐衆經音義』) 등의 讀音과 뜻이 난해한 글자를 주석한 것이다. 혜림은 당 西
明寺 승려로 속성은 裴氏이고 疏勒國人이다. 불공삼장에게 출가하여 사미가 되었는데 인도
의 성명학, 중국의 訓詁에 정통하였다. 이 책은 788년에 시작하여 810년에 완성되었다. 혜
림이 말하는 이른바 '一切經'이란 『開元釋教錄』에 수록된 漢~唐(開元18)까지의 번역 佛典
들이다. 서문에 의하면 『大般若』에서 『護命法』에 이르는 총 1,300部, 5,700여 권이라고 하
나 실제로는 그보다 적다. 『一切經音義』는 788년 5월 12일에 집필을 시작하여 810년에, 약
23년에 걸쳐 완성되었다. 788년이면 아직 혜초가 살아 있을 때이지만 권100의 집필 시기가
가장 후대인 점을 고려해 보면 혜초의 입적(780년 전후) 후에 『왕오천축국전』이 『一切經音
義』에 입전되었을 것으로 보인다. 本書는 851년에 入藏되었으나 전란으로 망실되었다. 五
代時 契丹이 燕雲16州에 머물 때 거란에서 유행하였으며, 955년에 고려에서 吳越에 사람을
보내어 구하였으나 얻지 못하였다. 혜림은 820년에 長安 西明寺에서 84세로 입적하였다. 그
는 『新集浴像儀軌』(1권)・『建立曼茶羅及揀擇地法』(1권)도 남겼다. 姚永銘(2003), 『慧琳
《一切經音義》研究』, 江蘇古籍出版社 참고 ; 『一切經音義』는 五代에 散亡된 후 비록
宋藏에서는 보이지 않지만 遼藏에는 남아 있었다. 987년에 燕京의 사문 希麟이 契丹藏本
에 의거하여 『續一切經音義』를 만들었다. 또 997년에는 幽州 승려 行均이 寫本 經卷中 대
량의 俗字・異體를 輯錄하여 『龍龕手鏡』을 편찬하였다. 그 내용 중 『經音義』를 인용하였
다는 곳이 40여 군데가 있는데 그 중 '應法師'・'應師'가 5회, '基・應二師'가 1회, '琳法師'
가 1회 있다. ; 1072년에 『一切經音義』는 거란을 통해 고려로 들어와 해인사본이 판각 되었
다.

139 『송고승전』 권5, "唐京師西明寺釋慧琳 姓裴氏 疏勒國人也. 始事不空三藏爲室灑 內持
密藏 外究儒流 印度聲明・支那詁訓 靡不精奧. 嘗謂翻梵成華, 華皆典故, 典故則西幹細
語也. 遂引用 『字林』・『字統』・『聲類』・『三倉』・『切韻』・『玉篇』 諸經雜史 參合佛意 詳

2. 천축구법승의 행적

천축구법승 가운데 겸익·의신·아리야발마·혜업·현태·구본·현각·혜륜·원표·혜초·오진은 성공적으로 천축까지 갔으며 현유처럼 사자국에서 출가한 경우도 있었다. 또 신라의 두 이름 모를 승려처럼 도중에 입적하거나, 무루처럼 총령에서 당으로 발길을 돌린 경우도 있었다. 그들 가운데에는 율승 겸익이나, 의신, 화엄승 원표처럼 천축에서 다시 한반도로 돌아온 경우도 있었지만, 대부분은 천축이나 중국에서 입적하였다.

한편 천축구법행에 성공한 승려는 대부분 자신이 갈고닦은 학문을 천축이나 중국에서 널리 펼치며 일생을 전법에 바쳤다. 이제 그 15명의 구법승들의 행적에 대해 그들의 주 활동지를 중심으로 하여 살펴본다.

1) 나란타대학 유학

천축구법행의 가장 큰 목표는 성지순례와 유학, 취경으로 요약할 수 있다. 그 가운데서 유학이라고 하면 거의 대부분 나란타대학에서의 유학을 의미한다. 15명 가운데 확실하게 나란타대학에서 공부한 승려는 아리

察是非 撰成『大藏音義』一百卷. 起貞元四年 迄元和五載 方得絶筆. 貯其本於西明寺藏中. 京邑之間 一皆宗仰. 琳以元和十五年庚子卒於所住 春秋八十四矣. 殆大中五年 有奏請入藏流行. 近以海中高麗國 雖三韓夷族 偏尙釋門 周·顯德中 遣使齎金入浙中 求慧琳經音義 時無此本 故有缺如." 기타 釋志磐撰,『佛祖統紀』, 元·釋念常撰,『佛祖曆代通載』, 元·釋覺岸撰,『釋氏稽古略』참조.

야발마, 혜업, 현태, 현각, 혜륜 등이다. 이들의 법명과 행적은 의정의 책에 명기되어 있다.

아리야발마 등이 유학했던 나란타那爛陀(Ⓢ Nālandā)대학은 나란타사那爛陀寺에 있는 대학으로 '나라那羅'라고도 하며 의역으로는 '시무외施無畏', '무외시無畏施', '시무염사施無厭寺'라고 한다.[140]

나란타사는 고대 중인도 마갈타국의 수도 라즈기르(王舍城, Ⓢ Rājagrha)에서 북쪽으로 약 11킬로미터 거리의 Baragaon(巴達加歐)에 있던 대사원이다. 난타사爛陀寺라고도 하는데 그 전체 명칭은 나란타승가람那爛陀僧伽藍(Ⓢ Nālandā-samghārāma)이다. 그 곳은 5세기 초, 굽타왕조의 제일왕帝日王(Ⓢ Śakrāditya, 쿠마라굽타 1세, 415-454)이 북인도의 갈라사반사曷羅社槃社(Grantha-vatsa) 비구를 위하여 건립하였다. 그 후 가람은 계속 증축되어 대규모 불교사원 및 불교 최고의 학부가 되었다.[141]

나란타대학은 고대 중인도불교의 최고학부이자 학술중심으로 약 900

---

140 玄奘, 『大唐西域記』・「摩揭陀國下」.
141 『大唐西域記』(卷9)에 나란타사 建寺의 유래 및 연혁이 상세하게 설명되어 있다. 그 땅은 원래 菴摩羅園이었는데 붓다가 그곳에서 3개월간 설법한 인연으로 붓다 생존 시는 물론, 입멸 후에도 불자들의 중요 성지가 되었다. 帝日王이 그 암마라원에 사찰을 건립하였다. 寺名의 유래에는 두 가지 설이 있다. 첫째, 가람 남쪽의 菴摩羅林에 연못이 있는데 그곳에 나란타라는 용이 살았으므로 붙은 이름이다. 둘째, 如來가 옛날 菩薩行을 닦을 때, 큰 나라의 왕으로 이 땅에 도읍을 건설하였다. 그는 늘 보시하기를 좋아하여 德號를 施無厭이라 하였으므로 그것이 가람의 명칭이 되었다는 것이다. 또 현장은 같은 책에서 그 부근에 如來가 3개월 간 설법한 精舍, 髮爪塔, 雀離浮圖, 觀自在菩薩의 입상 및 精舍 등의 靈蹟을 소개하였다. 雀離浮圖는 78~100년 사이에 大月氏國의 카니쉬카왕(迦尼色伽, Kaniska)이 창건한 것으로 전해지는 대탑이다. 北魏의 楊炫之는 『洛陽伽藍記』의 「宋雲惠生使西域」에서 "東南七里有雀離浮圖……西域浮圖, 最爲第一."이라 하였으며 '雀離佛圖'라고도 하였다. 『魏書』・「西域傳」・乾陀國조에서도 "乾陀國 所都東城南七里有佛塔, 高七十丈, 周三百步, 卽所謂 '雀離佛圖'也"라 하였다. 雀離는 범어 Cakra로, 음역으로는 昭怙釐라고 한다. 옛 屈支國의 사찰명이다.

만권의 장서가 있었다고 한다. 한편 이곳은 사리불舍利弗의 출생지이기도 하다. 법현의 유학시기에도 그곳은 마을을 이루고 있었으며 사리불의 사리탑은 있었으나 그 당시 나란타대학은 없었다.[142]

전설에 의하면 500명의 상인이 암마라원을 사서 붓다에게 헌납하였으며 붓다는 이곳에서 3개월을 머물렀다고 한다. 후에 제일왕이 사찰을 세워 불상을 모셨고, 그 아들 불타국다왕佛陀鞠多王은 남쪽에, 또 그 후에 달타게다국다왕呾他揭多鞠多王은 동쪽에 사찰을 창건하였다고 한다. 이어 유일왕幼日王은 동북쪽에, 금강왕金剛王은 서쪽에, 중인도왕은 북쪽에 사찰을 세웠다. 연이은 역대 군주의 창사로 나란타사의 규모는 크게 확대되었다.

나란타사에 대한 설명은 현장의 『대당서역기』, 의정의 『대당서역구법고승전』[143]·『남해기귀내법전』, 혜립慧立의 『대자은사삼장법사전』(大慈恩寺三藏法師傳)[144] 등에 있는데 그 중 의정은 나란타대학의 배치, 건축양식, 사원제도, 승려들의 생활습관 등에 대해 상세하게 묘사하고 있다.[145]

---

142 法顯, 『高僧法顯傳』, "那羅聚落 是舍利弗本生村. 舍利弗還於此中般泥洹 卽此處起塔 今現在."

143 義淨 原著; 王邦維 校注(2004), 『大唐西域求法高僧傳校注』(北京: 中華書局).

144 玄奘은 이곳에서 戒賢法師에게 몇 년 동안『瑜伽論』·『順正理』·『顯揚』·『對法』·『因明』·『聲明』·『集量』 등의 경서를 배웠고 婆羅門學도 배웠다. 慧立, 『大慈恩寺三藏法師傳』(권3), 74 참조.

145 의정의 기록에 의하면 7세기 말의 나란타사는 사각형의 城으로 네 주위는 모두 長廊으로 둘러싸여 있다. 사찰은 3층으로 지었으며 각 층은 1丈 높이였다. 橫梁은 나무로 축조하였고 벽돌을 쌓아 건축하였다. 각 사찰의 4변에는 각각 9間의 4方形의 僧房이 있었고 그 너비는 1丈가량 된다하였다. 승방의 전방에는 높은 문이 있고 공기창이 뚫려 있는데 단 簾幕은 칠 수가 없었다 한다. 서로 바라볼 수 있게 하여 사적으로 은밀한 공간이 되지 않게 한 것이다. 승방의 뒷벽은 절의 外圍牆으로 창으로 통한다. 담의 높이는 3~4丈으로, 그 위에는 크고 작은 사람 모양의 塑像을 안치하였는데 그 조각이 크고 아름답다 하였다. 절의 지붕이나 차양, 정원 등에는 모두 호두와 크고 작은 벽돌 조각, 점토 등으로 만든 재료로 평평하게 바른 후 다시 며칠간 담가 둔 석회와 麻 조각들을 그 위에 바르고 그 위에 다시 풀을 덮어 며칠 지난 후, 완전히 마르기 전에 滑石을 이용하여 광택을 내었다. 그런 후 먼저 赤土汁을 바르고 마

그 밖에 의정은 이곳에서 공부한 당의 영운·현조玄照·도희道希·도생道生·대승등大乘燈·도림道琳·지홍智弘·무행無行 등의 법사와, 한반도 출신의 아리야발마·혜업·혜륜 등의 사적을 전하고 있는데 혜업은 이곳에서 공부하기 전에 성도처인 보리사에도 머물렀다고 한다.

한편 나란타사에서는 매일 100여 개의 강좌가 열려 대승 불전, 천문학, 수학, 의약 등을 학습하였다. 『대자은사삼장법사전』(권3)에 의거하면 나란타사는 7세기 인도 제일의 대사찰이었다. 승도는 항상 만여 명에 달하였고, 대승 및 소승 18부, 베다, 인명, 성명, 의학, 수학 등을 배웠다.[146]

나란타사는 처음에는 유식학파唯識學派가 중심이었으나 그 후 8세기에는 금강승金剛乘의 학술중심이자 주요 도량으로 바뀌었다. 대승의 유명한 논사인 호법護法·덕혜德慧·호월護月·견혜堅慧·광우光友·승우勝友·지월智月·계현戒賢·지광智光 등이 강의하였으며, 혹은 그들이 본사의 주지를 맡기도 했다. 또 인도에서 중국으로 간 전도승인 명우明友[147]·일조日

지막으로 油漆하였다 한다. 그 결과 바닥 등은 거울같이 빛이 났으며, 이렇게 처리한 사원의 지면은 매우 견고하여 사람들이 수십 년을 밟고 다녀도 잘 훼손되지 않았다고 한다. 義淨, 『大唐西域求法高僧傳』, 「慧輪傳」 참조. 한편 義淨은 이곳에서 寶師子에게 10년을 배우고 『根本說一切有部毗奈耶頌』(3권), 『一百五十讚佛頌』(1권)을 번역하였다.

146 1193년에 돌궐인 Bakhtiyar Khalji가 병력을 이끌고 나란타사를 공격, 사원과 도서관이 크게 파손되었고 수많은 승려들은 티베트로 피신하였다. 1861년에 시작된 나란타사 발굴을 통해 8곳의 대형 사원과 4곳의 중·소형 사원의 유지가 드러났다. 8大寺는 남북방향으로 一字형으로 배열되었으며 大門은 서향이다. 大寺의 각 변에는 9間의 僧室이 있었던 것으로 확인되어 7세기 의정의 서술과 일치한다. 中寺에는 매 변마다 7間의 僧室이, 小寺院에는 5間의 僧室이 있었다.

147 명우는 중천축의 승려로 波羅頗迦羅蜜多羅, 波頗, 光智라고도 한다. 『續高僧傳』 권3에 전기가 있다. 찰제리종으로 10세에 출가하여 스승을 따라 공부하다가 구족계를 받고 律藏을 익혔다. 12년간 계정혜 3학을 공부하였다. 나란타사에서 戒賢論師에게 『十七地論』을 배운 후 당으로 가서 서북 可汗葉護에서 행화 하였다. 626년에 使蕃 高平王의 청으로 장안으로 가서 大興善寺에 머물렀다. 629-632년에 『寶星陀羅尼經』·『般若灯論釋』 등 3部 35권을 역출하였다. 633년에 胜光寺에서 69세로 입적하였다. 黃心川主編(1998), 『南亞大辭典』, 四

照[148]・선무외善無畏・금강지・반야[149] 등도 이곳에서 공부하였다.

나란타사는 8세기 초에 굽타왕조가 몰락하고 힌두교가 발흥하면서 쇠락하기 시작하였으며, 12세기말 이슬람세력에 의해 크게 훼손되었다. 그런데 원元 태정泰定(1324-1327) 초년에 율현律賢(Vinaya-bhadra)에게서 출가한 지공指空(1289-1363, 提納薄陀, 禪賢, ⑤ Dhyāna-bhadra)[150]이 중국과 고려[151]에

川人民出版社, 69.

148 일조日照(613-687)는 地婆訶羅(Divākara)의 의역으로, 중인도 바라문 출신이다. 당대의 역경승으로 어려서 출가하여 摩訶菩提寺, 나란타사에서 공부하였다. 삼장에 통달하고 五明에 博曉하였다. 현장이 귀국한 것을 알고 고종 대인 676~678년, 60여세에 장안으로 갔다. 680년에 칙령으로 別院에 안치되어 685년까지 6년간 『大乘顯識經』 등 18부 34권을 역출하였다. 684년에 法藏은 그를 西太原寺에서 참알하고 『화엄경』, 「入法界品」의 문장을 얻어 『화엄경』의 부족한 부분을 채웠다. 일조는 수차례 귀국할 것을 청하였고 마침내 허락을 받았으나 병이 들어 75세에 입적하였다. 무측천은 그를 낙양 龍門 香山寺에 안장하게 하였다. 『宋高僧傳』권2, 『開元釋教錄』권9, 『貞元新定釋教目錄』권12, 「佛頂最胜陀羅尼經序」(彦悰) 등.

149 般若는 당의 역경승으로 般刺若라고도 하며 의역으로는 智慧이다. 북인도 迦畢試國(罽賓)人이며 속성은 喬達摩이다. 7세에 출가하여 大德調伏軍 문하에 들어가 4아함과 아비달마를 공부하였다. 14세에 스승을 따라 迦濕彌羅로 들어가 7년간, 23세에 나란타사로 가서 智護・進友・智友 등의 3대 논사에게 唯識・瑜伽・中邊・金剛經・五明 등을 배웠다. 후에 雙林 8塔을 참배하고 남천축의 烏茶王寺로 가서 法稱에게 瑜伽教를 사사하였다. 그 후에 배로 동남아 제국을 돌아보고 781년에 廣州에 도착, 다음 해에 장안으로 갔다. 788년에 大秦寺 波斯僧 景淨과 함께 『大乘理趣六波羅蜜多經』(10권)을 번역하였고 다음 해에는 그 경에 나오는 眞言・印契・法門 등을 역출하였다. 그러나 반야는 胡語와 중국어를 잘 모르고 景淨은 범어와 불교를 잘 몰라 이 책은 유포되지 못하였다. 후에 利言 등 9명이 황명으로 西明寺에서 重譯하여 『大華嚴長者問佛那羅延力經』을 간행하였다. 57세이던 790년 7월에 황제에게 '般若三藏'이라는 칭호와 紫袈裟를 받았다. 후에 사문 智柔의 청으로 『반야심경』(1권)을 번역하였으나 완성 전에 황명으로 迦濕彌羅國에 出使하였다. 792년 4월에 장안으로 돌아왔으며 794년에 오대산을 순례하였다. 796년 6월에 칙명으로 崇福寺에서 전에 烏茶國에서 진공한 『화엄경』을 宣譯하여 798년에 40권본『화엄경』을 완역하였다. 그밖에도 『守護國界主陀羅尼經』(10권)・『大乘本生心地觀經』(8권) 등을 번역하였으며 낙양에서 입적하여 龍門 西岡에 안장하였다. 입적시의 나이는 알 수 없다.

150 지공은 마갈타국의 왕자로 8세에 출가, 律賢에게서 삭발하였다. 그 후 남인도 楞伽國 吉祥山 普明의 法에 의지하여 迦葉 後 제108祖가 된다. 그는 元 태정연간에 원나라로 와서 황실의 供養을 받았으며 雲南, 貴州 등에서 교화하였다. 1327년(泰定4)에는 고려에 와서 金剛山에 머물며 弘法하였다. 후에 元帝의 召回로 順帝와 皇后(기황후) 및 太子에게 迎入, 延華閣에서 佛法을 강의하여 후한 대우를 받았다. 다시 고려로 돌아와 寶鳳山에 華藏寺를

온 것으로 보아 나란타사는 14세기까지도 존속하였음을 알 수 있다.

한편 겸익[152]의 유학처인 '상가나대율사常伽那大律寺'란 사찰명은 전혀 전거를 찾을 수가 없다. '상가나'라는 발음의 범어도 적합한 단어를 찾을 수 없었다. 그런데 '상가나'의 의미가 무엇이든, 예를 들어 그것이 인명이든

창건하여 자신이 인도에서 모셔온 祖師像, 貝葉經 등을 안치하여 원근의 승속 불자들이 모여 일대 叢林을 이루었다. 고려의 禪觀은 이로인해 臨濟, 德山에게서 전승되었다.

151 이 부분과 관련 있는 내용이 『오주연문장전산고』, 「경사편」3에 다음과 같이 전한다. '패다 잎이란 것은 무슨 물건인가? 弇州 王世貞의 '貝多寮偈'를 상고해 보면 "패다란 것은 서역 천축국의 나무 이름인데, 인도 말로는 多羅라 하고 중국에서는 岸樹라 한다. 패다나무는 높이가 49척에 넓은 그늘을 이루어, 잎이 부처의 혀처럼 넓고 길며 색깔이 번질번질하여 얼굴도 비칠 정도로 생겨 황금이나 백금이나 옻칠 등으로 글을 쓰기에 적합하므로, 阿難이 부처에게 물려받은 글이 모두 패다 잎에 쓰여 있다." 하였다. 邀園居士의 『諸寺奇物記』를 보면 "寶光寺에 西域에서 온 『貝多婆力叉經』이 있는데, 길이는 6-7촌쯤 되고 넓이는 그 절반쯤 된다. 패다 잎은 섬세한 죽순 껍질처럼 생겨 파초 잎처럼 보드랍고 매끄럽다." 하였고, 『梵典』에는 "패다나무는 摩伽陀國에서 생산되는데, 길이가 6-7장이 되어 겨울을 지내도 잎이 시들지 않아 잎에다 글자를 쓸 수 있으니, 패다바력차는 『葉樹』라 번역되었다. 經文의 글자 크기는 붉은 콩알만 하고 글씨는 가로로 써 벌레처럼 꿈틀꿈틀하여 무슨 經인지 모르겠다. 그러나 책 겉은 나뭇조각 두 개를 대어 결책하였는데 그 나무는 杉木처럼 무늬가 섬세하여 귀엽게 생겼다." 하였으며, 또 『諸寺奇物記』에는 "貝葉經은 6-7백 년 동안을 보존할 수 있다." 하였다. 우리나라에는 경기 長湍府 寶鳳山 華藏寺에 ≪패엽경≫이 있는데, 고려의 懶翁이 서역승 指空大師를 師事하여 나옹의 성은 牙氏요 초명은 元惠였다가 惠勤으로 고쳤으며, 寧海府 사람이니 바로 普濟尊者이다. 지공대사는 서역 迦葉으로부터 1백 8번째 衣鉢을 전수받은 提納薄陀尊者인데 禪賢으로서 지공이라 부른다. 그는 고려 충숙왕 15년에 우리나라에 왔다가 바로 원나라로 들어갔다. (그 때) 가지고 온 경이다. 그 패다 잎의 길이는 옛 자[尺]로 한 자 반에 너비는 4촌쯤 되며 색깔은 하얗고 나뭇결은 벚나무 껍질처럼 생겼으며 두께도 그와 같다. 패다 잎마다 모두 梵字가 도장 찍혀 있고 한 잎에 6-7항씩 파리 머리만한 글씨가 쓰여 있어 약 1천여 잎 정도 되는데, 패다 잎 위아래에 구멍을 뚫어 실로 꿰매고 겉은 널빤지를 대어 결책하였다. 그리고 패다 잎을 구하여 몸에 지니면 온갖 귀신들이 공경하고 복종한다고 한다. 패다 잎이 벚나무 껍질과 심히 다르지 않은데, 사람들이 벚나무 껍질은 신기하게 여기지 않고 패다 잎만을 기이하게 여기니, 무슨 까닭인지 모르겠다.'

152 이능화(1917), 『朝鮮佛敎通史』(上中) (서울: 寶蓮閣), 33-34, "彌勒佛光寺事蹟云 百濟聖王四年丙午 沙門謙益 矢心求律 航海以轉至中印度 常伽那大律寺 學梵文五載 洞曉竺語 深功律部 莊嚴戒體 與梵僧倍達多三藏 齎梵本阿曇藏五部律文歸國 百濟王 以羽葆鼓吹郊迎 安於興輪寺 召國內名釋二十八人與謙益法師 譯律部七十二卷 是爲百濟律宗之鼻祖也 於是 曇旭惠仁兩法師 著律疏三十六卷 獻於王 王作 毘曇新律序 奉藏於台耀殿 將欲剞劂廣佈 未遑而薨".

지명이든, 결국 '대율사'를 수식하는 말이 될 것이다.

천축에서 가장 유명한 사찰 중의 하나인 '마하보디사'가 '대각사'로, '나란타사'가 '무위사'로 의역되는 것에 비추어 볼 때, '상가나대율사'는 하나의 사찰명이 아니라 '常-伽那-大律寺'로 분리해서 보아야 될 단어라고 생각한다. '常'은 '늘', '항상'이라는 부사이고 '가나'는 '가야'와 동의어[153]이다. 그러므로 '常伽那大律寺'를 '항상 (중천축) 가야의 대율사(마하비나야사)에서 (공부하였다)'고 해석할 수 있다.

그렇게 본다면 '가나(즉 가야)의 대율사'를 나란타대학의 일부나 대각사에 부속된, 혹은 인근의 대학으로 볼 수 있다. 나란타대학은 대규모의 종합대학으로 그곳에서 범어를 익히며 각종 경률을 공부하고, 또 오부율 입수도 가능했기 때문이다.

2) 서역에서의 구법

천축구법승 가운데는 천축이나 중국뿐 아니라 서역과 더 깊은 인연이 있는 경우도 있었다. 화엄승 원표와 밀교승 무루가 그 예이다. 원표는 구법행의 최종목적지가 『화엄경』의 결집지인 서역의 우전국이었고, 무루는 천축으로 가는 도중에 총령의 한 사찰에서의 특이한 체험을 계기로 천축행을 중단하고 실크로드상의 대표적 도시인 영무靈武에 머물렀기 때문이다.

---

153 혜림의 『일체경음의』에서 '伽那'는 곧 '伽耶'라고도 한다 하였다.

(1) 원표와 우전국

화엄승 원표[154]는 해로를 통해 복건성과 팔렘방을 거쳐 스리랑카, 천축, 서역의 여러 나라를 주유하고, 마침내 우전국于闐國에 가서 새로 완성된 범본 80권 본『화엄경』을 가지고 왔다. 그 후 그는 다시 복건성 천관산에서 약 50여 년간 화엄 수행하다가 755년에 귀국, 전남 장흥 바닷가에 또 하나의 천관보살 주처지를 상정하였다.

원표의 추정 구법로를 정리해 보면 다음과 같다. 원표는 690년을 전후하여 (신라를 출발, 당항포 → 등주 →)[155] 복건성 → 실리불서 → 스리랑카 → 천축 → 네팔 → 토번(혹은 네팔·토번 대신 파미르 고원) → 우전국 → 장안 → 복건성 → 경주 → 장흥 천관산에 이르는 길고도 먼 길을 걸어, 다시 한반도로 돌아온 천축구법승이 되었다.

그의 구법로를 이렇게 추정할 수 있었던 것은 80권 본『화엄경』과 그의 천관보살신앙 때문이다. 천관보살을 신앙했던 원표에게 스리랑카와 천축, 우전국의 천관산은 복건성의 천관산과 더불어 반드시 참배해야 할 곳이었다.

---

154 원표는 675년 전후에 태어나 10대 후반에서 20대 초반에 출가 및 구법행을 시작하였다. 그는 천축으로 가서 聖跡을 둘러보고 우전국으로 가서 80권 본『화엄경』을 가지고 와 700년 전후에 복건성의 천관산 나라연 동굴로 들어갔다. 그는 약 50여 년간 조석으로 범본『화엄경』을 봉독하며 화엄승으로 수행하다가 755년에 신라로 와서 경덕왕을 만났다. 그 후 759년에 전라남도 장흥으로 가서 천관산에 천관사를 세우고 760년 전후에 입적한 것으로 보인다. 원표가 장기간 수행하던 나라연 동굴은 지금까지도 복건성 화엄학의 성지로 여겨진다. 桂美香(2012),「高句麗 元表의『華嚴經』拿來 考察」(동국대학교 석사 논문) 참고.

155 이 부분을 괄호로 처리한 것은 원표가 고구려 유민으로 고구려의 옛 영토에서 육로로 중국에 갔을 수도 있기 때문이다. 그 다음 괄호 부분 역시 같은 이유에서 표시한 것이다.

『송고승전』등에 의하면, 그는『화엄경』심왕보살心王菩薩의 권유를 받아들여, 천관보살이 머무르고 있는 지제산(천관산)으로 80화엄을 지고 갔다. 당시 복건성 영덕현의 천관산은『화엄경』의 보살주처품에서 말하는 천관보살과 일천一千 보살이 거주하는 곳으로 알려져 있었다.

복건성은 당시 한반도에서 중국을 거쳐 천축으로 가는 해양실크로드의 중간 기착지였다. 원표보다 앞서 간 혜륜[156]도 복건성에서 장안으로 갔고, 또 20~30년 후에 혜초 역시 이곳을 지나갔다.

원표의 구법로를 언급한 사료는 하나도 없지만 원표는 화엄승이었기에, 각 지역의 천관보살 주처지는 중요한 순례지였다. 그가 우전국의 천관보살 주처지인 황관봉 인근에서 손에 넣은 범본 경을 등에 지고, 수 천 킬로미터나 떨어진 복건성으로 다시 돌아와 나라연 동굴에서 50여 년을 수행한 점이나, 고국이라는 관념도 희미했을 신라에 왕의 부름을 받고 돌아간 후, 전남 장흥에 또 하나의 천관보살 주처지인 천관사를 세운 것이 그런 추측을 가능하게 해 준다.

그는 천축에 가기 전, 복건성 천관산에 들러 천관보살을 참배했고, 다음으로 천관산의 원조격인 스리랑카의 미힌탈레(마힌다 장로의 언덕)의 미사가(Missaka) 산으로 향했을 가능성이 크다.

그 다음 원표의 발걸음은 인도 보팔(Bhopal) 북부 빌사(Bhilsa)시 부근의 우선니국優禪尼國에 있는 천관산(Vedisa)에 닿았을 것이다. 천축의 불적지를 순례한 원표는 그 다음으로 그의 구법행의 목표인 우전국에 가서, 그곳

---

156 의정,『대당서역구법고승전』,「혜륜」, "惠輪師者 新羅人也. 梵名般若跋摩(唐云惠甲). 自本國出家. 翹心聖境 泛舶而淩閩越. 涉步而屆長安 奉敕隨玄照法師西行 以充侍者. (후략)", T51, 5上.

의 천관산인 황관봉皇冠峰을 참배했을 것이다. 이에 필자는 현장이 『대당서역기』에서 대승경전류를 보관한 곳으로 언급한 작구가斫句迦를 검색, K2봉과 연결된 7295m의 황관봉을 우전국의 천관산으로 비정하였다.[157]

아마도 그곳에서 범본 신화엄을 입수했을 원표는 심왕보살의 가르침에 따라 다시 드넓은 중국대륙을 종단하여, 복건성 영덕현 지제산 나라연 동굴로 들어갔던 것이다. 그 때는 700년을 전후한 시기로, 그 후 원표는 약 50년 가까운 세월을 그곳에서 보냈다.

마지막으로 노년의 원표가 경덕왕의 부름을 받고 신라로 돌아온 후, 왕의 시주를 받아 장흥 가지산에 보림사를 창건했다고 전한다.[158] 그러나 원표의 화엄은 천관보살신앙을 기본으로 하고 있으므로 그의 흔적은 가지산이 아닌 천관산에서 찾아야 한다고 생각한다. '천관'산과 '대덕大德'면, '삼산三山'리 등의 지명과, '천관사·지제사·탑산사'와 같은 천관산의 사찰들은 평생을 천관보살사상을 신앙하며 살아온 원표와 연관 짓지 않을 수 없다.

(2) 무루와 영무

닝샤(寧夏)자치구(당대의 靈武)의 하란산賀蘭山 백초곡白草穀은 신라승 무루無漏의 수행처이자 서하불교의 중심지이다. 불교사상의 전개 과정상 8세

---

157 桂美香(2012), 「高句麗 元表의『華嚴經』拿來 考察」(동국대학교 불교학과 석사논문), 66-70 참조.
158 「보림사 사적기」참조.

기는 밀교의 시대였기에 신라 중대인 성덕왕에서 경덕왕 대 사이에 혜초慧超·무루無漏·오진悟眞·불가사의不可思議 같은 밀교승들이 천축이나 당으로 구법행을 떠났다. 그 가운데 무루는 무상無相[159]·김지장金地藏(喬覺)과 함께 신라의 왕자출신이라는 특수신분과, 신통력을 갖추었다는 공통점을 갖고 있다.[160]

무루는 왕위 계승을 거부, 입당하였으며 다시 성지순례와 경전을 구하기 위해 천축구법의 장도에 올랐다. 그는 천축에 가기 위해 타클라마칸 사막 남로南路를 택해 우전于闐을 지나 총령葱嶺(파미르 고원)까지 갔다. 그런데 그곳에서 자신의 길이 중국에서의 교화에 있음을 알고 현 닝샤자치구의 하란산 백초곡으로 돌아와 정착하였다.

무루가 세상에 알려진 시기는 '안사安史의 난'이 일어난 755년경으로, 장안에서 촉蜀으로 몽진한 당 현종과 그 아들 숙종의 황위 교체기였다. 내란으로 분조分朝를 맡은 태자 이형李亨은 닝샤의 영무靈武[161]에서 즉위하였다.

---

159 『송고승전』·『신승전』(권7).
160 변인석(2009), 『정중 무상대사』(파주: 한국학술정보(주)), 177. ; 무루의 활동 시기를 감안하여 그를 성덕왕의 아들로 보는 견해도 있다. 여성구(1998), 「入唐求法僧 無漏의 生涯와 思想」, 『선사와 고대』10, 한국고대학회, 164-165.
161 닝샤자치구에는 銀川市·石嘴山市·吳忠市·固原市·中衛市 등 5地級市가 있는데 銀川市는 興慶區·西夏區·金鳳區·靈武市·永寧縣·賀蘭縣으로 나뉜다. 숙종이 즉위할 당시의 행궁이 있던 영주는 吳忠市의 서북부에 해당한다. 약 2,200년의 역사를 자랑하는 靈武의 古稱은 靈州로, 西漢 惠帝4년(B.C.E. 191)에 靈洲縣을 설치하였다. 이어 北魏는 薄骨律鎭을, 北周는 靈州를, 隋는 靈武郡을 설치하였다. 당대에는 靈武를 靈州都督府와 朔方節度使駐地로 삼아 七軍府를 통합하였다. 安史의 난이 일어나자 태자 李亨은 靈武에서 즉위하여 靈州都督府를 大都督府로 승격시켰다. 宋 鹹平5年(1002)에는 黨項族 수령인 李繼遷이 靈州를 공격하여 영주를 西平府로 고치고 西夏王朝의 건립을 다지는 기초를 닦았다. 서하 건국 후 西平府와 興慶府(西夏의 都城, 현 銀川市)를 東西 二京이라 하였다.

숙종은 난을 평정하고 당을 안정시키기 위해 불교에 많이 의지하였다. 그가 꿈에서 여러 번 보았다는 승려는 바로 고승 무루로, 그는 하란산에서 항상 보승불寶勝佛을 염송하는 신이한 승려로 이름을 떨치고 있었다. 숙종은 그런 무루를 가까이 모시고자 삼고초려를 마다하지 않았고, 마침내 삭방朔方 부원수副元帥 중서령中書令 곽자의郭子儀를 보내어 그를 행재소行在所의 내사內寺로 모셔와 가르침을 받았다.[162]

한편 같은 시기에 촉으로 몽진한 현종은 무상선사無相禪師를 가까이서 모시고 있었다. 현종과 숙종 부자가 같은 시기에 신라의 무상과 무루에게서 직접적인 가르침을 받았던 것이다.[163]

숙종은 난이 평정되어 장안으로 돌아올 때에도 무루를 모셔와 궁궐내의 사찰에 머물게 하고 불공삼장과 함께 가까운 스승으로 모셨다. 얼마후 무루는 이적을 보이고 입적하였으며 그의 유해는 유언에 따라 영주靈州의 하원下院으로 이운되었다. 하원은 무루가 탁발을 위해 백초곡에서 내려올 때 머물기 위해 만든 사원이다.

그럼에도 그간 무루의 행적을 전하는 사료의 부족으로, 무루가 수행했던 하란산 백초곡이나 무루의 유체를 모셨다는 하원의 위치에 대해서는 알 수가 없었다. 그런데 최근 닝샤의 학자들은 굉불탑 발굴자료[164]를 통해 당대의 신승神僧 무루대사가 원적 후에 닝샤 하란현賀蘭縣[165] 굉불탑사

---

162 『佛祖歷代通載』(권13), "(전략) 賀蘭白草穀有新羅僧名無漏者 常誦此佛頗有神異 帝益訝之 有旨追見無漏 固辭不赴 尋敕節度郭子儀諭旨 無漏乃來見於行在.帝悅曰 眞夢中所見僧也 旣而三藏不空亦見於行宮 帝並留之托以祈禳."

163 무상은 728년에 입당하여 당 현종을 알현한 후 禪定寺에 배속되었다. 후에 현종이 안사의 난을 피해서 蜀에 갔을 때, 무상을 내전으로 맞아들여 供禮하였다. 무상의 입적연도에 대해 『역대법보기』에는 762년(79세)이라 하였고, 『송고승전』에서는 756년(77세)이라 보고 있다.

164 賀璐璐, 「"天宮"中的驚世發現」宏佛塔修繕發掘記, 新消息報, 2011-04-21.

원宏佛塔寺院에 안장되었다고 발표하였다. 이에 필자는 닝샤자치구 은천시
銀川市의 고고학적 발굴을 토대로 하란산 백초곡과 무루의 유해를 모셨다
는 하원의 굉불탑을 소개하였다.[166]

숙종이 장안으로 돌아오고 나서 얼마 후에 무루는 장안 황궁의 우각문
右閣門에서 입적하였고 숙종은 그의 장례를 치르고 탑을 세우게 하였다.
무루의 유체를 이운하는 도중에 운구행렬이 무루의 제2 사찰인 하원에서
더 이상 움직이지 않자 유체에 향을 바르고 소상을 만들어 하원에 탑을
세워 안치했던 것이다.[167]

그런데 무루가 입적한 지 약 300여 년이 지나 영주에서 건국한 서하는
송과의 전쟁으로 산서성 오대산 문수보살 성지에 참배할 수 없게 되자
하란산을 오대산으로 상정하여 문수보살의 주처지로 삼았다. 그 과정에
서 무루가 수행하던 하란산 백초곡 사원이 서하 불교도들의 신앙의 중심

---

165 賀蘭縣(Helan Xian, 東經105°53'-106°36', 北緯38°26'-38°48')은 寧夏回族自治區 銀川市에 있
   다. 西漢 대에 廉縣을 설치한 후 당 대에는 懷遠縣에, 西夏와 元 대에는 定州에 속하였고
   明 대에는 寧夏衛地로 하였다. 淸 대에는 甘肅省 寧夏府의 首縣이 되었는데 淸 雍正2년
   (1724)에 寧夏縣을 설치하였다. 1941년에 賀蘭縣으로 바뀌었다. 하란현에는 賀蘭山岩刻畫,
   신석기遺址, 古漢墓遺址, 拜寺口雙塔, 宏佛塔 등의 다양한 역사 유적지와 黃河古渡, 황하
   습지 등의 자연 경관이 유명하다. 하란현은 동쪽으로는 黃河에 임하였고 隔河와 陶樂縣과
   마주 보고 있으며 서쪽으로는 賀蘭山(海拔1400~3566m)이 있는데 賀蘭山 주봉이 내몽골과
   경계를 이룬다. 하란산은 북방 유목민족의 성지이다. 특히 西夏왕조는 寧夏에서 개국하여
   황능과 滾鍾口寺廟 건축군 등의 유명한 유적지를 남겼다. 拜寺口의 雙塔, 揷旗口의 鹿盤
   寺, 暖泉古漢墓群 등이 있고, 중부에는 三丁湖, 賀蘭百雀寺, 宏佛塔, 蘭山공원 등이 있다.
   1980년대에 하란산 암각화, 拜寺口雙塔, 宏佛塔, 揷旗口鹿盤寺 등이 주요 유적지로 지정되
   었다.
166 桂美香, 「無漏와 西夏의 北五臺山 신앙 관련성 고찰」, 『한국불교학회 2015 추계 학술대회
   자료집』, 2015. 11. 14. 발표.
167 『乾隆大藏經』, 『佛祖歷代通載』卷36, 17, "(戊戌)是歲新羅僧無漏示寂於右合門. 合掌淩
   空而. 立足去地尺許左右以聞.帝 驚異降蹕臨視. 得遺表乞歸葬舊穀有詔護送舊居建塔. 至
   懷遠縣下院. 輒擧不動.遂以香泥塑全身. 留之下院."

이 되었고, 무루가 안치된 하원에도 굉불탑을 세워 그 격을 높였다.

　당 숙종의 스승이었던 무루는 이렇게 서하황실에 의해 다시 역사에 등장하였고, 그가 수행하던 백초곡은 서하의 북오대산 신앙의 중심이 되었다. 고고학적 발굴을 통해 살펴 본 바 서하의 북오대산 오대산사五台山寺의 위치에 대해 방탑方塔 유지와 쌍탑사묘雙塔寺廟 유지로 보는 두 가지 시각이 있었으나 방탑 탑심주塔心柱 제기題記로 보아 현재는 방탑 유지로 의견이 모이고 있다. 방탑은 1076년, 서하 3대 황제인 이병상李秉常(1061-1086, 惠宗)에 의해 세워졌는데 그 해 봄에 혜종은 친정을 시작하며 큰 불사를 했던 것이다.[168]

[그림 III-2] 下院 宏佛塔

〈보수 전〉

〈2016년 8월 필자 사진〉

---

168 당시 秉常은 "重修磚塔一座並蓋佛殿"이라는 대원을 세우고 僧判인 法忍 등을 塔寺 건축의 都大勾當으로 임명하여 방탑사원을 중건하게 하였다.

〈닝샤박물관의 굉불탑 내부 복원 모습(2016년 필자 사진)〉

　그런데 1990년 11월 말, 서하 고탑 중 유일하게 기년紀年을 알 수 있는 방탑이 도굴꾼에 의해 군사용 폭약으로 훼손되었다. 그로 인해 서하문으로 인쇄한 『길상변지구합본속』(吉祥遍至口合本續, 9권)[169]과 기타 몇 권의 귀중한 서하문물이 훼손되어 버렸다.

　명대의 기록을 바탕으로 본 서하인들의 생활수준은 결코 높지 않았으나[170] 폐허에 흩어진 유리 제품의 조각들, 방전方磚 등으로 사찰의 규모를

---

169 그 중 『吉祥遍至口合本續』은 중국의 목판 활자 인쇄물 가운데 가장 이른 시기의 것이다. 또 그것은 유일한 西夏文佛經일 뿐 아니라 (비록 西夏文이지만) 가장 이른 티베트경전의 판각본이다.(티베트佛經의 판각은 明代에 이루어졌음) 게다가 티베트經典 중 유일한 傳本으로, 西夏學, 版本學, 印刷史, 佛學, 藏學 등의 여러 학문과 관련되어 있다. 당시 발굴에 참여하고 결과를 정리한 고고학자 牛達生은 그 가치에 대해 다음과 같이 말하고 있다. "西夏方塔發現的西夏文獻, 是繼黑城·靈武發現後, 西夏文獻的又一次重大發現, 也是西夏考古的一次重大發現." 『吉祥遍至口合本續』에 관한 연구나 사진은 그 후에 발간된 책을 통해 볼 수 있다. 寧夏文物考古研究所(2005), 『拜寺沟西夏方塔』(北京: 文物出版社), 18-76. ; 345-363.

추정해 보면 서하 불교의 문화적 수준은 매우 높았음을 알 수 있다. 방탑 사원 터에서 출토된 유리[171] 건축재료, 특히 녹유리綠琉璃로 된 척수脊獸와 연화유리와蓮花琉璃瓦는 상당히 정교하고 아름답다.

방탑 사원은 서하황실의 주요사원이다. 방탑은 또 하란산의 유일한 전탑磚塔으로, 그곳에서 출토된 대량의 불교문물, 서하문과 한문 경전, 불화, 사리, 소니탑小泥塔과 소니불小泥佛 등[172]이 있다. 게다가 소니탑과 소니불은 6,000~7,000구 정도나 된다.

또 방탑 유적에서 출토된 숭종崇宗 정관년貞觀年의 서하문 제기題記의 목패木牌와 1180년(仁宗 乾祐11)의 「어제인경발원문」(禦制印經發願文) 등은 방탑이 창건된 이래 서하말기까지 통치자에 의해 매우 중시되었음을 알게 해 준다.

산서성 오대산 주변 500여 리에는 5봉峰의 대臺가 있는데 각 대에는 사찰이 있다. 서하의 오대산사는 그것을 모방한 것이기에 역시 오대산사 주위에는 많은 사찰 유지가 있었을 것이다. 그래서인지 골짜기 길이가

170 (明)胡汝礪 編, 『嘉靖寧夏新志』 卷2, "夏俗皆土屋, 或織氂牛尾, 諰譆毛爲蓋, 惟有命者 得以瓦覆, 故國中鮮遊觀所"
171 琉璃瓦는 양질의 礦石原料를 잘 분쇄하여 고압에서 성형시킨 후 고온에서 굽는다. 강도도 높고 방수성이 강하며 온도변화에도 별 변화가 없어 자금성 등 궁전이나 황실 사찰에 많이 이용하였으며, 골동품거리로 유명한 북경의 유리창琉璃廠은 유리와 관련하여 붙은 지명이다.
172 寧夏文物考古研究所(1994年 9期), 「寧夏賀蘭縣拜寺溝方塔廢墟淸理紀要」, 『文物』. ; 寧夏文物考古研究所(2005), 『拜寺沟西夏方塔』(北京: 文物出版社).

[그림 III-3] 하란산 쌍탑 전경

[그림 III-4] 하란산 方塔

약 30여 리에 이르는 배사구拜寺溝에는 쌍탑, 방탑의 두 서하 탑 유지가
있고 세 곳(殿台子·峽道·土關關)의 사찰 전우殿宇 유지[173]가 있다. 이와 같
이 거대한 건축군은 이곳이 서하의 오대산사五台山寺였기에 가능한 것이
었다.

그간 오대산사의 구체적인 위치는 배사구 쌍탑이나 그 부근의 방탑 유
지로 추정되었는데, 대부분의 전문가들은 쌍탑 유지를 오대산사의 옛
터[174]로 보았다. 그런데 방탑 문물의 출토와 배사구 내 서하 유적지의 조
사로 현재는 방탑 유지가 서하의 오대산사로 인정받고 있다.[175]

더구나 이곳의 자연 환경은 선승禪僧들의 수행처로 아주 적합하여 배사
구 내 방탑 사원을 서하 오대산사(즉 淸凉寺)의 한 부분이라고 보는 것이
다.

1991년, 방탑에서 출토된 대량의 번역서는 티베트 불교 밀전密典을 서
하어로 번역한 것으로, 서하문『길상변지구화본속』(吉祥遍至口和本續) 및
그 요문要文, 광의문廣義文, 해생희각보解生喜解補 등과, 한문『약소하』(略疏
下),『초륜공덕십이게』(初輪功德十二偈),『길상상락윤략문등허공본속』(吉祥
上樂輪略文等虛空本續) 등이 발굴되었다.[176]

서하승려인 혜진慧眞과 지광智廣이 편집한『밀주원인왕생집』(密咒圓因往
生集)은 여러 불전의 신험神驗·밀주密咒 부분을 모은 것이다. 이는 서하

173 寧夏文物考古硏究所(1994),「賀蘭縣拜寺溝西夏遺址調査簡報」,『文物』, 9期. ; 寧夏文物
   考古硏究所(2005),『拜寺溝西夏方塔』(北京: 文物出版社).
174 史金波(1993),『西夏佛敎史略』(臺北: 臺灣商務印書館), 170-171.
175 寧夏文物考古硏究所(1994),「賀蘭縣拜寺溝西夏遺址調査簡報」,『文物』, 9期. ; 寧夏文物
   考古硏究所(2005),『拜寺溝西夏方塔』(北京: 文物出版社).
176 寧夏文物考古硏究所(1994),「寧夏賀蘭縣拜寺溝方塔廢墟淸理紀要」,『文物』, 9期. ; 寧夏
   文物考古硏究所(2005),『拜寺溝西夏方塔』(北京: 文物出版社).

말기에 티베트불교가 유행하여 그런 서적이 매우 필요했기 때문이다. 티베트불교인 밀교에서는 밀주를 중시한다. 이로 보아 『밀주원인왕생집』은 티베트불교의 영향으로 인한 산물이라고 할 수 있다. 여러 찬자 중에서 혜진[177]의 경우 그가 수행한 대청량사를 티베트불교사원이라고는 할 수 없지만 그곳에서 밀주를 많이 접할 수 있었으므로 이를 기록한 것이다. 방탑이 있던 유적지는 이와 같이 밀교승 무루의 수행처에서 시작되어 서하불교의 주요 성지가 되었다. 그곳은 서하의 북오대산 대청량사로, 혜진 등의 여러 고승이 출가, 수행하였으며 많은 티베트불교의 서하역본을 보존하고 있었다.

3) 중국에서의 전법

15명의 천축구법승은 한반도에서 천축으로 가기 위해 모두 일정 기간 동안 중국에 체류하였다. 그들 중에는 우선 중국으로 유학을 갔다가 그곳에서 다시 발심하여 천축으로 가는, 이른바 '2차구법二次求法'[178]을 하는 승려도 많았다. 따라서 그들이 일정 기간 중국에 머무르는 동안에 중국불교에 끼친 영향은 적지 않았을 것으로 짐작된다.

겸익과 의신義信의 경우에는 특별한 기록이 없지만 당 고종 대의 현각玄恪, 혜륜, 무주武周 대의 원표元表, 현종대의 혜초, 숙종 대의 무루, 대종

---

177 『大正藏』46, "北五台山大淸涼寺出家提點"
178 陳景富(1999), 『中韓佛敎關系一千年』(北京: 宗敎文化出版社), 34.

과 덕종 대의 오진悟眞 등은 특히 중국불교계에서 큰 활약을 하였다.

원표와 혜초의 경우에는 50년 이상을 당의 화엄계와 밀교계에서 전법 활동을 하였으며, 현각과 혜륜은 당승 현조玄照와 토번로를 이용하여 천축으로 가며 라싸에서 문성공주의 후원을 받았다. 특히 현조의 두 번째 천축행은 고종 황제의 명에 의한 것이었으므로 신라승 혜륜의 입지가 비교적 높았던 것으로 보인다. 무루와 오진의 경우에는 중국불교계에 끼친 영향력이 더욱 커 오늘날까지도 중국불교도들의 중요한 신앙의 대상이 되고 있다. 이제 그들의 중국 전법 활동을 살펴본다.

(1) 원표의 복건성 전법

원표는 새로 완성된 범본 80권 본 『화엄경』을 구하기 위해 무측천 대에 우전으로 갔으며, 경을 구해온 후 약 50여 년의 세월을 복건성 영덕현의 천관산에서 화엄 수행자로 지내면서 그 이름을 드높였다.[179]

원표는 755년에 신라로 돌아오기 전의 50년 간 범본 『화엄경』을 조석으로 봉독하며 영덕현 천관산[180] 일대가 화엄성지로 되는 발판을 마련하

---

179 무측천도 자신의 통치기(天朝, 684-705)에 원표의 구법 목적과 같은 범본 『화엄경』을 구하기 위해 우전에 사신을 보내었다(692). 그리고 695년에 우전국 왕자 출신의 역경승 실차난타가 당의 사신과 함께 경을 가지고 장안으로 왔으며, 그 후 원측, 의정, 법장 등의 참여로 699년까지 『화엄경』의 신역이 이루어졌다. 무측천이 쓴 신역『화엄경』의 서문은 名文으로 꼽힌다.
180 천관산의 이름에 대해 60권 본 『화엄경』권31, 「보살주처품」에서는 '枝堅固'라 하고 80권본 『화엄경』권45, 「보살주처품」32에서는 '支提山'이라 한다.

였다. 원표에 의해 천관산은 오늘날까지도 천관보살 주처지로서의 지위를 유지하고 있으며, 화엄사 등의 관련 사찰은 역대 황실에 의해 보호받는 주요 성지가 되었다.

영덕현의 천관산(支堤山) 화엄사[181]는 지제사支堤寺라고도 하는데 971년, 항주 영은사靈隱寺의 료오了悟 청용淸聳 선사가 오월왕吳越王 전숙錢俶의 명으로 창건하기 시작하여 976년에 낙성하였다. 당시 공사의 감독은 복주福州 자사刺史이자 전숙의 조카인 전호錢昊였다. 사찰 창건의 직접적인 계기는 바로 원표가 나라연 동굴에 두고 왔다던 범본 80권 본『화엄경』을 안치하기 위함이었다. 이 사찰을 원백元白이 창건한 (소)지제사와 구분하기 위해 대지제사라고도 한다.

당시 지제산에는 이미 승려 원백이 함통연간(860-873)에 창건(868)한 지제사가 있었는데 그것을 료오선사가 창건한 대지제사와 구분하여 소지제사라고 한 것이다. 그 후 승려 호덕好德은 지제사의 개산 비조鼻祖인 원백의 창건과정을 기록하여 868년에『지제산기』(支堤山記)[182]를 썼다. 그것이 원표에 관한 가장 오래된 기록이다. 후에 그것을 본 보복사保福寺 승려 혜평惠平은 나라연굴속에 경전이 있다는 것을 알게 되었고 그것을 가져와 감로도위사甘露都尉寺에 진장珍藏하였다고 한다.

다시 세월이 흘러 료오선사도 원백의 소지제사에서『지제산기』를 통해 원표의『화엄경』의 존재를 알게 되었고, 또 그것이 감로도위사에 안

---

181 지제산 화엄사는 福建省 寧德市 霍童鎭 西南部에 있다.
182 好德, 「支提山記」, "昔, 則天朝, 有僧號元表, 不知何時人, 以花櫚木函二只, 盛新『華嚴經』八十卷, 躬自齋荷, 來尋玆山, 乃蔔石窟而居. 其窟高可百尋, 深廣百二十丈, 下平若鏡, 上方若鑿. 時有保福寺僧惠平, 因遊玆窟而得之, 迎出山下都尉寺安著." 梁克家 著, 陳叔侗 校註(2003), 『淳熙三山志』(北京: 方志出版社).

치되어 있음을 알게 되었다. 그 후 료오는 그 경을 오월왕 전숙에게 바쳤고 전숙은 그것을 안치시키기 위해 화엄사를 창건하게 되었다.[183]

[그림 III-5] 福建省 寧德市 華嚴寺

---

183 明 心泰 編, 『卍新纂續藏經』, 「佛法金湯編」(16卷), "錢弘俶, 弘俶 文穆第九子. 襲封吳越國王 謚忠懿. 嘗慕阿育王造八萬四千塔 中藏寶篋. 篋中置印心咒 經十年訖功. 布散部內(「統紀」) 王延衢州道潛禪師入府受菩薩戒 署號慈化. 定慧禪師建大伽藍於南山曰慧日 永明請潛居之 潛嘗從王求塔下十六金銅羅漢像. 王適夢十六人從潛而行 乃異而與之. 此淨慈所以有羅漢殿也 嘗請雪竇延壽禪師開山靈隱新寺. 明年遷住永明."(「淨慈寺記」)
"福州支提山有天冠菩薩一千眷屬 王施七寶鑄天冠像一千尊 仍造寺宇(「支提寺記」). 王因覽永嘉集有同除四住此處爲齊 若伏無明三藏卽劣之語. 以問韶國師 師曰 此是敎義 可問天台寂師 遂召以問 寂曰 此出智者妙玄 自唐末喪亂 敎籍多出海外 於是遣使十人往日本取敎典以回 爲建寺螺溪 曰定慧(「統紀」) 王嘗飯僧 問延壽曰 今日還有眞僧降否 答曰 長耳和尙乃定光佛化身也 此機一泄 卽跏趺而逝 肉身猶存"(「法相寺記」).

료오의 주관으로 976년에 화엄사가 완공되자 전숙은 송에 '천하대원수 오월국왕天下大元帥吳越國王'의 이름으로 '경사소(慶寺疏)'를 올렸다. 화엄사는 창건 이래 송·원·명 3조에 걸쳐 다섯 차례나 '大華嚴'·'雍熙'·'政和 萬壽'·'華藏'·'華藏萬壽'라는 사액賜額을 받았다.[184] '대화엄'이라는 편액 은 976년 완공 직후에 받은 것으로 보인다. 이것으로 이 산은 화엄종 천 관보살도량이라는 정식지위를 얻게 되었는데 그것이 바로 대지제산 대 지제사大支提寺이다.[185] 한편 전숙은 973년, 화엄사에서 서쪽 20여 리의 원 표가 머물던 나라연굴에 나라연굴사도 창건하였다.

『송고승전』(988)에서는 원표가 천보연간(742-756)에 천축구법행을 하였 다고 하지만 이 책은 『지제산기』보다 120년 후에 나온 책이다. 원래 찬 영(919-1001)은 전숙의 측근 승관僧官으로 오월국 감단監壇과 양서兩浙 승통 僧統을 맡고 있었다.[186] 그런데 전숙은 971년에 양서 고승을 소집하여 천 관보살 주처지로서의 지제산 소재를 확정[187]하였다. 영은사 료오선사가 자신이 젊었을 적에 곽동산霍童山(즉 천관산의 도교적 명칭)에 갔을 때 그 지 역의 노인들에게서 천관산이 보살주처지이며 천관보살의 설법지라는 말

---

184 呂澂은 「諸菩薩住處品」에서 말한 중국의 淸凉山과 那羅延窟에 대해 언급하였는데 『화 엄경』의 편찬지점이 중국에서 그다지 멀지 않음을 알게 한다. 呂澂(1954.9), 「華嚴宗(下)-唐 代佛家六宗學說略述之二」, 『現代佛學』.
185 唐 初 釋法林의 『辨正論』에 의하면 당시에는 사찰을 규모에 따라 국가대사원, 왕공귀족과 百官이 지은 사원, 백성이 지은 사원의 세 종류로 분류하였으며, 대사원에는 수십-백 명 이 상의 승려가, 小佛堂에는 한 두 명이 있다 하였다. 『辨正論』권3 참조
186 찬영은 978년에 전숙이 송에 투항하자 汴京으로 가서 송 태종을 알현하고 '通慧大師'를 賜 號하였다. 그는 황명을 받고 982년, 杭州에서 『宋高僧傳』의 편집을 시작하여 988년에 완성 하였다.
187 이와 관련하여 문수보살도량인 오대산은 周 代에, 普賢菩薩의 주처지인 峨眉山은 宋 代 에 확정되었다.

[그림 III-6] 那羅延窟寺

을 들었다는 것에 근거한 것이다.

978년에 오월이 송으로 귀속되자 송 태종은 지제산 대화엄사에 국가 대사원으로서의 지위를 부여하고 두 차례에 걸쳐 '雍熙'(985년)·'政和萬 壽'라는 사액을 내렸다. 또한 1284년에는 원 세조가 징감선사澄鑑禪師에게 지제사를 중건하게 하였다. 명대에는 영락제가 주각성周覺成으로 하여금 지제사를 중건하게 하고 '華藏'이라 사액하였다. 영락제의 화장사 중건 이유는 서황후徐皇后가 생전에 조성한 불상을 이곳에 안치하기 위함이었 고, 그 역할을 정화鄭和의 대원정단에게 맡겼다. 지제산 화장사는 1983년에 중국 국무원國務院에 의해 전국 142개 중점불교사원重點佛敎寺院의 하나로 지정되었다.

이상과 같이 화엄승 원표가 우전에서 가져온 범본『화엄경』은 복건성 영덕현 천관산을 중국화엄의 성지로 만들었으며, 원표가 수행하던 나연 동굴은 당, 오월, 송, 원, 명, 청 대에 걸쳐 역대 황실의 존숭을 받으며 현대에도 그 역할을 계속하고 있다.

(2) 밀교승 혜초의 전법

혜초는 천축과 서역에서의 구법을 마치고 728년에 장안으로 가서, 금강지와 불공의 제자로 황실 주변에서 중요한 일을 맡으며 50년 이상 밀교를 전법하였다. 그 기간에 혜초는 금강지, 불공삼장과 밀접한 관계 하에 있었으므로 그들의 당에서의 전법활동과도 연관되어 활동하였다. 그들이 거처하던 대흥선사는 인도, 사자국, 신라 등에서 온 외국 밀교승들의 중심지였다.

혜초는 기행문『왕오천축국전』으로 천축구법승으로서의 확고한 정체성을 확립하였지만, 그가 밀교승으로 중국불교계에 끼친 영향도 결코 그에 못지않았을 것으로 생각된다. 이에 그의 밀교전법과 관련하여, 당 밀교계의 법통과 법맥을 살펴 당에서의 혜초의 입지를 정립해 본다.

밀교는 인도에서 바라문교의 불교 침식에 대응하기 위해 바라문사상과 민간신앙을 동시에 수용하며 불교의 재정립을 시도한 것이다.[188] 또한 밀교는 사상적으로는 대승불교의 흥기와 중관학파와 유가유식瑜伽唯識의 사상을 계승, 발전시켰다. 따라서 밀교는 어떠한 사상이나 교의와도 상통

할 수 있으며, 심지어 민간신앙과도 잘 어울릴 수 있게 되었다.[189]

중국에 중기밀교[190]가 전래된 것은 716년에 입당한 선무외善無畏(637-735)와 719년에 온 금강지金剛智(669-741)로 부터 비롯된다. 선무외는 육로로 입당하여 『대일경』을,[191] 금강지는 해로로 와서 『금강정경』을 번역하며 중국에 밀교를 본격적으로 전파시켰다.

이제 금강계밀법을 전수한 혜초의 스승 금강지와 불공에 대해 간단히 살펴보기로 한다. 금강지는 31세에 남인도에서 용수보살龍樹菩薩의 제자인 용지龍智에게서 7년간 『금강정유가경』(金剛頂瑜伽經)·『비로자나총지다라니법문』(毗盧遮那總持陀羅尼法門) 등의 대승경전을 공부하였다. 또 그는 각종 오명논저五明論著, 오부관정五部灌頂을 받아 현교와 밀교에 정통하였다. 용지와 헤어진 금강지는 다시 중인도로 돌아왔으나 남인도에 큰 가뭄이 들자 왕의 청에 의해 기우제를 지냈다. 이 일로 왕은 금강지를 위한 사원을 세워주었다.

금강지는 3년 후 사자국의 성지에 예배드리러 갔으며, 그곳에서 돌아온 후 중국으로 떠날 준비를 하였다. 금강지는 가는 곳마다 금강계대만다라관정도량金剛界大曼茶羅灌頂道場을 설치하여 때때로 기우제를 올리고 비빈이나 공주의 치료 등을 위한 가지加持(祈禱)를 빌었다.

금강지는 720년(開元8)에 해양실크로드를 통해 광주廣州, 낙양으로 들어와 개원 11년에서 18년 사이에 장안의 자성사資聖寺, 대천복사大薦福寺 등

---

188 서윤길(2006), 『한국밀교사상사』(서울: 운주사), 77.
189 서윤길(2006), 위의 책(서울: 운주사), 77-78.
190 본고, 263 참조.
191 선무외는 태장계 계통이므로 천축구법승 가운데 그의 법을 전수받은 승려는 오진이다.

에서 머무르며 『금강정유가대승왕경』·『금강정유가중략출념송법』(金剛頂瑜伽中略出念誦法) 등, 4부 경전을 역출하여 금강계 밀법을 널리 전하였다.

그 제자 불공[192]은 금강지의 고족이면서 선무외의 가르침을 받기도 하여 태장계와 금강계에 정통하였다. 불공은 724년에 낙양 광복사廣福寺에서 설일체유부說—切有部 석계단石戒壇에서 비구계를 받았다. 그 후 그는 18년간 금강지의 제자로 율의律儀와 한문·범어 경론을 공부하며 역경譯經도 하였다.

금강지는 제자들과 함께 나란타사로 가기를 원해 현종의 후원으로 37명의 제자들[193]과 741년에 천축으로 가게 되었다. 그런데 그는 귀국길에 갑자기 병이 나서 741년 8월 30일에 입적하였다. 불공 등은 스승의 유지를 받들어 귀축歸竺하려 하였으나, 황명으로 사자국獅子國에 교서를 보내는데 동행하게 되었다.

불공은 우선 광주에서 함광含光, 혜공惠𥊽 등과 국서國書를 가지고 12월에 곤륜昆崙[194]의 배를 탔다. 그들은 가릉국訶陵國(자바 중부)을 경유하여 1

---

192 趙遷의 『不空三藏行狀』에 의하면 그는 西域人으로 어려서 舅父를 따라 중국에 들어와 10세에 武威·太原 등을 주유하다가 13세에 우연히 금강지를 만났다고 한다. 그들이 어디에서 처음 만났는지는 알 수 없지만, 금강지가 광주에 닿은 719년에는 분명히 어떤 인연이 있었음을 알 수 있다.

193 혜초의 특이한 천축구법행 전력이나, 이후 그가 불공의 대표적인 제자인 6哲 가운데 하나가 된 것으로 보아 그 37명의 제자 가운데 혜초가 포함되었을 가능성은 매우 크다.

194 昆崙國(Dvipatala)은 掘倫國·骨倫國이라고도 하는데, 원래는 인도차이나 반도 동남부의 섬을 가리키지만 隋唐 대에는 婆羅洲·爪哇·蘇門答臘 부근의 여러 섬과, 미얀마, 말레이 반도까지를 포함하였다. 그들은 해로를 이용한 이동력이 뛰어나 중국-인도-페르시아를 잇는 항로의 요충지 역할을 하였다. 義淨, 『南海寄歸內法傳』(卷一), 『대정장』54, 205中, "南海諸洲有十餘國, (中略)諸國周圍或可百裏, 或數百裏, 或可百驛. 大海雖難計裏, 商舶串者准知. 良爲掘倫初至交廣, 遂使總喚昆崙國焉 ; 唯此昆崙, 頭卷體黑. 自餘諸國, 與神州不

년이 안되어 사자국에 도착하였다. 사자국왕은 불공이 당의 사신으로 왔으므로 예를 갖추어 접대하고 그를 불치사佛齒寺(佛牙寺, 大寺)에 머물게 했다.

불공은 그곳에서 제자 함광, 혜공과 동시에 입단入壇하여 보현普賢아사리에게서 다시 관정을 받았으며, 이후 약 3년간 밀법을 수학하였다. 불공이 입적에 앞서 유서를 남길 때, 자신의 수많은 제자 가운데서 혜초를 두 번째에 배열해 놓았을 정도로 가까운 사이였던 점을 감안한다면 이 때 혜초 역시 동행했을 가능성이 매우 높다.

금강지와 불공, 혜초는 719년 전후에 광주에서 처음 만나 사제관계를 형성한 후 727년 이후 다시 장안에서 만나 활동을 시작하였다. 그들이 금강지가 입적한 741년까지 계속 역경 등의 작업을 함께 했던 사실 등을 미루어 보면, 금강지의 귀축 시나 불공의 사자국 사신 수행 시에 혜초가 동행했을 가능성을 짐작하기는 어렵지 않다.

불공은 사자국에서 수학하면서도 널리 밀장密藏과 각종 경론을 구하여 다라니의 가르침인 『금강정유가경』(金剛頂瑜伽經) 등 80부, 대소승경론 20부 등 1,200권의 경전을 수집하였다.[195] 후에 불공이 746년에 다시 중국으로 돌아갈 때 사자국왕 계운戒雲(屍羅迷伽, 719-759)은 당 황제에게 표表와 함께 각종 방물方物을 바쳤다.

746년(천보 5), 불공은 사자국 사신과 함께, 자신이 그간 수집한 범협梵夾을 가지고 장안에 도착했다. 그는 황제에게 정영사淨影寺에서 번역을 할

殊."
195 이 내용은 불공이 774년에 올린 표에 근거한 것이다. 東初(1991), 『中印佛教交通史』(台北: 東初出版社), 210-211 참조

수 있게 해 줄 것과 관정을 위한 단壇을 열어 줄 것을 청하였다.

750년, 불공은 다시 사자국으로 사신으로 갈 것을 명령받고 길을 나섰으나 소주韶州에 닿았을 때 병이 나서 황명을 수행할 수 없었다. 753년에는 서평군왕西平郡王 가서한哥舒翰의 주청으로 현종은 또 불공의 귀국을 명하였다. 이에 불공은 장안의 보수사保壽寺에서 몇 달간 요양한 후에 다시 하서河西로 갔다. 불공은 무위武威에 도착하여 개원사開元寺에 머물며 관정과 역경에 종사하였다.

그는 흥선사興善寺에 머물며 개단開壇 관정하였다. 후에 장안이 안사安史의 난으로 혼란스럽게 되자 불공은 황제와 밀교승들의 소통을 주도하였다. 756년에 숙종이 영무에서 즉위하자 불공은 신라승 무루無漏와 더불어 행재소 내사內寺에서 국가를 위한 기도를 집전하였다. 757년, 숙종의 환도시에 무루와 함께 장안으로 돌아왔다.

758년(乾元 元年), 불공은 역경에 전념하면서 한편으로는 장안(中京)의 자은사, 천복사, 동경東京의 성선사聖善寺, 장수사長壽寺 및 여러 현의 사찰에서 현장玄奘(大遍覺), 의정, 선무외善無畏, 유지流支, 보승寶勝 등, 여러 삼장법사가 천축 등에서 가져온 범문경협梵文經夾을 모두 모아 번역할 수 있게 해 줄 것을 주청하였다.

이렇게 하여 당 패엽경의 제1차적 대규모 결집이 흥선사[196]에서 성립되었다. 혜초의 실력이나 경력으로 보아 그는 이 작업에서도 적지 않은 역할을 하였음에 틀림없다. 한편 신라승 무루는 이 시기에 입적하였는데, 무루는 제자가 없었기 때문인지 대흥선사에서의 구체적인 활동 내용이

---

196 大興善寺의 범협은 會昌5년(845)의 武宗의 폐불 시에 대부분 소실되었다.

전하지 않는다.

불공은 746년부터 숙종(756-762), 대종 대인 774년까지, 조야의 숭봉을 받으며 77부 120여 권에 달하는 현교와 밀교의 경전을 번역하였으며, 한편으로는 관정 전법하여 교화가 크게 성하였다. 불공 삼장은 764년 정월, 함광 등을 극찬("道業淸高, 洞明經戒, 衆所欽尙, 堪爲師範.")하며 대흥선사에 49명의 대덕을 둘 것을 주청하였는데 그때 함광은 서열 제2위였다.

불공의 제자로는 금각사金閣寺 함광,[197] 신라 혜초, 청룡사靑龍寺 혜과惠果, 숭복사崇福寺 혜랑惠朗,[198] 보수사保壽寺 원교元皎[199]와 각초覺超[200] 등, 이른바

---

[197] 金閣 含光은 인도 출신으로 不空三藏의 초기 제자 중 하나이다. 742년(天寶元年)에 불공을 모시고 師子國에 가서 불공과 함께 龍智에게서 五部灌頂을 받았다. 天寶 5년에 당으로 돌아와 스승과 함께 長安·韶州·河西 등을 주유하며 譯經과 傳法을 도왔다. 含光은 不空이 武威의 開元寺에서 開壇 灌頂할 때 金剛界 五部之法을 받았다. 安史의 亂이 일어나자 不空은 먼저 皇太子 李亨의 부름을 받고 長安으로 돌아갔으며, 함광은 얼마 후에 東歸, 도중에 북상하던 태자일행을 만났다. 그는 숙종과 불공 사이를 오가며 소식을 전하는 일을 맡았으며, 장안으로 돌아갈 수 있게 되기를 기원하는 법회를 열기도 했다. 764년 정월, 不空三藏은 大興善寺에 49명의 大德을 둘 것을 奏請하였는데 含光은 제2의 서열이었다. 766년에 불공삼장이 五台山에 金閣寺와 몇몇 供養處를 짓게 하였을 때 함광은 오대산을 돌며 그 공사를 지휘, 감독하였다. 5년에 걸쳐 금각사 및 6곳의 공양처가 완성된 후 함광은 금각사의 주지가 되어 오대산에 밀교를 널리 퍼뜨렸다. 함광은 그 시기에 조정의 功德僧이라는 매우 높은 지위도 함께 누렸으며, 불공삼장의 입적 후에도 오대산에서 홍법하며 代宗의 예우를 받았다. 함광의 만년의 事蹟에 대해서는 잘 알 수 없지만 그 역시 혜초와 마찬가지로 오대산에서 입적하였을 것으로 보인다.

[198] 慧朗은 원래 崇福寺 승려로 金剛界 五部密法을 받은 후 늘 內道場에 머물렀다. 代宗은 不空이 입적하자 혜랑에게 "僧慧朗專知撿校院事 兼及敎授後學"이라는 敕令을 내리고, 大興善寺에서 僧事를 領導하게 하였다. 대종은 778년 4월, 다시 혜랑을 대흥선사의 上座로 삼아 사찰을 전담하게 하였다. 혜랑은 譯經院 및 大興善寺에서 주지를 하는 동안 文殊閣을 완성하였으며 不空三藏의 1주기, 3주기에는 齋會를 주지하였다. 혜랑은 大歷 13년 11월에는 奉敕하여 五台山으로 가서 공덕을 닦았으며 그 후의 사적은 자세하지 않다. 혜랑은 崇福寺와 大興善寺에 많은 제자를 두었다.

[199] 保壽 元皎는 福州人으로 『宋高僧傳』에 "有志操 與衆不群 以持明爲己務"라 기록되어 있다. 元皎는 757년(至德2)에 숙종이 靈武에서 還京할 때 황제, 황후의 가마 옆을 따랐다. 還京 중에 元皎는 鳳翔의 開元寺에 藥師道場을 시설하고 21명의 승려와 6時에 贊念 持誦하였는데 법회 중에 홀연히 49줄기의 가지가 달린 배나무 한 그루가 나타났다. 이를 본 숙종

'육철六哲'이 대표적이다. 그런데 불공은 설일체유부부說─切有部의 일대─代 계사戒師로 오부지법五部之法을 다 전할 수 있었기 때문에 일생 동안 제자 가 매우 많았다. 혜초는 불공의 입적 즈음에 6철 가운데서 2위이었으므 로 그 역시 '대흥선사 49 대덕' 가운데 하나였음을 추측하기는 어렵지 않 다.

불공은 766년에는 제자 함광으로 하여금 오대산五臺山에 금각사金閣寺를 짓게 하였고 옥화사玉華寺도 창건하였다. 또 금각사 등 밀교의 중심인 다 섯 사찰에 각 21 명씩의 승려를 둘 것을 주청하였다. 불공은 774년 6월 15일에 세수 70, 승랍 50세로 입적하였다.[201] 대종은 불공에게 '사공司空' 이라 칙증敕贈하고 또 '대변정大辯正'이라는 시호를 내렸다. 781년, 덕종은 불공의 제자 혜랑慧朗에게 대흥선사에 불공의 비를 세우게 하였다.

불공은 스승의 명을 받들어 사자국으로 가서 밀교를 공부하였으며, 보현 普賢 아사리에게서 금강계와 태장계 양부 밀법의 관정을 받았다. 중국으 로 돌아온 후에는 장안, 낙양, 무위 등에서 주로 금강계 밀교(智)를 전수傳 授하는 『금강정경』·『금강정오비밀수행염송의궤』(金剛頂五秘密修行念誦儀

은 그의 持誦의 영험함에 매우 기뻐하여 元皎를 잘 대접했다고 한다. 元皎는 장안으로 돌아 온 후에는 長生殿 內道場에서 持念을 많이 하였다. 764년에 不空三藏이 大興善寺에 49인 의 대덕을 둘 것을 주청하였을 때 元皎 역시 그 중의 하나였다. 그러다 大歷中에 병이 들어 內道場을 나와 本寺로 돌아가 保壽寺 寺主가 되었으나 그 이후의 일은 전하지 않는다.

200 覺超는 代宗 즉위전에 不空三藏의 제자가 되어 金剛界 五部大法을 받았다. 대종 즉위시 에는 불공과 內寺로 가서 長生殿 念誦僧으로 특별한 대접을 받았다. 764년에 49명의 大興 善寺 大德의 하나가 되었고 그 후 내사를 나가 保壽寺에 머물렀다. 大歷 12년 5월에 다시 內道場에 사표를 내고 保壽寺로 돌아갔으나 內道場 사문의 신분은 그대로 유지되었다. 覺 超는 여러 차례 祈雨하여 영험함을 보였으므로 대종은 그를 '緇門領袖'라 표현하였다. 覺超 의 제자로는 契如, 惠德 등이 있으며 그 후의 일은 알려지지 않는다.

201 『貞元釋敎錄』(권15), 참조.

軌) 등, 11부 143권을 역출하였다.

혜초는 금강지의 제자였으나 금강지의 입적 후에는 현종, 숙종, 대종 등 3조의 국사를 역임한 불공의 대표적인 제자[202]가 되었으며, 혜과惠果[203]가 그 법계를 이었다. 그가 대흥선사에서 활동하던 729년부터 780년 경에는 신라승 무루(?-758?)가 숙종에게 귀의 받던 시기이며, 마지막 구법 승 오진悟眞(?-789-?)이 신라에서 건너와 활동 하던 때와도 일치한다. 따라 서 혜초가 무루, 오진과 함께 대흥선사에서 생활하였을 가능성이 매우 높다. 혜초는 '대흥선사 49 대덕'의 1인이자 불공의 6철 중의 하나였던 만큼 늘 불공을 가까이에서 모시고 있었을 것이기 때문이다.

혜초는 대흥선사의 관정도량에서 국가를 위한 『인왕호국경』을 염송하 는 중임을 맡을 정도로 상당히 인정받는('久探祕藏 深達眞乘 戒行圓明 法門 標准') 고승이었다. 혜초가 당에서 어떤 활동을 하였는지에 대한 객관적 인 기록은 없지만, 780년(건중 원년) 5월 5일에 직접 쓴 『대승유가금강성 해만주실리천비천발대교왕경』(大乘瑜伽金剛性海曼殊室利千臂千鉢大敎王經, 이하 『대교왕경』, 불공 역)[204]의 서문(叙)[205]을 통해 다음의 일부나마 알 수

---

202 774년, 불공은 입적하기 전에 남긴 유언에서 자신의 저명한 제자인 이른바 六哲로 金閣寺 含光, 新羅慧超, 青龍寺惠果, 崇福寺慧朗, 保壽寺元皎, 覺超를 기록하였다.
203 惠果는 代宗, 德宗, 順宗 3대 國師를 역임하였으며 그 제자로는 자바 출신의 僧 辯弘, 일 본의 空海 등이 있다.
204 이때 금강지는 혜초에게 '大乘瑜伽金剛五頂五智尊千臂千手千鉢千佛曼殊室利菩薩秘密 菩提三摩地教法'을 주었다.
205 「大乘瑜伽金剛性海曼殊室利千臂千鉢大敎王經序」, "大唐開元二十一年 歲次癸酉正月 一日辰時 於薦福寺道場內 金剛三藏與僧慧超授大乘瑜伽・金剛五頂五智尊千臂千手千 鉢千佛釋迦曼殊室利菩薩秘密菩提三摩地法教 遂於過後受持法已 不離三藏奉事 經於八 藏. 後至開元二十八年歲次庚辰四月十五日 聞奏開元聖上皇於薦福寺禦道場內 至五月五 日 奉詔譯經 卽時焚燒香火 起首翻譯. 三藏演梵本 慧超筆授 《大乘瑜伽千臂千鉢曼殊室 利經》法教. 後到十二月十五日 翻譯將訖. 至天寶一年二月十九日 金剛三藏將此經梵本

있다.

혜초는 개원 21년(733) 정월 1일부터 약 8년 간 장안의 천복사薦福寺에서 금강지(671-741)와 밀교경전인 『대교왕경』을 연구한다. 740년 4월 15일에 금강지는 현종에게 유가밀전瑜伽密典의 번역을 청하였고, 5월 5일부터 천복사[206]에서 번역이 시작되었다. 그것은 12월 15일에 완역되었으며 이 역경장에서 혜초는 필수筆受를 맡았다.

그런데 천보원년인 742년 2월 19일에 범승 목차난타파가目叉難陀波伽편에 이 경의 범본과 천축 아사리의 책을 주어 남인도와 사자국의 본사本師보각寶覺 아사리에게 보냈다. 애석하게도 금강지의 입적시에 보각아사리가 회답이 없어 단지 혜초가 남긴 이 경의 역본 수고手稿를 주었다고 한다.[207]

남아 있는 혜초의 문장 중 또 한 가지는 『표제집』 권 5에 있는 「하옥

及五天竺阿闍黎書 並總分付梵僧目叉難陀婆伽 令送此經梵本並書 將與五印度南天竺師子國本師寶覺阿闍黎 經今不回. 後於唐大曆九年十月 於大興善寺大師大廣智三藏和尙邊 更重諮啓 決擇大教瑜伽心地秘密法門後 則將 《千缽曼殊經》 本至唐. 建中元年四月十五日 到五臺山乾元菩提寺 遂將舊翻譯唐言漢音經本在寺. 至五月五日 沙門慧超起首再錄 寫出 《一切如來大教王經》 《瑜伽秘密金剛三摩地三密聖教法門述經》 秘義. 諸佛出世 應物隨形 志求者智鏡元通 念之者無幽不入. 根緣感赴 必藉此經 登菩提山 除去邪執 契傳二密 得究瑜伽秘要法門 窮理微妙. 身口意業 用智修持 戒定慧學 顯現通達. 證如來地 以信爲首 乘般若舟 速超彼岸. 今述曼殊之德 靈跡叫克伽 聖覺無方 神力潛運. 以多塵劫 悲願 不住菩提 一主無二尊 見爲菩薩. 自玆金色世界 來其忍土之中 於淸涼之山 導引群品 而卽現燈現 及萬菩薩. 信生奇特 現光現相 人身皆發正智 爲因利益三世 蒼生有趣 願到菩提. 次略擧經 都題序目 大乘瑜伽金剛性海總攝一切法 金剛五頂五智尊現大聖曼殊室利菩薩 顯千臂千手千缽 化千釋迦 灌頂曼茶羅一切諸佛 修證如來金剛菩提具足一切法 入毗盧遮那五金剛界. 聖智圓通 入如來佛心三密三十支金剛智鏡聖道性海故", 『全唐文』(卷916).

206 荐福寺는 長安城 南區 開化坊에 있던 사찰로 원래는 수 煬帝의 옛집이었다. 당 고종은 684년에 그곳을 절로 만들어 獻福寺라 하였고 689년에 천복사로 고쳤다. 706년부터 譯經 전용 사찰이 되었다.
207 崔正森, 「唐代五台山乾元菩提寺高僧慧超」, 『五台山硏究』, 1998.

녀담기우표」(賀玉女潭祈雨表)[208]이다. 황제가 혜초에게 흑하黑河의 옥녀담
에서 기우제[209]를 주관하게 한 것[210]으로 보아 그가 밀교의식에 매우 정
통했음을 알 수 있다. 위 글은 『표제집』 권 3의 불공의 『삼장화상유서』
에도 보인다. 그런데 혜초는 불공의 6고족高足 중 밀법을 '개시開示'할 수
있는 승려로, 기우제문을 쓰고 직접 기우제를 주관한 예에서 짐작할 수
있듯, 밀교승 중에서도 특히 실력을 인정받은 고승이었던 것으로 보인다.

혜초는 773년(대력8) 10월부터 장안의 대흥선사大興善寺에서 불공의 가
르침을 받았다. 혜초는 불공의 입적 후, 황제에게 표문[211]을 올려 스승의
장례에 도움을 준 것에 대해 감사하면서, 또 스승이 세운 사원을 계속 유
지시켜 줄 것을 청하였다.

혜초는 당 대력 9년인 780년(建中元年) 4월 15일에는 스승과 함께 번역
한 구舊 한역본을 오대산 건원보리사에 가지고 들어가 5월 5일까지 20일

---

208 「賀玉女潭祈雨表」, "沙門惠超言 伏奉前月二十六日中使李獻誠奉宣口□ 令惠超往盩厔
縣玉女潭修香火祈雨 惠超行闕精修 謬揚天旨 山川靈應不昧禱祈 初建壇場谿聲乍吼 及
投舍利雨足如絲 一夕而草樹增華 信宿而川原流潦 澤深枯涸 慶洽人神 伏惟陛下聖德動
天 天澤先降 豈惠超微物精誠感通 無任喜慶抃躍之至 謹因中使李憲誠入奏奉表陳賀以聞
沙門惠超誠惶誠恐謹言 大曆九年二月五日內道場沙門惠超上表", 『大正藏』卷52, 855.
209 平川彰 外(1996), 『화엄사상』(서울: 경서원), 304 참조.
210 「賀玉女潭祈雨表」에 대한 황제의 답. "寶應元聖文武皇帝答曰 朕勤恤黎元 望深時雨 分
命鄉里 遍禱靈祠 而和澤荐霑 甫及旬晦 師久勞虔潔 勤清道場 有年可期 顧增歡慶也 所
賀知"
211 慧超, 「請於興善寺當院兩道場各置持誦僧制一首」, "弟子僧慧朗・慧超・慧璨・慧海・
慧見・慧覺・慧暉 右件僧等請於當院灌頂道場常爲國念誦 僧慧幹・慧果・慧嚴・慧雲・
慧信・慧珍・慧勝・慧深・慧應・慧行・慧積・慧俊・慧賢・慧英 右件僧等請於大聖文
殊閣下常爲 國轉讀 敕賜一切經 以前特進試鴻臚卿大興善寺三藏沙門大廣智不空奏 住
此寺院二十餘年 建立道場爲國持誦 靈應非一 不可名言 其大聖文殊閣恩命賜錢修造向畢
旣安梵夾 又有禦經 理合弘持以資景福 其惠朗等二十一人 並久探祕藏 深達眞乘 戒行圓
明 法門標准 望依前件常令念誦轉經 如後有事故 卽請簡擇灼然有道行僧塡闕 庶法燈不
絶 聖壽無疆", 『표제집』 권 4.

간 다시 필수하여 『일체여래대교왕경유가비밀금강삼마지삼밀성교법문』
(一切如來大敎王經瑜伽秘密金剛三摩地三密聖敎法門)을 펴내었다.[212] 그 이후
의 기록이 없는 것으로 보아 혜초는 당에서 54년 이상의 활동을 마치고
787년 경 오대산 건원보리사에서 입적한 것으로 보인다.

세계인 혜초는 신라에서 해양 실크로드를 거쳐 광주, 수마트라, 나인
국, 동천축, 서역으로 이어지는 기나긴 여정을 맺은 후에 그것을 『왕오천
축국전』으로 정리하였다. 본 단락에서는 혜초가 기행을 끝낸 후 장안에
정착하여, 밀교승으로 약 50여 년의 춘추를 보내는 과정을 살펴보았다.

혜초는 법현과 현장, 의정의 뒤를 이어 세계사에 길이 남을 값진 기행
문을 남겼을 뿐 아니라, 당시 가장 유행했던 밀교의 고승으로, 또한 금강
지와 불공이라는 양대 산맥의 대표적인 제자로, 당 황실의 존숭을 받으
며 명성을 드높였다. 그는 금강계 밀교를 전승하였고 기우제를 주관할
수 있을 정도로 실력을 인정받은 고승이었다.

그가 태어날 무렵에 이미 신라에는 불가사의不可思議 같은 밀교승이 있
었으며, 704년에 전래된 밀교경전 등으로 보아 당시 신라 불교계에 밀교
의 영향이 결코 적지 않았다는 것을 알 수 있다. 그것으로 미루어 보더라
도 혜초의 입축 구법행은 시대적 요청에 따른 것이지 결코 우연한 일이
아니었다. 그는 구법승으로서나 밀교승으로서나, 동아시아불교사에 큰
업적을 남겼다고 할 수 있겠다.

---

212 圓照, 『大辨正廣智三藏和上表制集』卷五 ; 藤田豐八(1931), 『慧超往五天竺國傳箋釋』
(泉壽東文書藏校印)) ;『大日本佛教全書』卷113 「慧超傳考」.

(3) 오진의 전법

밀교승 오진은 15명의 한국 고대 천축구법승 가운데 마지막 구법승에 해당되는데, 어찌 보면 그는 구법승들 가운데 중국인들에게서 가장 사랑받은 존재라고 할 수 있다. 왜냐하면 오진은 신이하고 영험한 수행력으로 인해 중국의 오백나한 중 제479번째 오진상존자(悟眞常尊者)로 오늘날까지도 중국불자들의 신앙의 대상이 되고 있기 때문이다.

중국의 오백나한 중에는 신라 왕자 출신으로 당 현종을 교화했던 제455번째 무상공존자인 정중 무상과, 제479번째 밀교승 오진이 입전되어 있다. 두 명의 신라승이 오백나한의 반열에 서 있다는 것은 중국에서 활발하게 전법활동을 펼친 한국 고대 승려들의 위상을 보여주는 전형적인 예라 할 수 있다.

전법승 오진의 행적은 「대당청룡사삼조공봉대덕행장」(大唐靑龍寺三朝供奉大德行狀, 이하 「행장」)에 일부 전한다. 「행장」에는 불공의 전법제자 혜과와의 사적과 그 사승 전수 관계가 적혀 있는데 그 가운데 오진에 관한 기록이 일부 있는 것이다.

오진은 성덕왕 대(702-737 재위)에서 경덕왕(742-765 재위) 대 사이에 어린 나이로 입당하여 밀교의 중심지인 장안의 대흥선사에서 오랫동안 공부하였다. 오진이 대흥선사로 갔을 때 혜초는 이미 천축구법행을 완수한 후 금강지와 불공의 제자로 입지를 탄탄히 굳힌 상태로 그곳에 머무르고 있었다. 또 756년 이후에는 무루도 장안의 내사에서 숙종의 측근으로 활동하고 있었다.

이 내용을 바탕으로 혜초와 무루, 오진과의 영향 관계에 대해 생각 해 볼 수 있다. 그들은 모두 신라 출신의 밀교승으로 당의 밀교 중심지에서 활동하였다. 당시 혜초는 730년부터 왕성한 전법행을 펼치고 있었고, 무루는 총령에서의 종교적 체험을 계기로 자신이 교화할 곳이 중국임을 깨닫고 전법을 하고 있었다. 그 두 승려의 활동상은 막 장안에 도착한 어린 오진에게 큰 영향을 주었을 것으로 보인다. 약 20여 년 후에 오진 역시 그들과 마찬가지로 천축으로 취경取經을 위한 구법의 길에 올랐기 때문이다.

한편 오진은 781년에는 청룡사에서 당시 최고의 밀교승이던 혜과화상에게서 가르침을 받았다고 한다. 혜과는 혜초와 함께 불공의 대표적 제자인 6철 중의 하나이며, 또한 불공의 법통을 이은 승려이다. 신라승 오진이 당 불교계의 최고층 승려인 혜과에게서 가르침을 받았다는 것은 오진의 법기法器가 뛰어났음을 직접적으로 증명해 준다.

또 오진은 양자강을 중심으로 중국전역을 돌며 고승대덕을 찾아 가르침을 얻었다고 한다. 그 시기는 혜과에게 배운 781년에서 구법행을 떠난 789년 사이로 보인다. 오진이 구법행에서 돌아오지 못하고 동 토번吐蕃에서 입적하였음에도 불구하고 오백나한에 입전된 것을 보면, 이미 그는 천축으로 가기 전부터 중국 전역에 널리 알려진 인물이었던 것으로 보인다.

오진은 더 많은 것을 공부하고 또 새로운 밀교경전을 가져오기 위해 원성왕 대인 789년(貞元5年)에 천축행에 올랐다.[213] 오진은 본인이 서원했던 데로 중천축으로 가서 진본珍本 『대비로자나경』 및 기타 범어 경전(梵

---

213 당의 구법승 悟空의 귀국연대가 790년인데 오진의 출국이 789년이므로 지금까지와 달리 천축구법행의 순서를 '오진 → 오공'에서 '오공 → 오진'으로 바꾸어야 할 것이다.

夾餘經)을 구하였다. 그의 구법행의 구체적인 행로나 기간, 동행자 등은 알 수 없지만 당시의 당, 토번 간의 국제 정세로 보아 왕복 모두 토번을 거치는 육로를 이용하였을 것으로 추정된다. 그러나 그는 장안으로 돌아 오지 못하고 토번에서 입적하였다.

만일 그가 경전을 가지고 장안으로 돌아왔더라면 그가 중국불교에 미친 영향은 훨씬 컸을 것이며 그에 관한 기록은 훨씬 풍성하였음에 틀림 없다.

한편 오진은 어떤 이유에서인지 중국인들의 중요한 신앙의 대상인 오백나한의 반열에 올랐다. 중국인들의 관념은 매우 현실적이어서 눈에 보이지 않는 것에 대해서는 잘 받아들이지 않는 경향이 있다. 그런 그들에게 나한은 같은 인간이면서 수행을 통해 깨달음을 얻은 존재들이기에 멀리 있는 붓다보다 오히려 더 친근하게 느껴지는 존재이었다.

어린 나이에 입당하여 장안의 대흥선사에서 오랫동안 공부하던 오진이 얼마나 뛰어난 수행승이었는지는 알 수 없으나 그는 당 황실을 중심으로 한 밀교계의 쟁쟁한 인물들 중에서도 결코 빠지지 않는 고승이었던 것으로 보인다. 여러 승전 속의 2,000여 내로라하는 승려 중에서도 특별히 선발되어 오백나한의 반열에 당당히 올랐기 때문이다.[214]

오진이 언제 누구에 의해 무슨 이유로 제479번 오진상존자로 등록되었는지는 알 수 없지만 그의 모습과 이름을 전하는 선각線刻이나 소조塑造는 꽤 여러 곳에서 찾아볼 수 있다. 오진상존자는 중국 대표적인 오백나

---

214 변인석은 신라왕자 무상이 중국에서 오백나한의 반열에 오른 이유에 대해 잘 설명하고 있는데, 이는 오진상존자의 경우에도 크게 참고가 될 것이다. 변인석(2010), 『정중 무상대사』(파주: 한국학술정보(주)), 44-52 참조.

한당으로 일컬어지는 서원사西園寺·보광사寶光寺·칠탑사七塔寺·공죽사筇竹寺(곤명)는 물론이고, 복호사伏虎寺, 항주의 영은사, 북경의 벽운사碧雲寺, 천태산 하방광사下方廣寺, 십방什邡 나한사羅漢寺, 영파 칠탑사, 당양當陽의 옥천사 등등, 중국의 곳곳에 산재한 오백나한당에 모셔져 있다.[215]

불교인에게 있어 오백나한존자는 이미 6신통神通을 얻고 '무학無學, 살적殺賊, 무생無生'의 경계에 도달하여 6도 윤회의 진입을 자유자재로 할 수 있는 존재로 인식된다. 오진이 '悟眞常尊者'로 오백나한에 입전된 이유는 그의 특별한 수행력이 중국인에게 큰 감화와 영향을 주었기 때문이며, 오랜 세월에 걸쳐 중국인들의 사랑과 존경을 받고 있다.

[그림 Ⅲ-7] 悟眞常尊者

479 悟眞常尊者

之一。悟眞曾遊訪大江南北，遍訪高僧大德，增益學行。為了進一步研究佛法，於唐德宗貞元五年（七八九年）前往中天竺，求得珍本《大毗盧遮那經》及《梵夾余經》，在返回中國的途中，圓寂於吐番（西藏）地區。悟眞尊者勤學不倦、常求不捨的品德受到廣大僧俗的仰慕。

唐代新羅國（朝鮮古國）人。法號悟眞，少年時便來中國學習佛學知識，與他同來中國的還有惠日等人。長期居住在長安大寺，以學密宗（毗盧遮那經）及諸尊持念教法為主。學識廣博，是當時的名僧

215 특히 蘇州의 西園寺(西園戒幢律寺), 北京 碧雲寺, 成都 寶光寺, 武漢 歸元寺의 五百羅漢堂을 中國의 4대 羅漢堂이라 한다.

IV

▎천축구법승의 사상과 특징

각각의 천축구법승의 불교사상은 그들이 살던 시대에 가장 논의의 쟁점이 되었던 것으로, 그들을 천축으로 이끈 직접적 동인이었다. 법현이나 겸익의 시대처럼 불교가 전래되어 정립되는 과정에서는 승려공동체의 계율준수가 승단을 유지시키는 근간이었다.

또한 붓다의 가르침을 제대로 이해하고 불법佛法에 대한 바른 해석을 위해서는 『아비달마구사론』같은 비담사상 연구가 유학승들의 주요 목표가 되었다. 그리고 그들의 목표는 시대에 따라 중관학, 유식학, 화엄학, 밀교학 등으로 변화해 갔다.

대부분의 유학생들의 경우, 물론 학문 자체에 대한 순수한 동경과 열망도 있었겠지만, 그에 못지않게 유학의 목적을 달성하고 돌아와서 그 사회의 지도자가 되기를 원한다.

그러나 천축구법승의 구법행은 진리를 찾고자 하는 뜨거운 구도심에서 비롯된 것이므로 다시 돌아온다는 기약 자체는 중요하지 않았을 것으로 사료된다. 다만 천축이나 서역의 전법승들에 의해 한역된 경·율·논서에서 오역되거나 의미가 불명확한 부분에 대해 다시 번역을 하고자 하였던 취경승의 경우에는 고국으로 무사히 돌아오기를 간절히 원했을 것이다. 이제 고난과 위험으로 가득함에도 불구하고 그들을 그 길로 이끌었던 불교사상에 대해 소승불교[1]와 대승불교로 나누어 불교사의 진행 순서에 따라 고찰해 본다.

1. 소승불교

1) 계율사상

---

1 물론 여기서 소승불교란 대승불교의 상대적, 혹은 부정적 개념이 아니고, 계율과 아비달마를 중시한 초기불교의 개념이다. 소승불교는 聲聞乘·緣覺乘·菩薩乘이라는 三乘佛法의 통칭이다. 小乘法門은 自我完善과 해탈을 宗旨로 하므로 阿羅漢果 및 辟支佛果를 최고 果位로 간주한다. 그런데 인도 고대의 부파불교 중에 소승부파 혹은 소승불교라는 것이 따로 있었던 것은 아니다. 각 부파의 가르침 중에는 이미 매우 많은 대승사상과 敎法이 있었으며, 상좌부 중에도 대승의 교법을 많이 포함한 부파가 있어 그것을 '大乘上座部'라고도 했다. 또 大衆部에도 많은 대승교법이 전승되었다. 기원전 1세기에 대승불교가 소승불교 세력보다 커지며 주류가 된 후에도 이런 말을 사용하지 않았다. 중국에는 大乘·小乘 불교가 동시에 전래되었는데 漢傳 불교 13대 종파 중 소승종파는 毘曇宗·經量部에서 전승한 成實宗·有部의 몇 경전에서 전승한 俱舍宗 등이다. 그런데 이들 종파는 중국에서 얼마 못 가 소멸되었다. 중국의 律學과 唐代의 律宗은 모두 小乘律本에 의거하고 있기에 현재 중국에는 化地部의『五分律』, 法藏部의『四分律』, 大衆部의『摩訶僧祇律』, 說一切有部의『十誦律』외에 上座部의『善見律毗婆沙』등 각파의 소승경전이 풍부하게 남아 있다.

(1) 백제의 겸익

한국사상사에서 '백제의 겸익'은 오부율문과 아비담장이라는 교법을 구해 온 구법승이자 번역가, 그리고 그것을 강론한 사상가라는 정체성을 갖는다. 즉 겸익은 구법승이자 역경가이며 사상가로서의 위상을 함께 보여주고 있는 것이다.[2]

율승 겸익의 천축구법행은 처음부터 뚜렷한 구법의 목표와 목적지가 있었던 것으로 보인다. 그는 백제에 전래된 한역 율서의 미비점을 보완하고 새로운 율서를 구해서 번역하기 위해 중인도 가야의 대율사大律寺에 갔던 것이다.

중국과 천축의 언어와 문화의 차이에서 기인된 계율관련 경전의 오역과, 그로 인해 잘못 이해된 부분에 대한 확인, 그리고 당시까지 한역되지 않았거나 중국에 전래조차 되지 않은 율서를 구하고자 한 노력은 겸익보다 약 120여 년 전에 천축구법행을 한 법현의 목적과도 같은 것이었다.[3] '계율戒律'은 '방비지악防非止惡'의 의미를 갖는 계戒(尸羅, ⑤ Śīla)와 출가자들이 지켜야 할 생활규칙인 율律(毗尼, Vinaya)[4]의 합성어로 불교공동

---

2 고영섭(2014), 「불광(佛光) 겸익(謙益)과 옹산(翁山) 현광(玄光)」, 『문학/사학/철학』, 제36호, 23.
3 법현은 『佛國記』의 첫 부분에서 당시 동진의 승단 기강을 세우기 위해 그 근본이 되는 율서를 구하고자 천축행을 결심하였다며 취경의 목적을 밝히고 있다. 法顯, 『佛國記』, "法顯昔在長安, 慨律藏殘缺, 於是遂以弘始元年歲在己亥, 與慧景・道整・慧應・慧嵬等同契, 至天竺尋求戒律"
4 律은 범어 毗奈耶(Vinaya)의 意譯으로 불교승단의 공동생활을 규정하는 강제력이 있다. 즉 승단 중의 법률에 상당하는 것이다. 따라서 이 규정을 지키지 않는 출가인은 처벌을 받는다. 遠離(vi)와 導向(na)의 결합 명사인 Vinaya는 '遠離'・'滅惡'・'教導'・'訓誡' 등으로도 번역하며 '마땅히 멀리 해야 할 나쁜 행위'라는 뜻이 된다. 그러므로 玄奘은 이를 '調伏'이라 번역하였다. 승단계율의 수집과 기록인 비나야는 三藏의 하나로, 律藏은 '毗奈耶의 總集', 혹은

체를 유지하는 근간이었다. 그런데 불멸佛滅 후 약 100여년이 지나 바이샬리의 비구들 사이에서 계율을 어기고 금은金銀을 받는 풍조가 생겼다. 그 모습이 서방에서 온 비구 야사耶舍(Yasa)의 눈에 띄었고, 그것이 교단의 근간을 위협하는 일이라는 그의 문제 제기로 제2차 결집이 이루어졌다.[5]

그 후 오랜 세월이 흘러 불교가 중국에 전래된 후 동진東晉(317-419)의 법현은 그들이 속한 승가에서 계율을 재정립할 필요를 느끼고, 그것을 위해 천축구법행을 하였던 것이다. 겸익 역시 백제에서 불교가 공인(384년)된 지 100여 년이 흐른 시점에서 법현과 같은 고민을 하게 되었고 그 해결책으로 천축구법행을 결심하였다. 법현과 겸익의 공통점은 바로 거기에 있다.

① 법현과 율서

최초의 천축구법기인 『불국기』를 남긴 법현은 계율서를 중국에 들여와 번역하는 것이 가장 큰 구법 목적이었다.[6] 동진 대는 이미 불교가 중국에 전래된 후 약 300여 년이 경과한 후였으므로 내용면에서는 안세고

'毘奈耶藏'이라고도 한다.

5 그 내용은 Vinaya-Piṭaka의 Cullavagga와 『사분율』・『오분율』・『십송율』・『毘尼母經』 등에 나타난다. 이로 인해 단일교단이 상좌부와 대중부로 나뉘게 되는 근본분열이 일어난 것이다.

6 316년에 西晉이 망하고 다음 해에 晉 元帝가 즉위하며 東晉이 시작된다. 동진 대의 중국은 정치적으로 남북으로 나뉘어 있었다. 동진을 비롯하여 중국 북방의 後趙・前秦・後秦・北涼 등은 한족이 아닌 이민족이 통치했는데 그들은 모두 불교를 숭상하였다. 한편 중국 남방에서는 북방의 이민족의 통치를 피해 남쪽으로 간 達官貴人, 문인학사 등에 의한 이른바 '衣冠南渡' 현상으로, 불교도 전파되어 큰 발전을 이루었다.

安世高를 대표로 하는 소승불교와 지루가참支婁迦讖·지겸支謙·축법호竺法護를 대표로 하는 대승 반야학般若學이 모두 전래되어 있었다. 또한 도안道安에 의해 유부有部 경론이, 구마라집鳩摩羅什에 의해서는 대승이 크게 성행하였다.

그러나 4세기까지는 범어를 잘 이해하는 중국인 승려는 거의 없었기에 원전을 그대로 옮기는 번역은 기대할 수가 없었다. 경전을 번역하기 위해서는 범어와 한문 양쪽에 능통한 인적자원이 있어야 한다. 범어에 숙달되었다는 평을 가장 먼저 받는 중국인 승려는 4세기 후반의 번역가인 축불념竺佛念이다.

같은 시기에 가장 뛰어난 번역 및 주석가로 이름 높았던 지둔支遁, 도안道安, 축법태竺法汰, 혜원慧遠 등은 범어를 아예 무시하였다. 범어를 모르는 중국 승려들은 자의적인 번역을 하며 결락도 심하여 어떤 경우에는 거의 이해할 수 없는 번역물이 되기도 하였다.

위魏(220-265) 대에는 계율에 관한 여러 문헌들이 처음으로 중국에 전래되었다. 당시 불교도들에게 계율서가 꼭 필요하였기 때문이었다. 예를 들어 법시法時는 250년에 『승기계본』(僧祇戒本) 중 바라제목차를 번역하였고, 강승개康僧鎧는 담무덕파의 백갈마白羯磨인 『담무덕율부잡갈마』(曇無德律部雜羯磨)를 번역하였다. 255년에 담무제는 그것을 다시 번역하여 『갈마』라 하였다. 그 두 사람에 의해 다르마굽타가 설립한 화지부化地部의 일파인 담무덕파의 계율이 처음으로 중국에 소개된 것이다. 이어 5세기에 담마야사에 의해 『사분율』(四分律)이 번역되며 담무덕파의 계율 전체가 중국에 소개된다.

290년 이전의 중국불교는 거의가 경전의 번역시기였으며, 서진시대가 317년에 끝나며 비로소 전파가 시작되었다. 300년대의 도안, 구마라집의 활동을 통해 불교는 중국의 상류층으로 확산되었고 400년대에 와서야 정착되었다.

이로 인해 중국 전역에는 사찰 수가 급격히 늘었는데 당 법림法琳의 『변정론』(辯正論)에 의하면 동진의 역사 104년 동안 모두 1,768개의 사찰이 세워졌다 한다.[7] 그 규모는 다양 하겠지만 평균적으로 일 년에 17개 이상의 사찰이 창건되었다고 볼 수 있다. 따라서 승단은 이미 어느 정도의 규모를 이루고 있었고 또 여러 명승도 배출되어 영향력을 미치고 있었다.[8]

승려의 수가 증가함에 따라 승가에서는 공동체 질서유지의 차원에서 올바른 계율의 정립이 요청되었다. 이는 불교의 발전 과정 상 필연적인 현상이었다.[9]

법현의 활동기에는 불교의 외적인 발전에 비해 유통되던 경전의 수준이나 양은 수요에 못 미쳤다. 특히 계율 관련 경전이 많이 부족하여 여러 가지 폐단이 생겼다. 이에 법현은 그런 현상을 교정하기 위해 65세라는

---

7 任繼愈 主編(1985), 『中國佛敎史』第二卷, 中國社會科學出版社, 574-580 참조.

8 한편 전도를 위해 인도나 서역에서 온 전법승도 있었다. 또 경전을 구하기 위해, 혹은 천축의 고승에게 가르침을 받기 위해, 혹은 聖跡 참배를 위해 천축으로 가는 구법승들도 있었다. 그러나 그 수는 극히 일부에 불과했다. 湯用彤(2008), 『漢魏兩晉南北朝佛敎史』第十二章, 武漢: 武漢大學出版社 참조.

9 예를 들어 道安의 경우, 그 문하의 수가 점차 많아지자(梁 慧皎, 『高僧傳』(권5), 「道安傳」, "師徒數百, 齋講不倦 …… 旣至, 住長安五重寺, 僧衆數千, 大弘法化.") 그 구성원들을 위한 立法의 필요성을 느끼고 있었음을 알 수 있다.(梁 慧皎, 『고승전』, "安旣德爲物宗, 學兼三藏, 所制僧尼軌範佛法憲章, 條爲三例 : 一曰行香定座上講經上講之法 ; 二曰常日六時行道飮食唱時法 ; 三曰布薩差使悔過等法. 天下寺舍遂則而從之.") 그런데 사실상 도안의 문도가 아무리 많았다고는 해도 겨우 수백 명에 불과하였으므로 10,000명 이상이 상주하던 나란타대학에는 비교도 안 될 정도였다. 그럼에도 입법의 필요를 느꼈을 정도였으니, 법현을 필두로 하여 당시 계율서를 구하기 위한 천축구법승의 행렬은 시대적인 요청에 부응하는 것이었다.

고령의 나이임에도 길을 나선 것이다. 법현은 399년에 혜경慧景·도정道整·혜응慧應·혜외慧嵬 등과 함께 장안을 떠나서 여러 곳을 주유하였다. 일행은 마침내 405년에 불교가 가장 흥성하던 달마갈제국達摩竭提國의 수도 파탈리푸트라(巴連弗邑, Ⓢ Pāṭaliputra)[10]에 도착하여 범서梵書와 범어를 익히며 경률을 초사抄寫하였다.

파탈리푸트라는 굽타왕조(320-550)의 수도로 오래 전부터 불교의 중심지였다. 법현은 그곳에서 『마하승기율』(摩訶僧祇律)·『살바다부초율』(薩婆多部鈔律)·『잡아비담심』(雜阿毗曇心)·『방등반니항경』(方等般泥洹經)·『연경』(綖經)·『마하승기아비담』 등의 6부 경전을 수집하며 3년 동안 머물렀다. 일행 중의 도정은 파탈리푸트라 사문들의 위의에 깊이 탄복하고 그들의 법칙을 준수하는 모습에 감동된 나머지 귀국하지 않기로 하였다. 그러나 법현은 구법행을 계속하여 남천축과 동천축에서 2년간 머물렀다.

그 후 409년에는 상선을 타고 다마리제국多摩梨帝國[11]을 떠나 벵골 만을 종단, 사자국獅子國에 도착하였다. 그는 사자국 왕성王城의 무외산정사無畏山精舍에서 『미사새율』(彌沙塞律)·『장아함』(長阿含)·『잡아함』(雜阿含)·『잡장』(雜藏) 등의 4부 경전을 구하였다.

법현은 총11명의 일행과 구법행을 시작한지 12년 만에 단독으로 귀국길에 올랐다. 그는 412년에 귀국하여 413년 가을에 수도 건강建康의 도장사道場寺에서 불타발타라佛陀跋陀羅·보운寶雲 등과 『마하승기율』(40권)·『승

---

10 파련불읍은 북인도 중앙의 갠지즈 강변에 위치했던 도시로 난타왕조, 공작왕조, 굽타왕조, 팔라왕조 등의 수도였으며 波吒釐·華氏城이라고도 한다.
11 Tāmralipti는 동인도의 중요 항구로 지금의 Midnapore의 Tamluk 부근이다. 法顯은 409년에 이곳에서 상선을 타고 師子國으로 갔다. 唐代에는 耽摩栗底 혹은 耽摩立底로 번역하였는데 바로 신라의 혜초도 천축에서의 첫발을 이곳에 디뎠다.

기비구계본』(僧祇比丘戒本, 1권)·『승기비구니계본』(1권)·『대반니항경』(大般泥洹經, 6권)·『잡장경』(雜藏經, 1권)을 번역 하였다.

양의 승우僧祐가 언급[12]한 것처럼 법현의 시대에는 계율서를 구하는 것이 매우 절실한 문제였다.[13] 법현은 부족한 계율서[14]를 구한 후 약 7년에 걸쳐 『마하승기율』 등 6부 63권을 번역하여 중국 불교계에 큰 영향을 미쳤다. 그런데 법현의 취경 목록에는 오부율 중의 하나인 파조부라부婆粗富羅部([S] vātsa-putrīya)의 율서는 없다. 그런 점에서 백제승 겸익의 구법행의 의미가 더욱 크다 하겠다.

〈표 IV-1〉 법현과 겸익의 구법행

법명	법현(4부)	겸익(5부)
구법시기	399-412년	?-526년
국 적	東晉	百濟
부파 (律典)	曇無德部(『四分律』)	曇無德部(『四分律』)
	薩婆多部(『十誦律』)	薩婆多部(『十誦律』)

---

12 승우, 『出三藏記集』, "常慨經律舛缺 誓志尋求." 이 구절을 『高僧傳』(권3)·『古今譯經圖紀』(권2)·『開元釋教錄』(권3)·『貞元新定釋教目錄』에서 그대로 사용하고 있다. 『歷代三寶記』(권7)·『大唐內典錄』(권3)에서 "求晉所無衆經律論"이라 한 구절과도 상통한다.

13 법현과 거의 동시대에 활약했던 계빈국의 弗若多羅(Punyatāra) 역시 그런 시대적 요청에 부합하였기에 중국에서 큰 환대를 받았다. 姚秦 弘始年間에 중국으로 온 불야다라는 404년 10월에 逍遙園에서 梵文『十誦律』을 誦出하였고 그것을 鳩摩羅什이 한역하였다. 그런데 불야다라는 번역이 3분의 2 정도 진행되었을 때 입적하였으므로 그 후 구마라집은 曇摩流支와 계속 合譯하였다. 그리고 그것을 다시 卑摩羅叉와 범본을 對校하여 현재의 『十誦律』이 완성되었다. 任繼愈 主編(1985), 『中國佛教史』第二卷, 中國社會科學出版社, 580-582. ; 梁慧皎, 『高僧傳』(권2), 「弗若多羅傳」참고.

14 梁 慧皎, 『高僧傳』(권2), 『出三藏記集』(권3), 『開元釋教錄』(권4). ; 법현은 파련불읍에서도 "法顯本心欲令戒律流通漢地."라며 계율서를 언급하고 있으며 『法顯傳』 첫 구절에서도 "法顯昔在長安 慨律藏殘缺."이라며 律藏의 부족을 언급하고 있다.

	彌沙塞部(『五分律』)	彌沙塞部(『五分律』)
	迦葉遺部(『解脫戒本經』)	迦葉遺部(『解脫戒本經』)
		婆粗富羅部(『摩訶僧祇律』)
번역	『彌沙塞律』・『長阿含』・ 『雜阿含』・『雜藏』 등	律部 72권
유학처	巴連弗邑, 남천축, 동천축, 獅子國	중천축

② 겸익과 오부율

한국불교사상 최초의 계율서 전래는 석담시釋曇始가 376년(孝武帝 太元
元年, 혹은 孝武太元 말에 장안에서 경률 수십 부를 지고 요동遼東으로 간
것으로 보고 있다.[15] 담시는 고구려에서 불교가 공인된 지 4년 만에 경률
서를 전래한 것인데 그의 전경傳經은 고구려의 불교 및 율학의 발전에 큰
영향을 주었음에 틀림없다.[16]

백제불교는 천축승 마라난타摩羅難陀에 의해 384년(枕流王)에 직접 수
입[17]되고 공인되었다. 천축 전도승 마라난타의 전법행은 곧 겸익(?-526-?)

---

15 梁 慧皎, 『高僧傳』(권10), 「釋曇始傳」.
16 한편 신라의 경우에는 588년(隋文帝 開皇8)에 신라의 釋智明이 陳에 求法을 하러 가서 10
    년간 여러 곳을 주유하며 공부한 후 다시 신라로 돌아와 戒律을 弘揚하였다고 한다. 『海東
    廣高僧傳』卷下. ; 또 일본불교의 계율은 善信尼가 최초로 백제에 와서 수계하며 시작되었
    으며 推古天皇時期(592-628)에는 율사가 일본에 있었으나 아직 그 수가 수계하기에 충분하
    지 못하였다한다. 연민수 등 역(2013), 『역주 일본서기』2(서울: 동북아역사재단), 448-449.
17 인도로부터 직수입된 백제 불교의 예를 일본의 本州島 中部 長野에 있는 「善光寺緣起」를
    통해서도 알 수 있다. 일본의 국보인 선광사 本堂에는 642년(皇極天皇元年)에 창건된 불상

의 구법행으로 이어진다. 동진의 율승 법현의 고민처럼 겸익 역시 범어를 잘 모르는 역경가들에 의해 번역된 율서에서 여러 가지 문제점을 보았을 것이다. 그 문제를 해결하여 백제불교계의 위상을 정립하기 위해서는 범어 원전을 구해와 번역하는 방법밖에는 없다고 생각했을 것이다. 오역 투성이의 한문 율전으로는 진정한 의미로서의 승단의 기강을 세우기가 불가능하였기 때문이다.

겸익은 늦어도 동성왕(479-501)과 무령왕(501-523), 성왕(523-554) 대의 승려로 한반도 최초의 천축구법승이자 유일한 백제의 천축구법승이다. 현재 겸익에 관한 기록은 이능화李能和의 『조선불교통사』(朝鮮佛敎通史)에 실린 「미륵불광사사적」(彌勒佛光寺事蹟)이 유일하며 그 내용은 다음과 같다.

> 백제 성왕 4년(526) 병오, 사문 겸익은 마음을 다하여 율을 구해왔다. 바다 길을 통해 중인도에 갔다. 가나伽那(즉 가야)의 대율사에서 범어를 5년 동안 배워 깨우치는 한편 율부를 깊이 공부하여 계체戒體를 장엄하게 하였다. 범승 배달다삼장과 더불어 범본 아담장(아비달마논장)과 오부율문을 가지고 귀국하였다. 백제왕은 우보羽葆와 고취鼓吹로 교외에서 맞이하여 흥륜사에 안치하였다. 국내의 명승 28인을 불러들여 겸익법사와 더불어 율부 72권을 번역하게 하니 이가 곧 백제 율종의 비조이다. 이에 담욱·혜인 두 법사가 율소律疏 36권을 지

이 모셔져 있다. 그 불상은 가장 오래된 것으로 阿彌陀如來가 천축의 月蓋長者의 외동딸 如是姬의 병을 고치자, 장자가 아미타여래의 모습을 一光三尊像으로 제작한 것이라고 한다. 그리고 그것이 백제를 거쳐 일본 흠명천황에게로 전달되었다고 한다. 선광사의 주불은 654년에 秘佛이 된 이후 지금까지 7년 만에 한 번씩 열리는 善光寺開龕 시기에만 친견할 수 있다.

어 왕에게 바쳤다. 왕이 비담毘曇과 신율新律에 서문序文을 써서 태
요전台耀殿에 보관하였다. 장차 판각하여 널리 펴려고 하였으나 겨
를이 없다가 (성왕이) 죽어 뜻을 이루지 못하였다.[18]

이 짧은 몇 줄의 문장에는 아비담장과 오부 율문을 구해온 구법승이자
역경가라는 겸익의 정체성이 그대로 담겨 있다. 겸익은 천축에서의 5년
에 걸친 유학으로 언어 문제와 율부에 대한 공부가 어느 정도 해결되자
범승 배달다倍達多 삼장과 더불어 범본 아담장阿曇藏(아비달마논장)과 오부율
문五部律文[19]을 가지고 귀국하였다. 한편 그가 돌아오자 왕은 직접 그를 맞
이하기 위해 교외로 마중 나가 대대적인 환영행사를 하였다.[20]
　겸익이 가져온 오부율문은 설일체유부·법장부·대중부·화지부·음
광부의 다섯 부파에 전하는 율장을 말한다.[21] 천축에서 겸익과 함께 백제
로 온 배달다 삼장은 경률론 삼장에 두루 통효한 인물이었음에 틀림없
다. 특히 그가 아담장과 오부율문의 번역을 위해 온 것으로 보아 논장(아

18　李能和(1918),「彌勒佛光寺事蹟」,『朝鮮佛敎通史』上中 (서울: 寶蓮閣), 33-34, "彌勒佛光寺
　　事蹟云 百濟聖王四年丙午 沙門謙益 矢心求律 航海以轉至中印度 常伽那大律寺 學梵文
　　五載 洞曉竺語 深功律部 莊嚴戒體 與梵僧倍達多三藏 齎梵本阿曇藏五部律文歸國 百濟
　　王 以羽葆鼓吹 郊迎 安於興輪寺 召國內名釋二十八人與謙益法師 譯律部七十二卷 是爲
　　百濟律宗之鼻祖也 於是 曇旭惠仁兩法師 著律疏三十六卷 獻於王 王作 毘曇新律序 奉
　　藏於台耀殿 將欲剞劂廣佈 未遑而薨"
19　5部律은 '소승불교 오부계율'의 통칭으로, 인도 서북부의 소승 5部派에 전하는 律典이다. 붓
　　다 입멸 후 100년 정도 지나 付法藏 第五祖 優婆鞠多의 다섯 제자의 계율상의 이견으로 율
　　장에 5部의 별파가 생겼다.
20　천축구법승이 성공적인 구법행을 하고 귀국하였을 때 통치자들이 직접 궁 밖으로 나아가
　　구법승들을 맞이하는 예는 드물지 않게 보인다. 중국의 황제들은 법현, 현장, 의정이 돌아오
　　자 그들을 황궁이나 황궁근처의 대형 사찰에 머물게 하고 대규모의 역경장을 시설하여 각종
　　편의를 제공하였다. 그런 면에서 겸익의 경우도 예외가 아니었다.
21　『阿毘達磨大毘婆沙論』(Abhidharma Mahāvibhāṣa),『大正藏』27.

비달마)과 율장(계율학)에 더욱 조예가 깊었을 것으로 짐작된다.

<표 Ⅳ-2> 五部 律文과 律本

번호	五部의 명칭 (梵語名)	음역	의역	律本(所傳廣律)	律本(戒本)
1	曇無德部 (Dharmagupta)	曇摩 鞠多	法正·法護 ·法鏡·法 密· (法護部律· 法藏部律)	『四分律』 (60권, 410년 譯 出)	『四分僧戒本』(1권)·『四 分律比丘戒本』(1권)·『四 分比丘尼戒本』(1권). 모두 姚秦 佛陀耶舍 譯出.
2	薩婆多部 (sarvāstivāda)	薩婆 諦婆	說一切有部 (宗計에서 이름 취함)	『十誦律』 (61권, 姚秦 弗若 多羅· 曇摩流支 譯·卑 摩羅叉 重校, 404 년 역출)	『十誦比丘波羅提木叉戒 本』(1卷, 姚秦 鳩摩羅什 譯), 『十誦比丘尼波羅提 木叉戒本』(1卷, 劉宋 法顯 集出), 『根本說一切有部 戒經』(1卷, 唐 義淨 譯), 『 根本說一切有部苾芻尼戒 經』(1卷, 唐 義淨 譯).
3	彌沙塞部 (Mahīsasakavina ya)		不著有無觀 (化地部律)	『五分律』 (30卷, 劉宋·佛 陀什 等譯)	『彌沙塞五分戒本』(1卷, 劉宋·佛陀什 等譯), 『五 分比丘尼戒本』(1卷, 梁· 明徽集)
4	迦葉遺部 迦葉維部 (kāśyapa)		飮光弟子部 ·善歲部 重空觀 (飮光部律)	『解脫律』 (중국에는 전해지 지 않음)	『解脫戒經』(1卷, 元魏·般 若流支譯)
5	婆粗富羅部 (vātsī-putrīya)	婆蹉 富羅	大衆部	(『摩訶僧祇律』) 『大集經』(20)· 『行事鈔資持記』(상1-2)· 『戒疏』(1-상)·『義林章』(3의 끝) 참조	

배달다 삼장이 겸익과 함께 멀고먼 백제까지 온 것은 백제인에게 백제
인의 언어로 불법을 쉽게 전달해 주고자 하는 자비심에서 비롯되었을 것

이다. 중국이 전도할 수 있는 인구도 더 많고 천축에서도 가깝지만, 그런 물리적 조건은 겸익의 정성 앞에서 아무런 힘도 발휘하지 못했던 것으로 보인다.

한편 붓다의 설법어는 결코 현학적이지 않고 대중 지향적이었다고 평가된다. 그 사실을 전하는 대표적인 예로, 바라문 출신의 야메루와 테쿨라 비구가 붓다의 가르침을 『베다』의 시구로 바꾸어 주겠다[22]고 하자 붓다는 '더 많은 사람을 기쁘게 하거나 이익 되게 하기 위해' 그것을 거부하며 다음과 같이 말한다.

> 비구들이여, 깨달은 자의 가르침을 '『베다』의 시구로 가르쳐서는 안 된다. 누구든지 『베다』의 시구로 깨달은 자의 가르침을 가르치면 돌길라죄를 범한 것이 된다. 비구들이여, 나는 깨달은 자의 가르침은 각각 자신들의 언어(sakāya niruttiyā)로 배우도록 한다.[23]

붓다는 이렇게 일반인이 이해할 수 있는 언어를 사용해서 자신의 가르침을 펼치고자 하였던 것이다. 이 인용문에서 말하는 '『베다』의 시구'란 일반 대중의 언어가 아닌, 바라문 중심의 상층계급의 언어인 산스크리트로 Veda를 기록했다는 것을 말한다.

---

22 Vinaya-Piṭaka vol. II, 139, "세존이시여, 세존에게는 다양한 종류의 이름과 성과 집안, 그리고 다양한 부류의 사람들이 출가해 있습니다. 그리고 이 사람들이 제각기 자신들의 말을 써서 붓다의 가르침을 배우고 있어 성스러운 붓다의 가르침을 더럽히고 있습니다. 그러하오니 세존이시여, 저희가 붓다의 가르침을 『베다』의 시구(詩句, chando)로 옮겨드리도록 하겠습니다."

23 Vinaya-Piṭaka vol. II, 139. 최종남 외 저(2011), 『역경학 개론』(서울: 운주사), 21.

겸익이 출국 전에 어느 정도 범어를 알고 있었는지는 알 수 없지만, 설사 그가 범어에 대한 기초지식이 어느 정도 있었다 할지라도 5년간의 유학을 통해 역경을 할 수 있을 만큼의 고급 범어를 구사하기는 어려웠을 것으로 보인다.[24]

그가 공부하였을 것으로 여겨지는 설일체유부說一切有部는 서북인도에서 번창하였는데, 그들은 산스크리트나 혹은 그에 가까운 지방어를 사용하였다.[25] 바라문교의 성전인 베다나 우파니샤드에서 사용되던 산스크리트를 불교 경전어로 사용하게 된 시기는 2세기경의 제4차 결집結集 무렵부터인 것으로 보인다.

팔리의 상좌부에서 삼장 결집의 완성을 제3차 결집이라고 하는 것과 달리, 설일체유부는 2세기 경, 카슈미르의 환림사環林寺에서의 제4차 결집[26]을 완성이라고 보는데, 이는 제3차 결집에서 완성된 삼장에 대한 주석서의 성립을 말한다.[27]

---

24 법현의 구법기간은 14년이고 현장은 17년, 의정은 나란타대학에서의 10년 유학을 포함하여 구법기간이 25년가량이나 된다. 법현, 현장, 의정은 그 긴 유학을 거쳤음에도 불교문헌 번역을 위한 역경장에는 많은 전문적인 인원을 배치하여 번역의 오류를 최소화하고자 하였다.
25 18, 혹은 20부파로 나뉘는 인도 부파불교에서 각각의 부파가 사용한 언어는 중첩되기도 하였지만 4대부파인 설일체유부(산스크리트), 정량부(Śūrasena의 Apabhraṁśa), 상좌부(Paiśāca), 대중부(Mahāraṣṭra)는 각각의 지방어로 삼장을 전했다고 한다. 佐佐木敎悟 외 저, 권오민 역(1989), 『인도불교사』(서울: 경서원), 86-88.
26 현장, 『대당서역기』, '迦濕彌羅城結集'에서, 世友를 上首로 하여 500여 명의 논사가 모여 20년 동안 經藏의 주석서인 우바데사(Upadeśa) 10만 송을 결집하고, 다시 律藏 주석서인 비나야 비바샤(Vinaya-vibhāṣā) 10만 송을, 마지막으로 論藏의 주석서인 아비달마 비바샤(Abhidarma-vibhāṣā)를 완성한 후 그 30만 송을 영구보존하기 위해 赤銅版에 새기고 石函에 넣어 塔에 봉안하였다고 한다. 그 가운데 현재는 『發智論』의 주석서인 『阿毘達磨大毘婆沙論』만 전한다.
27 Dīgha Nikāya vol. III, 127ff. ; 경전 편찬회의인 결집(Saṁgīti)은 특정한 장소에 특정한 자격을 갖춘 사람들이 모여 붓다의 가르침을 종합하고 교정하여 이구동성으로 합창하는 방식을 통해 불설을 만장일치로 승인하는 합법적인 正典化 절차나 형식이라고 할 수 있다. 그리고 결

대승경전 역시 붓다가 사용하기를 원치 않았던 산스크리트를 사용하여 불교를 어렵게 여기게 하는데 일조했다. 그런 배경 하에 동래東來한 전법승 안세고安世高는 여러 나라를 유랑하며 다양한 언어를 배운 후 148년에 낙양으로 왔다. 당시 안식국에는 설일체유부의 소승불교가 강한 세력을 형성하고 있었다. 따라서 안세고는 선관禪觀, 『아함경』이나 아비담학阿毘曇學에 능했다.[28]

겸익이 구하고자 했던 계율서인 비나야 삐타까(Vinaya Piṭaka)는 붓다 재세 시에 이미 구전의 형태로 유통되고 있었던 것으로, 겸익과 배달다 삼장 등이 어떤 과정을 통해 역경작업을 완성할 수 있었는지에 대해서는 정확히 알 수 없지만[29] 중국에 의존하던 불완전한 경전 수입 단계를 넘어, 원음이 살아있는 경전을 직접 구해 와서, 자체적인 역경까지 가능했던 백제의 불교학 수준에 대해서는 충분히 짐작할 수 있다.

집의 목적은 세상의 이익과 행복을 위한 청정행의 가르침이 계속 이어지고 오래 머무를 수 있게 하기 위함이라고 한다.

28 僧祐, 『出三藏記集』, 「安世高傳」, "博綜經藏, 尤精阿毗曇學, 諷持禪經, 略盡其妙. 旣而遊方弘化, 遍歷諸國, 以漢桓帝之初, 始到中夏." 승우는 안세고의 교학에 대해 "널리 경전을 공부하고 아비달마도 깊이 이해하고 있었으며 선경에 대한 묘한 이치를 터득하였다."고 극찬했다. 또한 그를 안식국(페르티아)의 왕자출신으로 보고 있으나 사실 그는 대대로 교지에 살던 소그드상인의 후예였다.

29 약 130년 후의 唐 玄奘의 역경장을 통해 백제 역경장의 모습이나 역경 과정을 추측해 볼 수 있다. 당에서는 국가가 인정하고 후원하는 사찰에 시설된 번역장에서 합송으로 결집된 經律論 삼장을 번역하였다. 장안의 자은사(현장)와 옥화사(현장) 및 불수기사(실차난타) 등이 그 대표적인 번역장이다. 梵語로 된 삼장을 한문으로 번역하기 위해 역장에는 9명의 譯官이 배치되는데, 범어를 이해할 수 있는 이와 한문을 받아쓸 수 있는 사람, 그리고 이들을 보좌하는 인물들로 구성된다. 범본 삼장을 풀이하는 譯主를 필두로 하여 좌우 두 줄로 역할에 따라 자리가 배치되었다. 역주의 좌측에는 그 뜻을 꼼꼼히 살피는 證義, 현지어로 받아쓰는 筆受, 범문과 한문을 대조하여 오류가 없도록 參校하는 參譯이 앉았다. 우측에는 문장의 정밀함을 살피는 證文, 원전어인 범어를 자세히 살피는 梵學僧, 번역된 글을 한자 문법에 맞게 구문을 구성하는 綴文, 산만한 문장을 다듬고 정리하는 刊定, 역주와 마주하여 번역된 문장을 다듬어 아름답게 하는 潤文 등, 각기 자신의 역할을 통해 번역장의 완성도를 높였다.

성왕은 겸익이 구해 온 경전을 흥륜사興輪寺에 안치시킨 후 당시의 명
승 28명과 함께 율부 72권을 번역하게 하였다. 역장에는 천축승, 백제승
을 각 분야에 전담시켜 비담과 오부율문을 성공적으로 번역하였다.[30] 여
기에서 더 나아가 담욱曇旭·혜인惠仁 두 법사는 36권의 율소律疏를 지어
왕에게 바쳤다. 또 왕은 번역이 완료된 비담毗曇과 신율新律에 서문을 직
접 쓰고 그것들을 태요전台耀殿에 보관하였다고 한다. 한편 백제인들은 그
것을 판각하여 널리 보급시키고자 하였으나 성왕의 서거로 뜻을 이루지
못하였다.

이상의 상황을 종합하여 보면 겸익의 천축구법행의 의미는 ① 한국역
사 최초의 천축구법승이며, ② 백제의 뛰어난 항해술을 바탕으로, 해로를
이용하였다는 점, ③ 그의 구법행의 목적이 유학과 취경에 있었고, ④ 천
축승과 함께 일련의 계획 하에 역경을 하였으며, ⑤ 중국에 전해지지 않
았던 파조부라부婆粗富羅部(vātsa-putrīya)의 율서까지 포함한 오부율문 전체
를 도입하였다는 점 등을 언급할 수 있다.

한편 겸익의 구법 시기인 성왕聖王(523-554 재위) 대에는 일본에 불교를
전파하기도 하였는데 그 시기에 대해 두 가지 설이 전한다. 하나는 538
년 12월 설로, 원흥사元興寺의 『가람연기병류기자재장』(伽藍緣起幷流記資財
帳, 즉 『元興寺緣起』)[31]의 기록에 근거한 것이고, 또 하나는 552년 10월 설

---

30 李能和(1918), 「彌勒佛光寺事蹟」, 『朝鮮佛敎通史』上中 (서울: 寶蓮閣), 33-34, "(중략) 獻於
   王 王作 毗曇新律序 奉藏於台耀殿 將欲剞劂廣佈 未遑而薨."
31 "538년 12월에 백제의 성왕이 사자를 보내 태자상과 灌佛기구, 佛紀를 설명한 문서를 보내
   고, 또한 '불법은 세간의 無上의 법이니 왜에서도 수행하도록 하여라.'라는 성왕의 말을 흠명
   대왕에게 전했다." 이광준(2007), 『元興寺緣起』, 44-49 ; 연민수 [외] 엮음(2013), 『(역주)일본
   서기』2(서울: 동북아역사재단).

로 『일본서기』(日本書紀)[32]에 근거한 것이다.

(2) 아리야발마와 혜륜의 율학

백제의 겸익이 계율과 아비달마를 공부하고 아담장阿曇藏(아비달마논장)과 오부율문을 가져오기 위해 중천축의 가야를 다녀온 후 정관연간貞觀年間(627-649)에는 신라의 아리야발마阿離耶跋摩[33]와 혜륜慧輪도 천축으로 갔다. 그들의 구법로는 겸익과 달리 육로였지만, 지향했던 학문은 같은 것이었다. 의정의 기록에 의하면 아리야발마는 나란타사那蘭陀寺에 머무르면서 율장律藏과 논장論藏에 관한 책을 많이 보았다고 한다.

아리야발마와 혜륜이 입축한 시기도, 백제의 겸익의 경우처럼, 신라에 불교가 공인된 지 120여 년을 전후한 시점이었다. 신라 불교 역시 도입기를 거쳐 정착기가 되며 교단의 규모와 승려의 수가 어느 정도 갖추어지자 계율에 관련된 여러 가지 문제가 생겼을 것이고, 그것을 근본적으

---

32 『日本書紀』, "552년 欽明 13년 10월, 백제의 성왕이 흠명대왕에게 사자를 보내서 석가금동 불상 1구와 장엄을 위한 幡 및 蓋와 함께 경론을 헌납하고, 별도로 표를 만들어 불법의 공덕을 기리고, 백제에서 불교를 제국에 전함으로 해서 아법동류의 불언을 다할 수 있었다고 하는 기쁨과 만족의 뜻을 보였다." 연민수 [외]엮음(2013), 『(역주)일본서기』2 (서울: 동북아역사재단).

33 覺訓, 『海東高僧傳』, "釋阿離耶跋摩 神智獨悟 形貌異倫 始自新羅入于中國 尋師請益 無遠不參 瞰憩冥壑 凌臨諸天 非惟規範當時 亦欲陶津來世 志切遊觀 不殫遊邀 遂求法 於西竺 乃遐登於葱嶺 搜奇討勝 歷見聖}蹤 夙願已圓 資糧時絶 乃止那爛陀寺未幾終焉 是時高□(僧)專業住菩提寺 玄恪 玄照 至大覺寺 此上四人竝於貞觀年中有此行也. 共植 勝因 聿豐釋種 遙謝舊域 往見竺風 騰茂譽於東西 垂鴻休於罔極 非大心上輩 其何預此 乎 按年譜似與玄奘三藏同發指西國 但不知第何年耳."

로 정립하는 것이 당시 불교계를 이끌던 선각자들의 시대적 사명이었을 것이다.

그들 중의 일부는 우선 계율을 공부하기 위해 당으로 갔지만 그곳에서 만족하지 않고 마침내 천축 까지 가서 그들이 원하던 것을 얻을 수 있었다. 비록 그들 대부분이 신라로 돌아올 수는 없었지만, 그럼에도 불구하고 진리를 찾아 멀고도 험한 구도의 길을 떠난 그들의 용기 있는 행동은 수많은 후학들의 귀감이 되었다.

아리야발마와 혜륜이 어떤 계율서를 입수하고자 했는지 정확히는 알 수 없지만, 그들의 구법행과 불학에 대해 기록을 남긴 의정 역시 자신이 율사律師였기에, 그 세 승려에게는 율전律典을 구하는 것이 구법행의 첫 번째 목적이었다. 당시 당에서 번역된 것은 구마라집이 번역한 유부有部의 『십송율』[34] 뿐이었는데, 의정은 그 무렵에 가장 폭 넓게 유행하던 유부(根本說一切有部)의 다른 율법을 구하고자 하였던 것이다.

설일체유부說一切有部(혹 有部, 薩婆多部, Ⓢ Sarvāstivāda)는 부파 불교 중 상좌부上座部에서 분파된 것으로, 분별설부分別說部와 함께 많은 아비달마문헌을 보유하고 있었다. 유부에서는 '모든 현상(즉 諸法, dharmā)을 구성하

---

34 5部律 중에서 『십송율』이 중국에서 가장 먼저 역출되었다. 『십송율』은 薩婆多部의 廣律로 404년(姚秦 弘始6년)에 『십송율』에 심취한 사문 弗若多羅가 장안에 와서 鳩摩羅什과 共譯하였는데 미처 그것이 완성되기 전에 불야다라는 입적하였다. 후에 다시 曇摩流支가 그 범본을 가지고 장안으로 와 다시 나집과 50권으로 공역하였다. 그런데 이번에는 譯文이 다 정리되기도 전에 나집이 입적하였다. 후에 다시 卑摩羅叉가 장안으로 와 그 역본을 校訂하고 그 마지막 1誦을 『毗尼誦』으로 고쳤다. 또 「十誦律毗尼序」를 譯出, 그것을 가장 뒤에 배치하여 61권으로 만들었는데 그것이 바로 지금의 『십송율』이다. 구마라집은 『십송율』을 비롯한 300여 권의 경전과 논서를 번역하면서, 다른 책들은 번잡한 것을 간명하게 줄였으나 [刪削] 오직 『십송율』만은 근본 뜻을 보존하고자 줄이지 않았다고 한다.

는 기체基體로 유법有法·법체法體(dharma)를 상정하고, 이 유법有法은 멸하지 않고 3세에 걸쳐 존재가 계속 된다.'(法體恒有, 三世實有)고 주장한다.[35]

설일체유부는 붓다의 교설을 해석하며 풍부한 아비달마 철학을 완성시켰는데, 『육족론』(六足論)·『발지론』(發智論)·『대비바사론』(大毘婆沙論)·『현종론』(顯宗論) 등이 그 과정에서 성립된 대표적 논서이다. 그러나 다른 부파나 대승불교로 부터는 붓다의 교설에 위배된다는 비판을 받기도 했다.[36]

유부의 학설로는 '삼세실유설三世實有說', '심심소상응설心心所相應說', '업감연기業感緣起', '유여열반有餘涅槃·무여열반無餘涅槃' 등이 있다. 유부의 기본적 입장은 '삼세실유·법체항유法體恒有'로, 삼라만상森羅萬象(⑤ saṃskāra)을 구성하는 항상불멸恒常不滅의 기본요소로 70가지 정도의 유법有法, 법체法體를 상정하고, 이들 유법은 과거, 현재, 미래의 3세에 걸쳐 변화함이 없이 계속 실재實在하는데, 우리가 그것을 경험하고 인식할 수 있는 것은 현재의 한 순간일 뿐이라고 한다. 미래세未來世의 법이 현재에 나타나 우리에게 일순간 인식되고는 곧 과거가 되고 만다는 것이다. 이렇게 우리는 영화에서 필름의 한 장면을 보는 것처럼 순간마다 다른 법을 경험하는 것이라 하며 제행무상諸行無常을 설명한다.[37]

---

35 『異部宗輪論』에 의하면 유부는 기원전 2세기 전반기에 성립하였고 얼마 후에 迦多衍尼子(kātyāyanīputra)가 『發智論』을 써서 유부의 체계를 확립하였다고 한다.

36 유부는 現在有體·過未無體를 주장하는 大衆部, 經量部와도 대립하였고, 無自性·空을 주장하는 大乘佛敎로 부터도 비판받았다. 그러나 대승도 中觀派에 의해 등장하는 唯識派가 되면 說一切有部의 分析을 적극적으로 받아들인다.

37 유부의 심리론으로는 46개 心의 요소(心所, cetasika, 70法에 포함됨)가 心의 基體(心, citta)와 결합하여(相應, saṃprayukta) 심리현상이 나타난다고 하는 心心所相應說을 취한다. 또 心과 상반되는 관계에 있는 것은 아니고 그것들 사이의 관계나 힘, 개념 등의 心不相應行法

설일체유부는 인간의 고苦의 직접적인 원인을 업業(karma)으로 보고 그 구극의 원인을 번뇌煩惱(즉 惑)라고 생각했다. 즉 인간의 존재를 혹惑 → 업 → 고苦의 연쇄로 보고 이것을 업감연기業感緣起라고 했다. 그러므로 인간 이 고에서 벗어나 열반의 경지(깨달음)를 얻기 위해서는 번뇌를 끊으면 된 다고 하는 것이다. 이렇게 해서 설일체유부는 108번뇌를 생각하고 그것 을 멸할 방법을 생각했다. 즉 4제諦의 리理를 반복해서 연구 고찰하는 것 (四諦現觀)에 의해 지혜가 생기고, 이 지혜에 의해 번뇌를 끊는다는 것이 다. 모든 번뇌를 끊은 수행자는 성자가 되어 아라한阿羅漢(arhat)이라 불린 다.[38]

아리야발마는 나란타사에 머무르면서 율장과 논장에 관한 책을 많이 보았으며 패엽경貝葉經을 사경하여 고국에 돌아오고자 하였다. 그러므로 그가 보고 사경하여 신라에 전하려고 했던 계율서 역시 의정이 원했던 근본설일체유부根本說一切有部의 율서였을 가능성이 높다.

의정 삼장은 경율론 삼장을 두루 번역하였지만 율부를 가장 중시했으 며 특히 근본설일체유부의 율을 중시하였다. 설일체유부의 율장은 구마 라집 등이 번역한 『십송율』인데, 청변淸辨의 관점에 의하면 근본설일체유 부는 후에 설일체유부에서 분파된 것이라 한다. 의정은 이 점을 간파하 였으므로 『십송율』이 근본설일체유부를 대표하는 율장이 아니라고 보았

(cittaviprayukta saṃskāradharma)의 존재를 인정했다. 業論에 대해서 說一切有部는 물질적인 것으로 보고, 극단적인 선악의 행위를 했을 때, 인간의 신체에 일생 동안 그 영향을 계속 받 는 無表色(avijñapti-rūpa)이 생긴다고 한다. 한편 아함경전에서는 업을 심리적인 것으로 설명 하고 있다.
38 說一切有部는 열반을 有餘依涅槃과 無餘依涅槃 두 가지로 구분했다. 전자는 아직 육체가 있는 아라한의 경지는 육체적 苦가 있어서 불완전하다고 보는 것이고, 후자는 아라한의 사 후를 완전한 涅槃이라고 보는 것이다.

다. 단 근본설일체유부의 율의律儀의 요지는 『십송율』과 기본적으로 같아, 전혀 무관하지는 않다고 하였다.[39] 그 번역에서 보면 『근본설일체유부비나야』(根本說一切有部毗奈耶, 50권)와 『근본설일체유부자추니비나야』(根本說一切有部苾芻尼毗奈耶, 20권)는 『십송율』의 비구와 비구니의 근본 대율인 비구와 비구니계법에 상당하고, 『근본설일체유부비나야출가사』(4권)는 『십송율』중의 출가수계지법을 설하는 수구족계법受具足戒法에 해당된다. 『근본설일체유부비나야안거사』(1권)는 안거시에 지켜야 할 계율인 안거법에, 『근본설일체유부비나야수의사』(1권)는 자자自恣시에 지켜야 할 계율인 자자법에 상당한다. 『근본설일체유부비나야피혁사』(2권)는 가죽신·가죽 와구 등의 제작 사용시의 계율인 피혁법에, 『근본설일체유부비나야약사』(18권)는 음식물 방면에서 지켜야 할 율로, 일체의 음식물을 약으로 할 것을 말한 의약법에, 『근본설일체유부비나야갈치나의사』(羯恥那衣事, 1권)는 안거 후 가사를 받을 때 지켜야 할 율인 가치나의법迦絺那衣法에, 『근본설일체유부비나야잡사』(40권)는 기타 잡법(受戒·安居에 관한 律外)에, 『근본설일체유부비나야파승사』(20권)는 조달사調達事(데바닷다가 邪法으로 僧衆을 분리시킨 일)에, 『근본설일체유부니타나목득가』(根本說一體有部尼陀那目得迦, 10권)는 증일법增一法(律의 緣起本生)에 해당된다.

의정은 이미 중국에 전해진 율법은 복잡[40]하다며, 율전은 간단명료해

---

39 서로 대조해서 보면 의정이 번역한 율과 『十誦律』은 同一系로, 다른 부파의 것은 아니지만, 양자 간에는 내용상 약간의 출입이 있다. 義淨이 번역한 『十誦律』에 빠진 부분이 구마라집의 번역본에는 있는 것을 보면, 의정 역시 불완전한 번역을 한 것으로 볼 수 있다. 그러나 사실 이 차이는 구마라집과 의정이 번역한 두 종류의 역본이 同一部派의 다른 지역 流傳本이기에 생긴 현상으로, 서로 같지 않은 원본인 것에서 기인한 것으로 보인다.
40 義淨, 『南海寄歸傳』(권1), '諸部互牽, 而講說·撰錄之家, 遂乃章鈔繁雜'

야 한다고 하였다. 특히 계율을 강의하는 율사들에게 그 점을 원칙[41]으로 강조하였다. 율전을 복잡하게 하는 것은 근본적으로 승려들을 집중시키지 못하여 계율이 자연히 쇠퇴한다 하였다. 그는 당 불교계의 율법이 번잡해지는 것을 반대하여 '내법사십장內法四十章'을 써서 인도 승려들이 항상 준수하는 기본 율의를 소개하였다. 그가 번역한 『근본설일체유부계경』(1권)・『근본설일체유부필추니계경』(1권)은 대부大部 비구율과 비구니율을 간편하게 한 것이다.

2) 비담사상

(1) 겸익과 아비달마

율승 겸익이 5년간의 유학에서 돌아와 율서와 함께 번역한 『아비담장』[42]은 소승 20부파 중 하나인 설일체유부(S Sarvāstivāda)의 논장으로 『아비달마장』이라고도 한다. 『아비담장』은 '존재'의 분석에 치중했던 부파시대의 논서로 설일체유부가 근본으로 의지하는 논장이다. 또한 근본경전인 장・중・잡・증일의 4부 『아함경』에 대한 여러 논사들의 주석서를 총칭하는 용어이기도 하다.

중국에 불교가 전래될 무렵 인도는 부파불교의 전성기였다. 부파불교

---

41 義淨, 『南海寄歸傳』(권1), '論斷輕重, 但用數行, 說罪方便, 無煩半日'
42 『阿毘達磨大毘婆沙論』(Abhidharma Mahāvibhāṣa), 『대정장』27, No.1545.

와 중국불교의 관계에 대해 최초로 언급하고 있는 문헌은 양 혜교慧皎의 『고승전』으로, 대중부大衆部와 법장부法藏部의 율의 역출에 대해 언급하고 있다. 『고승전』권1의 「담가가라전」(曇柯迦羅傳)에서 인도승 담가가라는 조위曹魏 가평연간(249-253)에 낙양에 와서 『승기계심』(僧祇戒心)을 역출하고 전계대전傳戒大典을 거행하였다.[43] 이어 안식국安息國의 담제曇帝가 위 정원연간(254-255)에 『담무덕갈마』(曇無德羯磨)를 역출하였다.[44]

그보다 약간 이른 시기에 출간된 승우僧祐의 『출삼장기집』(出三藏記集)에도 부파 율과 관련된 기록이 있다. 도안道安은 『출삼장기집』권11의 「비구대계서」(序)에서 자신이 순화鶉火에 있을 때의 일을 밝히고 있다.[45] 「비구대계」의 원본은 산일되었으나 『출삼장기집』권2에서 그것을 『십송비구계본』·『십송대비구계』라고도 하는 것으로 보아 그것은 설일체유부의 『십송율』의 한 부분임을 알 수 있다.[46] 역출 시기는 동진 간문제 때 (371-372)이다.[47]

마찬가지로 『비구니계본』, 혹은 『비구니대계』도 같이 역출되었다. 원본은 서역의 구이국拘夷國(新疆 庫車)의 승려인 불도설미佛圖舌彌에 의해 들어왔으며, 이어 축불념竺佛念·담마시이曇摩侍以·혜상慧常 등이 한역하였는

---

43 그로부터 100여 년 후 鳩摩羅什에 의해 『十誦律』이 역출되었다. 이어 四律五論이 역출되어 『十誦律』·『四分律』·『摩訶僧祇律』·『五分律』·『毗尼母論』·『摩得勒伽論』·『善見論』·『薩婆多論』·『明了論』 등이 나와 시대에 따라 유행하였으나 끝까지 남은 것은 『四分律』뿐이었다.
44 『大正藏』권50, 325上.
45 "自襄陽至關右 見外國道人曇摩侍諷阿毗曇 於律特善 遂令涼州沙門竺佛念寫其梵文 道賢爲譯 慧常筆受 經夏漸冬 其文乃迄."
46 그런데 이 점에 대해 왕방유는 다소 회의적이다. 王邦維(2011), 「說一切有部與中國佛教史的研究」 참조.
47 『大正藏』권55, 10上, 80上·下.

데 그『계본』도 설일체유부의 것으로 보인다.

『출삼장기집』에 수록된 관련되는 두 편의 서문(經序)을 누가 썼는지는 모르지만 도안道安, 혹은 동시대의 인물일 것으로 보인다.[48] 도안의 활동기는 승우나 혜교보다 약간 앞선다.『고승전』에서 말한 후한 대에 역출된 대중부율과 법장부율에 비해 설일체유부의 율은 약간 늦게 역출되었다.

5세기 초, 장안과 건강建康에서 역출된 여러 광율廣律 중 설일체유부의 『십송율』은 가장 먼저 역출된 것 중의 하나이다.[49] 그밖에『출삼장기집』 (권12)의 「살바다부기목록서」(薩婆多部記目錄序)에 의하면『살바다부기』는 5권으로 찬자는 승우이다. 그는 1권에서 본인이 쓴 한 편의 서序와 53위 位로 구성된 인도 조사祖師의 이름을 밝혔는데 그것이 설일체유부의 전승 계통과 거의 같다.

2권은 「장안성내제공사살바다부불대발타라사종상승략전」(長安城內齊公寺薩婆多部佛大跋陀羅師宗相承略傳)인데 여기에 있는 54위 조사 명단은 권1의 것과 거의 비슷하다. 3권에서는 비마라차卑摩羅叉·구마라집·불야다라弗若多羅·담마유지曇摩流支·구나발마求那跋摩·불대발타라佛大跋陀羅 등 6명의 인도나 중앙아시아 승려의 전기를 포함한다. 4권도 20명의 중국승려의 전기이다. 5권은 4종의 「수계기」(受戒記)와 한 편의 「소승미학축법도조이의기」(小乘迷學竺法度造異儀記)를 포함한다.[50]

---

48 『大正藏』권55, 10上, 79下-80上, 81中-82上.
49 몇 가지 廣律의 역출순서는 說一切有部의『十誦律』, 法藏部의『四分律』, 大衆部의『摩訶僧祇律』, 化地部의『五分律』이다.
50 『大正藏』권55, 88下-90中.

승우가 기재한 53 혹은 54명은 설일체유부의 전승인데 3권의 비마라차·구마라집·불야다라·담마유지·구나발마·불대발타라 등 6명이나, 4권의 20명의 중국법사도 설일체유부 승려로 추정된다.

한편 현장의 『대당서역기』 말미의 '찬贊'에 의하면 역경승 변기辨機가 이 책의 찬술을 도왔는데, 변기는 찬에서 우선 현장의 사적을 기술하고 마지막에 그 자신을 대총지사大總持寺 살바다부薩婆多部 도옥법사道嶽法師의 제자라고 소개하고 있다.[51]

도옥은 수말당초의 명승으로 『속고승전』권13에 기록이 있다. 현장이 인도에 가기 전 그에게서 배웠다고 한다. 도옥은 여기에서 설일체유부의 승려로 불리는데 대부분의 경우 대승 승려들은 각각 특정의 부파로 귀속되었다.[52]

승우의 기록에서 중요한 것은 율의 전승에 관한 언급이다. 그가 말한 20명의 중국승려도 이와 같다. 그런데 도옥을 살바다부 승려라 하였는데 도옥은 율사가 아닌 법사로, 설일체유부에 의거해 출가하였다.[53]

승우의 글에 의하면 당 이후의 승려들은 예외 없이 법장부의 『사분율』을 율제의 기초로 하였다. 당 이전에는 법장부·대중부·설일체유부, 혹은 화지부化地部까지 포함하여 여러 부파의 율이 실제로 유전되었다.

예를 들어 의정법사는 인도에 있는 동안 율 제작 과정을 상세히 관찰하고 연구하였으며, 중국의 상황에 대해서도 잘 알고 있었기에 『남해기

---

51 季羨林 等(1985), 『大唐西域記校注』(北京: 中華書局), 1049, '少懷高蹈之節, 年方志學, 抽簪革服, 爲大總持寺薩婆多部道嶽法師弟子.'
52 이 문제에 관해 왕방유는 『南海寄歸內法傳校注』의 前言에서 자세히 논하고 있다. 王邦維 (1995), 『南海寄歸內法傳校注』(北京: 中華書局), 前言 부분.
53 "『俱舍』를 宗師로 하여 有部를 널리 알린다.(宗師俱舍 弘闡有部)", 『大正藏』50, 447中.

귀내법전』에서 부파율의 중국전승의 역사에 대해 요약하고 있다.[54]

의정에 의하면 당시 『사분율』은 실제로 『마하승기율』·『십송율』로 대치되었다고 한다. 『속고승전』권21의 「홍준전」(洪遵傳) 및 권22의 「지수전」(智首傳)·「법려전」(法礪傳)을 통해 그 변화를 알 수 있다.[55]

그런데 이것은 대중부와 설일체유부율, 특히 후자의 영향력이 커지기 시작했음을 말해주고 있다. 이상과 같이 기본적으로는 설일체유부의 율이 중국에서 전역傳譯되고 유행하였음을 알 수 있다.

경전 역시 부파에 따라 선택되었는데, 거의 완전하게 현전하는 팔리문 『장아함경』·『중아함경』·『상응아함경』(『잡아함경』)·『증일아함경』(『增支阿含經』)·『소아함경』의 5부 『아함경』 중 앞의 네 경은 5세기에 한역되었으며 그 내용도 거의 비슷하다. 그리고 『장아함경』은 법장부, 『중아함경』은 설일체유부, 『잡아함경』은 근본설일체유부, 『증일아함경』은 대중부의 주요 경전이 되었다. 특히 『증일아함경』은 일찍부터 채택되었던 덕에 보존이 잘 되었다고 한다. 나머지 아함류 경전은 더 연구가 필요하다.[56]

중국 최초의 역경가인 안세고가 번역한 경전은 설일체유부와 가장 관련이 깊다.[57] 그런데 중국불교사상사에서 몇 종의 『아함경』의 영향이 있

---

54 王邦維(1995), 『南海寄歸內法傳校注』(北京: 中華書局), 前言, 19, '然東夏大綱 多行法護. 關中諸處 僧祇舊兼. 江南嶺表 有部先盛'

55 『大正藏』권50, 611하, 614중, 615하.

56 呂澄(1989), 『中國佛教』(上海: 知識出版社), 158-163의 第三輯 "阿含經"條 참조. ; 한편 『阿含經』의 部派屬性에 대한 일본학자의 연구도 있다. 前田惠學(1985), Japanese Studies on the Schools of the Chinese Agamas, in Zur Schulzugehörigkeit von Werken der Hinayana-Literatur, Hrsg. von H. Bechert, Erst Teil, Göttingen: Vandenhoeck & Ruppecht, 94-103.

57 安世高와 그가 번역한 경전에 관하여 여러 연구가 있다. A. Forte(1995), The Hostage An Shigao and his Offsprings: An Iranian Family in China. Kyoto. ; 山部能宜(1997), An Shigao as a Precursor of the Yogacara Tradition: A Preliminary Study, 『渡邊隆生教授還曆紀念 : 佛教思想文

었음은 당연하지만, 단순히 그것을 설일체유부의 영향이라고만 말하기에
는 어려움이 있다.[58]

중국불교의 초기에 설일체유부의 흔적은 더욱 크다. 논서 역시 마찬가
지로, 한역된 논서 가운데 설일체유부에 속한 아비달마류의 수가 가장
많다. 또한 체계도 완비되어 중국불교사상의 발전에 미친 영향이 지대하
다. 16국, 특히 동진東晉이 시작되며 설일체유부 논사論師의 주요 논서가
역출되었다. 그 영향은 남북조에서 수당 대에 출현한 비담종毗曇宗 혹은
비담학파 및 비담사毗曇師에 까지 미친다. 비담종과 비담사의 역사는 설일
체유부의 이런 논서, 이른바 일신육족一身六足 및 그와 관련 있는 경전들
은 송대까지 계속 역출되었다.

현장이 인도에서 귀국 후 역출한 부파방면의 경전은 완전히 설일체유
부, 혹은 설일체유부와 관련된 것이었는데 이는 결코 우연이 아니다. 현
장이 번역한 경전은 모두 엄선한 것으로 당시 중국불교에서 가장 필요하
고 유익한 경전이었다. 비담사의 전통은 현장[59]의 제자들에게서 체현되
었다.[60]

化史論叢』, 東京, 826-785. ; 王堯主編(1997), 『佛教與中國傳統文化』下冊 (北京: 宗教文化
　出版社), 667-682.
58 이 문제와 관련하여 說一切有部가 '北道'一線의 불교에 가장 큰 영향을 미쳤음은 분명하다.
　최근 100년 이내에 중앙아시아나 新疆 등에서 발견된 梵文이나 기타 胡語 佛經을 부파와
　관련지어 분류하면 설일체유부의 경전이 가장 많다고 한다. 그와 관련된 논문의 제목만 소
　개한다. E. Waltschmidt(1980), Central Asian Sutra Fragments and their Relation to the Chinese
　Agamas, Die Sprache der ältesten buddhistischen Überlieferung, Hrsg. von H. Bechert, Göttingen:
　Vandenhoeck & Ruppecht, 136-174. 독일 학자가 新疆에서 발굴한 梵文 불교문헌의 편집본
　(Sanskrit-Wörterbuch der buddhistischen Texte aus den Turfan-Funden und der kanonischen Literatur
　der Sarvastivada-Schule)도 설일체유부와 관련된 것이다.
59 小乘論藏에서 7세기에 현장은 大衆部의 阿毗達磨論을 배웠으며 팔리문 및 한역의 설일체
　유부는 모두 7部 論書와 비슷했다고 한다.

설일체유부는 근본상좌부根本上座部에서 분출한 이후 서북인도에서 유행하였으며 중앙아시아로 전래된 후에는 다시 신강新疆을 거쳐 중국으로 들어왔다. 설일체유부는 이미 자신들의 완전한 경전 세트와 기타 문헌도 풍부하게 구비하고 있었다. 이 부파에서 수많은 대사大師와 학자가 나왔으며, 중국불교와 서역간의 특수한 인연으로 설일체유부와 깊은 관련을 갖게 되었던 것이다.

'아비담'(혹은 아비달마)이란 무아無我의 해명을 위해 임시로 상정한 윤회 주체로서의 '존재에 대한 분석'을 의미한다. 부파불교시대에는 근본 2부인 상좌부와 대중부를 필두로 하여, 10여 개의 지말 부파까지, 약 20개의 부파가 있었다.

그 중 설일체유부가 가장 주도적인 부파였으며, 또한 겸익이 가져온 아비담장 역시 설일체유부의 소의 논서 이었을 것으로 짐작되므로 겸익이 인연을 맺은 부파는 설일체유부일 것으로 추정된다.[61] 즉 겸익은 대승교학이 일반화되기 전에 소승교학을 논구하기 위해 천축으로 간 것이다.

설일체유부는 부파불교 시대의 가장 유력한 부파 중의 하나로 부파불교의 사상적 특징을 가장 잘 보여준다. 의역으로는 유부有部, 음역으로는 살바다부薩婆多部라고 한다.

설일체유부란 '모든 법, 즉 일체법이 존재한다(有)'는 뜻으로, '과거, 현재, 미래의 3세에 걸쳐 법의 실체는 항상 존재한다'는 삼세실유법체항유

---

60 Charles Willemen(1998), Bart Dessein and Collett Cox, Sarvāstivāda Buddhist Scholasticism, (Leiden: E. J. Brill)이 그 일종이라고 하여 제목을 소개한다.
61 고영섭(2014), 「불광(佛光) 겸익(謙益)과 웅산(翁山) 현광(玄光)」, 『문학/사학/철학』, 제36호, 25.

三世實有法體恒有를 주장한다.

이 부파의 대표적인 논서로는 2세기 중엽 인도에서 카니슈카왕(재위 127-151)의 보호 아래 500인의 아라한이 편찬한 『아비달마대비바사론』 (200권)[62]과, 세친(316?-396?)이 『아비달마대비바사론』에 대해 설일체유부의 설을 근간으로 하면서 필요시 경량부經量部의 설로 설일체유부의 설을 비판한 『아비달마구사론』(30권, 『구사론』, 혹은 『對法論藏』)[63]이 있다.

'3세실유법체항유'란 일체의 법은 과거 · 현재 · 미래에 걸쳐서 실재한다는 것이다. 이 주장이 초기불교의 무상설無常說이나 무아설無我說과 모순되는 것으로 보일 수도 있는데, 유부有部에서는 현재세를 1찰나로 보고, 법체는 항유이지만 찰나멸이며, 미래에서 현재를 통과하여 과거에 낙사落謝한다고 설명한다.

즉 유부의 설이 단순한 '실재론'은 아니고 심리현상이 찰나멸인 것임은 말할 것도 없으나 상주불변한 것처럼 보이는 것은 서서히 변화하고 있기 때문이므로 그 변화는 결국 찰나 속에 있다는 것이다. 그리고 유부에서는 인간이나 집 · 산 등 찰나 찰나의 연속 위에 성립하는 것은 실유實有의 법으로는 되지 못하고 색色이나 형形 · 향 · 맛 등 찰나에 존재하는 실유의 법에 결합하여서 성립하는 것도 가법假法이라고 말한다.

세친은 유부종有部宗의 학설에 대하여 경부經(量)部의 설을 채택하여 색법 11종 가운데 4대종大種만을 '실재'라고 하고 다른 것은 '가법'이라고 하

---

62 『阿毘達磨大毘婆沙論』(Abhidharma Mahāvibhāṣa): 『대정장』27, No.1545_0001a12.
63 『阿毘達磨俱舍論』은 후에 아비달마의 근본 소의 논서가 되었는데 일체법을 5位75法으로 설명하고 있다. 그 구성은 「界品」 · 「根品」 · 「世間品」 · 「業品」 · 「隨眠品」 · 「賢聖品」 · 「智品」 · 「定品」 · 「破戒品」의 9품으로 되어 있는데 그 중 앞의 8품은 有漏와 無漏의 법을 밝히고 「파계품」은 無我의 도리를 밝히고 있다.

였다. 유부의 극미무분설極微無分說에 대하여 극미유분설極微有分說을 입론立論하였으며 삼세실유, 법체항유설에 대하여 현재유체現在有體, 과미무체설果未無體說을 채택하였다. 또 유부의 심소心所와 심불상응행법心不相應行法에 대하여 가재설假在說을 취하였다.

그런데 유부의 중현衆賢은 이상과 같은 세친의 극단적인 다원설에 대해 1분分만 실재를 인정하여 『순정리론』(順正理論, 80권, 『俱舍雹論』)을 지어 반박하였다.

이 두 가지의 '존재의 실재'에 대한 대립된 견해에 대해 겸익의 입장은 알 수 없다. 그러나 그가 오부율문 중 『십송율』을 번역했을 가능성으로 보아 설일체유부의 논지를 일관되게 주장한 중현의 입장을 따랐을 것으로 본다.[64]

(2) 아리야발마 · 혜륜과 『구사론』

상·하 두 권으로 된 의정의 『대당서역구법고승전』에 입전된 9명의 한반도인 중 아리야발마阿離耶跋摩와 혜륜慧輪은 『구사론』과 계율을 중시하고 있다. '불법佛法 지식의 보고'라 존숭 받을 만큼 불교도들의 필독서였던 『구사론』[65](『阿毗達磨俱舍論』)은 세친世親의 저술로, 진제眞諦[66]의 『아비

---

64 고영섭(2014), 「불광(佛光) 겸익(謙益)과 옹산(翁山) 현광(玄光)」, 『문학/사학/철학』, 제36호, 27.

65 유가행파 제 3조인 世親(Vasubandhu)이 지은 『阿毗達磨俱舍論』(Abhidharmakośaśāstra)은 阿毗達磨(Abhidharma, 論, 對法, 즉 지혜, '佛法研究')와 俱舍(kośaśāstra, '창고')의 합성어로, '불법연구의 창고'라는 의미의 논서이다. 그것은 가장 유력한 부파불교 중의 하나인 說一切有

208 한국 고대의 천축구법승

달마구사석론』과 현장의 『아비달마구사론』(30권)[67] 등 두 가지 역본이 있다. 그런데 생존 시기로 보아 아리야발마가 본 것은 진제의 번역본이며 혜륜은 655년에 당을 떠났으므로 현장의 번역본까지도 보았을 가능성이 있다.

세친은 『구사론』을 지어 『잡심론』(雜心論)으로 체례體例 범본範本을 삼았다. 세친은 우선 설일체유부의 『아비달마대비바사론』의 학설을 총결하여 8품으로 정리한 후 다시 경량부의 관점에서 그것에 대한 토론을 진행하였다. 「계품」(界品)·「근품」(根品)에서는 총체상에 따라 유루有漏, 무루법無漏法을 건립, 4제四諦의 성질을 총설하였다.

「세간품」(世間品)·「업품」(業品)·「수면품」(隨眠品)에서는 고苦, 집集 2제, 즉 유루의 생사유전인과生死流轉因果를 강술하였으며, 「세간품」에서는 고제의 내용을, 「업품」과 「수면품」에서는 세世는 고과이고 업은 고인苦因이며 번뇌는 고연苦緣이라고 집제의 내용을 설명하였다.

「현성품」(賢聖品)·「지품」(智品)·「정품」(定品)에서는 멸滅, 도道의 2제, 즉 무루의 생사환멸인과를 강설하였다. 「현성품」에서 설명한 멸제, 「지품」·「정품」에서 설한 도제의 내용이 그것이다. 그러면서 현성은 무루과

部의 교의체계를 정리·발전시켜 집대성한 책이지만, 세친 자신이 유부의 교의를 따른 것은 아니었다. 오히려 그는 곳곳에서 經量部나 자신의 입장에서 유부의 주장을 비판하고 있다. 저자인 千部論師 세친은 『倶舍論』을 비롯, 『十地經論』·『攝大乘論釋』·『佛性論』·『唯識二十論』·『唯識三十頌』 등의 저술도 있다.

66 眞諦의 역본 『倶舍論』의 영향으로 漢傳 13宗 중의 하나인 倶舍宗이 성립되었다. 또한 이 논은 티베트에 전해진 후 겔룩파에 의해 5部 大論의 하나로 중시되었다. 티베트불교의 정규 學制 중에서 『倶舍論』은 4년 과정을 마친 후 반드시 학습해야 하는 논으로 되어 있다.

67 '倶舍論'은 '對法藏論'이라는 뜻으로 五事(色法·心法·心所法·不相應行法·無爲法)와 8品詞句를 통하여 一切萬法의 總相·別相·性質·類別 등을 서술하고 있다. 또 世·出世間法에 대하여 세밀히 분석하고 流轉과 還滅의 因果 법칙을 상세하게 천명하고 있다.

無漏果이고 지智는 무루인이며 정定은 무루연이라고 한다.

그 내용은 5온·12처·18계·3계6도·생사유전 및 환멸 등에 대한 상세한 설명으로 구성되어 있으며, 또한 『발지론』(發智論)·『육족론』(六足論)·『대비바사론』 등의 내용까지 총섭하고 있어 '총명론'·'혜독문慧毒門'이라고도 불린다.

그런데 지나친 상상일지 모르지만 아리야발마가 총령을 넘고 천축의 '광협廣脅'에 이르렀다고 한 『대당서역구법고승전』의 구절[68]에서 아리야발마와 중현[69]과의 연결고리를 생각해 볼 수 있다.

현장이 번역한 중현의 『아비달마순정리론』, 「변수면품」[70]에 의하면 중현이 한 때 '광협'에 있었음을 알 수 있다. 만약 그렇다면 아리야발마 역시 겸익과 마찬가지로 소승 부파 중의 하나인 설일체유부의 논지를 일관되게 주장한 중현의 입장을 따랐기에 그곳으로 간 것으로 볼 수 있다.

아리야발마는 나란타사에서 공부하는 틈틈이 패엽경을 초사했다고 하는데, 그 역시 그것을 가지고 신라로 돌아와 역경을 하고자 했었던 것 같다. 귀국하고 싶었겠지만 이미 나이가 70이 넘어 자신이 옮겨 적은 많은 경전을 가지고서 다시 멀고 먼 길을 되돌아오기에는 현실적으로 불가능했을 것이다.

한편 의정은 당승 현조의 마지막 천축 행에 동참했던 신라승 혜륜을

---

68 『대당서역구법고승전』, "阿難耶跋摩者 新羅人也. 以貞觀年中出長安之廣脅(王城小名)追求正教親禮聖蹤.(후략)"
69 有部의 논사 衆賢은 『順正理論』에서 經部 논사의 관점을 하나하나 반박하며 『俱舍論』을 깨고 있다.
70 衆賢造·玄奘 譯, 「辯隨眠品」(제5-2), 『阿毘達磨順正理論』(卷第46), "(전략) 我於往昔一時住在王舍大城遊廣脅山. 見諸離繫皆高擧手 自苦求常 便告之言 乃至廣說.(후략)", 『대정장』29, No.1562,

직접 만났는데, 의정은 그를 '범어를 잘 하고 구사에 밝은' 신라승으로 기록[71]하였다. 혜륜에 관한 최초의 기록은 의정(635-713)의 『대당서역구법고승전』권 상의 마지막 부분에 있는 「혜륜전」이다.[72]

고려의 각훈은 그것을 바탕으로 1255년에 『해동고승』[73]을 썼으며, 일연은 『삼국유사』, 「귀축제사」조에서 다시 언급하고 있다. 혜륜(般若跋摩, 慧甲, ⑤ Prajñā varman)은 634년 전후에 신라에서 태어나[74] 성지순례를 위하여 입당, 장안에 머물던 중 당 고종의 칙명으로 현조를 수행하여 665년에 천축구법행을 시작하였다.[75]

혜륜 일행은 토번을 거쳐 북천축국으로 갔는데, 토번에서는 문성文成공주의 보호와 후원을 받기도 했다. 혜륜은 암마라파국庵摩羅波國의 신자사信者寺에 10년간 머물면서 경율과 범문을 공부한 후 강가하(갠지스강) 북쪽에

---

71 『대당서역구법고승전』상권, 「혜륜」, "惠輪師者 新羅人也. 梵名般若跋摩 (唐雲惠甲). 自本國出家. 翹心聖境 泛舶而淩閩越. 涉步而屆長安 奉敕隨玄照法師西行 以充侍者. 旣至西國. 遍禮聖蹤. 居菴摩羅跋國 在信者寺 住經十載. 近住次東邊北方 覩貨羅僧寺 元是覩貨羅人 爲本國僧所造. 其寺巨富 資産豐饒. 供養飡設 餘莫加也. 寺名健陀羅山荼. 慧輪住此 旣善梵言 薄閑俱舍. 來日尙存 年向四十矣. 其北方僧來者 皆住此寺爲主人也."

72 『대당서역구법고승전』상권, 「혜륜」, "惠輪師者 新羅人也. 梵名般若跋摩 (唐雲惠甲). 自本國出家. 翹心聖境 (후략)" 의정은 천축구법승들을 활동 순서대로 기록하였기에 혜륜 보다 앞서 천축구법로에 오른 신라의 아리야발마・혜업・현태・현각과 두 명의 失名僧은 『대당서역구법고승전』권 上의 4~8번째로 기록되어 있으며, 혜륜은 41번째로 등장한다.

73 각훈의 『해동고승전』의 내용으로 보아 아마 각훈은 고종 33년(1246)에 판각된 『고려대장경』과, 또 다른 책들을 참고하여 혜륜에 관해 정리하였을 것으로 보인다. 『海東高僧傳』卷2, "釋惠輪 新羅人 梵名般若跋摩(唐云惠甲)自本國出家 翹心聖境 泛舶而淩閩越 涉步而屆長安 寒暑備受 艱危罄盡 奉敕隨玄照法師西行充侍 飛梯架隘 旣至西國 遍禮奇蹤 寓居庵摩羅波國信者寺淹住十載 近住次東邊 犍陀羅山荼寺貲産豐饒 供養餐設 餘莫加也 其北方胡僧住來者 皆住此寺 蜂屯雲集 各修法門 輪旣善梵言 薄閑俱舍 來日尙存 年向四十矣. 具如義淨三藏求法高僧傳中."

74 桂美香(2015), 「天竺求法僧의 行蹟과 思想 硏究 -7-8세기 慧輪・元表・慧超를 중심으로-」, 『한국불교학』75집, 한국불교학회.

75 烈維(S. Lévi) 等 著・馮承鈞 譯(2003), 『王玄策使印度記』(北京: 中國國際廣出版社), 1-12.

있는 건타라산도사健陀羅山茶寺[76]로 옮겨 머물렀다. 의정은 그곳에서 혜륜을 만났다고 한다.

현조와 천축에 동행한 신라승은 이미 혜륜 이전에도 있었다. 현각이 바로 그 주인공인데, 그들은 정관연간에 함께 대각사에 갔다.[77]

그 무렵 당 태종에 이어 즉위한 고종은 천축에서 귀국한 왕현책王玄策을 통해 현조玄照법사를 알게 되었다. 현조를 동정하고 흠모하게 된 고종은 왕현책을 다시 천축에 파견하여 그를 모셔오게 하였으며, 이렇게 해서 현조법사는 661년에 귀국길에 오른다.[78]

몇 년 후, 고종은 현조에게 혜륜과 동행하여 카시미르에 가서 노가일다盧迦溢多[79] 방사方士를 모셔오게 했다. 665년, 현조는 혜륜 등과 함께 갖은 고초 끝에 북인도의 경계에 이르렀을 때 노가일다를 인도하고 오는 당나라 사신을 만나게 되었고, 노가일다는 현조 일행에게 다시 서인도의 나도국羅荼國에 가서 장년약長年藥을 가져오게 하였다.[80]

일행은 카시미르에 이어 마침내 토번·네팔로(현재의 네팔 무스탕)를 이

---

76 본고, 94, 각주 52) 참조.
77 [唐]義淨 原著; 王邦維 校注(2004), 『大唐西域求法高僧傳校注』(北京: 中華書局), 44. ; 각훈, 장휘옥 역(1991), 『해동고승전』(서울: 민족사), 215-216.
78 烈維(S. Lévi) 等 著·馮承鈞 譯(2003), 『王玄策使印度記』(北京: 中國國際廣播出版社), 1-12.
79 盧迦溢多는 '盧迦阿溢', '路伽耶陀(Lokayata)'와 같은 음역어이며, 意譯으로는 '順世外道'이다. 順世論派도 밀교의 三種修行法(酒·肉·性交)을 실행하는데, 조직상 밀교의 신도인 Kapalikas파(迦波裏迦派)에 속한다. 順世論(대중 속에서 流行한다는 派)은 계속 민간에서 활동하였으므로 唐初 조정에서는 불로장생의 약을 제련하는 바라문과 밀교도를 초청했다. 당 태종과 고종, 태자 李弘은 모두 독실한 道敎徒로 丹藥의 효과를 맹신하여 복용하였으므로 그로 인해 일찍 목숨을 잃게 되었다. 노가일다 역시 煉藥을 제조하기 위해 고종의 초청을 받은 것으로 보인다.
80 의정, 『西域求法高僧傳』, 「玄照」, "沙門玄照……行至北印度界, 見唐使人引盧伽溢多於路相遇. 盧迦逸多復令玄照及使僕數人向西印度羅荼國取長生藥."

용해 천축으로 갔다. 일행은 여러 곳을 두루 주유하였으나 그들은 그 무렵 발생한 아시아의 국제 정세의 변화로 귀국할 수 없었다. 토번과 당의 국제관계가 악화되어 토번·네팔로를 이용할 수 없었기 때문이다.

혜륜은 천축에서 불교유적지를 참배하였고, 암마라파왕국에 있는 신자사[81]에 10년간 머물며 수행하였다. 현조는 신자사에서 673~674년 사이에 60여 세의 일생을 마쳤다. 그 후 혜륜은 그곳에서 동쪽에 있는 건타라산도사로 옮겨서 살고 있었다. 이 절은 북방의 토화라 승려들이 머물며 공부하던 곳으로, 당시에 공양이나 살림이 매우 여유로웠으며, 당시 북방에서 유학 온 승려들은 모두 이곳에 머물렀다고 한다. 혜륜은 그곳에서 의정과 만난 것이다.

현조와 혜륜은 천축과 『구사론』이라는 두 가지 공통점으로 맺어진 사제관계로, 혜륜은 장안에서 중국어와 범어를 익히고, 『구사론』을 공부하며 천축유학을 준비했다.

의정 당시의 중국불교는 구사론과 계율, 유식학 등, 다양한 불학이 연구되던 시기였다. 당시는 당이라는 통일왕조에 기반을 둔 튼튼한 경제력과 국제적인 분위기를 바탕으로, 좀 더 정확하고 다양한 원전을 도입하기 위해 현장·현조 등, 수많은 구법승들이 서역과 천축으로 구법행을 떠났다. 신라승 혜륜이 장안에서 현조와 사제관계를 맺은 것도 역시 『구사론』과 관련이 있었기 때문인 것으로 보인다.[82]

---

81 『대당서역구법고승전』下의 「智弘傳」에 의하면 신자사는 신자도량이라고도 하며 소승을 전공하는 소승불교 사원이었다고 한다. 지홍은 왕현책의 조카로, 그 역시 對法과 俱舍에 밝았다. 이로 보아 당시 당에서 온 유학승들이 주로 이곳에서 공부했으며, 공부한 내용도 짐작할 수 있지만 그 정확한 위치는 알 수가 없다. [唐]義淨 原著; 王邦維 校注(2004), 『大唐西域求法高僧傳校注』(北京: 中華書局), 179.

의정 자신도 구법행을 떠나기에 앞서 『구사론』을 깊이 공부하였다. 따라서 그가 혜륜의 실력을 알아볼 수 있었던 것이다.

불교전통에서 경經(sūtra)은 '신념을 증장시키기 위한 것'으로 '마음(믿음)으로 읽는 것'이고, 논論(Abhidharma)은 '지혜를 증장시키기 위한 것'으로 '분별(지혜)로 읽는 것'이었다. 아비달마에 대해 설일체유부는 정리법성正理法性을 개발 현시顯示한 것이었고, 유가행파에게는 계경契經의 종요宗要를 선양한 것, 제법諸法의 체상體相을 널리 분별한 것이었다.[83]

불교교리사에서 볼 때 『구사론』은 6세기에서 7세기 사이에 천축과 중국, 신라에서 많이 연구되었음을 알 수 있다. 이상에서 살펴본바, 우리나라의 천축구법승 가운데서 『구사론』을 공부하기 위해 유학을 한 승려로는 혜륜이 대표적이다. 혜륜이 당승 현조를 스승으로 모시게 된 것은 현조의 불교사상도 『구사론』에 바탕을 두었기 때문으로 보이며, 겸익이나 아리야발마 처럼 혜륜도 설일체유부의 설을 연구한 것으로 생각된다.

---

82 현조 역시 출가한 후 바로 玄證師에게서 범어를 배웠으며, 나란타대학 유학 중에 律은 물론 『구사론』을 깊이 공부했음을 알 수 있다. 그것이 현조와 혜륜을 사제관계로 묶어 주었던 고리였던 것으로 보인다. [唐]義淨 原著; 王邦維 校注(2004), 『大唐西域求法高僧傳校注』(北京: 中華書局), 9-12.

83 권오민(2014), 「부파불교 散考」, 『문학/사학/철학』, 제36호, 79.

2. 대승불교

1) 유식사상과 『섭대승론』

천축구법승의 사상은 그 시대에 가장 논의의 쟁점이 되는 것이었다. 그리고 그에 대한 답안을 찾는 것이 구법승들의 구법행의 가장 큰 목표였다. 의정은 『대당서역구법고승전』에서 나란타사에 있는 당본 경전을 조사하다가 신라승 혜업慧業이 초사抄寫한 『양론』(梁論)을 보았다고 하였다. 혜업이 유가행파의 논서인 『양론』의 뒷부분에 자신이 '사기寫記'했다는 글을 남겼던 것이다.

그로 인해 의정은 혜업의 존재를 알게 되었는데 당시 혜업은 이미 60여 세로 입적한 상태였다고 한다. 이런 사실로 보아 혜업은 유가행파의 승려였던 것으로 보인다. 혜업의 구법행과 같은 시기의 현장 역시 유가행파의 승려로, 신유식을 공부하기 위해 나란타사로 간 것이었다.

현장이 유학 후 장안으로 돌아왔다는 소식을 듣고 원효와 의상이 그에게서 신유식을 배우기 위해 당 유학을 두 번이나 시도했던 점을 보면 이미 신라에서도 유식학에 대한 붐이 일었던 것으로 보인다. 혜업은 그 선두에 서 있었다.

『양론』은 즉 『양섭론』(梁攝論)으로, 양 대에 서인도의 고승 진제가 번역한 『섭대승론』(無著[84], 3권)과 『섭대승론석』(世親, 15권)을 말한다.[85]

---

[84] 『섭론』의 저자 無著(Asaṅga, 阿僧伽, 4-5세기)은 북천축 犍陀羅國 布路沙城 사람으로 바라문 種姓이다. 부친의 이름은 憍尸迦이고 모친은 比鄰持이다. 무착이 장남이고 세친이 차남, 셋째가 比鄰跋婆(比鄰持의 아들)로 覺師子(Buddhasimha) 혹은 師子-覺이라고도 한다. 무착

『섭대승론』(⑤ Mahāyāna-saṃgraha-śāstra, 이하 『섭론』)은 대승 유가행파瑜伽行派의 기본 논서로, 범본은 산실되었으나 3종의 한역본이 있다.[86] 이 논은 유식의 성립 이유와 삼성설三性說 및 아뢰야식阿賴耶識 등, 유가행파의 학설을 집중적으로 다루고 있다. 또 유가행파가 소승불교나 다른 대승학파와 같지 않다는 점들을 논함으로써 대승 유가행파의 기본서적이 되었다. 무착의 동생 세친은 『섭대승론석』에서 이 논을 상세히 해석하고 있다.[87]

이 『섭론』을 바탕으로 당에서는 섭론종攝論宗이 성립하였다. 현장은 645년에 천축에서 돌아와 입적(664)할 때까지 유식관계 논서인 『유가론』(瑜伽論)과, 진제가 이미 번역한 바 있는 『섭론』의 중역重譯을 거의 끝냈다. 그런데 현장의 역본은 『섭론』의 「섭대승품」만을 해석한 것이고, 불타선다佛陀扇多·진제·티베트어 본은 경 전체를 해석한 것이다.[88]

은 원래 소승불교 化地部로 출가하였으나 후에 賓頭羅나한의 小乘空觀의 강의를 우연히 들었는데 그 내용이 불만족스러웠다. 후에 다시 미륵의 『十七地論』(즉 『瑜伽師地論』)을 듣고 그 뜻을 확실히 깨달은 후 『화엄경』 등의 대승경전에 대하여 모두 이해하게 되었다고 한다. 후에 동생 세친에게도 대승으로 전향할 것을 권하였다. 무착은 만년에 중천축의 憍賞彌國으로 교화하러 갔다가 100여 세의 나이로 입적하였다. 그의 저술로는 『攝大乘論』외에도 『顯揚聖敎論』(20권)·『大乘阿毘達磨集論』(7권)·『大乘莊嚴經論』(13권)·『究竟一乘寶性論』(4권)·『金剛般若波羅蜜論』(2권)·『能斷金剛般若波多經論頌』(1권)·『六門敎授習定論』(1권)·『順中論』(2권) 등이 있다.

85 진제는 『섭대승론』과 함께 『大乘起信論』도 번역했는데 이로써 비로소 중국에 유식사상과 여래장사상이 도입되었다. 義淨 原著; 王邦維 校注(2004), 『大唐西域求法高僧傳校注』(北京: 中華書局), 42.

86 3종의 한역본이란 北魏의 佛陀扇多 譯(2권), 陳의 眞諦 譯(3권), 唐 玄奘 譯(3권)이다. 그밖에 티베트어 번역본도 있는데 현장의 번역서와 거의 비슷하다. 그런데 현장은 『섭론』 중의 「攝大乘品」만을 번역하였다. 세 번역본 중 진제와 현장의 번역본의 영향력이 컸다.

87 『攝大乘論釋』도 眞諦(15권), 達磨笈多(10권), 玄奘(10권) 등의 3개 역본이 있다. 진제의 번역본이 가장 대표적으로 南北朝 불교사상에 큰 영향을 미쳐 攝論學派가 형성되기에 이르렀다.

88 한편 『섭론』과 『大乘阿毘達磨經』은 매우 밀접한 관계였을 것으로 보이나 이미 천축에서

인도 유식 유가행파의 주요 논저 중의 하나인 ‘『섭대승론』’이란 논서명
에서 ‘섭攝’은 경境・행行・과果의 십수승十殊勝으로 대승불법의 요의를 ‘통
섭’한다는 말이다. 십수승이란 ‘所知依・所知相・入所知相・彼入因果・
彼因果修差別・此中增上戒・此中增上心・此中增上慧・彼果斷・彼果
智’이다. 소지의・소지상은 경의 수승함을 설명하고, 입소지상부터 차중
증상혜는 행의 수승함을, 피과단・피과지는 과의 수승함을 설명한다. 『섭
론』의 십수승은 십승상十勝相이라고도 하는데 그 내용은 다음 표와 같다.

〈표 Ⅳ-3〉 『攝論』의 十勝相

	품명	내용
1	「依止勝相品」	阿賴耶識을 宇宙萬有의 本源으로 봄
2	「應知勝相品」	三性해석
3	「應知入勝相品」	多聞강조・熏習相續・善根增植을 강조하여 悟入勝相함을 설명
4	「入因果勝相品」	六波羅蜜을 논술
5	「入因果修差別性相品」	十種菩薩地, 즉 菩薩修行의 十種階位를 설명
6	「依戒學勝相品」	三種戒를 설명
7	「依心學勝相品」	依心學六種差別을 논술
8	「依慧學勝相品」	無分別智差別 및 應離五種相 설명
9	「學果寂滅勝相品」	六轉依를 설명
10	「智差別勝相品」	佛의 自性・受用・變化 三身을 설명

산일되어 중국에 전래되지 않았다.

십승상[89]을 불교수행의 경·행·과의 배열순서에 의거해 보면 유식무진唯識無塵 사상으로, 전체 불교체계를 관조하여 불교철학의 세계관을 완성시키고 있다. 대승공종大乘空宗에서는 3계界란 '일심一心'에서 창조되는 것으로 본다. 단 어떻게 창조되는지에 대해서는 일심의 함의가 무엇인가 하는 등의 문제와 함께 자세한 해석은 하지 않고 있다.

그 이후에 등장한 법상유식학法相唯識學은 그 문제에 대해 이론적인 해석을 하였다. 우선 6식識의 돌파로, 유식가는 전통불교에서 사람의 인식을 안眼·이耳·비鼻·설舌·신身·의意의 6식으로 나누어 뚜렷한 한계성을 가지고 있었으므로 정신세계의 복잡한 정황을 해명할 수 없었다.

그런데 진제 역[90]의 『전식론』(轉識論)에서는 식을 다음의 세 가지로 나눈다. 첫째는 과보식果報識, 즉 아려야식阿黎耶識으로 제8식이라고도 한다. 둘째는 집식執識으로, 그것을 현장 역에서는 말나식末那識 혹은 제7식이라

---

89 『大正藏』35, No.1734, 『花嚴經文義綱目』(권1), "第二別釋經題目者於中有二 先釋衆名後解別目 前中諸聖敎立此經名略有五種 初依觀佛三昧經及涅槃經 名此經爲雜花經 此隨喩爲名 以理行交雜緣起集成故 二智論屬累品名爲不思議解脫經 有十萬偈 此從法就用爲名故性起品云此經爲乘不思議乘菩薩設 又智論自指此經也 三梁朝攝論第十勝相云百千經者 卽花嚴十萬偈爲百千也. 此從數爲名 四如下離世間品出生菩薩深妙義花等 彼當釋 此約法喩合目 五約十義立名等(후략)"

90 眞諦(波羅末陀, 拘那羅陀, Paramārtha, Runāratha)는 중국 4대 역경가의 한 사람으로 서천축 優禪尼國의 바라문 출신이다. 그는 불교를 弘揚하기 위해 扶南으로 갔으며 大同年間(535-545)에 梁 武帝의 초청으로 546년 8월 15일에 廣州에 도착하였다. 548년 8월에 建業에 도착, 다시 富春으로 가서 현령 陸元哲이 모은 20여 명의 법사와 함께 『十七地論』『瑜伽師地論』의 異譯本)을 번역 하던 중 난이 일어나 중지하였다. 552년에는 侯景의 청으로 다시 건업으로 왔다. 梁 元帝의 즉위 후 진제는 正觀寺로 옮겨 願禪法師 등 20여 명과 『金光明經』을 번역하였다. 3년 후에는 豫章(현 南昌)으로 갔으며 다시 新吳, 始興, 南康 등에서 번역을 하였다. 558년에 豫章으로 돌아온 후 562년에 廣州로 가서 刺史 歐陽頠의 청으로 製旨寺(현 光孝寺)에 주석하였다. 569년 1월 11일에 71세로 광주에서 입적하였다. 『續高僧傳』(권1)에 의하면 眞諦는 64部 278卷을 번역하였으나 梵本 240夾는 번역하지 못하였다 한다. 『歷代三寶紀』에 의하면 48부 232권을 共譯하였다고 하지만, 『開元錄』에는 38부 118권이라 되어 있다.

고 하며, 셋째는 진식塵識, 즉 안이비설신의의 6식, 혹은 제6식이라고 한다. 이렇게 식체識體는 6식을 기본으로 하여 3류 8종으로 나뉘게 되었다.

『섭론』의 가장 중요한 내용은 아려야식의 존재와 작용을 잘 설명하는 것이다. 『섭론』에서는 사람의 인식 전 과정을 ㉠ 훈습熏習이 종자種子가 되는 단계, 즉 인식의 형성, ㉡ 섭지攝持와 은장隱藏 종자 단계로, 즉 인식이 정신 주체 중에 적취積聚되는 단계, ㉢ 종자가 (果報로) 성숙하는 단계로, 즉 인식이 외재外在 행동으로 전화轉化하는 등의 3단계로 나눈다.[91] 훈습이 종자가 되고 종자에서 과보가 생기는 이 순환계통이 하나의 3계 윤회를 형성하여 생사불멸의 인과연因果鏈이 되어 중생이 영원히 고통에서 벗어나 해탈하지 못한다는 것이다.

전통불교에서는 정신활동의 정체성과 연속성을 해석할 수 없었기에 6식은 생멸무상한 것으로 인식되어 왔다. 그런데 경험의 누적, 기억, 인식 단계의 연관, 무의식의 활동존재에는 6식 외에도 모든 심리활동의 식체識體를 통일하는 또 하나가 필요한데 그것이 바로 아려야식이다. 아려야식의 등장으로 불교는 보다 세밀하고 정교한 인식, 정신 현상의 복잡한 결구를 설명할 수 있게 되었고 3계6도, 윤회보응의 체계를 설명하게 되는 매우 중요한 개념이 되었다.

한편 『섭론』은 유식지唯識智에 근거하여 불삼신佛三身의 관념을 주장한

---

91 이 세 가지 활동단계를 연결하는 중간 요인이 바로 熏習과 種子로, 이 두 가지가 『攝論』의 가장 중요한 개념이다. 熏習과 種子는 모두 어떤 행위의 결과가 習氣로 남는다는 것을 비유한 것이다. 사람의 인식 형성도 끊임없는 경험의 熏習으로, 특정한 관념 혹은 습관이 남는 것에 의해 형성된다. 즉 직접경험에서 벗어나도 이미 형성된 관념이나 습관은 보유되는데 이를 習氣라 한다. 식물의 종자가 환경에 의해 훼손되지 않은 채 적합한 환경이 조성되면 싹을 틔우듯, 존재의 인식중에 쌓인 習氣는 종자처럼 일정한 조건이 되면 생명체(根・身)와 外在世界(器世間)에 상응하여 나타난다.

다. 불삼신이란 법신法身・응신應身・화신化身으로 삼신존지三身尊至라고도 한다. 불신佛身의 대표적 3덕德으로 '법신은 단덕斷德, 응신은 지덕, 화신은 은덕'이라 하며, 법신은 자성신自性身이라고도 하는데 '전의轉依'를 본질로 하므로 '전의를 법신이라 이름 한다.' 라고 한다.

법신에는 중요한 두 가지 함의가 있다. 첫째, 5음陰으로 된 중생은 전의에 의거해 5자재自在를 구비한 법신이 될 수 있다. 둘째, 법신의 '법'은 진여眞如 및 진지眞智를 가리키고, '신'은 '법'이 의지하는 '체體'를 가리킨다.

『섭론』중의 '법신'은 실제 유식리唯識理와 유식지唯識智를 본체화・구체화하여 유식 이성理性으로 신불神佛의 신앙에 대신하여, 유식 이성 그 자체를 신비화, 신앙화 시켰다. 이것이 『섭론』의 독특한 점이다.[92]

『섭론』의 삼신설은 반야경류에서 제기한 불신설佛身說을 체계화시키고 이론을 풍부하게 하여 후에 대승 각파의 사상에 큰 영향을 주었다. 『섭론』은 아려야식 연기의 기초위에 유식이론과 전의관념을 결합하여 삼자성설三自性說을 제기하였다.[93] 무착의 『섭론』에 대해 그의 동생인 세친은 『섭대승론석』을 써서 『섭론』의 사상을 논설하였다.[94]

---

92 '法身'은 사실 眞諦가 『佛性論』에서 서술한 바의 佛性이다. 그런데 그 법신을 證得하려면 중생은 반드시 다방면의 수행을 거쳐 '轉依'에 도달해야 선천적으로 갖추고 있던 법신을 얻을 수 있다. 법신은 '自然得之'의 法性常身이므로 '自性身'이라고도 한다.

93 三自性說은 인도 瑜伽行派가 창립한 것으로 그 파에서 가장 중시하는 부분이다. 三自性은 依他性・分別性・眞實性을 말한다. 性과 相은 동의어이므로 三自性은 三相 혹은 三性相이라고도 한다. 그 중 依他性은 三性의 핵심을 꿰는 것이다. 依他性의 성질은 '系屬因緣'으로, 즉 인연을 떠나 자립하는 존재는 없다는 것이다. 그것은 또 '無功用으로 생겨나고 無名無相의 자연에 머문다는 것'이 특징이다. 세간의 일체 모두 依他性으로 존재의 근거를 삼는다는 것인데 의타성의 이런 작용으로 말미암아 그것을 '惑體'라고도 하고, '煩惱業'을 그것의 '性體'라 한다.

한편 『해동고승전』[95]에서는 의정이 본 혜업의 초사본을 『양론』이 아닌 『정명경』(淨名經)[96]이라 하였다. 『정명경』은 대표적인 대승경전의 하나로 총 3권 14품으로 구성된 『유마힐소설경』(維摩詰所說經, Ⓢ Vimalakīrtinirdeśa-sūtra)[97]으로, 유마힐거사가 명명하였다.

『정명경』·「보살품」에 '知一切法, 不取不舍, 入一相門, 起於慧業'이라는 구절이 있는데 그것에 의하면 혜업이란 법명은 '지혜의 업연'이라는 뜻을 가리킨다. 그러나 혜업의 초사본을 『양론』이 아닌 『정명경』이라 한 것은 각훈의 오해에서 기인된 것으로 보인다.

---

94 『攝大乘論釋』은 眞諦 譯本이 가장 대표적인데 진제의 입적 후 그 문하는 각지로 흩어져 『攝論』의 가르침을 전파하였다. 法泰는 建康(현 南京)에서 처음으로 『攝論』을 강의하였으며, 靖嵩은 彭城(徐州), 曹毗는 江都(揚州), 道尼는 九江·長安에서 傳論하였다. 또 僧宗·慧曠은 廬山에서 宣講하였다. 그 영향력은 曇遷, 慧遠에게도 미쳐 『攝論』을 연구하게 하였다. 이 책의 영향으로 攝論學派가 형성되었으며 이후 玄奘이 그것을 重譯하였다.
  한편 『攝論』의 한역본은 北周 武帝의 훼불 때 유통이 금지되었으나 남방에서는 자유롭게 유통되었기에 온전히 전해질 수 있었다. 注疏로는 眞諦, 『攝論義疏』(8권)·慧愷, 『攝論疏』(25권)·道基, 『攝大乘義章』(8권)·曇遷, 『攝論疏』(10권)·辨相, 『攝論疏』(7권)·靈潤, 『攝論義疏』(13권)·法常, 『攝論義疏』(16권)·『攝論略章』(4권)·智儼, 『無性攝論釋疏』(4권)·窺基, 『攝論鈔』(10권)·廓法師, 『攝論疏』(11권)·神泰, 『攝論疏』(10권)·毗跋羅, 『攝論疏』(7권)·玄範, 『攝論疏』(7권) 등이 있다.
95 장휘옥 저(1991), 『해동고승전연구』(민족사), 212-213.
96 가장 널리 유통된 판본은 姚秦 三藏法師 鳩摩羅什 譯이다. 그는 辯論의 방식으로 대승과 소승의 教義상의 분별을 상세히 설명하며 不二論을 집중 토론한다. 『유마힐경』은 C.E. 100년경을 전후하여 인도에 유통되기 시작하였다. 183년에 支謙에 의해 한역된 이후 몇 차례나 더 한역되어 총 7종의 한문역본이 있었는데 그 중 三國시대의 吳나라 支謙, 『佛說維摩詰經』(3권), 後秦 鳩摩羅什, 『維摩詰所說經』(3권), 唐 玄奘, 『說無垢稱經』(6권)의 3종이 현존한다. 그 중 구마라집 번역본이 가장 유행하였으며 『大正藏』권14에 있다. 東晉의 僧肇, 梁의 天台 智顗, 慧遠, 隋末唐初의 嘉祥 吉藏, 唐 慈恩 窺基 등이 주해하였다.
97 『維摩詰經』, 『維摩經』, 『不可思議解脫經』이라고도 한다.

2) 화엄사상

6~7세기 불교계는 곧 화엄학의 세계였다고 해도 과언이 아니다. 불교사상사에서 화엄사상은 699년에 80권 본 『화엄경』이 번역되며 본격적으로 연구되기 시작하였다. 천축구법승 가운데서 원표의 중요한 구법 동기는 80권 본 『화엄경』의 취경取經에 있었다. 대승경전인 『화엄경』(『大方廣佛華嚴經』, Ⓢ Mahāvaipulya buddhāvataṃsaka sūtra)[98]은 번쇄한 이론으로 일반인에게서 멀어진 부파불교를 대신하여 등장한 대승불교에 맞게 새롭게 집성된 경전중의 하나이다.

같은 대승경전인 『법화경』이 '법', 즉 '어떤 것과도 견줄 수 없는 뛰어난 진리'를 설하는데 비해 『화엄경』은 부처를 설한다. 『법화경』은 누구나 성불할 수 있으며 나 혼자만이 아닌 모든 사람이 구원을 받을 수 있다는 가능성을 설한다. 그런 『법화경』의 보살도를 실천하는 구체적인 방법과 도정道程을 설한 것이 『화엄경』의 「십지품」·「입법계품」이다.

『화엄경』은 「십지품」·「입법계품」 같은 여러 별행경을 모은 대경大經으로, 천축에서 성립되어 서역으로 전래되었는데 대략 250년에서 350년 사이에 중앙아시아의 우전于闐을 중심으로 하여 편성되었다. 그런데 세월

---

98 경명으로 『화엄경』의 집성 의도를 알 수 있는데, '대방광불'은 '크고[大] 바르고[方正] 넓은 [廣] 진리 그 자체인 완전한 깨달음[佛]', 또는 '그것을 성취한 존재인 부처[佛]'를 말하고, '화엄'은 '완전한 깨달음', 즉 부처를 장엄[嚴]하는 연꽃[華], 혹은 부처의 지위를 증득할 수 있게 하는 원인들과 그 원인들에 의해 성취되는 갖가지 공덕을 뜻한다. 따라서 '대방광불화엄경'은 佛地라는 果位와 그 因位에 대한 경전을 뜻한다. 『화엄경』의 내용은 境·行·果의 세 글자로 개괄할 수 있는데, '경'은 비로자나불이 계신 重重無盡의 華藏世界를 가리키고, '행'은 善財童子를 예로 들어 화엄행자가 菩提를 얻기 위해 노력하는 것을, '과'는 보살 수행자의 노력 정도에 근거하여 도달하는 十地의 位次를 말한다.

이 흐르며 점차 그 내용이 증가하여 50, 60권 본이 되었다가 7세기 말에는 마침내 80권 본으로 편성되었다. 원표는 바로 그 80권 본『화엄경』을 구하고자 구법행에 나섰던 것이다. 그러므로『화엄경』이 집성된 우전국은 원표의 구법행에서 가장 중요한 목적지였다.

『화엄경』은 보드가야의 보리수 아래를 설처說處로 하여 붓다의 완전한 깨달음의 경지인 법계 혹은 연화장세계를 '부처의 지혜'로, 웅대한 희곡적 구상과 유려한 서술로 묘사하고 있다.[99]

『화엄경』은 별행경의 품수에 따라 60권·80권·40권의 세 종류가 있는데 60·80 두 본의 차이는 다음과 같다. 우선 60화엄은 8회 34품 36,000송으로 구성되어 있다. 지법령支法領[100]이 우전에서 전래한 것을 동진시대에 불타발타라佛駄跋陀羅(S) Buddhabhadra, 覺賢, 359-429)[101]가 번역(418-421)하고 역출(421년)한 것으로, 진본晉本 혹은 구경舊經이라고 한다. 그런데 번역 후 약 200년 가까운 세월 동안 60화엄은 별로 연구되지도 않았고, 종파도 형성되지 않다가 600년을 전후해서야 비로소 화엄종[102]

---

99 그것은 공간적으로는 대우주를 감당하고 있으며 무한한 시간을 묘사하고 있다. 즉 대우주는 모두 먼지이고 티끌이며, 그것을 설한 것이 바로『화엄경』이라고 한다. 그런 이유로 천태 지의는 천태교판에서『화엄경』을 5時의 제일 처음에 두었던 것이다.

100 法藏,『華嚴經文義綱目』,『대정장』35, No.1734. "(전략) 爰有東晉沙門名支法領. 從于闐國但得此三萬六千偈. 幷請得大乘三昧菩薩禪師名伏駄跋陀羅此云覺賢. 俗姓釋迦氏卽甘露飯王之苗裔. 來至晉朝. 以安帝義熙十四年歲次鶉火三月十日. 於楊州謝司空寺別造護淨華嚴法堂. 於中譯出此經.(후략)"

101 불타발타라는 인도에서 해로를 통해 중국 山東半島로 와서 황하를 거슬러 長安에 이르렀다. 그러나 구마라집의 교단과 사이가 벌어져 廬山 慧遠에게로 가서 여러 경전을 번역하였다. 후에 동진의 수도인 建康에서 입적하였다.

102 중국의 화엄종은 萬物一體를 주장하는 莊子의「齊物論」사상과 전형적인 인도적 사유인『화엄경』사상이 결합하여 탄생한 것이다. 장자는 인간간의 시비와 대립을 언어나 논쟁으로 해결하려 들면 대립이 대립을 낳아 끊임없는 투쟁이 계속되므로, 평안을 얻으려면 '절대적 하나로서의 天倪(혹은 天鈞, 즉 道)에 맡겨야 한다고 했다. 장자는 그런 모순과 대립 자체가

이 형성되었다.

한편 80화엄은 9회 39품 45,000송으로 구성되었는데 대주大周(695-699) 대에 실차난타實叉難陀(學喜, ⑤ Śikānanda, 652-710)를 주축으로 하여 역출되어 주본周本 혹은 신경新經, 당경唐經이라고 한다.[103]

60·80 두 화엄의 차이는 다음과 같다. 첫째, 구역의 「비로자나품」 제2가 신역의 「여래출현품」 제2부터 「비로자나품」 제6까지의 5품으로 나뉜다. 둘째, 신역에는 「십정품」(十定品) 제27이 추가되었다. 이 한 품의 유무에 따라 『화엄경』은 36,000송(60권 본)과 45,000송(80권 본)으로 나뉜다.[104]

'존재 세계의 참모습 그대로'라며, 그런 대립 일체를 탈각시킨 경지를 道樞라 하였다. 도추는 상호간의 대립과 모순을 넘어선 '절대의 하나'라는 입장에서 천변만화하는 현상세계에 자유자재로 응하는 것이다. 이렇게 萬物齊同인 실재의 참모습을 제 것으로 한 곳에서 비로소 이상의 세계가 열린다고 했다. 장자는 그것을 「齊物論」에서 '천지는 한 손가락이고 만물은 말 한 마리'라고 표현했는데, 그것은 바로 『화엄경』의 '하나는 전체이고 전체는 하나(一卽多 多卽一)'라는 관념과 통한다. 카마다 시게오/한형조 옮김(1987), 『화엄의 사상』(서울: 고려원), 15-16.

103 40화엄은 貞元 20년(796)에 인도 烏茶國의 왕이 보내어 전래되었다. 799년에 罽賓國의 般若가 그것을 장안의 大崇福寺에서 완역하여 「入不思議解脫境界普賢行願品」(「入法界品」, 40품)이라 하였다.

104 두 역본은 전래시기와 내용도 약간씩 다르며 주석서도 따로 있다. 60화엄의 가장 오래된 주석서는 후위의 靈辯(477-522)이 쓴 『華嚴經論』(100권)으로, 太原 晉陽(현 山西省) 출신의 영변은 『화엄경』을 읽고 깊이 탄복하여 경을 머리에 이고 五台山 淸涼寺로 들어가 문수보살의 가호를 기원하였다고 한다. 그는 1년간 밤낮으로 열심히 정진한 결과 516년(熙平元年)에 豁然大悟하였고 517년에는 懸瓮山 嵩岩寺로 옮겨 주석하였다. 이후 영변은 5년간 주석 작업을 하여 520년 9월에 『화엄경론』을 완성하였으며, 그 사이에 孝明帝와 靈太后 胡氏의 청으로 입궐하여 『대품반야경』·『화엄경』 등을 강설하였다. 영변은 522년(正光3년) 정월에 세수 46세로 融覺寺에서 입적하였다. 효명제는 영변이 입적하자 칙명을 내려 『화엄경론』을 一切經에 포함시키도록 하였다. 『화엄경론』에서는 대승경론을 결합하여 전통적인 禪定理論에 대하여 재해석하였다. 즉 영변은 『大集經』의 四禪八定을 상세히 설명하고 『成實論』의 四無量定, 『大智度論』의 四念處, 『楞伽經』의 四禪說을 결합하여 화엄, 십지 등을 상세히 설명하여 선과 심성문제를 서로 결합하였다. 『화엄경론』은 중국에서 가장 오래된 『화엄경』注疏라고는 하나 크게 유행하지 않다가, 법장의 『華嚴經傳記』에 소개되면서 널리 유포

무측천도 80권 본으로 완성된 『화엄경』을 구하여 번역하고자 692년에 우전국으로 사신을 파견하였다. 그들은 우전국에서 경을 구하고 왕자출신의 승려 실차난타와 함께 돌아와 695년부터 번역을 시작하여 699년에 완역하였다. 원표가 같은 80권 본 경을 구하기 위해 우전으로 간 시점과 거의 일치한다.[105]

측천무후가 통치하던 시기의 당은 화엄철학이 유통하였다. 이어 개원 3대사에 의해 당의 불교계는 밀교가 주류가 되었으며, 그 현상은 천축구법승의 활동과도 직결되어 신라에서도 혜초, 무루, 오진 같은 밀교승들의 구법행이 줄을 이었다. 그러다 안사安史의 난을 겪으며 잇단 내란으로 중앙의 통치 권력이 약화되자 이상주의적인 화엄은 더 이상 지배적 철학이 될 수 없었다. 그것을 해결한 것이 남쪽에서 혜능慧能이 일으킨 선禪이었다.[106] 이제 천축구법승 가운데 유일한 화엄승인 원표의 사상과 『화엄경』

되었다. 즉 683년에 문수보살을 찾아 오대산에 기도하러 갔던 道賢과 玄爽房에 의해 幷州 童子寺에서 발견되었고 그것이 賢首 法藏에게 전해졌던 것이다. 또 다른 60화엄의 주석서는 법장의 『華嚴經探玄記』와 『華嚴經搜玄記』가 있다.

105 80권 본 『화엄경』의 주석서는 약 80-100년 후에 출간된 청량 징관의 『대방광불화엄경소』(略稱 『大疏』)와 李通玄 장자의 『新華嚴經合論』이 대표적이다. 징관은 784년에서 787년 사이에 『대소』(60권)를 완성하였다. 징관은 당시의 많은 화엄종 승려들이 『화엄경』을 해석할 때, 법장의 교설에 위배되는 경우가 많은 것을 보고 祖師의 本旨를 되살리기 위해 80권 본 『화엄경』의 요강을 서술하고 文意를 해석하여 『대소』를 저술하였다고 한다. 그 후 僧睿 등 100여 제자들은 그것을 재해석하여 『大方廣佛華嚴經隨疏演義鈔』(약칭 『연의초』, 90권)로 출간하였다. 이 『소』와 『초』는 그 후 宋 대의 진수 정원에 의해 120권의 『華嚴經疏注』로 재편되었다.

106 운남성 출신의 혜능은 한족이 아닌 야만인이라고 간주되어 왔던 바, 한족에게도 佛性이 있는가 하는 문제에 봉착했던 것이다. 『화엄경』의 性起(즉 佛性現起)는 모든 존재가 불성으로 빛을 발하고 있다고 주장한다. 그래서 산도 물도 불성의 현기이며, 이런 사상은 중국인 고유의 天人合一사상과 맞아떨어진다. 이렇게 화엄은 禪 속으로 자연스럽게 흘러 산천초목도 모두 부처라는 믿음이 생겨났다. 산도 물도 부처이니 사람은 말할 것도 없이 부처라는 이런 성기의 사유방식은 『화엄경』의 핵심으로, 인간이 본래 불성을 갖고 있으니 인간존재는 불성의 현실재로 모든 망상이 사라져 버린다. 모두가 擧體全眞, 즉 모든 것이 흠도 없고 손댈 곳

에 근거한 그의 보살 신앙을 살펴본다.

(1) 원표와 천관보살신앙

신라화엄의 특색 중의 한 가지는 광대한 『화엄경』을 210자의 「화엄일
승법계도」로 축약하여 그것을 행도行道하면서 읊는 『화엄경』의 실천을
중시했다는 것이다. 또한 중국 문수신앙의 주처인 오대산五台山을 한반도
에 이식하였다는 점도 한 가지 특징이라 할 수 있다.[107]

천축구법승 원표元表(675?-760?)의 천관보살신앙 역시 그 연장선에 있다
고 할 수 있다. 원표는 천축구법승 가운데 유일한 화엄승[108]이다. 또한 겸
익謙益, 의신義信과 더불어 한반도로 다시 돌아온 구법승 중의 하나이다.
원표의 구법행의 시기에 대해 『송고승전』[109]에서는 천보연간(742-756)이
라고 한다. 그리고 우리나라 사료인 「보조선사영탑비」(普照禪師靈塔碑,
884)·「보림사사적기」(1457-1464)·「보림사중창기」(1715)에는 그가 경덕
왕 대인 755년에 신라로 돌아와 왕을 만났으며, 759년에 왕으로부터 장
생표를 받아 보림사를 창건하였다고 한다.[110]

도 없는 참 그대로인 것이다. 카마다 시게오/한형조 옮김(1987), 『화엄의 사상』(서울: 고려원),
52-53.

107 카마다 시게오/ 한형조 옮김(1987), 『화엄의 사상』(서울: 고려원), 16.
108 그럼에도 다음 단원에서 밀교승 무루를 서술한 것은 그가 머물던 하란산 백초곡이 그의 높
은 수행력으로 인해 후에 서하황실에 의해 문수보살의 주처인 오대산으로 상정되었기 때문
이다. 서하의 통치자들은 무루의 수행처와 유체를 모신 곳을 그들의 불교 성지로 삼아 사찰
과 탑을 세워 신앙의 중심지로 삼았다.
109 桂美香(2012), 「高句麗 元表의『華嚴經』拿來 考察」(동국대학교 불교학과 석사논문).

반면에 원표가 50여 년간 머물렀던 복건성의 지방지와 사지寺志인『삼산지』(三山志)・『민서』(閩書)・『영덕현지』(寧德縣志)・『지제사지』(支提寺志)・『지제산지』등과, 그가 수행하던 복건성 영덕현 지제산 나라연那羅衍동굴 앞의 비석에는 그 시기가 측천조則天朝(684-705)로 되어 있다.

그 중 가장 이른 시기의 기록은『삼산지』[111]에 수록되어 있는『지제산지』(868)이다. 천보연간은 이미 80권 본『화엄경』이 한역된 지 거의 반세기가 지난 시점이므로『송고승전』의 기록은 재고의 여지가 있다. 또 그시기는 무측천의 통치기였다는 점이『삼산지』를 통해 밝혀졌다. 또 그가귀국 전까지 수행했던 나라연동굴의 위치도 소개되었다.[112] 원표의 구법행과 전법행에 의해 복건성 지제산은 중국의 천관보살 주처지로 확정되었을 뿐 아니라, 그가 가져온 범본『화엄경』은 영덕현 화엄 본산인 지제

---

110 원표에 관한 사료로는『宋高僧傳』卷81,「高麗國元表傳」;『新修科分六學僧傳』;淳熙 9년(1182) 남송 梁克家,「三山志」;謝肇淛 等,「支堤寺志」;何喬遠,『閩書』;明代의『寧德縣志』등이 있다. 또『보림사적기』(하버드대학 엔칭도서관 소장, 1954.10.26. 1911/3445) ; 장흥보림사「普照禪師彰聖塔碑」가 있다.『보림사적기』는『고고미술』제8권 제4호 통권81호를 통해 공개되었고,『향토문화보』제5호(1983, 광주일보 향토문화연구소),『장흥군지』,『가지산 보림사』등에 번역문이 있다. 연구 논문은 呂聖九(1993),「元表의 生涯와 天冠菩薩信仰研究」,『國史館論叢』48 ; 金相鉉(1991),「新羅華嚴思想의 展開」,『新羅華嚴思想史研究』(서울: 民族社) ; 桂美香(2012),「高句麗 元表의『華嚴經』拿來 考察」(동국대학교 불교학과 석사논문)이 있다. 단행본으로는 김상현(1999),『신라의 사상과 문화』(서울: 一志社) ; 최인선, 김희태, 양기수 글・사진(2002),『보림사』(서울: 학연문화사), 何勁松(1999),『韓國佛教史』上・下(北京: 宗教文化出版社) ; 김두진(2002),『신라 화엄사상사연구』(서울: 서울대학교출판부) ; 鎌田茂雄(1988),『新羅佛教史序說』(東京: 東京大學東洋文化研究所) ; 金福順(1990),『新羅華嚴宗研究』(서울: 민족사) 등에 일부 서술되어 있다.

111『三山志』, "……昔則天朝, 有僧號元表, 不知何時人, 以花櫚木函二只, 盛新『華嚴經』八十卷, 躬自齋荷, 來尋玆山, 乃葍石窟而居. 其窟高可百尋, 深廣百二十丈, 下平若鏡, 上方若鑿. 時有保福寺僧惠平, 因遊玆窟而得之, 迎出山下都尉寺安著." 梁克家 著, 陳叔侗 校註(2003),『淳熙三山志』(北京: 方志出版社). '則天'은『논어』의 泰伯 '謂以天爲法, 治理天下'를 바탕으로 무측천 자신이 지은 것이다.

112 桂美香(2012),「高句麗 元表의『華嚴經』拿來 考察」(동국대학교 불교학과 석사논문).

[그림 IV-1] 나라연 동굴 앞 비석

[그림 IV-1] 나라연 동굴 앞 비석

산支提山 화엄사 창건의 계기가 되었다.

① 원표의 생애

원표의 천관보살신앙을 살펴보기에 앞서 먼저 원표의 생애를 정리해 본다. 화엄승 원표에 관해 전하는 국내외의 사료들을 종합해 보면 원표는 취경을 하러 간 가장 이른 시점인 684[113]년부터 보림사를 창건했다는 759년 사이의 약 75-76년간에는 분명히 생존해 있었다.

그런데 『송고승전』과 『신수과분육학승전』을 제외하고는 원표에 관한 기록이 759년 이후로는 더 나타나지 않는 것으로 보아, 그 무렵에 원표가 입적한 것으로 추측할 수 있다. 또 입적 시 그의 나이를 약 80세 정도로 추산한다면 그가 신『화엄경』을 가지고 돌아와 복건성의 천관산 나라연동굴로 들어간 684년에서 705년 사이에는 10대 후반에서 20대 초반이었을 것으로 역산이 가능하다. 그래서 선행연구를 통해 그의 출생연도를 670-680년 정도로 추정하였으며 760년 무렵인 약 80세 정도에 입적한 것으로 보았다.[114]

또한 원표의 출생국에 대해서도 삼한인, 고려인 등의 기록이 혼재하고 있으나 그가 삼국 통일(668) 후에 태어난 것은 확실하므로 엄밀한 의미에서는 신라인이라고 해야 할 것이다. 그런데 원표가 태어났을 무렵에는 고구려가 망(668)한지 얼마 되지 않은 때였으므로 그는 스스로를 고구려인이라 여겼을 것으로 보인다. 그리고 그런 정체성이 반영되어 여러 사서에 고려인으로 입전되었을 수 있다.

---

113 則天朝는 684-705년까지이므로 684년은 가장 이른 시기가 된다.
114 桂美香(2012), 「高句麗 元表의 『華嚴經』 拿來 考察」(동국대학교 불교학과 석사논문).

그런데 필자는 원표가 천보연간에 구법행을 하였다는 『송고승전』[115]의 기록을 따른다면 다음과 같은 몇 가지 문제가 생길 것을 주장하였다.[116]

첫째, 시대적인 여건상 천보연간은 우전으로의 구법시기로 좋지 않다. 733년부터 시작된 우전국왕의 불교 탄압으로 수많은 우전의 승려들은 티베트로 피신하여 당에서 하가下嫁한 왕비 금성공주의 보호와 후원을 받게 되었다. 원표의 구법행은 그런 우전국의 시대 상황에서 보더라도 결코 쉽지는 않았을 것이다.[117]

둘째, 천보연간은 80권 본 『화엄경』이 한역된 지 50여년이나 지난 시기로, 본 경은 완역 후 불과 2~3년 내에는 신라에 들어온 것으로 보인다. 따라서 그 범본을 구하기 위해 서역으로 갔으리라고는 보기 어렵다.

셋째, 불교교리사에서 볼 때 천보연간은 밀교가 유행하던 시기였다.

---

115 『大正藏』50, 895中, 『宋高僧傳』卷第三十, 元表(唐高麗國), "釋元表 本三韓人也. 天寶中來遊華土 仍往西域瞻禮聖跡. 遇心王菩薩指示支提山靈府. 遂負華嚴經八十卷 尋訪霍童 禮天冠菩薩 至支提石室而宅焉 先是此山不容人居 居之必多霆震猛獸毒蟲 不然鬼魅惑亂於人 曾有未得道僧 輒居一宿爲山神毆斥 明旦止見身投山下數里間 表齎經棲泊澗飮木食 後不知出處之蹤矣 於時屬會昌搜毀 表將經 以華欄木函盛深藏石室中 殆宣宗大中元年丙寅 保福慧評禪師素聞往事 躬率信士迎出甘露都尉院 其紙墨如新繕寫 今貯在福州僧寺焉."

116 桂美香(2015), 「天竺求法僧의 行蹟과 思想 研究」, 『한국불교학』75집, 한국불교학회, 198-201.

117 토번의 송첸캄포와 당의 문성공주, 네팔의 브리쿠티 공주와의 혼인으로 티베트에 중국 불교가 전파되며 천축구법승들과 사신, 상인들이 이용한 네팔과 인도로 이어지는 新 구법로도 개통되었다. 문성공주에 이어 710년, 토번의 제 7대왕 赤德朱登과 결혼한 金城공주는 토속신앙이 강하던 토번의 일반인에게 까지 불교를 널리 보급시킨 주역이다. 그런데 733년에 우전에서는 새로 즉위한 젊은 왕이 불교를 배척하여 승려를 쫓아내고 사찰을 폐쇄하는 대대적인 불교 탄압을 하였다. 그 때 우전국의 수많은 승려들은 토번으로 피신하였는데, 당시 토번의 불교는 왕비 금성공주에 의해 본격적으로 토번 전역에 뿌리내리고 있었다. 보살의 화신으로 평가되는 금성공주는 망명해 온 우전의 승려들에게 토번의 여러 사찰을 수리하여 제공하였다. 이 일은 이후 티베트불교의 발전에 초석이 되었다. 達倉宗巴・班覺桑布, 陳慶英譯本(1986), 『漢藏史集』(拉薩: 西藏人民出版社), 53-59.

원표에 이어 구법행을 한 혜초 역시 밀교승이었고, 당 현종은 특히 밀교승을 총애하여 혜초의 스승인 금강지와 불공삼장을 가까이 하였던 것이다.

그간 원표의 구법시기에 대해 『송고승전』과 원대의 『신수과분육학승전』, 조선 초의 「보림사사적기」 등을 바탕으로 하여 당 천보연간으로 보아왔다. 그러나 이상의 이유로 원표의 구법행이 측천조에 이루어졌다는 복건성의 『삼산지』·『민서』·『영덕현지』·『지제사지』[118]·『지제산지』 등과, 지제산 나라연동굴 앞의 비문의 기록이 훨씬 타당성이 높다하겠다.

신라 화엄종의 계파에 대해 의상계義湘系를 주류로, 원효계元曉系를 방계로 보거나,[119] 혹은 의상계를 세분화하여 부석사계浮石寺系와 표훈계表訓系, 해인사계海印寺系 등[120]으로도 나눈다. 어느 쪽이던 신라 화엄학계의 주류는 60화엄을 소의경전으로 하였음은 분명하다. 의상이나 법장은 60권 본 『화엄경』을 근본으로 하였고, 의상은 자신의 화엄학을 「화엄일승법계도」를 통해 정리하였다.

당시의 나·당 양국의 활발한 불교교류 상황으로 보아 699년에 완역된 80권 본『화엄경』이 적어도 의상이 입적한 702년에는 전래되었을 것

---

118 『支提寺志』권3 「僧」편의 첫 부분, 「唐 元表法師」, "高麗僧也 則天朝居羅羅巖以欄木函盛華嚴經朝夕奉誦先是山多虎狼蛇虺 人跡罕至表棲其間不以爲念澗飮木食鏹彩埋光於時會會昌沙汰棄經藏石室中逮宋受命樵者迷道至巖下聞梵音淸雅及出傳布遠近 邑僧元白聞之因往瞻禮表曰深山無路仁者從何而至白曰自遠趨風?承聖敎表曰我嘗遊西域遇心王菩薩授我是經幷示東震旦土支提山者乃天冠住處 可覓其所 故負經至此 去茲二十里那伽龍潭是其地也 遂以經授白騰空而去 白瞻仰無怠歸同僧慧平 慧澤迎經於甘露寺供養紙墨猶新." 劉永明·張智 主編(2006), 『中國佛寺志叢刊』第105冊(揚州: 廣陵書社), 121-122.
119 金知見(1973), 「新羅 華嚴學의 系譜와 思想」, 『學術院論文集』(人文·社會科學篇) 12.
120 金福順(1990), 『新羅華嚴宗硏究』(서울: 민족사).

으로 보이지만,[121] 그것이 의상과 삼천문도三千門徒들의 학문에 근본적인 영향을 주지는 않았을 것으로 보인다.

한편 의상에게 있어서 80화엄은 전혀 낯선 것은 아니었을 것이다. 법장은 귀국하는 승전勝詮 편에, 의상에게 전하는 편지와 아울러 범본 『화엄경』 한 권을 보내었는데, 그것은 80화엄으로 보인다.[122] 번역된 지 270년이나 지난 60권 본(421완역, 유통)을 보냈을 리는 없기 때문이다.[123] 그것이 최초의 80권 본 『화엄경』과 관련된 기록이며 원표는 이때 이미 구법로에 올라 있었을 것으로 추정된다.

이상 원표의 생애와 구법시기, 신라 화엄계의 『화엄경』 수용 상황 등을 살펴보았다. 이제 원표의 불교사상으로서 『화엄경』・「보살주처품」의 천관보살신앙에 대해 살펴본다.

---

121 양국은 통일 이후의 영토 분할 등의 문제로 문무왕에서 성덕왕대의 약 50여 년 동안 (669-733) 공식적인 신라의 조공사절단이 겨우 11차례 파견되었을 정도로 정치적으로는 아직 냉랭한 관계였다. 새로 등장한 발해국(698-926)이 나・당 양국의 안녕에 공동 위험 요인으로 인식되며 비로소 양국 간에는 화해와 소통이 시작되었다. 여러 방면의 노력을 통해 마침내 두 나라의 외교 관계는 733년부터 완전히 정상화 되었고, 이후 약 170여 년간 양국은 명실상부한 국제적 평화 관계를 누리게 되었다.

122 『三國遺事』卷第四 義解第五 「勝詮髑髏」에는 692년에 승전법사가 당 유학을 마치고 귀국하며 80화엄 범본 일부를 가지고 왔다는 기록이 있다. "……, 別幅云: 『探玄記』二十卷, 兩卷 未成. 『敎分記』三卷, 『玄義章』等雜義一卷, 『華嚴』梵語一卷, 『起信疏』兩卷, 『十二門疏』 一卷, 『法界無差別論疏』一卷, 竝因勝詮法師抄寫還鄕." ; 김상현(2007), 「新羅와 唐의 佛敎 典籍 交流」, 『신라학 국제학술대회 논문집』 제1집 참조

123 이 시기까지 유통되던 기본 경전은 동진시대 불타발타라역의 60권 본 『화엄경』이었다. 그런데 승전에 의해 80권 본 『화엄경』의 일정 부분이 들어온 것이다. 구미시 금오산 葛項寺는 통일신라 초, 당에서 화엄학을 공부하고 귀국한 勝詮法師에 의해 창건되었다. 법장은 귀국(692)하는 승전 편에 의상에게 전하는 편지와 서적을 보냈다. 승전은 그 후 금오산 자락에 葛項寺를 세우고 80여 개의 돌들로 관속을 삼고서 『화엄경』을 강의했다. 제자 可歸도 『心源章』에서 그런 내용을 전하고 있다. 一然, 『三國遺事』卷 第四 「義解」 ; 第五 「勝詮髑髏」.

② 천관보살신앙

『화엄경』은 인간과 사회의 원융무애圓融无涯를 구경처究竟處로 하며 인간의 해탈을 그 목적으로 삼고 인간을 구원하고자 한다. 원표에 앞서『화엄경』, 「보살주처품」에 사상적 배경을 둔 고승으로는 자장과 원효, 의상을 들 수 있다. 선덕여왕대의 자장은 636년(선덕여왕 5년)에 입당 유학하여 문수보살의 성지인 청량산淸凉山을 순례하여 문수보살로부터 4구게를 받았다. 또한 '신라의 오대산에 일만의 문수보살이 항상 거주하니 돌아가 뵈라'는 기별記別도 받았다.[124]

원효 또한 의상과 더불어『화엄경』, 「보살주처품」 신앙과 관련된 설화를 갖고 있다. 의상은 671년에 귀국한 후 관세음보살진신도량인 낙산사를 창건하였다.

자장의 문수보살신앙과 원효·의상의 관음보살신앙은 모두 60권 본『화엄경』에 근거하고 있다.[125] 그 이후 원표에 의해 755년 경덕왕 대에 천관보살신앙이 전래되었다.『화엄경』의 보살주처사상에 의하면 지제산은 천관보살의 상주처이다. 지제산은 천봉산天鳳山·불두산佛頭山·우두산牛頭

---

124 이에 자장은 643년에 귀국하여 곧 강릉의 오대산에 보살주처신앙을 이식시켰다. 그는 귀국 직후와 말년에 오대산으로 가 문수보살을 친견하고자 하였고, 신라 최초의 大國統으로 당시 불교교단의 기강을 확립하고 불교를 널리 알려 국민 대부분을 불교에 귀의하게 하였다. 김상현(1995),『한국불교사산책』(서울: 우리출판사), 16-21 ; 安啓賢(1982), 「五臺山信仰과 韓國佛教」,『韓國佛教史研究』(서울: 同和出版公社).
125 가장 오래된 60화엄 주석서는 후위 靈辯의『華嚴經論』(100권)이다. 영변은『화엄경』을 읽고 깊이 탄복하여 경을 머리에 이고 五台山 淸凉寺로 들어가 1년간 밤낮으로 문수보살의 가호를 기원하였다고 한다. 마침내 그는 516년(熙平元年)에 豁然大悟하였고 517년에는 懸瓮山 嵩岩寺로 옮겨 주석하였다. 이후 영변은 5년간 주석 작업을 하여 520년 9월에『화엄경론』을 완성하였다.

山·천관산天冠山이라고도 불리었는데, 이 산명은 80권 본『화엄경』의 제 32「제보살주처품」에서 유래한다. 원표는 심왕보살心王菩薩의 지시에 따라 80권『화엄경』을 짊어지고 복건성 영덕현 지제산 천관보살을 방문하고 예배하였다.[126]

> 동남방에 보살의 주처가 있어 지제산이라고 하는데, 예로부터 제 보살중(諸菩薩衆)이 거기에 머물렀고, 현재는 천관보살이 있어 1천명 의 보살을 권속으로 하여, 항상 그곳에서 설법하고 있다.[127]

60 화엄 제 29의「보살주처품」에서 지견고산枝堅固山이라고 부르는 산이 80 화엄「제보살주처품」의 지제산支提山에 해당된다. 80권 본인 주본周本은 699년에 당에서 역출된 후 당시 유학승들의 활발한 교류를 고려한다면 적어도 2~3년 이내에는 신라에 전해졌을 것으로 보인다. 따라서 신라사회에서 천관보살의 명호는 이미 신라인들에게 알려져 있었을 것임에 분명하다. 원표는 그로부터 약 50여년 후인 경덕왕 대(755)에 귀국하여 왕을 만났고, 759년에는 장흥 천관산에 천관사天冠寺(支提寺)를 창건하였다. 한화정책에 적극 힘을 기울이던 경덕왕에게 그의 60여 년 이상의 아시아 순례 체험과 장기간의 중국 체류 경험 등은 매우 소중한 정보가 되었을 것이다.[128]

---

126 최인선, 김희태, 양기수 글·사진(2002),『보림사』(서울: 학연문화사), 26. 전라남도 장흥 천관산과 천관사 이름의 유래가 되었으며, 통일 신라 후반기에 이 산을『화엄경』의 지제산과 동일시하는 신앙이 널리 퍼졌다.
127 '東南方有處 名支提山 從昔已來 諸菩薩衆 於中止住 現有菩薩 名曰天冠 與其眷屬 諸菩薩衆 一千人俱 常在其中 而演說法',『大正藏』10. 241 b.

선행연구에서는 「보림사사적기」에 근거하여, 원표가 759년(乾元2)에 가지산 남쪽 산록에 화엄종 사원인 가지산사迦智山寺를 창건하였고, 그보다 100여 년 후인 859년에 보조국사 체징體澄이 이곳을 선종사원으로 고쳐 보림사라 하였다[129]는 기록에 근거하여 원표를 9산 선문禪門의 가지산파 개조이자 보림사寶林寺의 창건자로 보고 있다.[130]

그러나 원표의 불교사상이 천관보살신앙에 바탕 하고 있기에 가지산 조계曹溪는 원표가 천관보살 주처로 선택할 만한 산이 아니다. '천관天冠'이란 왕이나 황제의 관처럼, 보살의 머리장식을 말하는데 달리 '보관寶冠' 혹은 '비로관'이라고도 한다.

필자는 『대당서역기』권 12에 묘사된 우전국 내용을 바탕으로, 원표가 우전국[131]의 황관봉皇冠峰에서 『화엄경』을 입수하였다고 제시한 바[132] 있

---

128 김상현(1999), 『신라의 사상과 문화』(서울: 一志社), 114. ; 이주형(2008), 「인도로 간 구법승과 신라불교」, 『신라학 국제학술대회 논문집』제2집, 100-103.

129 「新羅國武州迦智山寶林寺事迹記」(1457-1464年), "新羅的名僧元表大德在印度的寶林寺·中國的寶林寺參禪的過程中發現韓半島瑞气凝聚, 于是返回新羅觀察全國的山川形勢, 尋找可以建寺的場所. 一天, 他正在迦智山參禪, 突然出現了一个仙女, 向他請說她居住的池子被九條龍占据, 她无法安生. 元表大德就把符咒投進了池子里, 結果別的龍都紛紛离開, 唯獨一條白龍賴着不走. 元表大德于是更努力地念誦咒文, 白龍終于挺不住, 出了池子向南飛走, 結果擺動的龍尾把山麓切成了兩段. 被龍尾掃過的地方就成爲龍沼, 元表大德把池子塡平建成了寺院. 宝林寺周圍有許多和龍有關聯的地名."

130 최인선, 김희태, 양기수 글·사진(2002), 『보림사』(서울: 학연문화사), 112.

131 天冠은 범어 차이티아(caitya)의 의역이고 支提는 음역이다. 다른 풀이로 '功德聚山', '象山', 혹은 '聚山'이라고도 하는데, 산의 형상에서 비롯된 명칭이다. 한편 원표가 심왕보살의 지시로 80권 본『화엄경』을 구해온 곳은 「보림사사적기」에서 말한 월지국이 아닌 우전국이다. 60권 본『화엄경』이 전래(418)되고 약 280년 후 전래(695)된 80권 본『화엄경』도 바로 이곳에서 찬술된 것이었다. 鎌田茂雄(1988), 『新羅佛教史序說』(東京: 東京大學東洋文化研究所), 21-32. ; 한편 魏의 成帝는 다라니 전문가이자 역경가인 帛尸梨蜜羅가 입적(335-343 사이)하자 그를 위한 '刹蒙所'를 세우라고 명했는데 그것이 바로 caitya의 또 하나의 음역이다.

132 法顯의 『佛國記』, 玄奘의 『大唐西域記』의 내용을 토대로, 원표가 경을 가져온 산을 추정해 보면 우전국의 경우 산세나 위치 등으로 보아 皇冠峰인 것으로 보인다. 桂美香(2012), 「高句麗 元表의 『華嚴經』拿來 考察」(동국대학교 불교학과 석사논문).

는데, 거기서 더 나아가 황관봉을 여타 천관산의 원조로 제시하였다. 중
국인들의 사유 속에 형성된 천축국, 스리랑카, 중국 등 세 곳의 천관산(지
제산) 외에, 우전에서는 황관봉이 천관보살이 주재하는 곳으로서의 역할
을 했을 것으로 보인다.

천축의 지제산은 남인도 우선니국優禪尼國(Bhopal州 Bhilsa市 부근), 아육왕
의 아들 마힌다 탄생지에 있는 산이다.[133] 스리랑카의 지제산은 마힌다
장로가 처음 발걸음을 디뎠다는 아누라다푸라(阿努拉達普拉, Anurādhapur
a) 동쪽의 미사가산眉沙迦山이다. 아육왕은 불교에 귀의한 후 세계 각지로
수많은 전법승들을 파견하였는데,[134] 불멸후 236년 되던 해 음력 6월 보
름에 자신의 아들 마힌다 장로 등을 땀바빤니 섬(Tambapaṇṇi dīpa, 스리랑
카)에 보내었다.[135] 스리랑카에서는 바로 미사가산을 천관산이라고 하는
데, 한편 그곳은 마힌다의 매장지이기도 하다.

그 다음으로 중국 복건성 영덕현寧德縣의 천관보살도량인 지제산은 바
로 원표가 천축구법행에서 가지고 온 범본 80권 본『화엄경』을 가지고
들어간 수행처이다. 지제산은 정상이 99개의 봉우리로 둘러싸여『화엄경
』에서 묘사하는 '연화세계해蓮華世界海'의 현실 모습이라 할 수 있다.

원표가 당에서 돌아와 가지산에 보림사를 창건했다는「보림사사적기」
의 명문에도 불구하고, 천관보살신앙과 관련이 있는 한국의 천관산은 장

---

133 현장의『大唐西域記』11권에 의하면 鄔闍衍那國(즉 優禪尼)은 Nerbuddha의 북쪽인 Malwa
지방으로 지금의 Ujjain이다.
134 스리랑카의 역사서인『島史』(Dīpavaṁsa)와『大史』(Mahāvaṁsa)에 의하면 아육왕은 현재의
미얀마와 태국에 해당하는 '황금의 땅' 수완나부미(Suvaṇṇabhūmi, 金地國)에도 Soṇa와 Uttara
장로 등을 보내었다. Hermann Oldenberg(2001) ; Richard F. Gombrich(1988), 148ff.
135 마힌다 장로는 당시 Ittiya, Uttiya, Sambala, Baddasāla, Sumana 등과 함께 왔다고 한다. Mhv.
V.195 ; Dvp. VII.18, 19 ; VII.39.

홍군 바닷가에 위치해 있다. 그 형세는 우전국의 황관봉이나 복건성의 지제산처럼 정상에 기이한 암봉이 흘립하여 마치 왕관처럼 보인다. 또한 천관사·지제사·탑산사 등의 천관산 소재사찰은 원표와의 관련성을 여러 가지로 전하고 있다.[136] 분명한 것은 화엄승 원표의 정체성은 선종이 아니라, 『화엄경』의 천관보살신앙에 있다는 점이다.[137]

원표는 무측천조武則天朝(684-705)에 천축과 서역까지 다녀온 구법승이고, 우전국에서 80 화엄을 구해 복건성 천관산(支提山)에서 50여 년을 수행하며 이름을 떨친 화엄승이다. 그런데 원표에 관한 9종 이상의 기록 가운데 중국 측 자료에서는 원표와 선종간의 관련성을 찾을 수 없다.

반면 한국 측 자료에는 원표가 한국 최초의 선종사찰인 보림사의 창건주로 되어 있다. 원표와 보림사와의 관련성은 알 수 없지만 원표의 불교사상은 천관보살신앙임에 분명하므로 그가 천관보살신앙의 주처지로 사찰을 창건했다면 그것은 천관산이지 가지산은 아닐 것이다.[138] 장흥 보림

---

136 천관산은 신비로운 산세로 인해 三足堂 魏世寶(1669-1707)가 탑산사에서 쓴 「九龍峰」(김은수, 三足堂 魏世寶의 한시 <九龍峯>, 『장흥문화』 29호), 靑沙 盧明善(1707-1775)의 가사 「天風歌」 등의 많은 문학작품의 소재가 되기도 했다. 朴樹珍(2010년 8월), 『長興地域歌辭文學의 文化地理學的 硏究』(漢陽大學校 博士論文), 41-54참조. ; 김석중, 백수인(2004), 『長興의 가사문학』(장흥군). 이와 같이 천관산이 그 특이한 산세로 지역민들에게 神山으로 여겨지며 많은 기록을 남긴 것과 달리, 전국적인 명찰임에 분명한 보림사가 소재한 가지산에 대한 기록은 찾기 어렵다.

137 6조 혜능의 보림사는 후에 여러 황제에게서 賜額 받으며 寺刹 名에도 변화가 있었지만, 혜능이 주석하던 당시에는 寶林寺로 불렸다. 또한 그것은 기록상 최초의 보림사였다. 「보림사 사적기」에서 전하는 보림사 모습은 전설이나 건축물의 이름들, 기타 일화 등이 6조 혜능이 37년간 주석했던 광동성 조계의 보림사와 흡사하다. 장흥 보림사의 고고학적 연구에 의하면 현재까지 진행된 장흥 보림사의 지표 조사에서는 원표의 생존기 이전과 관련한 어떤 유물도 출토되지 않았다고 한다. 물론 더 확실한 것은 현재의 보림사보다 더 높은 곳에 있었다는 古迦智寺와, 천관산의 天冠寺, 支提寺, 塔山寺 등의 세밀한 고고학적 연구가 수반되어야 할 것이다.

138 중국의 여러 보림사 중에서도 원표와 관련이 있는 곳은 찾아 볼 수 없다. 중국의 보림사라

사의 시원은 6조 혜능이 37년간 주석한 광동성 조계산曹溪山의 선종사찰 보림사로, 그곳은 한·중·일 선종禪宗 관련자들의 성지이기도 하다.

대부분의 불학이 중국에서 한반도로 일방적으로 전래된 한국불교사의 현실에서, 직접 우전국에 가서 범본 80권 『화엄경』을 구해온 화엄승 원표의 구법행은 매우 괄목할 만한 사건이다.

원표는 천축·서역을 순례한 구법승이자, 동아시아에서 80권 본 『화엄경』을 처음 수입한 인물 중의 한 명이다. 그의 구법시기가 실차난타의 입당시기와 거의 일치하기 때문이다. 원표의 구법 시기에 대해 그 동안 국내 학계에서는 찬영의 『송고승전』과 「보림사사적기」·「보조선사영탑비」를 바탕으로 연구하였으므로 그의 구법 시기나 생존 기간, 귀국 후의 사찰 창건 등에서 몇 가지 오류를 양산하였다.

이에 위의 기본 사료들과 선행연구, 그 당시의 시대 조류나 국제정세 등에 관한 연구서 등을 통해 다음과 같은 결론을 도출할 수 있었다.

첫째, 원표는 통일 후인 670에서 680년 사이에, 고구려 유민으로 태어나 신라인으로 살았다. 그는 늦어도 10대에는 출가하였으며, 690년 전후에 신라를 떠나 중국·스리랑카·천축·서역을 주유하고, 우전국 황관봉의 한 사찰에서 범본 80권 『화엄경』을 구해왔다.

둘째, 원표는 『화엄경』을 가지고 남중국 복건성 영덕현에 있는 천관보살의 주처지인 지제산으로 가서 50여 년을 화엄 수행하여, 그곳을 중국 화엄학의 성지로 만들었다. 그의 도축로渡竺路는 당시 일반적으로 이용됐

는 사찰명에는 廣東省 佛山市 順德區 寶林寺, 浙江省 泰順縣 寶林寺, 安徽省 天長市 寶林寺, 福建省 長樂市 寶林寺, 福建省 邵武市 寶林寺, 福建省 惠安許厝 寶林寺, 福建省 連江縣 寶林寺, 順德市 寶林寺 등이 있다.

던 해양실크로드였던 것으로 보이는데 그 길을 택한 것은 해로가 당시의 보편적인 천축로였으며, 또한 복건성의 천관보살 주처지인 지제산을 참배하고자 하였기 때문으로 보인다.

셋째, 원표는 복건성 지제산의 나라연 동굴에서 약 50여년을 수행하다가, 755년에 자신이 늘 독송하던 『화엄경』을 나라연 동굴에 두고 귀국했다. 이 경은 회창폐불會昌廢佛 이후 발견되어 10세기의 대표적 호불왕護佛王인 오월왕吳越王 전숙錢俶에게 전해져 나라연 동굴에 나라연사那羅衍寺가 창건되었다. 또한 전숙은 화엄사華嚴寺(후에 華藏寺, 支提寺 등으로 사명이 바뀜)라는 화엄사찰을 창건하여 범본 경전을 모셨다. 그리고 그곳은 송·원·명 황실의 지원을 받는 주요 사찰이 되었다. 지제산은 중국인들에게 화엄성지로 여겨져 이 지역 화엄 신앙의 구심점이 되었다.

넷째, 원표는 755년 경, 80세 정도의 노구를 이끌고 신라로 돌아왔다. 그의 귀국 이유는 경덕왕의 적극적인 한화漢化 정책과 연관이 있어 보인다. 왕에게 있어 원표는 천축국까지 다녀온, 국제 정세에 상당한 감각을 지닌 존재로 느껴졌을 것이다. 원표의 도움에 대한 답례로 왕은 사찰 창건의 주요 시주자가 되었다.

다섯째, 원표가 경덕왕의 후원을 받아 창건한 사찰은 장흥 가지산 보림사이기 보다는, 천관산 천관사일 것으로 보인다. 보림사는 6조 혜능이 37년간 주석하던 광동성 가지산의 사찰 명에서 비롯된 선종사찰이다. 가지산의 산세도 천관사와 거리가 있으며, 보림사의 고고학적 발굴에서도 보림사가 천관사의 옛 터라는 증거를 찾지 못하였다.

반면 보림사는 원표가 창건했다는 759년 보다 100년 후에 가지산문의 제3조인 보조국사 체징體澄에 의해 세워진 사찰이다. 또한 천관산의 산세와 천관사, 지제사, 탑산사 등의 사찰과, 삼산리三山里, 대덕면大德面 등의 지명은 원표의 천관보살신앙과 복건성 영덕현의 지명과 연결 짓지 않을 수 없게 한다.

지금까지 살펴본 바와 같이 원표의 천축·서역 구법 시기는 무측천 조(684-705)이며, 그의 80권본『화엄경』장래將來는 실차난타와 같은 시기이거나, 혹은 조금 이르거나 늦을 수도 있다.

원표는 의정義淨·금강지金剛智·불공不空·혜초처럼 해로를 이용하여 동남아시아, 스리랑카, 인도, 우전으로 간 후, 다시 육로로 복건성으로 온 것으로 추정된다. 그는 천축으로 가는 길에 복건성 지제산도 알게 되었을 것이고, 당시 동남아불교의 중심지인 팔렘방에도 들렀을 것이다. 그도 의정이나 혜초처럼 그곳에서 범어도 익히고 천축에 대한 정보도 수집하며, 적응기를 가졌을 것이다.

중국 측 사료에는 원표의 귀국사실을 전하는 것이 없다. 그런데 하버드대학 소장의 「보림사사적기」에 의하면 원표는 경덕왕 대(755년)에 신라로 돌아왔다. 그리고 759년, 가지산 남쪽 산록에 화엄종 사원인 가지산사를 창건하였다고 한다. 이어 약 100여 년 후인 859년, 보조국사 체징은 이곳에 가지산문을 개산하고 원표의 가지산사迦智山寺를 보림사寶林寺로 고쳤다고 한다. 그런데 보림사는 조계산의 5조 혜능이 37년간 주석하던 사찰에서 비롯된 사명寺名으로, 실제로 원표가 창건한 지제사와는 전남 장흥군이라는 행정구역을 공유한 것 외에 어떤 연관성도 찾기 어렵다.

또한 원표의 일생은 천축·스리랑카·우전·중국의 천관보살주처지인 지제산에서 펼쳐졌다. 따라서 그의 수행은 신라에서도 장흥의 북쪽 가지산이 아니라, 남쪽 천관산(支提山)에서 전개되었을 것이다.

8세기 중반의 신라 왕실 주변의 불교계는 유가승들이 주로 활약하고 있었다. 경덕왕[139]은 보다 안정적이고 강한 신라를 만들고자 중국의 여러 선진 정책을 적극 도입하는 한화정책을 펼쳤다. 그리고 불국사·석굴사 창건을 비롯하여 다방면으로 불교계의 큰 발전을 이끌기도 했다. 그 시기에 원표도 경덕왕의 귀국 요청을 받은 것으로 보인다. 원표가 아무리 뛰어난 화엄승이라고는 해도, 국왕 쪽의 요청이 없이 왕을 만난다는 것은 불가능한 일이었을 것이다.

원표는 독실한 불교신자였던 경덕왕에게 자신의 성지 순례체험·국제정세·화엄승으로서의 가르침 등을 전해 주는 등 정사에 공을 세우고[140] 전남 장흥[141] 천관산에 화엄사찰인 천관사를 창건했다. 왕은 759년에 교지와 차, 약을 내리고 왕명으로 보림사에 장생표주를 세워 구역을 확장해 주었다.[142]

원표는 거의 80세가량이 되어 귀국했으므로 후학을 양성하거나 제자를 가르치는 일은 어려웠을 것으로 보인다. 그래서인지 원표의 이후 행적이나 입적시기, 다비 장소, 사리탑 조성 등, 어느 것에 대해서도 알려지지 않았다. 아마 그는 복건성 지제사에서 처럼, 장흥 천관산에서도 80권 본『화엄경』을 조석으로 봉독하며, 화엄승으로서의 일생을 마쳤으리라 짐작된다.

---

139 경덕왕으로서는 천축과 서역을 순례하고, 동아시아에서 매우 이른 시기에 80화엄을 도입했으며, 50여 년을 복건성 화엄학의 구심점으로 활동하고 있던 원표에 대해 큰 관심을 가졌을 것이다.
140 원표는 경덕왕의 개혁 정치에 도움을 주었고 경덕왕은 특별히 왕명을 내려 면세와 면역의 혜택을 주었다고 하였다. 최인선, 같은 책, 12.
141 당시 장흥의 지명은 무주(武州, 현재의 광주) 馬邑縣으로, 백제 때의 古馬彌知縣이다. 그것이 757년, 경덕왕이 한화정책의 일환으로 추진한 전국 지명 개편 시에 바뀌었다.
142 「보조선사영탑비」·「보림사사적기」.

(2) 무루와 오대산 문수신앙

천축구법승 가운데서 화엄과 관련되는 또 다른 인물로는 무루無漏를 들 수 있다. 물론 무루는 밀교승으로, 그의 불교사상이 『화엄경』의 오대산 문수신앙과 직접적으로 관련되지는 않는다. 그런데 무루는 11세기에 서 하왕국西夏王國(1032-1227)[143]에 의해 오대산문수신앙과 관련하여 다시 한 번 역사에 등장하게 된다.

『화엄경』의 사상은 밀교와 쉽게 결합하였는데, 요遼 · 금金 시대에 이미 『화엄경』사상과 밀교는 어느 한쪽으로 편중되지 않고 동일하게 결합을 이루었다.[144] 60화엄의 주존은 노사나불盧舍那佛이고 80화엄에서는 비로자 나불毘盧舍那佛을 주존으로 모신다. 비로자나불은 무한한 수행을 거쳐 깨 달음을 얻고 연화장세계의 주인이 되어 오른손은 시무외인施無畏印, 왼손 은 여원인與願印의 수인으로 천엽千葉의 연꽃에 지극히 인간적인 모습으로

---

143 9세기 후반, 拓跋思恭은 '황소의 난 진압과정에서 장안 수복에 결정적인 기여를 하여 당 황실로 부터 李씨 성을 하사 받고 夏國公에 봉해졌다. 이어 1005년에는 德明이 송의 공격을 막아낸 후 송과 화의하고, 송 황실로부터 趙씨 성과 은주, 유주 절도사의 직책을 받았다. 즉 1038년까지는 형식적으로 나마 송의 신하국의 형태를 유지하고 있었다. 그런데 덕명의 아들 元昊는 1038년에 조씨 성을 버리고 夏를 계승한다고 천명하며 大夏의 황제로 등극, 연호를 天授禮法延祚라 하였다. 그는 서하 문자를 제정하고 관제를 확립하는 등 국가로서의 면모 를 갖추고 송에 동등한 관계를 요구하였으나 거절당하였다. 이로 인해 1041년부터 약 2년간 양국 간의 전쟁이 이어졌는데 송이 패하였다. 송이 遼와 동맹하자 서하가 강화를 요청하였 고, 1044년에 송은 조공을 대가로 서하왕을 夏國王에 봉하였다. 이후 서하는 송, 요와 불편 한 관계를 유지하다가 1227년 칭기즈 칸의 몽골군에 의하여 멸망하였다. 당시 서하의 저항 이 너무 강해 칭기즈 칸은 서하인을 거의 멸족시켰으므로 현재 서하인의 후손을 찾기 어려 울 정도라고 한다.
144 카마다 시게오는 그 예를 遼 代에 건설된 山西省 大同市 上 · 下 華嚴寺를 들고 있다. 건 축물이나 불상, 기타 장엄구의 양식이 화엄과 밀교, 북방 샤머니즘의 융합으로 이루어졌기 때문이다. 중국의 경우와 달리 일본은 空海에 의해 밀교가 화엄의 상위에 위치하게 되었다. 카마다 시게오/한형조 옮김(1987), 『화엄의 사상』(서울: 고려원), 16-17.

앉아있다.

그런데 밀교경전에서는 그 비로자나불을 대일여래大日如來로 표현 한다. 밀교의 대일여래는 비로자나불에 비해 진리 그 자체의 인격화로서 우주의 생명을 현시한다. 그러나 양자의 본질은 같다.

중국에는 문수보살 도량인 오대산五台山[145], 관음보살의 보타산普陀山, 보현보살의 아미산峨眉山, 지장보살의 구화산九華山이라는 4대 불교 명산('金五台 銀普陀 銅峨眉 鐵九華')이 있다. 오대산이 문수보살의 주처지가 되는 근거는 『화엄경』에 있다.[146] 또 『화엄경』·「입법계품」에서는 미륵보살이 선재善財에게 제 보살의 상수인 문수보살에 대해 설하고 있다.[147]

한편 『대승심지관경』(大乘心地觀經)[148]이나 『방발경』(放鉢經)[149] 등의 묘

---

145 五台山은 인도의 東北方에 있는 문수보살 도량으로, 산 정상의 모습이나 청량한 기후로 인해 五台山, 淸涼山 같은 이름으로 불렸다. 한편 문수사리 보살은 三世果上의 如來이자 無上智慧의 대표로, 경전에서 말하는 淸涼山, 五頂山 등의 山名은 僧俗에게는 물론, 역대의 한족, 티베트, 만주, 몽골의 제왕들에 의해서도 성지로 간주되었다.

146 『大方廣佛華嚴經』, 「諸菩薩住處品」, "東北方有處, 名淸涼山. 從昔以來, 諸菩薩衆, 於中止住. 現有菩薩, 名文殊師利, 與其眷屬, 諸菩薩衆, 一萬人俱, 常在其中, 而演說法." ; 『佛說文殊師利寶藏陀羅尼經』, "爾時, 世尊複告金剛密跡主言, 我滅度後, 於南贍部洲(大地)東北方, 有國名大震那. 其國中有山, 名曰五頂, 文殊師利童子遊行居住, 爲諸衆生於中說法." ; 또한 다음과 같은 경전에서도 오대산이 문수보살의 거주처임과 그곳과의 관련성을 말해 주고 있다. 『首楞嚴三昧經』, "文殊菩薩, 過去成佛, 名龍種上尊王佛." ; 『央崛摩羅經』, "文殊菩薩, 在北方作佛, 號歡喜藏摩尼寶積佛." ; 『寶積經』, "文殊菩薩當來成佛, 名普見如來." ; 『華嚴經』, "文殊菩薩, 是十方諸佛母, 一切菩薩師." ; 『聖無動尊大威怒王秘密陀羅尼經』, "妙吉祥菩薩, 是三世覺母, 故名文殊師利."

147 "文殊大願, 非餘無量百千億那由他菩薩之所能有. 其行廣大, 其願無邊, 出生一切菩薩功德, 無有休息. 常爲無量諸佛之母, 常爲無量菩薩之師, 教化成就一切衆生, 名稱普聞十方世界. 在大乘佛教里, 文殊是諸菩薩上首, 常與普賢侍佛左右, 所有的佛弟子, 都把文殊當成智慧的化身, 如說般若爲諸佛之母, 文殊爲七佛之師. 常見的文殊像, 頂有五髻, 表示五智無上無得之相. 五智：法界體性智, 大圓鏡智, 平等性智, 妙觀察智, 成所作智. 左手執蓮花. 花中安放."

148 『대정장』권3, No.159, 『大乘心地觀經』, "文殊師利大聖尊, 十方諸佛以爲母 ; 一切如來初發心, 皆因文殊教化力."

사에 의하면, 문수보살은 몸이 자금색이고 동자의 모습이며, 정수리에 다섯 개의 상투를 틀고 있다. 왼손에는 청련화青蓮華를, 오른손에는 보검寶劍을 잡고서 항상 사자를 타고 다닌다. 아이의 모습이지만 그는 이미 청년이고 또 위맹威猛하며 '제불諸佛의 모母'이고 '일체보살의 사師'라고 한다.[150]

밀교승 무루가 서하왕실에 의해 역사에 재 등장한 것은 송과의 정치적 상황 때문이었다. 서하왕조의 성은 이李씨로 중국 북서부의 감숙성, 섬서성에 위치했던 티베트계 탕구트(Tangut)족이 세운 국가인데, 전성기에는 그 영토가 고비사막·난주蘭州·황하·옥문玉門에 까지 이르렀다.

서하는 비단길이라는 동서 교역로의 한 중심지인 영주靈州를 수도로 정한 후 송과 활발히 교역하며 농경과 유목, 한족 문화와 탕구트 고유의 유목 문화를 결합시켰다.

서하는 (티베트)불교[151]를 국교로 하였는데, 당시 동아시아 불교계에서 전반적으로 유행하던 『화엄경』에 바탕을 둔 오대산문수보살에 대한 신앙이 황제부터 일반인에 이르기까지 매우 강하였다.[152] 문수신앙은 밀교

---

149 『放鉢經』, "我今得佛, 是文殊師利之恩也. 過去無央數佛, 皆是文殊師利弟子, 當來者亦是, 其威神力所致. 譬如世間小兒有父母, 文殊者佛道中父母.",『菩薩處胎經』·「文殊身變化品」에서 "本爲能仁師, 今乃爲弟子, 佛道廣大, 淸淨無增減, 我欲現佛身, 二尊不並立……."

150 천태 지의에 따르면 석가의 49년 설법은 『華嚴經』에서 시작하여 『涅槃經』으로 끝맺는데, 그렇게 보면 모든 大乘法會에는 문수보살이 다 참가하는 것이 된다. 이렇게 문수보살은 석가모니불을 보조하면서 대승불교사상을 널리 펼치는데 큰 공헌을 하였다. 『寶篋經』;「文殊般涅槃經」, "佛滅後四百五十年, 文殊到雪山, 爲五百仙人宣揚法化. 最後諸有緣者悉皆得度, 與五百仙人同到自己的家鄉舍衛國多羅聚落於尼枸樹下, 結跏趺坐, 入首楞嚴三昧, 從周身毛孔, 出大火光, 鑠金色身, 成琉璃像. 琉璃像內有眞金像, 正長六尺, 坐蓮華台, 了了分明, 五百仙人, 皆入涅槃. 時有八大王, 將琉璃像, 置金剛山頂, 起塔供養."

151 불교가 티베트에 전파된 것은 唐 代로, 당시 인도불교는 大乘密敎가 한창이었다. 그로 인해 티베트불교는 念咒·火供·護摩 등의 밀교요소가 많이 반영되었다.

152 文殊師利(manjusri)는 '文殊'라고도 한다. 新譯에서는 曼殊室利라 하였으며 의역으로는 '妙

와 함께 호국과 호왕護王의 공능을 다 갖추고 있었기에 통치자들에게 더욱 매력적이었기 때문이다.

그런데 서하왕실은 송과의 정치적인 충돌로 더 이상 문수보살의 성지인 산서성 오대산에 갈 수가 없게 되었다. 그 과정에서 그들은 새로운 해결책으로 무루가 수행하던 닝샤(寧夏) 회족자치구回族自治區 은천銀川 서쪽의 하란산賀蘭山을 오대산[153]으로 상정하게 되었던 것이다. 그러면서 무루의 수행처이던 백초곡白草穀과 그의 유체를 모신 굉불탑宏佛塔은 자연히 서하불교[154]의 중심지가 되었던 것이다.

오대산이 처음 불교문헌에 기록된 시기는 68년(東漢 永平11)으로, 천축승 가섭마등迦葉摩騰과 축법난竺法蘭이 한漢 명제明帝의 청으로 낙양에서 오대산(당시의 淸涼山)으로 왔다는 것이다. 이 산에는 일찍부터 아육왕이 세운 사리탑이 있었고, 또 문수보살의 설교지이자 머물던 곳이라 두 사람은 이곳에 사찰을 세울 생각을 했다고 한다.

德'인데 '萬德圓明, 皆徹性原'을 줄인 것이다. 또 '妙吉祥'이라고도 하는데 그가 출생할 때 그 가정에 10 가지의 큰 吉祥瑞兆(天降甘露, 地湧七珍, 倉變金粟, 庭生蓮花, 光明滿室, 雞生鳳子, 馬産祥麟, 牛生白犢, 豬誕龍豚, 六牙象現)가 있었기 때문이라고 한다.

153 오대산은 원래 도교의 주요 성지였다. 『道經』에서는 그 산을 紫府山이라고 하는데 그곳에 紫府廟가 있었기 때문이다. 한편 『淸涼山志』에서도 문수보살이 처음 震旦에 왔을 때 石盤洞에 머물렀다고 하였는데, 그 석반동이 道家의 玄眞觀 內에 있다고 한 것으로 보아서도 오대산이 도교의 성지였음을 알 수 있다. 오대산은 문수보살의 주처지답게 사찰마다 문수보살의 塑像이 있고 또 많은 사찰에 文殊殿이 있다. 『文殊師利涅槃經』에 의하면 문수보살은 석가모니의 대제자로, 舍衛國의 한 바라문가문 출신이다. 그는 보살들의 우두머리로, 원만한 공덕으로 보살의 몸을 받았으며 4대 보살 중 大智로도 일컬어진다. 항상 우협시의 普賢菩薩과 함께 왼쪽에서 석가모니불을 모시는데 그 구도를 '華嚴三聖'이라고 한다.

154 서하는 1036년에 한자를 이용하여 표의문자인 서하문자를 창제, 공포 하였다. 그들은 불교를 국교로 삼을 정도로 불심이 깊었으므로 서하문으로 된 많은 경전을 만들었다. 그런 이유로 남아 있는 서하의 서적 중에는 유독 佛經이 많으며 그것들은 오늘날 완전히 해독되고 있다.

문수보살의 본체는 정수리위에 5계髻가 있는 동자의 모습이기 때문에 오계보살이라고도 한다. 오계는 '오지오불五智五佛'을 표시하며 동자는 '천진天眞'이라는 의미를 갖는다. 그래서 '문수'를 달리 문수사리동자, 혹은 '유동문수孺童文殊'라고도 부르는 것이다. 문수는 푸른 사자(靑獅)를 타고 다니는데 청사가 '지혜의 위맹'을 의미하기 때문이다. 손에는 지혜의 예리함을 나타내는 보검을 들고 있다. 그래서 문수보살을 대지문수大智文殊라고도 한다.[155]

중국의 오대산신앙은 '동북방의 청량산에 문수보살이 1만의 권속을 거느리고 항상 설법한다.'는 60권 본 『화엄경』·「보살주처품」과, 『불설문수사리법보장다라니경』(佛說文殊師利法寶藏陀羅尼經)에서 석가모니가 금강밀적주보살金剛密跡主菩薩에게 "내가 멸도한 후 섬부주瞻部州의 동북방에 나라가 있어 대진국大振國이라 이름 한다. 그 국토 중에 오정五頂이라고 하는 산이 있고, 문수사리동자가 유행 거주하면서 모든 중생을 위하여 설법할 것이다."라 한 데[156]에서 비롯되었다.

두 경전이 동진 이후에 한역되며 중국인들은 산서성 오대산을 경전 중의 청량산이나 오정산으로 비정하였고, 많은 순례자들이 오대산에서 문

---

155 唐 法藏의 『華嚴經探玄記』(권15)에서 "淸涼山則是代州五台山也. 於中現有古淸涼寺, 以冬夏積雪, 故以爲名. 此山及文殊靈應等, 有傳記三卷."이라 하였다. 화엄종 4祖인 澄觀의 『華嚴經疏』에서도 "淸涼山, 卽代州雁門郡五台山也, 於中現有淸涼寺, 以歲積堅冰, 夏仍飛雪, 曾無炎暑, 故曰淸涼. 五峰聳出, 頂無林木, 有如壘土之台, 故曰五台. 表我大聖五智已圓, 五眼已淨, 總五部之眞秘, 洞五陰之眞源, 故首戴五佛之冠, 頂分五方之髻, 運五乘之要, 淸五濁之災矣."라 하였다.
156 『文殊師利法寶藏陀羅尼經』, "我滅度後, 於此瞻部洲東北方, 有國名'大振那'. 其國中有山, 號曰'五頂'. 文殊師利童子, 遊行居此, 爲諸衆生, 於中說法." 이때의 五頂山이 바로 오대산이다.

수의 화현을 접하고 신이를 목격한 영험담이 늘어났다. 자연히 이 산은 문수 진신眞身의 상주처로 여겨져 화엄종 등의 여러 종파가 사찰을 세우며 오대산신앙이 본격화 되었다.

오대산신앙은 당대에 본격적으로 번창하였는데 먼저 밀교승 불공은 '안사의 난 이후 오대산을 전국 불교의 중심지이자 호국도량으로 만들었다. 이때는 무루 역시 불공과 함께 숙종의 호국기도회를 이끌던 시기였다. 또 청량 징관은 오대산신앙에 금강계 만다라의 오방불五方佛 개념을 도입하여 문수보살의 특성인 지혜를 결부시켜 새로운 해석을 시도하였다.

오대산신앙은 서하 건국 전부터 이미 동아시아 불교신도들 사이에 크게 유행하였다. 서하왕 덕명德明, 원호元昊도 일찍이 사신을 파견하여 오대산에 참배하였는데 원호가 대하국大夏國을 건국하며 정치적으로 대립하게 되었고, 이로 인해 서하[157]의 오대산 참배는 불가능한 일이 되어 버렸다.

불교는 서하의 건국 전부터 이미 당항족黨項族 사이에서 크게 신앙되었는데,『송사』에 의하면 덕명은 어려서 부터 불서佛書에 통효하여 그의 재위기간에 불교를 크게 창도하였다. 그는 1007년(景德4)에 하주절도사夏州節度使였는데 모친 망씨罔氏가 죽자 송 조정에 오대산의 10 사찰을 보수하게 해 줄 것을 요청[158]하였으며, 공물을 보내었다.[159] 이 오대산 참배를

---

157 西夏는 1038년에 元昊가 건국하고 稱帝한 후 1227년에 몽고에 망하기까지 10帝, 190년간 宋·遼·金 등과 공존하였다. 국가라고는 할 수 없지만 그 땅의 왕이 된("雖未稱國, 而王其土") 拓拔思恭이 夏州에 건국한 정권까지 친다면 거의 347년의 역사를 갖는다.『宋史』卷 486,『夏國傳』下, 14030 (北京: 中華書局, 1977), 49-52.

158 (淸)吳廣成,『西夏書事』卷9, "請修供五台山十寺爲亡母祈福."

159『宋史』卷485,『夏國傳』上, 13990, "及葬, 請修供五台山十寺, 乃遣閤門只侯袁珣爲致祭使, 護送所供物至山."

통해 이미 불교가 당항인들의 중요 신앙이었으며, 오대산이 서하불교도들에게도 중요한 성산이었음을 보여 준다.

덕명의 사후에 그 아들 원호도 적극적으로 불교를 창도하였다. 기록에 의하면 원호는 '부도학浮圖學에 통효하였고 또 번한蕃漢 문자에 정통하였으며, 게다가 새로운 것을 잘 만들었다(創制物始).'고 한다.[160] 그런 기록에 걸맞게 원호는 자신의 재위 기간 중에 서하문자를 창제하였고, 또 한편으로는 그 부친 덕명의 뜻을 받들어 1034년(宋 景佑元年) 12월, 송에 말 50필을 바치고 경전 1장藏을 줄 것을 청하여 정식으로 역경을 할 준비를 하였다.

1038년(寶元元年)에 원호는 다시 송에 사신을 보내어 부친 이덕명처럼 오대산 10사寺에 참배를 하게 해 줄 것을 요청[161]하였으나 거절당하였다. 그럼에도 그는 불보佛寶를 바쳤다.

이제 더 이상 오대산 문수보살 주처지를 참배할 수 없게 된 서하통치자들은 요遼와 신라, 일본을 모방하여 오대산을 본토에 이입하고자 하였다. 그런데 서하 영토에서 문수보살의 거주처로 가장 적합한 곳은 바로 서하인들이 조상대대로 영산으로 여겨왔던 무루의 수행처 하란산賀蘭山이었다. 그래서 서하인들은 원호의 통치시기에 산서성 오대산 사묘寺廟의 양식에 의거하여 하란산에 새로 북오대산사北五台山寺를 창건하였다.

---

160 『宋史』卷485, 『夏國傳』上, 13993.
161 『宋史』卷485, 『夏國傳』上, 13995, "表遣使詣五台山供佛寶, 欲窺河東道路."

[그림 IV-2] 하란산 유적지

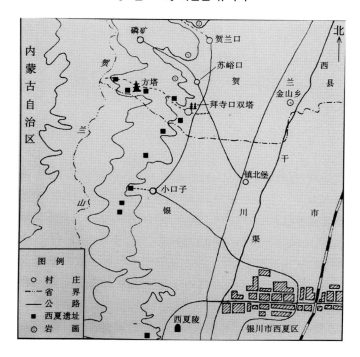

북오대산사의 구체적인 위치에 대한 사료는 없지만, 1990년대에 행해진 고고학적 발굴에 의하면 그곳은 바로 무루가 총령에서 돌아와 보승불을 염하며 수행했던 하란산 백초곡白草穀(현 拜寺溝)의 방탑方塔지역이나, 그 부근의 배사구拜寺口 쌍탑雙塔 일대로 보았다.

약 30여 리에 이르는 골짜기인 배사구에는 쌍탑, 방탑의 두 서하사묘 유지가 있고, 전대자殿台子, 협도峽道, 토관관土關關 세 곳에는 서하에서 세운 전우殿宇의 유적지[162]가 있다. 그리고 그간 출토 유물의 한계로 대부분의 전문가들은 배사구 쌍탑 사묘유지를 서하의 오대산사 고지[163]로 보았다.

그런데 그 후 방탑 문물의 출토와 배사구 내 서하 유지를 조사하면서 방탑유적을 서하의 오대산사 유지로 인정하게 되었다.[164] 배사구 일대의 거대한 건축군은 서하 오대산사 고지와 그 명칭에 부합한다. 더구나 방탑지역은 방탑을 중심으로, 배사구의 남쪽과 북쪽, 산정과 산기슭의 넓은 지역에 유지가 분포되어 있다.

그곳은 깊은 계곡이 있어 승려가 수행(禪僧修契)하기에 적합하였으므로 서하 오대산사의 한 부분이 되었다. 북오대산사는 서하의 왕실 사원으로, 국사國師 양지당楊智幢 등, 역대로 많은 고승을 배출하였다.[165]

한편 서하인들은 한자의 모양을 본떠 표의문자인 서하문자를 만들어 오대산사에서 여러 종류의 불교 전적을 편집하고 번역하였다. 1991년, 방탑에서 출토된 대량의 번역서는 티베트 불교 밀전密典을 서하어로 번역한 경전으로, 서하문『길상변지구화본속』(吉祥遍至口和本續) 및 그 요문要文, 광의문廣義文, 해생희해보解生喜解補(8冊), 한문『약소』(略疏, 下), 『초륜공덕십이게』(初輪功德十二偈), 『길상상락륜략문등허공본속』(吉祥上樂輪略文等虛空本續) 등이 있다.[166] 방탑은 이와 같이 많은 티베트불교의 서하역본을

---

162 寧夏文物考古研究所(1994年 9期),「賀蘭縣拜寺溝西夏遺址調查簡報」,『文物』.
163 史金波(1993),『西夏佛教史略』(臺北: 臺灣商務印書館).
164 파괴된 방탑의 조사 결과는 몇 가지 보고서나 논문, 책으로 나왔는데 그 모든 과정에 관한 상황을 정리한 것이 寧夏文物考古研究所(2005),『拜寺口西夏方塔』(北京: 文物出版社)이다. '[그림 IV-2] 하란산 유적지'는 같은 책 4쪽에 있는 것이다.
165 하란산은 '6월에도 눈발이 날린다(六月飛雪)'고 할 만큼 기온의 변화가 심한 산악지대이다. 東經 105° 40′-105° 52′, 北緯 38° 19′-39° 08′ 사이로 산의 정상은 해발 3556m이며 무루가 수행하던 방탑 지역은 2000m가 넘는다. 현재 그곳까지 가는 길도 없어 접근이 쉽지 않다. 그러나 방탑 주변의 대규모 폐사지에서 발굴된 유물로 보아 그곳은 북오대산사의 유지로 하란산불교유적의 핵심지대였음을 알 수 있다. 寧夏文物考古研究所(2005),『拜寺口西夏方塔』(北京: 文物出版社), 5-10. ; 316-317. ; 333-334.
166 寧夏文物考古研究所(1994年 9期),「寧夏賀蘭縣拜寺溝方塔廢墟清理紀要」,『文物』 ; 寧

보존하고 있었다.

산서성 오대산[167]은 그 기후로 인하여 청량산이라고도 불렸으며, 다섯 봉우리가 홀립하여 오대산이라고도 한다.[168] 오대산의 명성이 점차 알려지자 오대산 숭배와 문수신앙이 결합하여 여러 국가와 민족의 공동신앙이 되었다. 서하 역시 그 영향권에 있었다.

닝샤(寧夏) 오대산의 모습은 청淸의 장감張鑒이 찬한 『서하기사본말』(西夏紀事本末, 卷首附)의 「서하지형도」(西夏地形圖)라는 한 폭의 지도를 통해 알 수 있다. 이 지도에는 하란산 부분에 '북오대산사北五台山寺'라는 글씨가 있다.[169] 또한 러시아 과학원 동방연구소에 소장되어 있는 「서하지형도」에도 '오대산사'라는 글씨[170]가 있는 것으로 보아 두 지도는 기본적으로 동일한 저본에서 나온 것으로 보인다.

닝샤 오대산에 관한 정보는 이 두 장의 지도 외에 몇몇 불교 전적과 고고학 자료에 의해 알 수 있는데 그 중 하나는 티베트불교 사캬파(薩迦

夏文物考古研究所(2005), 『拜寺口西夏方塔』(北京 文物出版社).

167 山西省 五台縣 동북부에 있는 오대산은 동서남북중앙의 다섯 봉우리가 에워싸고 있는데, 우뚝한 五峰은 구름위로 솟아 있으며 그 끝이 평평한 土台이어서 오대산이라 한다. 이 산과 문수보살의 결합은 『大方廣佛華嚴經』 및 『佛說文殊師利法寶藏陀羅尼經』의 유행에서 비롯되었다. 『大方廣佛華嚴經』・「菩薩住處品」에 이어 『佛說文殊師利法寶藏陀羅尼經』에서는 문수사리가 거주하는 곳이 '五頂'이라 하면서 '淸涼山'은 곧 五台山이 되었다. 菩提流志譯, 『佛說文殊師利法寶藏陀羅尼經』, 『大正藏』卷20, 『密教部三』, No.1185A, 791下, "於此瞻部洲東北方, 有國名大振那, 其國中有山號曰五頂, 文殊師利童子遊行居住, 爲諸衆生於中說法."

168 釋澄觀, 『大方廣佛華嚴經疏』卷47, 『大正藏』卷35, 『經疏部三』, No.1735, 859中, "以歲積堅冰, 夏仍飛雪, 曾無炎暑", "五峰聳出, 頂無林木, 有如壘土之台, 故曰五台" ; 崔正森(2000年), 『五台山佛教史』上(太原: 山西人民出版社).

169 (淸張鑒 撰, 龔世俊, 陳廣恩, 朱巧雲 校點(1998), 『西夏紀事本末』卷首上(蘭州: 甘肅文化出版社), 12-13.

170 E. H. 克恰諾夫著, 李步月 譯(1980 第1期), 『蘇聯國家列寧圖書館藏漢文西夏唐古特國地圖冊手稿』, 『西北歷史資料』, 39.

派)의 중요 밀전密典인 『대승요도밀집』[171](大乘要道密集, 『薩迦道果新編』)이다. 그 책에는 서하 대에 번역된 불교전적을 다룬 부분도 있는데 제6편의 「해석도과어록금강구기」(解釋道果語錄金剛句記)에 있는 제관題款[172]이 그것이다.

둘째, 1200년에 서하 승려 지광智廣과 혜진慧眞 등이 집록한 『밀주원인왕생집』(密咒圓因往生集, 1권)의 서문에 '北五台山大清涼寺出家提點沙門慧眞編集'이라는 낙관이 찍혀있다.[173] 서하인의 저술은 매우 드문데 이 책은 후에 한문대장경에 입전되기까지 하였다.

셋째, 돈황 막고굴 제444굴의 굴문 북주北柱에 한문 묵서로 된 제기題記[174]도 있다. 하란산과 더불어 서하불교의 또 하나의 중심지인 돈황에서도 문수보살 신앙이 유행하였다. 서하 황제들은 서하국사 지해智海 같은 고승을 계속해서 돈황에 보내어 불교발전에 일익 하였다.

『대승요도밀집』중의 '北山'과 『밀주원인왕생집』, 막고굴 제기 중의 '北五台山'은 바로 서하의 북오대산사를 가리킨다. 또 대청량사는 북오대산사의 다른 이름이거나 근처의 여러 사원 중의 하나로 보인다.

한편 흑수성黑水城에서 출토된 서하의 『성립의해』(聖立義海)[175] 제2장 제

---

171 發思巴上師(2003), 『大乘要道密集』(台灣: 自由出版社). 『大乘要道密集』은 元의 帝師 파스파(八思巴)가 傳授하고 集譯한 것으로, 그간 비장되어 있다가 民國 대에 발견되어 세간에 알려졌다. 이 책에는 「道果延暉集」・「密里斡巴道果卷」・「道果語錄金剛句記」・「道果逐難記」・「道果引上中下三機儀」 등 80편이 수록되어 있다.

172 陳慶英(2000 第2期), 「西夏及元代藏傳佛敎經典的漢譯本」, 『西藏大學學報』, 7, "北山大清涼寺沙門慧忠譯, 中國大乘玄密帝師傳, 西番中國法師禪巴集."

173 『大正藏』46, 『諸宗部三』, No.1956, 1007, "甘泉師子峰誘生寺出家承旨沙門智廣編集, 北五台山大清涼寺出家提點沙門慧眞編集, 蘭山崇法禪師沙門金剛幢譯定."

174 敦煌文物研究院 編(1986), 『敦煌莫高窟供養人題記』(北京: 文物出版社), 168, "北五台山大清涼寺僧門口光寺主."

4품의 「산지명의」(山之名義) 조[176]의 '五台淨宮'도 바로 서하의 오대산 사[177]를 가리킨다.

이상과 같이 하란산(즉 북오대산)의 북오대산사는 산서성의 오대산을 대신해 서하 불교의 성지로 서하인들에게 신앙의 중심이 되었다. 무루가 수행하던 닝샤의 하란산은 서하인에게 신산神山 혹은 성산으로 여겨져 역대 군왕들은 이곳에 이궁離宮이나 별궁, 불탑과 사원, 능원침전陵園寢殿을 건설하였다. 하란산에는 골짜기마다 서하유적이 있는데 그 중에서도 무루가 머물던 백초곡(현 拜寺溝)[178]의 방탑지역의 유적이 가장 풍부하다. 서하 관련 사료에 의하면 하란산에는 불조원佛祖院·오대산사[179]·북오대산청량사·오대정궁五台淨宮[180] 등의 사원이 있었다.

한편 당·송 대의 산서 오대산 고승들과 마찬가지로 이곳의 승려들도 『화엄경』 수행을 열심히 하였다. 한편 '북오대산'은 중요한 불교 경전 번역의 중심이기도 하였다.[181]

---

175 러시아과학원동방연구소에 보관, 編號: HHB. No.143, 144, 145, 684, 2614.

176 克恰諾夫·李範文·羅矛昆(1995), 『聖立義海研究』(銀川: 寧夏人民出版社), 158-159. "五台淨宮, 菩薩聖衆現生顯靈·神禪修契·民庶歸依處, 是善宮, 野獸見人不懼."

177 이 오대산사에서는 『解釋道果語錄金剛句記』를 서하문자로 번역한 慧忠, 『密咒圓因往生集』을 集錄한 慧眞 등의 인재도 배출되었다. 聶鴻音(2002), 「俄藏5130號西夏文佛經題記研究」, 51 ; 그 밖에 黑水城 출토의 西夏文佛經寫卷Hns. No.5130의 題跋(제사와 발문)에 다음과 같이 적혀 있다. "西天大巧健紇彌怛毗陀迦羅波羅訖所傳譯, 比丘吉卓執梵本勘定羌譯, 複大紇彌怛吉祥果名無死與勒兀路贊訛謀多智衆師執梵本再勘正譯.　五明現生寺院講經律論辨番羌語比丘李慧明, 五台山寺知解三藏國師沙門楊智幢新譯番文, 出家功德司正禪師沙門寵智滿證義."

178 明의 安塞王 朱秩炅도 拜寺溝를 영탄한 시((明)胡汝礪編, 『喜靖寧夏新志』卷1, "文殊有殿存遺址, 拜寺無僧話舊遊.")에서 배사구에 문수보살과 관련 있는 사묘가 있었음을 전해준다. 西夏의 賀蘭山은 서하의 중요한 불교 중심지이자, 배사구에는 문수보살의 도량인 오대산사가 있었던 것이다.

179 (淸張鑒, 『西夏紀事本末』地圖.

180 克恰諾夫·李範文·羅矛昆(1995), 『聖立義海研究』(銀川: 寧夏人民出版社).

그 정도로 대 규모의 경판을 인쇄하기 위해서는 인근에 수많은 사찰이 있어서 인쇄수공업 · 제지업 · 제묵업制墨業 · 장표업裝裱業 등, 제반 생산과 제작 능력을 담당할 수 있었어야 한다.[182] 그런데 이혜월李慧月은 단지 12부 대장경의 조인 뿐 아니라 54부『화엄경』의 각인과 그것의 금은자金銀字도 전 본 1부씩 썼다. 이는『화엄경』에 대한 이혜월의 개인적인 호감 때문일 수도 있지만, 한편 북오대산 지역의『화엄경』수요의 방대함과 공급의 가능성을 설명하는 것이기도 하다. 서하문으로 된 경전 중 이것 외에 금니로 사경한 것은 거의 없을 정도로 서하 북오대산 승려들은『화엄경』을 애호했다. 그 영향으로『화엄경』은 서하 전역으로 보급되었고, 이는 서하내의 문수보살신앙 발전과 유행에도 일익 하는 것이었다.

밀교 관음신앙[183]은 현교와 비교하여 훨씬 강한 실천성을 갖추고 있다. 밀교에서는 관음 외에도 문수보살[184]과 보현보살에 대한 신앙도 매우 중요하다. 오대산을 문수도량으로 삼은 것은 보리유지 번역의『문수사리법

---

181 그 증거로 陜西省博物館의 西夏文『佛說摩尼羅檀經』후면의 西夏文 題記를 들 수 있는데 제기에 의하면 "賀蘭山佛祖院禪園和尙李慧月"이 막강한 경제력을 바탕으로 대규모 경전 인쇄 작업을 총관하였음을 알 수 있다. 그는 12部와 大藏經과 54部『華嚴經』을 인쇄하였다. 또 金銀字로 80, 60, 40권 본『華嚴經』도 썼는데 이런 작업은 모두 대규모의 번역 작업이었다. 이 제기를 통해 하란산 佛祖院禪園이 대장경 경판 全套(『開元釋敎錄』이후 적어도 5048卷)를 구할 수 있을 정도의 사세를 갖추고 있었음을 알 수 있다. 題記 내용은 다음과 같다. "番國(즉 西夏國)攝賀蘭山佛祖院禪園和尙李 · 慧月 · 平尙重照禪師之弟子, 爲報佛恩, 印制十二部大藏經契及五十四部華嚴經, 以金려字寫華嚴經一部全, 覺蓮花般若菩薩律經契信行論等."

182 束錫紅(2007),『西夏文獻學硏究』, 南京師範大學博士學位論文, 105-106.

183 밀교의 관음신앙은 당 · 송 시기에 대규모로 유입되었다. 그 이후로 인도불교의 중국 전래는 더 이상 없다고 볼 수 있을 정도이다. 밀교 관음은 護國의 색채를 강하게 띠고 있어 왕실과의 연관성이 매우 강하다. 또 각종 관음 神咒가 부여하는 영험함, 사용상의 간단하고 편리함 등의 특징으로 당 · 송 상층부에 광범위하게 유행하는 계기가 되었다.

184 오대산 문수신앙과 밀교와의 관계에 대해 呂建福(1989),「五台山文殊信仰與密宗」참고.

보장다라니경』에서 비롯되었다.

문수보살은 대승불교에서 그 지위가 매우 높아 제 보살의 수장으로 간주된다. 오대산은 문수보살의 주요 성지이자 수행과 설법도량으로, 서하대의 통치자나 고승들은 『화엄경』을 중시하여 홍전弘傳하고자 하였다. 수많은 경전 중 『반야경』과 『화엄경』은 '완정해탈完整解說'의 공능이 있다고 평가받을 정도로 『화엄경』은 서하에서 중시되었다.

60, 80, 40권 본의 세 가지 『화엄경』 중에서 특히 동진 불타발타라 번역의 『화엄경』(권29), 「보살주처품」[185]에서 문수보살과 오대산 신앙을 연관시킨 최초의 인물은 당의 도선道宣이다. 『속고승전』(권25), 「명은전」(明隱傳)에 전하는 도선의 말에 의하면 문수보살이 오대산에 현성한 것은 이르면 북제北齊 대이고, 늦어도 당 초에는 이미 오대산과 문수보살과의 관계에 대해 보편적인 내용으로 알려져 있었다고 한다.[186] 이를 바탕으로 당송 대에는 오대산 순례가 광범위하게 이루어졌다. 서하 역시 황실이나 귀족, 일반인 할 것 없이 『화엄경』 사경이나 오대산 순례를 중시하였다.

서하 건국 후 1038년(天授禮法延祚元年)에 원호元昊는 오대산 참배를 요청[187]하였으나 전쟁으로 더 이상 산서성 오대산 참배가 불가능해지자 서하는 경기京畿의 하란산을 산서성 오대산에 상정하여 '北五台山'이라 하였다. 서하 문헌에 기록된 북오대산 사묘의 하나인 대청량사大淸涼寺는 바

---

185 『화엄경』(권29), 「보살주처품」, "東北方有菩薩住處名淸涼山, 過去諸菩薩常於中住, 彼現有菩薩名文殊師利, 有一萬菩薩眷屬, 常爲說法."
186 그 뒤를 이어 화엄종 제4조 澄觀은 『大華嚴經疏』(권47)에서 "淸涼山卽代州雁門郡五台山也, 於中現有淸涼寺. 以歲積堅冰, 夏仍飛雪, 曾無炎暑, 故曰淸涼."이라 하였다.
187 (元)脫脫(1977), 『宋史』卷485(北京: 中華書局), 13990, "表遣使詣五台山供佛寶, 欲窺河東路."

로 무루의 수행처였던 하란산 동록東麓 배사구拜寺溝의 방탑方塔 주변의 사
원[188]이다.

3) 밀교사상

(1) 밀교고승 혜초

『왕오천축국전』을 남긴 혜초는 700~704년경에 태어나 719년(玄宗 開
元7)에 광주廣州에서 밀교대사 금강지金剛智[189]와 불공을 알게 된 것으로
보인다. 이어 혜초는 4년가량의 천축 및 서역 구법행을 마치고 728년에
장안으로 와서 다시 그들을 만나 50년 이상을 당의 밀교[190]계의 주요 밀
교승의 하나로 활동하였다.[191]

---

188 寧夏文物考古研究所(2005), 「西夏方塔塔心柱漢文題記考釋」(孫昌盛), 『拜寺溝西夏方塔
』(北京: 文物出版社), 337-344.
189 金剛智(Vajrabodhi)는 인도의 찰제리 출신으로 나란타사의 寂靜智에게 출가하여 소승과 대
승의 율을 공부한 후 『般若燈論』·『百論』·『十二門論』을 배우고 다시 유가 유식을 배웠
다. 그 후 남인도의 龍智를 찾아가 7년 동안 공부하면서 5부의 灌頂을 받아 밀교의 깊은 뜻
을 통달하였다. 720년(개원8년)에 중국으로 와 낙양의 大慈恩寺와 大薦福寺에 머물면서 밀
교를 널리 전하였다. 이때는 不空과 一行이 대표적인 제자였다.
190 후기대승 불교인 밀교는 '秘密佛敎'의 약자로, '秘密의 가르침'이란 뜻이다. 顯敎와 달리
불교의 '비밀하고 심오한 교리'라는 뜻이다. 다른 말로 金剛乘(vajrayāna), 眞言乘(mantrayāna),
秘密眞言金剛乘이라고도 한다. 한편 중국에서는 密宗이라고도 한다.
191 『大敎王經』의 서문에 의하면 혜초는 733년(개원21)부터 8년에 걸쳐 장안의 大薦福寺에서
금강지와 밀교를 연구하였으며, 741년 정월 6일에 금강지가 『大敎王經』 번역을 시작할 때
혜초는 筆受를 맡았다. 그런데 742년(天寶元年)에 금강지가 입적하며 번역은 중단되었고,
그의 유언에 따라 범어 원전을 인도로 돌려보냈다고 한다. 그 후 혜초는 다시 不空(705-774)
의 제자로 불공의 지도하에 본경의 후반부를 연구하였다.

밀교는 크게 잡밀雜密과 순밀純密로 나뉘는데, 주술적인 요소가 불교에 들어온 단계에서 형성된 초기 밀교 즉 잡밀은 특별히 체계화된 것이 아니고, 제사종교인 바라문교의 만트라에서 영향을 받아 각 불존佛尊의 진언眞言·다라니를 읊는 것으로 현세의 이익을 성취하게 되었다. 잡밀은 주로 주술적인 면이 강조되어 진언다라니나 밀법密法으로 병을 고치고 비를 기원하는 주문, 천신들의 위엄과 덕을 찬미하는 주문 등이 주를 이룬다. 따라서 애초에는 밀교경전이라는 것이 존재하지 않았으며, 대승경전의 주呪나 다라니에서 시작되었다.

중국에서는 남북조시대부터 몇몇 초기밀교경전이 번역, 소개되었다.[192] 그 후 동진 대(317-419)에는 격의불교格義佛敎가 성하였으나 동시에 강우降雨·지우止雨 같은 주술적인 밀전도 번역되었다. 백시리밀다라帛尸梨密多羅(?-343)와 담무란曇無蘭[193]에 의해 『대관정신주경』(大灌頂神呪經)·『시기병경』(時氣病經)·『청우주경』(請雨呪經) 등의 밀교경전이 전래, 번역되었으며 이 경전들은 제재除災나 치병治病 같은 현세이익을 추구하는 민중들의 기대에 부응하며 중국사회에 깊은 영향을 주었다.

밀교는 힌두교의 요소를 많이 받아들인 후기대승 불교[194]이지만 그 시

---

192 중국에서 한역된 가장 이른 시기의 밀교경전은 230년(吳, 黃龍2), 竺律炎 譯의 『摩登伽經』, 支謙 譯의 『華積陀羅尼神呪經』, 『無量門微密持經』, 『金光明最胜王經』 등이 있다.
193 법현 같은 천축구법승들의 역경작업이 이루어지기 전에는 帛尸梨密多羅와 曇無蘭 같은 竺·支·帛·曇氏 등의 서역이나 천축에서 온 전도승에 의한 역경작업이 주를 이루었다. 그들은 대부분 기원전부터 동서양을 오가며 교역을 통해 동서 문명교류를 주도한 부유한 상인이나 이주민들의 후손들로 중국의 북부지방에서 생활하며 불교를 중국사회에 전파하였다. 江統의 『西戎論』(『晉書』1a)에 의하면 299년에 그들의 규모는 장안의 인구 100만 명 중 절반인 50만 명을 차지했다고 한다.
194 힌두교가 융성하면서 불교가 사회적인 압박을 받게 되자 힌두교의 요소를 받아들여 불교의 재기를 도모하는 움직임이 일었다. 그것이 바로 밀교이다. 그런데 결과적으로는 그것으로

원은 초기불교에서도 찾아 볼 수 있다. 팔리 불전의 장부長部·『범망경』
에는 미신적인 주술이나 여러 가지 세간적인 지식을 '무익한 명(無益徒勞
의 明)'이라 하여 부정하고 있다. 또한 초기경전에서는 비구가 주술을 행
하는 것을 금하고 있으나 율장에 있어서는(세속이나 外道에서 제창되던) '치
치주治齒呪'[195]나 '치독주治毒呪'[196] 같은 호신용 호주護呪는 용인되고 있다.[197]
그런 예의 하나로 비구가 여행 중에 독사로 부터의 해를 피하기 위한 방
사주防蛇呪를 들 수 있다.[198]

이것은 율장 소사건도小事犍度 외에도 여러 전적에서 보이는데 출가자

인해 힌두교는 더욱 융성하게 되었고 불교는 쇠퇴하였다.
195 『四分律』卷27, "爾時婆伽婆 在舍衛國祇樹給孤獨園 時有六群比丘尼 誦種種雜呪術 或
支節呪·或刹利呪·鬼呪·吉凶呪·或習轉鹿輪卜·或習解知音聲 (…) 若比丘尼誦習
世俗呪術者波逸提 (…) 世俗呪術者·支節乃至解知音聲也 比丘尼誦習世俗呪術乃至音
聲 若口受若執文誦 說而了了波逸提 不了了突吉羅 比丘突吉羅 式叉摩那沙弥沙弥尼突
吉羅 是謂爲犯. 不犯者 若誦治腹內虫病呪 若誦治宿食不消呪 若學書若誦世俗降伏外道
呪 若誦治毒呪以護身故無犯."
196 『十誦律』卷46, "爾時有迦羅比丘尼 先是外道 棄捨經律阿毘曇 誦讀種種呪術. 是中有比
丘尼 少欲知足行頭陀. 聞是事心不喜. 種種因緣呵責. 云何名比丘尼. 棄捨經律阿毘曇. 誦
讀種種呪術. 種種因緣呵已向佛廣說. 佛以是事集二部僧. 知而故問迦羅比丘尼 汝 實作
是事不. 答言 實作世尊. 佛以種種因緣呵責 (…) 種種因緣訶已語諸比丘 (…) 若比丘
尼讀誦種種呪術波逸提. 波逸提者 燒煮覆障. 若不悔過能障碍道 是中犯者. 若比丘尼讀
誦種種呪術 若是偈說 偈偈波逸提. 若是章說 章章波逸提. 若別句說 句句波逸提. 不犯者
若讀誦治齒呪·腹痛呪·治毒呪 若爲守護安隱不犯."
『四分律』,『梵網經』의「菩薩戒」는 출가자가 지켜야 하는 계율이다. 중국 密教에서의 傳
戒에 의하면 계율을 받으면 授者는 戒牒을 주는데 그 계첩에는 戒脈과 戒歷이 적혀 있다.
또 중국에서는 사찰마다 '護戒牒'이라 하여 戒脈과 그 유래를 게시하고 있다. 계율에는 戒脈
이라 하는 系統이 있는데 밀교의 血脈과 마찬가지로 계통에 따라 완전히 다른 기준이 있으
므로,『四分律』을 지키는 사람은『十誦律』을 지킬 필요가 없고,『十誦律』을 지키는 사람은
『四分律』을 지키지 않아도 된다.『十誦律』은 부파불교의 하나인 說一切有部에서 계승된
것이다.
197 平川 彰(1974),『インド佛敎史』下(東京: 春秋社), 310-315.
198 이것이 대승불교에서 발전된 것이 초기밀교의『孔雀王呪經』이다. 平川 彰(1974),『インド
佛敎史』下(東京: 春秋社), 316.

사이에서 널리 사용되었음을 알 수 있다.[199] 스리랑카나 동남아시아 상좌부불교에서는 오늘날에도 수많은 빠릿타(護經·護呪, paritta)가 독송[200]되고 있다.

혜초가 태어날 무렵인 8세기 초에는 개원삼대사開元三大士[201]에 의해 전입된 2부 대법大法인 태장계의 『대일경』(大日經)[202]과 금강계의 『금강정경』(金剛頂經)이 도입, 전파되기 시작하였는데 그것을 순밀이라고 한다.[203] 당의 밀교는 '인간은 본래부터 청정한 본성을 갖추고 있다.'는 천축의 여래장학파如來藏學派에서 그 근원을 찾을 수 있다.

천축의 밀교는 대일여래로부터 금강살타·용수·용지龍智를 거쳐 선무외, 금강지로 전해졌는데,[204] 개원삼대사는 당 밀교의 교리·의식궤범·

---

199 원래는 현세적 이익을 추구하는 민간신앙의 주문과는 목적을 달리하였으나 뱀에 물리지 않기 위하여 뱀에게 자비의 마음을 내지 않으면 안 된다는 취지의 게송을 만들었다고 생각된다. 그런데 그것이 불교의 확산에 수반하여 점차 주술적인 주문으로 바뀐 것으로 보기도 한다. 宮坂宥勝(1978), 『密敎の理論と實踐 講座密敎第1卷』(東京: 春秋社), 42-43.

200 숲에서 수행할 때(木靈의 방해 등) 여러 가지의 障害를 막기 위해 慈經를 읊거나 『앙굴리마라경』을 읽음으로써 安産을 기원하는 등, 붓다가 설한 경전을 읊어 眞實語(sacca-vacana)에 의해 축복하기도 한다. 平川 彰(1974), 『インド佛教史』下(東京: 春秋社), 317.

201 당 개원연간(714-741)에 중국에서 활동한 이른바 '開元三大士'인 善無畏(637-735)·金剛智(Vajrabodhi, 671-741)·不空(705-774) 가운데 선무외와 금강지는 나란타대학의 고승이었다. 당시 나란타대학은 밀교가 가장 유행하고 있었기에 그 무렵이나 그 후의 천축구법승은 밀교승이 주를 이루었다.

202 無行이 전한 범본 『대일경』은 660년, 혹은 670년이나, 늦어도 724년에는 한역되었다. 松長有慶·張益 譯(1993), 『밀교경전성립사론』(서울: 불광출판부), 204.

203 순밀과 잡밀의 구분은 弘法大師空海의 「三學錄」을 참고할 것. 일본의 밀교는 空海를 開祖로 하는 眞言宗의 東密과, 密敎를 도입한 天台宗의 台密로 나뉜다. 空海는 『請來目錄』·『弁顯密二敎論』에서 밀교는 顯敎와 대비되는 가르침이라 분별하고 '密藏'의 용어를 사용하여 밀교의 개념을 설명했다.

204 『대정장』52, No.2120_0847a08(22), "昔毘盧遮那佛以瑜伽無上秘密最大乘敎傳於金剛薩埵 金剛薩埵數百歲方得龍猛菩薩而傳授焉 龍猛又數百歲乃傳龍智阿闍梨 龍智又數百歲傳金剛智阿闍梨 金剛智振錫東來傳於和上 自法身如來至于和上傳此道者六人而已矣 和上童孺出家 聰明卓異 服勤精苦晝夜不息 經耳閱目咸誦無遺 聞一知十若有神告 先師歎曰 吾道東矣 先師旣歿 和上遂泛海遊天竺師子等國 詣龍智阿闍梨更得瑜伽十八會法五部秘

만다라 등을 조직하고 체계화시켰다. 선무외는 밀교계율인 『소실지게라 경』(蘇悉地揭羅經)과 『소파호동자청문경』(蘇婆呼童子請問經, Ⓢ Suvāhu-pari prcchā)을 번역하였으며 『소실지경』의 공양법을 널리 전파시켰다.

금강지의 제자 불공(Amoghavajra)은 715년에 감숙성 무위군에 이르렀고 720(혹은 719)년에는 금강지와 낙양에 갔다. 그는 금강지에게서 범어를 배우고 역경에도 참여하였다. 741년에 금강지가 입적하자 스승의 유언에 따라 밀교경전을 구하기 위해 스리랑카에 가서 1,200권의 경전류를 수집하여 746년에 중국으로 돌아왔다. 현종은 칙령을 내려 그를 홍로시鴻臚寺에 머물게 하고 내도량을 설치, 관정을 받았다. 그는 안사의 난을 통해 즉위한 숙종에게도 전륜왕위轉輪王位 칠보七寶관정을 주었다.

혜초는 733년(30세) 1월 1일부터 8년 동안 장안 천복사薦福寺에서 스승 금강지와 밀교경전인 『대승유가금강성해만수실리천비천발대교왕경』을 연구했으며 740년(37세)에 금강지의 지도 아래 경전의 한역을 시작했다. 741년(38세)에 스승 금강지가 입적하였고 그는 불공의 제자가 되었다.

혜초는 특히 밀교의식에 정통하였던 것으로 보인다. 황제(代宗)의 명으로 기우제의 제문205을 작성하여, 774년 1월 26일~2월 5일 사이에 주질

藏三乘遺典 莫不究其精奧焉 貌與人同 而心與佛齊矣 天寶初歸至上都 玄宗深敬遇之 遂爲三代國師 出入禁闥 聖上每延至內殿順風請益 玄言啓沃 宗仰日深 大曆九年示疾而臥 詔使結轍 侍醫嘗藥 無虛日焉恩旨就臥 加開府儀同三司 依前試鴻臚卿 封肅國公 食邑三千戶 累讓不允 至六月十五日 忽沐浴蘭湯 換潔衣服 抗表辭主 奄然而化 春秋七十矣 夏臘五十矣."

205 「賀玉女潭祈雨表」一首(並答) "沙門惠超言. 伏奉前月二十六日中使李獻誠 (安祿山女婿, 被唐玄宗封爲雲麾將軍領黑水經略使) 奉宣口敕令惠超往盩厔縣(현 陝西省 周至縣), 玉女潭修香火祈雨. 惠超行闕精修 謬揚天旨. 山川靈應不昧禱祈. 初建壇場溪聲乍吼 及投舍利雨足如絲. 一夕而草樹增華 信宿而川原流潦. 澤深枯涸 慶洽人神 伏惟陛下聖德動天 天澤先降. 豈惠超微物精誠感通. 無任喜慶抃躍之至. 謹因中使李憲誠入奏奉表陳賀以

현嵳屋縣의 흑수욕黑水峪 옥녀담玉女潭 거북바위에서 기우제 의식을 주관하였다. 당시 혜초의 정성어린 기도로 마침내 사리우舍利雨가 내렸다고 한다.[206] 또한 대흥선사大興善寺의 관정도량[207]에서 국가를 위한 『인왕호국경』을 염송하는 중임을 맡기도 했다.[208]

한편 당밀의 특색은 태장계와 금강계가 혼합되었다는 것이다. '금강金剛' 이란 말은 본래 항마성도降魔成道가 이루어진 금강좌에서 그 시원을 찾을 수 있는 것처럼, 밀교성립 이전에 이미 사용된 용어이지만 『금강정경』계의 밀교계통에서 스스로를 '금강승'이라고 칭한 것에서 비롯된 것으로 본다. 특히 '금강승'[209]은 대승(菩薩乘, mahāyāna)・소승(협의의 聲聞乘・緣覺乘, hīnayāna)에 이어 '제3의 뛰어난 가르침'이라는 뜻으로 쓰인다.

순밀의 전입 시에 밀승들은 여전히 계율을 중시하는 전통을 유지하고 있었다. 게다가 밀종의 복잡한 사상事相에 적응하기 위하여 밀법주술의

聞. 沙門惠超誠惶誠恐謹言." 大曆九年(774)二月五日內道場沙門惠超上表, 『大正藏』52, 855.

206 옥녀담은 현 陝西省 周至縣 馬召鎭의 中興寺와 仙游寺 사이의 못으로 黑水潭 혹은 五龍潭이라고도 한다.

207 당 밀교의 주요 도량은 長安의 大興善寺와 靑龍寺, 扶風縣의 法門寺 등이다. 대흥선사는 신라 혜초와 悟眞이 머물던 곳이기도 하다.

208 혜초는 불공에 의해 '久探秘藏 深達眞乘 戒行圓明 法門標准'이라 묘사될 정도로 인정받는 고승이었다.

209 金剛乘을 밀교의 총칭으로 보기도 한다. 티베트승은 밀교를 眞言流라던가 秘密眞言이라고 부르고, 구미권에서는 그 동의어로 범어 바즈라야나(vajrayāna)를 사용하는 경우가 많다. 영어로는 Esoteric buddhism이라고도 하지만 구미의 연구자들은 밀교 전반, 특히 9세기 이후의 후기밀교를 탄트라교(Tantric Buddhism)라고 부르는 경우가 많다. 8세기 이후에 성립된 밀교 경전이 수트라가 아니라 탄트라라 불린 데서 나온 것이다. 또 구미계의 동양학이나 종교학에 있어서, 특히 6세기 이후의 인도 제 종교에서 널리 보이는 특정의 종교문화・양식・경향 등을 탄트리즘으로 포괄하고 밀교를 '불교의 탄트리즘'이라고 규정하기도 한다. 한편 티베트 불교는 인도 후기 대승불교의 교학(즉 顯敎)과 후기밀교를 계승하였는데, 대승을 波羅蜜乘(顯敎)과 眞言乘(密敎)으로 나누어 현밀의 가르침을 설명하고 있다.

차서의궤次序儀軌의 실행을 규정하였으며 전문적인 밀교율도 생겼다.

대승불교, 즉 현교가 언어나 문자로 교의를 설하는 것에 비해 밀교는 교단내부에서 극히 신비주의적이고 상징주의적인 교의를 사자상승하는 것이 특징이다. 또한 밀교는 언어로는 표현할 수 없는 '불佛의 깨달음' 그 자체를 전하는 것인데, '불의 깨달음'과 그 방법이 범부의 이해를 초월하는 것이라는 점에서 '비밀의 가르침'이라고 하며 그것이 바로 밀교의 핵심이다.

또한 현교가 문자로 된 경전류에 의해 모든 신자에게 가르침이 열려 있는 것에 비해, 밀교는 문자에 의지하지 않으므로, '아자관阿字觀' 등으로 대표되는 '불생의 삼매'를 중시한다. 즉 만다라, 법구류, 관정의식을 수반하는 인신印信210이나 삼매야형 등의 상징적인 가르침을 뜻하고, 그것을 받은 자 이외에는 드러내면 안 된다고 한다.211 그것은 관정 의식 중에서 단계적으로 행行을 중시하는 소승계212와, 마음의 머무는 바를 중시하는 대승계213, 중기밀교에서 시작하는, 상징을 이해하기 위한 기초로서의 삼

---

210 灌頂이나 傳授를 수반하는 尊格의 印契의 諸相이라거나 그 眞言을 쓰는 것이다.
211 密教가 문자에 의하지 않는 가르침임에 대해 일본 奈良 불교에서는 唐에서 한역된 경전에 기반 하여 문자에 의해 불교를 이해하고 가르침을 전승하려고 한 筆授의 전통이 있었다. 여기에 대해 空海는 범어로 직접 인도 직계의 대승불교인 밀교를 배우고 제자에게도 범어에 기반 한 불전을 읽도록 권유하였다. 또 密教는 붓다의 말인 眞言(만트라. 眞理를 나타내는 범어 呪文)이라거나 聲明을 제창, '面授口訣'을 바탕으로 한 직접적인 전수를 하므로 最澄는 당시 현교인 法華·律·禪과 밀교와의 4教 併設을 조정에 주청하였고, 空海는 일본의 전통인 筆授를 경시하였다. 이 일이 平安불교를 대표하는 두 사람이 결별하는 큰 원인이 되었다.
212 여기에서 말하는 小乘戒란 三歸依戒·五戒·八齋戒 등을 가리킨다.
213 大乘戒란 十善戒·菩提心戒·菩薩戒 등을 가리킨다. 대승밀교의 菩提心戒는 당초의 조항은 같았어도 그 해석과 구전은 달라 대승계의 경우는, 일본에서는 受戒後에『心地觀經』,『菩薩瓔珞本業經』에 기반 한 四求誓願을 제창하고, 티베트에서는 세속의 보리심인 자비를 설한다. 밀교의 경우 일본에서는 수계 후에 佛의 五智에 기반 한 五大願을 주창하고, 發菩提心의 印信을 준다. 티베트에서는 세속의 보리심에 더하여 '勝義의 菩提心'을 설한다.

매야계[214], 또한 무상유가無上瑜伽 탄트라[215]에서는 후기밀교에서의 불지佛 智를 축으로 하는 발전적인 삼매야계인 무상유가계[216]를 더하여 심신의 전적인 각성을 촉구한다.[217]

소승불교(聲聞·緣覺)가 ① 성불을 부정하고 ② 아라한과를 설하며, ③ 대승의 여성 성불을 부정하며, ④ 3아승기겁이라는 무한한 시간을 보내 야만 성불한다는 설과 비교하면, 밀교는 남녀노소를 불구하고 금생에 성 불할 수 있다는 즉신성불即身成佛을 설한 획기적인 가르침으로 당시에 엄 청난 반향을 불러일으켰다.

이 점이 중기밀교와 후기밀교의 차이점이기도 한데, 중기밀교가 출가 성불을 주장하는 것에 비해 후기밀교는 불지佛智를 얻을 수만 있다면 출 가, 재가를 막론하고 성불할 수 있다고 주장한다.

밀교에서는 스승이 제자에게 교의를 완전하게 상승시킨 점을 증명하 는 의식을 전법관정傳法灌頂이라고 말하며, 그 가르침을 남김없이 전하는 것을 일러 '사병瀉瓶과 같이'(한 병에서 다른 병으로 물을 흘리지 않고 옮겨 담는 것처럼)라고 표현한다.[218]

---

214 여기에서의 三昧耶戒란 十四根本墮·八支粗罪戒 등을 말한다.
215 無上瑜伽탄트라에서는 阿闍梨戒·五智如來의 三昧耶戒·身口意三業三昧耶戒·각 탄 트라 경전에서 설하는 戒律(예;「大幻化網戒」)·師事法五十頌 등의 無上瑜伽戒가 설해진다.
216 中國譯에서는 無上密戒라고 표기된다.
217 일본의 空海는 『弁顯密二教論』에서 '密敎의 3원칙'이라 하여 ① 法身說法(法身은 스스로 說法하고 있다.), ② 果分可說(佛道의 結果로서의 깨달음은 설할 수 없다.), ③ 卽身成佛(이 몸 그대로 부처가 될 수 있다.)의 세 가지를 밀교와 현교와 다른 점으로 들고 있다.
218 인도밀교를 계승한 티베트밀교를 '라마교'라고도 하는 것은 티베트밀교의 師資相承에서 비롯된 것이다. 티베트밀교에서는 개별 전승인 혈맥을 특히 중시하여 자신의 '根本라마(師 僧)'에 대해 헌신적으로 귀의한다는 점을 강조하였기 때문이다. 血脈이란 밀교에서의 전승 계통을 말한다. 瑜伽行者에게는 가르침의 血肉과 같은 법맥을 의미하므로 血脈이라 한다. 특히 無上瑜伽탄트라에서는 이 혈맥을 더듬어 法의 加持가 行者에게 미친다고 여기고 자

중기밀교는 신흥하는 힌두교에 대항하기 위하여 본격적으로 체계적인 이론을 시도하며 확립되었다. 중기밀교 단계에서는 세존世尊(Bhagavān)으로서의 석존釋尊이 설법하는 형식을 취하는 대승경전과 달리 대일여래라고 하는 대비로자나불(Mahāvairocana)이 설법한다는 밀교경전이 편집되었다. 『초회금강정경』(初會金剛頂經, Sarvatathāgatatattvasaṃgraha) · 『대일경』이라던가 그 주석서는 다양한 불존佛尊을 옹립한 밀교의 세계관을 보여주고, 일체여래[219]로부터 제존諸尊이 생겨난다는 밀교 불존佛尊의 계층화, 체계화가 진행되었다. 그래서 힌두교의 융성에 대항하기 위해 시바를 쓰러뜨리는 항삼세명왕降三世明王이나 가네샤를 밟는 마하칼라(大黑天)를 비롯하여 불교수행자의 보호와 원적怨敵 항복을 기원하는 분노존이나 호법존이 등장하였다.

그런데 이런 식으로 중기밀교는 승려들에게는 더욱 복잡한 불교체계가 되었으며, 인도의 대중들에게도 보급되지 못하고 오히려 일상의 제사나 민간신앙에 중점을 둔 힌두교의 확대에 기여하게 되었다.[220]

혜초가 구법행을 할 무렵, 서아시아의 이슬람세력이 인도를 석권하면

신의 '근본라마'는 붓다와도 같은 존재라고 간주된다. 단 여러 宗派나 流派에서 많은 가르침을 받았다고 해도 자신의 심장은 하나인 것처럼, 진짜 부모는 두 사람인 것과 같이 瑜伽行者 자신의 覺醒을 직접 재촉해 받은 라마와, 覺醒에 관계되는 여러 가지 계율을 바르게 전해준 라마만을 근본라마라고 하는 것이다.

219 大日如來를 중심으로 한 五佛(五智如來).
220 密敎의 조류에서도 당시 인도불교계에서는 전통적인 부파불교의 하나인 正量部의 세력을 강화시켰다고 하는 견해도 있다. 松長有慶 編著, 『インド後期密敎(上)』, 166-169. ; 한편 中期密敎가 힌두교에 대항할 수 없게 되자 이론보다 실천을 중시한 無上瑜伽탄트라의 經典類를 중심으로 하는 후기밀교가 등장하였다. 후기밀교에서는 불성의 원리를 추구하는 것이 도모되고 또 그것에 수반하여 法身普賢이나 金剛薩埵, 金剛總持가 最勝本初佛로 가장 尊崇받게 되었다.

서 인도불교는 북부에서 침공한 이슬람정권과, 남부의 힌두교정권의 정치, 외교적 협공을 받게 되었다. 이슬람 측으로 부터는 우상숭배나 주술적인 요소를 이유로 무력탄압을 받았고, 힌두교측에서는 힌두교와 별 다를 바 없는 현상이라 공격받았다.

같은 시기에 중국에서는 순밀경전인 『대일경』이 선무외와 그의 중국인 제자 일행—行에 의해 번역되었고, 또 금강지와 불공은 『금강정경』계 밀교를 소개하였다. 이로써 천태교학이라는 중국인 중심의 불교사상의 시대에서, 성불을 목적으로 하는 중기 밀교가 본격적으로 도입되어 그 기초 위에 중국의 밀교가 확립, 수용되었다. 나아가 불교를 호국사상과 결합한 불공은 당 황실의 귀의를 받고 여러 힘을 얻으며 중국밀교의 전성기를 초래하였다.

이때 혜초는 대흥선사의 관정도량에서 국가를 위한 『인왕호국경』을 염송하는 중임을 맡을 정도의 고승이었다.[221] 혜초가 남긴 또 하나의 문장인 『표제집』 권 5의 「하옥녀담기우표」(賀玉女潭祈雨表)[222]를 보면 황제가 혜초에게 중요한 국가행사인 기우제를 명[223]한 것으로 보아 혜초가 밀교의식에 매우 정통했음을 알 수 있다.[224] 위 글은 『표제집』 권 3, 불공

---

221 혜초는 불공에 의해 '久探秘藏 深達眞乘 戒行圓明 法門標准'이라 묘사되었다.
222 賀玉女潭祈雨表一首(並答), 大曆九年(774)二月五日內道場沙門惠超上表, 『大正藏』52, 855.
223 「賀玉女潭祈雨表」에 대한 황제의 답. "寶應元聖文武皇帝答曰. 朕勤血黎元. 望深時雨. 分命鄕里. 遍禱靈祠. 而和澤膺霑. 甫及旬晦. 師久勞虔潔. 勤淸道場. 有年可期. 顧增歡慶也. 所賀知."
224 기우제 등의 밀교의식과 관련하여 힌두교가 밀종에 미친 영향은 지대하다. 예를 들면 「阿闥婆吠陀經」의 주술에는 치병법, 장수법, 增益法, 贖罪法, 和合法, 女事法, 降服法, 王事法, 婆羅門法 등이 있다. 후에 밀교의 『蘇悉地經』과 『대일경』의 增益, 降服, 息災 3법은 비단 「아사파폐타경」의 주술 명칭과 같을 뿐 아니라 내용상의 차이도 없다. 『금강정경』은 그

의 『삼장화상유서』[225]에도 보인다.[226] 이렇게 혜초는 불공의 6고족 중 밀법을 개시開示할 수 있는 승려였다.

또한 혜초는 불공의 6대 제자 중 하나로, 불공의 입적 후 황제에게 표문을 올려 스승의 장례에 베풀어준 배려에 감사드리고 스승이 세웠던 관정도량을 존속시켜줄 것을 청하기도 하였다. 혜초는 만년에는 오대산 건원보리사乾元菩提寺에 들어가 780년에 다시 『대교왕경』 한역본을 녹출錄出하였다. 혜초가 쓴 『대교왕경』의 서문에 의하면 혜초는 당 대력 9년인 780년 4월 15일에는 스승과 함께 번역한 구舊 한역본을 오대산 건원보리사에 가지고 들어가 5월 5일까지 20일간 다시 필수하여 『일체여래대교왕경유가비밀금강삼마지삼밀성교법문』(一切如來大教王經瑜伽秘密金剛三摩地三密聖教法門)을 펴내었다.[227]

혜초에 관한 기록이 781년 이후에는 없는 것으로 보아 당에서 54년 이상의 활동을 마치고 780~783년(建中年間)에 오대산 건원보리사에서 입적한 것으로 보인다.

것에 敬愛法과 鉤召法을 더하여 五種法을 이루었다.
225 불공, 「不空三藏和尙遺書」, "(전략) 吾當代灌頂三十餘年, 入壇受法弟子頗多. 五部琢磨, 成立八個, 淪亡相次, 唯有六人. 其誰得之?則有金閣含光, 新羅慧超, 靑龍慧果, 崇福慧朗, 保壽元皎, 覺超, 後學有疑, 汝等開示, 法燈不絶, 以報吾恩. (후략)", 『표제집』권 3.
226 『全唐文』 卷916에도 있음.
227 圓照, 『大辨正廣智三藏和上表制集』卷五. ; 藤田豊八(1931), 『慧超往五天竺國傳箋釋』 (北平: 錢稻孫校印). ;『大日本佛敎全書』卷113, 「慧超傳考」.

(2) 무루의 불교사상

당 천보연간天寶年間(742-756)에서 덕종德宗 대(805)까지는 밀교의 전성기였다. 따라서 신라 중대인 성덕왕~경덕왕 사이에 혜초를 필두로 하여 혜일慧日·무루無漏·오진悟眞·균량均亮·불가사의不可思議·홍인弘印 등의 많은 밀교승이 천축이나 당으로 구법행을 떠났다. 그 가운데는 혜초처럼 세계사에 그 족적을 뚜렷이 남긴 이가 있는가 하면, 제455번 나한인 무상공존자와 제479번의 오진상존자처럼 중국 불자들의 중요한 신앙의 대상인 오백나한의 반열에 올라 신라의 국격을 높인 인물들도 있다.

무루는 보승불을 신앙하는 밀교승으로, 영무에서 즉위한 숙종에게 발탁된 고승이기도 했지만, 특히 티베트나 서하불교에 큰 영향을 준 인물로 보인다. 이에 그의 불교사상을 보승불寶勝佛 신앙과 복호나한伏虎羅漢, 오대산신앙으로 나누어 살펴보고자 한다.

① 무루와 보승불신앙

천축구법승 무루는 밀교승이면서 관음신앙과 나한신앙, 보승불[228]신앙

---

228 寶生佛(Ratnaketu)은 밀교에서 崇奉하는 5方佛의 하나로, 몇몇 顯教 경전에서는 南方寶幢佛, 혹은 南方寶相佛이라고도 한다. 밀교에서 보생불은 密法觀想을 修習하는 붓다의 하나로 大日如來의 平等性智를 상징하는 밀교의 중요한 숭배대상이다. 『守護經』에 의하면 보생불은 왼손으로는 옷자락을 잡고 있으며 오른손은 손바닥을 위로 펼치고 있다. 보생불은 '중생이 구하는 것을 만족시켜주는(滿足衆生所求)' 本願을 상징한다. 보생불은 金色(즉 黃色)이며 寶部의 部主로 남방에 거처한다. 그래서 5方佛中의 南方佛이라고도 한다. 또한 보

(Ratnaketu Tathāgata)과도 깊은 관련이 있다. 당의 밀교는 금강계와 태장계가 혼재되어 있었기에 무루가 전수받은 밀법이 금강계인지 태장계인지 단언할 수는 없다. 다만 보승불을 태장계에서는 개부화왕여래開敷華王如來[229]라 하는 것으로 보아 금강계일 가능성이 더 크다.

보승불은 금강계 5불의 하나로 금강계 만다라 성신회成身會[230] 등의 5해탈륜五解脫輪 중, 제3, 정남방의 월륜月輪 중앙에 위치한다. 보생여래寶生如來는 대일여래의 평등성지平等性智에서 유출한 것으로, 보광당소寶光幢笑의 4금강보살로 일체의 재보를 담당한다. 보승불의 온 몸은 금색이며, 왼손은 주먹(拳)을 쥐고 오른손은 펼쳐서 바깥을 향하고 있다. 무명지와 소지는 구부려 시원인施願印을 맺고 있으며 연화좌蓮花座에 결가부좌하고 있다. 금강계에서나 태장계에서나 그 밀호는 평등금강平等金剛[231]이며, 종자

생불은 平等性智를 갖추고 있으므로 5智佛의 하나이기도 하다.

229 開敷華王如來는 婆羅樹王華開敷佛・華開敷佛・開敷華佛이라고도 한다. 『大日經』에 "南方大勤勇 遍覺華開敷 金色放光明 三昧離諸坵."라 하였다. 이 佛은 離坵三昧에 머물며 보리심으로 大悲萬行을 長養하여 遍覺을 성취하고 萬德開敷하므로 開敷華王如來라 부른다는 것이다. 開敷華王如來는 즉 金剛界의 寶生如來이다. 全身은 금색으로 普放光明하며 袈裟를 通肩으로 입고 右手는 위를 향하고 左手는 가사의 한 귀퉁이를 잡은 채 배꼽부분에 두었다. 그 密號는 平等金剛이다.

230 성신회는 密敎金剛界九界曼荼羅中央의 根本會로 金剛界大曼荼羅・羯磨會・根本會・根本成身會라고도 한다. 이 會圖는 諸尊의 威儀事業・相好具足한 羯磨身을 4種 曼荼羅 중 大曼荼羅로 그린다. 그것은 5佛, 4波羅蜜, 16大菩薩, 8供養, 4攝, 賢劫千佛, 外金剛部20天, 4大神 등을 포함한다. 이 만다라는 동남방을 향하여 方壇의 중앙에 金剛杵로 界를 삼아 하나의 큰 圓輪을 그리고 원륜내에 5月輪을 그린다. 가운데의 월륜에 대일여래 및 金・寶・法・業 등의 4바라밀보살이 있다. 4方의 月輪은 阿閦・寶生・阿彌陀・不空成就 등 4불 및 4親近(즉 16大菩薩)으로 분별한다. 5月輪의 4隅에는 모두 寶珠가 있어 공양의 뜻을 표시한다. 大圓輪의 4隅에는 嬉・鬘・歌・舞 등의 內4공양이 있고 輪外의 四隅에는 地・水・火・風 등의 4大神이 있어 모두 持輪狀을 만든다. 成身會의 外院 4隅는 香・華・燈・塗 등의 外4공양으로 분별하고 4方에는 鉤・索・鎖・鈴 등의 4攝보살이 있다.

231 그 형상에 대해 『秘藏記』에서 "南方中台寶如來, 金色, 左手拳, 右手開外, 無名小指屈, 中指大指劍立."이라 하였고, 『守護國界主陀羅尼經』(권2)에서 말하기를, 寶生佛의 印契는 滿願印(즉 左手持衣角當心 右手仰掌)으로, 이 印은 중생이 원하는 바에 隨順한다는 뜻을

種子는 독흔 혹은 치潍이고 삼매야형을 보주로 한다. 또 고래로 이 존의 형상은 태장계 만다라 동방의 보당여래寶幢如來와 동체로 여겨졌다.

또한 복덕을 나타내는 보생여래를 남방복덕취보생여래南方福德聚寶生如來, 보상불寶相佛, 보당불寶幢佛 등으로도 부른다. 그 음역은 나달랑삼파박羅怛囊三婆縛(Ⓢ Ratna-sambhava)으로, 보생불은 남방 환희세계歡喜世界에 위치하여 중생의 일체 원망願望을 만족시킨다.

보생여래의 불토佛土는 제3 불토인 구덕정토具德淨土로 티베트어로는 '부유광영賦有光榮'이라는 뜻이 된다. 이 땅의 부처, 즉 제3 불토의 본존인 보생여래는 부유광영하여 성각成覺의 일체 품성과 능력을 갖추고 있다고 한다.

보생불은 마니보복덕취摩尼寶福德聚 공덕으로 능히 일체 중생의 소원을 다 이루어주며 5부 중의 보부寶部를 소섭所攝하고 5지智 중의 평등성지平等性智를 주관한다.[232] 보생불寶生佛의 밀호密號는 평등금강平等金剛 외에 대복금강大福金剛이라고도 하며, 현교 경전에서는 종종 남방보당불, 남방보상불이라고도 한다. 현교 경전에서는 보생불의 서원, 본생本生 및 불찰佛刹 등에 대해서 상세히 기재하고 있으나 밀교에서의 보생불은 대부분 수법

갖는다. 이는 佛菩薩이 각종 資糧財具를 시혜한다는 印相이므로 與願印, 施願印이라고도 한다. 따라서 佛이 이 印을 지으면 여래의 힘으로 능히 일체 중생의 所願을 만족시켜준다고 한다.("複於南方面向北坐 亦作如上金剛結跏 端身正坐 左手如前執衣兩角 右手仰掌 名滿願印 此卽寶生如來之印.") ; "寶生佛左手持衣角於手心, 右手仰掌, 象征寶生佛滿足衆生所求的本願 寶生佛屬金色(也稱黃色)寶部部主 居南方 故亦稱爲五方佛中之南方佛 ; 因寶生佛具有平等性智 也稱爲五智佛之一."

232 이 尊은 『金光明經』(卷一), 『觀佛三昧海經』(卷九), 『陀羅尼集經』(卷十) 등에서 말하는 四方四佛중 南方寶相佛에 해당한다. 또한 『金光明最勝王經』(卷八)에서 말하는 南方寶幢佛에 상당한다.

修法, 관상觀想의 불타佛陀, 대일여래의 평등성지를 나타내고 수행의 묘덕과 복취지덕福聚之德을 대표한다.

복덕을 나타내는 보부寶部의 부주部主인 보생불은 또한 불의 만덕원만 중 복덕무변을 나타낸다. 따라서 행자는 수법시에 자신의 몸이 완전히 황금색으로 변하여 보생여래로 바뀌는 것을 관상할 수 있다. 또한 정수리에서는 금색광명이 방출되어 무수한 백천 억 광으로 권속을 삼아 하나하나의 빛마다 무량한 금색의 금강보살이 있으며, 그들의 손에는 각자 비를 내리게 하는 여의보주가 있다. 만일 이 불광의 생명을 만나면 원하는 바가 모두 이루어진다고 한다. 이런 관상법은 보생불이 "중생이 구하는 바를 만족시키는(滿足衆生所求)" 본원임을 증명한다.[233]

보생여래[234]는 마니보복덕취摩尼寶福德聚 공덕으로 일체중생의 기원을 원만하게 성취시켜 줄 뿐 아니라 중생이 집착하는 '아위실유我爲實有'의 제7의식을 여래지혜로 전화轉化하게 하여 불타의 평등성지가 되게 한다.

바로 보승불의 이런 수승한 능력은 부황인 현종을 상황으로 모시고 스스로 즉위하고자 했던 숙종에게는 더 없이 필요한 존재였을 것으로 보인다. 비록 곽자의가 지휘하던 병력은 막강했다 하더라도 수도 장안에서는 아직 안사의 난이 계속되고 있었고, 추대형식이기는 하지만 스스로 즉위했던 숙종으로서는 경제적인 어려움 못지않게 심리적인 부담도 무척 심

---

233 『金剛頂瑜伽略述三十七尊心要』, "次當禮南方福德聚寶生如來. 想持摩尼寶瓶, 想與一切如來灌頂, 卽虛空藏菩薩執摩尼寶珠, 成滿一切衆生所求願. 由於福德聚功德無量無邊, 赫奕威光所求願滿, 此乃寶生如來部所攝, 卽平等性智."
234 寶生佛(Ratnaketu)은 밀교 五方佛의 하나로 顯敎에서는 南方寶幢佛·南方寶相佛이라고 한다. 현교 경전에 매우 적은 횟수로 등장하기에 중국 사찰에서 그를 供奉하는 곳도 매우 드물다.

했을 것이다.

그런 그에게 '일체의 어려움을 다 들어주고 재부를 관장'하는 보승불이야 말로 가장 신앙하고 싶은 대상이었을 것이다. 따라서 늘 보승불을 염한다는 하란산의 신라고승 무루는 그 존재만으로도 숙종에게 힘이 되었을 것으로 보인다. 이제 보승불에 관해 더 살펴보고 숙종을 통해 무루의 보승불 신앙을 정리해 본다.

대일여래에게는 법계체성지法界體成智·대원경지大圓鏡智·평등성지平等性智·묘관찰지妙觀察智·성소작지成所作智의 다섯 가지 지혜가 있는데, 보생여래235는 그 중 평등성지를 지니고 일체의 재물과 보배를 맡아 중생들에게 평등한 가르침을 펴는 존재로 금강계 성신회成身會의 대일여래의 정남방에 위치한다.

티베트 밀교의 무상유가부無上瑜伽部 수습修習의 관상 본존 중 보생여래가 쌍신상雙身像으로 시현되는데 일면이비一面二臂에 머리에는 오방불관五方佛冠을 쓰고 몸에는 반소매의 천의天衣를 입고 있으며 가슴에는 고운 팔로목을 감고 있는 아름다운 명비明妃를 안고 있다. 또 오른손은 시무외인을 취하고, 왼손에는 정병을 쥐고 있으며 두 발은 연좌蓮座 중앙에 가부跏趺하고 있다.

---

235 보생여래는 摩尼寶福德聚功德으로 모든 중생의 소원을 원만하게 성취시키고, 수행자들을 평등하게 하므로 平等金剛이라고도 불린다. '마니보복덕취공덕에 의한 평등'이라는 말에는 萬法이 능히 생기는 德으로써 大悲萬行의 공덕을 일으켜 모든 중생을 이익 되게 한다는 의미가 담겨 있다. 成身會에서의 寶生如來의 형상은 몸은 금색이고 左手는 주먹 쥐고 배꼽 아래에 두었으며 右手는 밖으로 펼쳐 無名指와 小指를 약간 구부려 나머지 三指로 施願印을 하고 蓮花座上에 結跏趺坐하고 있어 微細會 및 供養會 중의 모습과는 약간 차이가 있다. 또 이 尊은 三世羯磨會에 내려왔을 때 머리에 寶冠을 쓰고 通肩을 입고 두 손으로 作拳(右內左外)하여 가슴에서 교차하고 있다.

또 어떤 경우에는 보생불이 금색의 몸으로 환희상歡喜相을 드러내고 마좌馬座에 앉아 있다. 말은 세간의 길상, 귀중지물을 대표한다. 그래서 대좌 중 마좌는 보부寶部의 좌에 속한다. 고래로 이 존의 형상이 태장계 5불중 동방 보당여래와 같아 이로 인해 이 두 존은 동체로 간주되었다.[236]

금강계 만다라 중의 보생여래의 권속을 금강계 보부제존寶部諸尊이라하는데 보생여래의 4주위에는 4존 친근보살이라 하여 金剛寶·金剛光·金剛幢·金剛笑 등 4위 보부의 보살이 있다. 이 네 보살은 사실 따로 존재하는 것이 아니고 보생여래의 체성 중에서 유출된 것으로 보생여래의 묘덕을 구족하기 위한 존재이다. 이 4존 보살은 보생여래가 중생의 복덕지능을 개발하고 세간 및 출세간의 재보·공덕을 구족하게 하고 가지加持[237]하여 중생을 구도救度하는 집행자로서의 실천을 하게 한다. 그러므로 이 보부寶部의 4존 보살은 수행자로 하여금 세간과 출세간의 복덕과 재보자량을 얻을 수 있도록 한다.

---

236 『兩部曼茶羅義記』·『金光明經』·『觀佛三昧海經』·『陀羅尼集經』·『金光明最勝王經』 등에 같은 내용이 있다.
237 密教에서는 大日如來가 大悲大智로 중생을 돕고 隨順하는 것을 '加'라 하고, 중생이 그 대자비를 受持하는 것을 '持'라 한다.

〈표 IV-4〉 金剛界寶部諸尊

	菩薩名(梵名)	密號	방향
1尊	金剛寶菩薩 (Vajraratna)	大寶金剛·如意金剛· 厚藏金剛	앞
2尊	金剛光菩薩 (Vajrateja)	威德金剛·威光金剛	동
3尊	金剛幢菩薩 (Vajraketu)	圓滿金剛·願滿金剛	서
4尊	金剛笑菩薩 (Vajrahasa)	摩訶笑菩薩·摩訶希有菩薩·金剛歡喜菩薩	남

금강보보살(Vajraratna)의 밀호는 대보금강·여의금강·후장厚藏금강으로, 일체여래광대장엄이 보살로 부터 출생한다고 상정한다. 금강계 16보살의 하나로 보생불전의 월륜月輪에 안주하고 있다. 이 보살은 금강보관정삼마지지혜 중에서 금강보광명이 유출되어 시방세계를 변조한다.

금강광보살(Vajrateja)의 밀호는 위덕금강·위광금강이라고도 한다. 남방보생여래의 4친근보살의 하나로 일체여래광대위덕조요一切如來廣大威德照耀가 이 보살로부터 나온다고 한다. 금강당보살(Vajraketu)은 밀호가 원만圓滿(願滿)금강이다. 역시 남방보생여래의 4친근보살의 하나로 양손에 여의당如意幢을 가지고 있다. 보생여래의 월륜에서 서측에 있으며 보생여래의 시여施與의 움직임을 표현한다. 보생여래의 오른손이 여원인을 하고 있지만 그 본서本誓를 이 존尊은 여의당번如意幢幡[238]으로 상징하고 있는 것이다.

---

238 如意幢幡이란 芋頭에 如意寶珠를 얹고 幢幡을 흔드는 것이다. 또 金剛幢菩薩은 地藏菩薩과 同體로 여겨져서 胎藏界曼荼羅의 지장보살도 이 尊과 같은 如意幢幡을 왼 손에 들고

금강소보살金剛笑菩薩(Vajrahasa)은 마하소보살摩訶笑菩薩, 마하희유보살, 금강환희보살이라고도 하며 보생여래의 남쪽에 앉아 있다. 금강당보살존상의 보시바라밀의 행원이 원만하고 중생을 널리 구제하는 등, 모든 것을 성취하는 것이 매우 기뻐서 웃고 있다.(歡喜·喜悅) 이 존상은 중생을 구제하는 일체여래의 희유한 출현에 대한 비로자나여래의 서원을 나타내는 것이기도 하다. 또 그것은 금강살타의 삼마지의 기쁨의 경지이기도 하고, 이 기쁨의 웃음이 일체 중생에게 안락과 이익을 준다고 한다.(<표 Ⅳ-4> 참조)

〈표 Ⅳ-5〉 寶生如來의 상징

용어	의미
寶生	寶는 '寶貴', 生은 '寶貴之源'
南方寶生如來	平等性智를 대표함
佛身顏色	金黃色(增益行의 本尊이므로)
代表意義	增益行願
淨土名號	具德淨土(第三佛土), 賦有光榮(티베트어 의역)
所轉煩惱	我慢
所淨五蘊	受蘊
所成佛智	平等性智
持物	右手: 如意珠, 左手: 鈴
출전	『兩部曼茶羅義記』(권2)·『金光明經』(권1)·『觀佛三昧海經』(권9)·『陀羅尼集經』(권10)

있다.

무루의 생애와 사상 연구[239]에 이어, 최근 영하자치구 은천시銀川市의 고고학적 발굴을 토대로 그가 수행했던 하란산 백초곡白草穀의 위치나, 무루의 유체를 모신 하원下院 굉불탑宏佛塔의 소재지가 밝혀졌다.[240]

무루에 관한 기록은 『송고승전』·『불조통기』 등에 일부 전한다.[241] 756년에 즉위한 당 숙종은 영주靈州 하란산에서 항상 보승불을 염송하는 신이한 고승인 무루를 현몽하고 그를 불공삼장과 함께 가까이 모셨다. 무루와 중국 황제와의 밀접한 관계는 거기서 끝나지 않았다. 무루는 입적 후 약 270년이 지나 영주에서 건국한 서하황실에 의해 새롭게 역사에 등장하였다.

보승불신앙은 서하불교에서 매우 중요한 의미를 지니고 있었기에, 늘 보승불을 염했다는 무루가 서하인들에게 재조명된 것은 당연한 일이었다. 서하인들은 무루의 수행처였던 하란산을 오대산으로 상정하고, 백초곡에 오대산사를 세웠다. 하란산은 오래전부터 인근에 거주하던 유목민

---

239 여성구(1998), 「入唐求法僧 無漏의 生涯와 思想」, 『선사와 고대』10, 한국고대학회. 이 논문에서는 첫째, 무루의 신분과 관련하여 그 출가동기를 살펴보았으며, 둘째, '보승불'신앙이 당이나 신라에 어떤 영향을 미치게 되었는지를 고찰하였다.
240 寧夏文物考古研究所(2005), 『拜寺沟西夏方塔』(北京: 文物出版社) ; 桂美香(2016), 「無漏와 닝샤(寧夏) 지역 불교 관련성 고찰」, 『한국불교학』78집, 477-507.
241 찬영의 『宋高僧傳』 등에 의하면 왕자 출신의 무루는 왕위 계승을 피하여 渡唐, 성지순례와 밀교 경전을 구하기 위해 천보연간에 천축구법의 장도에 올랐다. 그는 총령까지 갔으나 그곳의 관음성상 앞에서 기도한 후 자신의 길이 중국에서의 교화에 있음을 알고 현 닝샤(寧夏)자치구의 하란산으로 돌아와 정착하였다. '寧夏'라는 지명은 몽골 칭기즈 칸 세력에 의해 멸망당한 후 붙은 이름이다. 『宋史』권485, 「外國傳」上 참조. 隋 大業元年(605)에는 그곳을 朔方郡이라 하였는데 628년(당 貞觀2)에는 夏州라 하였고 천보원년(742)에 다시 朔方郡이라 하였으며 乾元元年(758)에는 夏州라 고쳤다. 넓게 보면 무루가 생존했던 시기의 지명은 夏州(628년) → 朔方郡(742년) → 夏州(758년)로 개명된 것이다.

들에게는 성산으로 여겨졌기에 그 산을 문수보살의 거주처인 오대산으로 이입한 것이다.[242]

비슷한 시기에 활동한 무상無相·무루無漏·김지장金地藏(喬覺)은 왕자출신이면서 신통력도 갖추었다는 공통점이 있다.[243] 다음 표는 무루에 관한 기록인 찬영의 『송고승전』의 「감통편」(권21)·『불조통기』(권40)·『불조역대통재』(권13)·同(권36)·『신승전』(神僧傳, 권8)·『신수과분육학승전』(新修科分六學僧傳, 권28)의 「증오과」(證悟科)·『고금도서집성』(古今圖書集成)·『융흥불교편년통론』(隆興佛敎編年通論, 권17) 등에서 무루와 직접적으로 관련 있는 내용만 요약하여 정리한 것이다.[244]

---

242 또 무루가 탁발을 위해 산을 내려갔을 때 머물렀다는 下院의 무루의 유체를 모신 탑을 대폭 확장하여 宏佛塔을 조성한 이유도 같은 맥락에서였다. 무루가 천축구법행을 중단하고 賀蘭山으로 돌아와 활동한 시기는 당 玄宗과 그 아들 肅宗의 황위 교체기였다. 당시 무루는 하란산에서 항상 寶勝佛을 염송하는 신이한 고승으로 이름을 떨치고 있었는데 '安史의 亂'이 발발하자 현종은 난을 피해 사천으로 몽진하고, 현종의 3남 숙종은 곽자의의 도움으로 영주에서 황제로 즉위하였다. 부황을 부정하고 50이 다 된 장년으로 즉위한 숙종은 당의 안위와 자신의 안전을 위해 불교에 깊이 귀의하였던 것으로 보인다. 숙종은 영주에서 자신이 처한 정치적인 불안정과 국난으로부터 무사히 벗어나기를 갈망하는 마음으로 行宮 내에 백 명의 승려를 모아놓고 不空과 無漏로 하여금 구국기도회를 열게 했다. 숙종이 무루를 現夢하였다는 것은 무루에게 의지하여 靈州의 민심과 정신적 위안을 얻고자 한 것으로 보인다. 그는 여러 번 사람을 보내어 백초곡의 무루를 모셔왔으며, 마침내 그를 行宮의 內寺에 모시고서 가르침을 받았다. 숙종은 난이 평정되어 長安으로 돌아간 후에도 무루와 불공삼장을 함께 內寺에 모셨다. 한편 혜초는 불공의 대표적인 제자였으므로 영주에서나 장안의 내사에서도 함께 활동하였을 것으로 보인다.
243 변인석(2009), 『정중 무상대사』(파주: 한국학술정보(주)), 177.
244 원문은 부록2 참고할 것.

*	제목(권수)	무루 관련 내용 요약
1	『宋高僧傳』(권21)	釋無漏의 국적과 신분, 입당이유, 천축구법행 과정, 蔥嶺의 大伽藍에서의 체험(降龍과 觀音기도), 賀蘭山 白草穀 수행, 숙종에 金色人으로 현몽, 內寺에 머뭄, 舊隱에 묻어달라는 유언 남김, 懷遠縣 下院에 안치(上元3年).
2	『佛祖統紀』(권40)	至德元載 正月의 安祿山의 난으로 玄宗 등 장안 떠남. 太子는 靈武에서 즉위, 行宮에서 寶勝如來를 염송하는 金色人 현몽, 賀蘭白草穀의 신라승 無漏 알게 됨.
3	『佛祖歷代通載』(권13)	황태자가 靈武에서 즉위(肅宗), 황제는 일백여 사문을 모아 行宮에 結道場하고 조석으로 諷唄함. 어느 날 몸이 금색이며 寶勝如來를 염송하는 사문을 현몽함. 賀蘭白草穀의 신라승 無漏가 항상 이 佛을 염하며 神異하다 함. 황제가 불러도 오지 않자 절도사 郭子儀 보내어 行在로 모셔옴. 당시 不空三藏도 行宮에 머무르고 있어 황제가 그들에게 祈禳를 부탁함.
4	『神僧傳』(권8)	釋無漏의 신분(新羅國王의 次子), 천축구법행, 蔥嶺 大伽藍에서 '不測之僧'을 만나 毒龍 敎化, 觀音聖像에 기도 다시 돌아가 白草穀에 머뭄, 安史兵亂으로 肅宗이 靈武에서 즉위. 숙종은 寶勝佛을 염하는 金色人을 현몽, 그가 무루임을 알게 되어 內寺에 모심. 이적을 보이고 입적하며 舊隱山 之下에 歸葬해 줄 것을 유언함. 懷遠縣 下院에서 운구가 움직이지 않자 한 堂宇에 안치시킴. 眞體가 훼손되지 않고 여전함.
5	『新修科分六學僧傳』(권28), 「證悟科」	無漏의 신분, 입당이유, 천축행 서술, 蔥嶺에서의 체험 후 賀蘭山 白茅穀으로 감. 安史之亂으로 숙종이 靈武에서 즉위. 꿈에서 본 무루를 모셔와 內道場에서 供養함. 난을 평정한 후 百官과 수도로 모시고자 하였으나 무루는 還山을 요청, 숙종은 허락하지 않음. 上元三年에 內道場門 右閤上에서 이적을 보이며 입적. 유언대로 하란산으로 돌아가던 중, 무루가 懷遠縣에 세운 廟宇에 이르자 운구가 움직이지 않아 그곳에 奉安함. 體貌는 여전히 變壞가 없고 입적한 內道場 門閤에는 雙足의 흔적이 여전하였다 함.
6	『古今圖書集成』	肅宗至德元載에 사문을 불러 諷頌祈福하였다. 『佛祖統紀』에 의하면 숙종 至德元載에 靈武에서 軍需가 부족하자 宰相 裴冕에게 僧道에게 度牒을 팔게 했는데 이를 香水錢이라 한다. 그때 반란군의 세력이 커 황제는 佛祐를 구하고자 사문 百人을 行宮에 불러 조석으로 諷唄하였다. 어느 날 몸이 금색이며 寶勝如來를 염송하는 사문을 현몽함. 賀蘭白草穀의 신라승 無漏가 항상 이 佛을 염하며 神異하다

		함. 황제가 行在로 모셔옴. 당시 不空三藏도 行宮에 머무르고 있어 황제가 그들에게 祈禳을 부탁함.
7	『隆興佛教編年通論』卷第17 X75n1512 『隆興佛教編年通論』 (宋祖琇撰, 30卷)	황태자가 靈武에서 즉위(肅宗), 황제는 사문 백여 명을 모아 行宮에 結道場하고 조석으로 諷唄함. 어느 날 몸이 금색이며 寶勝如來를 염송하는 사문을 현몽함. 賀蘭白草穀의 신라승 無漏가 항상 이 佛을 염하며 神異하다 함. 황제가 불러도 오지 않자 절도사 郭子儀 보내어 行在로 옴. 당시 不空三藏도 行宮에 머무르고 있어 황제가 그들에게 祈禳을 부탁함. (중략) 乾元元年에 新羅僧無漏 右合門에서 이적을 보이며 입적함. 유언대로 하란산으로 돌아가 舊居에 建塔하게 함. 懷遠縣 下院에 이르자 운구가 움직이지 않아 전신에 향을 바른 泥塑로 만들어 下院에 안치함.
8	乾隆大藏經<隆興佛教編年通論>卷第十七	(丙申) 肅宗亨은 至德元載로 고치고, 52세에 붕어하여 建陵에 묻힘. 7년간 在位. 10월에 황제가 靈武에서 돌아옴.(무루, 불공 등 동행). (戊戌)新羅僧 無漏가 右合門에서 입적. 遺表에 따라 舊穀으로 돌아가 장례지내고 舊居에 建塔하라고 함. 懷遠縣下院에 이르자 운구가 움직이지 않아 全身에 香泥塑하고 下院에 안치함.

무루의 행적을 전하는 사료는 서로 일치하는 부분도 있고 약간씩의 차이도 있어 종합적인 고찰이 요구된다. 『송고승전』[245]에는 무루 외에도 도주道舟(晉朔方靈武永福寺)·증인增忍(唐朔方靈武龍興寺)·무적無跡(後唐靈州廣福寺) 등, 당대 영무靈武에서 활동한 3명의 승려가 기록되어 있는데 그들은 모두 하란산 백초곡에서 수행하였으며 한 결 같이 뛰어난 수행력의 소유

---

245 贊寧의 『宋高僧傳』(30권)은 『唐高僧傳』의 뒤를 이어 宋 太宗 端拱元年(988年)까지의 343년간의 고승의 傳記를 기록한 것이다.

자로 주변 승속의 존경을 받았다.

명대의 방지方志[246]를 통해 하란산 백초곡의 위치에 대해 살펴보면 백초곡의 '白'자와 관련 있는 곳은 동록의 배사구拜寺溝(혹 白寺溝)이다. 영하寧夏는 동한東漢에서 수당에 이르기까지 불교가 내지로 전입하는 주요 통로이었으며, 백초곡은 중요한 불교성지였다. 그래서인지 당에서 송 대까지의 약 300여 년간 그곳의 많은 고승들이 역대 황제들에게 칙봉되었다.

당 현종 천보연간에서 덕종 정원연간(742-805)에는 불공과 그 제자들의 적극적인 홍양 및 황제들의 열성적인 지지로 밀교는 전성기를 맞이하였다. 밀교 사원은 장안의 대홍선사와 청룡사를 중심으로 전국에 분포되었으며 신라, 일본, 인도의 승려들이 구법과 전법을 위해 장안으로 와서 경전을 번역하거나 밀교를 전습傳習하였다.[247] 혜초, 무루, 오진 등이 신라에서 온 것도 그런 시대적 배경이 있었기에 가능한 일이었다.

당에 이어 요遼와 서하 대에도 밀교가 주류였다. 서하 대에는 돈황, 하내河內지역에서도 밀교가 매우 성행하여 관음류 외에도 5방불의 유가밀교와 만다라가 새로 전래되었다. 특히 당 대에 무루가 하란산에서 늘 염송했다는 보승불이 서하 대의 티베트불교에서 환영을 받았던 것이 주목된다.

---

246 賀蘭縣志史編纂委員會(1993), 『賀蘭縣志』(寧夏: 寧夏人民出版社).
247 德宗 대에 입당한 般若牟尼室利가 그 예이다. 憲宗에서 武宗대(806-846)에는 釋滿月, 菩提金剛, 金剛悉地, 菩提仙 등이, 宣宗 大中年間(847-859)에는 福州 開元寺에서 般若恒羅가 밀법을 傳習받았다. 宣宗·懿宗·僖宗 三代에는 智慧輪이 大興善寺에서 傳法하고 번역과 각종 成就를 이루었다.

② 무루와 복호나한

보승불을 신앙한 무루의 신이함은 당 숙종의 관심을 끌어 황실을 안정화시키는데 중요한 역할을 하였다. 그런데 무루는 그로부터 오랜 세월이 지난 후, 역시 티베트불교를 신앙했던 서하황실에 의해, 보승불의 이명인 복호나한伏虎羅漢으로 다시 한 번 역사에 등장하게 된다. 복호나한은 서쪽을 수호하고 천축구법승의 안전을 수호하는 존재이다.

하란산 산취구山嘴溝 석굴 중 2굴 용도甬道 입구의 벽화에는 전형적인 중국식 복호나한의 모습이 그려져 있다. 나한은 자상한 생김새에 홍색의 조문條紋 가사를 입고 있으며, 몸은 아래를 향하고 왼손에는 경권經卷을, 오른손으로는 호랑이의 등을 쓰다듬고 있다. 호랑이의 등에 깔개가 있는 것으로 보아 호랑이는 나한을 위한 탈것(坐騎)[248]임을 알 수 있다.

그 화법은 오대 서촉 고승 선월대사禪月大師 관휴貫休의 '서역이나 천축인의 모습(胡貌梵相)'으로 표현한 나한 필법과 동일하다. 이 복호나한도상은 12세기 중후기에 조성된 것으로 그 사상적 배경은 선종이다.

선종의 유행은 서하에 선여禪餘 수묵화(즉 禪畵) 및 복호나한도상이 전래되는 계기가 되었다. 서하 중·후기에는 당의 종밀宗密이 찬한 선종문헌 중 일부가 서하문으로 번역되었고[249] '선관지학禪觀之學'에 통효했던 묵선화상黑禪和尙 같은 선종 승려가 서하에서 높은 지위를 향유하였다.[250]

---

248 拜寺溝方塔, 拜寺口雙塔 및 賀蘭山의 다른 유적에 대한 분석을 보면 山嘴溝石窟은 12세기 중엽 이후에 조성되었으며, 중국미술사상 가장 이른 시기의 伏虎羅漢造像이다.

249 K. J. Solonin, Tangut Chan Buddhism and Guifeng Zong-mi 刊, 『中華佛學學報』第11期, 365-424, 宗密 撰, 『禪源下』・『諸說禪源集都序之解』・『諸說禪源集都序略文』・『注華嚴法界觀門』・『諸說禪源集都序發炬記』・『中華傳心地禪門師資承襲圖』 등.

또 암굴에서 선종을 공부하는 것이 크게 유행하여 하란산에도 수많은 선종사원이 생겼다.[251] 또한 서하 오대산(즉 賀蘭山)의 사찰 곳곳에는 문수, 보승여래, 포대화상, 불타바리(佛陀波利), 보리달마, 달마다라 등의 도상이 새로 형성되었다.

관휴가 그린 호모법상의 나한도는 16나한인데, 중국인들은 16나한에 두 존자를 첨가하여 그들의 전통적인 길상 숫자인 18에 맞추었으며, 복호나한은 18나한의 하나이다.

16나한의 명호, 주처지, 권속 등은 현장이 654년에 역출한 경우慶友(Nandimitra)의 『법주기』(法住記)에서 처음 보인다.[252] 그 후 소식蘇軾은 『법주기』의 저자인 경우를 제17나한으로, 빈두로를 제18나한이라 하였다.[253]

그런데 티베트 불교에서는 보통 그 둘을 달마다라達摩多羅(法救 혹은 法增, Dharmatrāta)와 포대화상으로 본다. 중국미술사에서 행각승을 표현한 달마다라도상은 당·오대·양송·토번·서하·몽골 등, 중국의 국제교

---

250 朱旃, 『寧夏志』, 「寺」, "黑禪和尙, 河西人, 深通禪觀之學. 年六十餘示微疾, 先知死期, 至日坐化." 朱旃(1378-1438)은 朱元璋의 16번째 아들로 1395년부터 慶陽·寧夏·延安·綏德 등을 통치하였다.
251 서하에서 유행한 선종은 慧能 계통으로, 『六祖壇經』도 서하문으로 번역되었다. 또 北宋 道原의 『景德傳燈錄』에도 서하에 관한 기록이 있다. 史金波(1993), 『西夏佛教史略』(臺北: 臺灣商務印書館), 161-163.
252 16나한의 명호는 賓度羅跋囉惰闍(Pindolabhāradvaja)·迦諾迦伐蹉(Kanakavatsa)·迦諾迦跋厘墮闍(Kanakabhāradvaja)·蘇頻陀(Suvinda)·諾距羅(Nakula)·跋陀羅(Bhadra)·迦理迦(Karīka)·伐闍羅弗多羅(Vajraputra)·戌博迦(Jīvaka)·半托迦(Panthaka)·囉怙羅(Rāhula)·那伽犀那(Nāgasena)·因揭(Ingata)·伐那婆斯(Vanavāsi)·阿氏多(Ajita)·注茶半托迦(Cūlapanthaka)이다.
253 경우에 따라 마하가섭(Mahākāśyapa)과 軍徒鉢歎(Kundapadhaṇīyaka)을 넣기도 한다. 즉 1269년(南宋 鹹淳5)에 四明 志盤이 찬한 『佛祖統紀』(권33)에서는 諸 아라한 중에 4대 아라한과 16나한 외에 迦葉과 軍徒鉢歎을 입전시켰다. 『大正藏』권49, 319. ; 18나한의 분석에 대해 다음 책을 참고할 수 있다. 謝繼勝 等(2007), 『江南藏傳佛教藝術 : 杭州飛來峰石刻造像』(杭州: 浙江古籍出版社).

류의 영향으로 8~9세기, 11~13세기에 유행하였다.

이와 관련하여 달마다라 즉 행각승行脚僧의 그림은 '고승경전장래도高僧經典將來圖', 혹은 '보승여래' 같은 제목으로 대영박물관, 프랑스 기메박물관(Guimet Musée), 러시아 에르미타주(Ermitazh)박물관에도 몇 폭 있는데, 그림에서 행각승은 등에 무거운 경낭經囊을 지고 걷고 있으며 오른쪽에는 호랑이가 그려져 있다. 이런 그림은 중당에서 만당 사이에 유행[254]하였으며 대표적인 화가로는 한간韓幹·육요陸耀·오도자吳道子·이과노李果奴·주방周昉 등이 있다.[255]

호랑이 도상의 출현은 만당, 즉 9세기 이후로 보인다.[256] 당대에 보급되어 당과 오대에 유행한 이런 '행승行僧', '행각승' 혹은 '행도승行道僧'이라는 도상은 티베트 불교의 복호나한 도상, 보승여래와 관련이 있다. 그런데 장언원張彦遠[257]의 『역대명화기』(曆代名畫記), '양경사관벽화兩京寺觀壁畫'

254 그 예로 張彦遠, 『曆代名畫記』, '兩京寺觀壁畫'에는 唐代의 명화가인 韓幹의 그림, 浙西 甘露寺 文殊堂의 內壁과 外壁에 있는 陸耀의 '行道僧四鋪', 長安 景公寺에 있는 吳道子의 '僧', 敬愛寺에 그려진 劉行臣의 '行脚僧' 등이 있다.

255 吳道子, 景公寺東廊所繪(2005), '行僧·轉目視人', 『曆代名畫記』(北京 : 人民美術出版社), 55. 朱景玄이 『唐朝名畫錄』에 기재한 周昉의 그림에는 다음과 같은 문구가 있다. "大雲佛寺殿前行道僧, 廣福寺佛殿前面兩神, 皆殊絶當代."

256 최초의 行道僧 양식은 西安 興教寺 石刻線畫인 『玄奘法師像』이다. 玄奘法師는 629-645년에 천축구법행을 하였는데 그림에는 그가 袈裟를 입은 채 오른손에는 拂子를, 왼손에는 經卷을 들고, 등에는 대나무로 만든 經篋을 지고 있는데 경협 앞쪽에는 등잔불이 달려 있다. 그러나 호랑이는 없다. 圖版은 王衛明(2005), 『大聖慈寺畫史從考』(北京: 文化藝術出版社), 196 揷圖 참고.

257 張彦遠의 字는 愛賓으로 唐 蒲州 猗氏(山西省 臨猗縣) 출신이다. 그는 중국 '國畫의 祖'로, 高祖인 張嘉貞은 玄宗 대의 宰相이었고 曾祖 張延賞은 德宗 대의 宰相이었다. 또 祖父 張弘靖은 憲宗 대의 宰相을 지내 그의 집안은 '三相張家'로 불렸다. 부친 張文規는 서화에 능했으며 彦遠은 博學能文하여 玄宗은 그 집안을 "圖書兼蓄, 精博兩全."이라 하였다. 장언원은 「三祖大師碑陰記」·「山行詩」 등을 썼으며 저서에 『法書要錄』(10권)·『歷代名畫記』(10권)·『名畫獵精』 등이 있다.

[그림 IV-3] 에르미타주박물관 伏虎羅漢

에는 아직 보승여래라는 명호가 없다. 그 후 오대에서 송 대에 그려진 돈
황의 견화絹畫에서는 보승여래불이라는 칭호가 보인다.[258]

초기 도상의 인물은 흘러가는 구름을 배경으로, 관휴의 나한처럼 '눈이
깊고 코가 높은(深目高鼻)' 모습에 각립(鬥笠, 삿갓)을 쓰고 있다. 등에는 대

---

258 에르미타주박물관과 上海古籍出版社가 편집한 『俄藏敦煌藝術品』 第一卷 圖版26의 제
    목의 '寶勝如來佛', 프랑스 기메박물관 소장인 漢僧 형상 그림의 榜題에 "寶勝如來一軀意
    爲亡弟知球三七齋盡造慶贊供養"(『西域美術』卷二 圖版88-2)이라 하여 '보승여래'란 이름
    이 보인다.

나무로 만든 경협經篋을 지고, 호랑이가 오른쪽에서 그를 수행하고 있다.[259] 당대의 사원 벽화를 담은 화사畫史 문헌에서는 행각승도를 많이 볼 수 있지만, 보승여래상은 주로 만당, 오대의 돈황 견화에서 보인다. 행각승도상은 돈황 막고굴 벽화에서도 제306, 308, 363석굴에 집중되어 있다.

한편 토번이 돈황을 통치한 중만당기의 벽화에 오대산도와 함께 티베트문자로 쓴 나한 조상이 있는 것으로 보아 티베트불교의 나한과 행각승도상은 실크로드를 통해 들어왔음을 알 수 있다.

보승여래라는 불호는 『화엄경』·「보현행원품」 등[260]에서도 볼 수 있다. 『불설칭찬여래공덕신주경』(佛說稱贊如來功德神呪經)에서 '나무서방보승여래南無西方寶勝如來'라 한 것처럼, 보승여래는 서방에 거주하며 보생여래는 남방에 거주한다하였지만, 이 시기의 보승여래는 때로는 보생여래와 같

---

259 行脚僧의 전형적인 裝束에 대해서는 『百丈淸規』에 상세하게 기술되어 있다. "道具菩薩比丘戒僧之資生, 順道增善之具." ; 『梵網經』은 율과 약간 차이가 있어 행각승은 율의 18種 (1. 安陀會(즉 五衣), 2. 鬱多羅僧(즉 七衣), 3. 僧伽黎(즉 大衣), 4. 尼師壇(즉 坐具, 隨坐衣, 『五分律』에 의하면 이것들은 護身·護衣·護僧을 위해 床, 褥, 坐具가 필요하다고 한다.), 5. 僧祇支(즉 偏衫, 覆膊衣, 掩腋衣), 6. 泥縛些羅(즉 禪裙, 金剛褲, 坐禪衲子), 7. 直綴(즉 袍子, 海靑, 이 3物은 比丘律에 있음), 8. 鉢多羅(應量器), 9. 隙棄羅(즉 錫杖으로 두 가지가 있다. 4股12環과 2股6環인데, 후자는 가늘고 작으며 무게가 한 근 정도로 붓다 당시에 비구들이 썼다. 10. 拄杖(노쇠한 비구가 사용), 11. 拂子, 12. 數珠(念佛珠, 木槵子 108개로 만들어 지님, 이상 3物은 比丘律에 나옴), 13. 捃雉迦(즉 軍遲), 14. 澡豆(즉 皂角洗淨用), 15. 수건, 16. 火燧(즉 火刀·火石·火紙 등), 17. 濾水囊(水蟲을 거르기 위함), 18. 戒刀(剃刀類)) 외에 楊枝·繩床·鑷子·香爐盒·경·율·불상·보살상을 더하여 26물을 몸에 지니는데 그것을 '道具'라 한다 하였다.

260 『大方廣佛華嚴經』(卷31), 「入不思議解脫境界普賢行願品」, "藥王如來, 寶勝如來, 金剛慧如來,白淨吉祥如來." ; 『地藏菩薩本願經』(卷下), 「稱佛名號品」(第9), "又於過去無量無數恒河沙劫, 有佛出世, 號寶勝如來." ; 『佛說大乘大方廣佛冠經』(卷下), "複次迦葉, 東方去此佛刹, 過阿僧祇世界, 有世界名寶耀, 彼土有佛, 號曰寶勝如來, 應供正等正覺." ; 『佛說佛名經』(卷第2), "南無華世界名寶勝如來" ; 『金光明經』, 「功德天品」(第8), "應當至心禮如是等諸佛世尊, 其名曰寶勝如來." ; 『瑜伽集要救阿難陀羅尼焰口軌儀經』, "諸佛子等, 若聞寶勝如來名號, 能令汝等塵勞業火悉皆消滅." ;『佛說稱贊如來功德神呪經』, "南無西方寶勝如來."

은 용어로 쓰였다.[261]

그런데 만당·오대의 돈황 견화 외에는 행각승이 보승여래로 바뀐 전거를 찾을 수 없다.[262] 보승여래는 서방을 호지하므로 경을 구하러 간 천축구법승들(즉 行脚僧)에게는 일종의 호신불이자 본받고 싶은 대상이었기에 만당·오대에서 송 대까지 행각승들을 보승여래라고도 하였다.

티베트불교에서는 기존의 16나한에 달마다라達摩多羅[263]와 포대화상을 더하였는데 전자는 호랑이가 동행하는 행각승(伏虎羅漢)으로 표현되며 화상은 바로 배가 불룩한 미륵포대화상을 말한다. 이 두 나한은 대략 13세

---

261 丁福保, 『佛學大辭典』, "(佛名)於施餓鬼法, 五智如來之南方寶生如來, 稱爲寶勝如來. 『教行錄』一放生文曰：'釋迦本師, 彌陀慈父, 寶勝如來.' 秘藏記本曰：'施餓鬼義, 寶勝如來南方寶生佛.'"

262 乾元元年의 일부 문헌에서 義淨·善無畏·流支·寶勝 등의 삼장법사가 인도에서 가져온 經夾에 대해 언급하고 있는데 여기서 寶勝은 분명 인도에서 범협을 가지고 실크로드를 통해 온 삼장법사 중의 하나이다. 『代宗朝贈司空大辨正廣智三藏和上表制集』(卷第一), 『上都長安西明寺沙門釋圓照集』請搜撿天下梵夾修葺翻譯 制書一首：中京慈恩薦福等寺 及東京注釋與圖版聖善長壽福光等寺 並諸州縣舍寺村坊 有舊大遍覺義淨·善無畏·流支·寶勝等三藏所將梵夾 右大興善寺三藏沙門不空奏 前件梵夾等 承前三藏多有未翻 年月已深 條索多斷 湮沈零落實可哀傷 若不修補恐違聖教 近奉恩命許令翻譯 事資探討詮會微言 望許所在撿閱收訪 其中有破壞缺漏隨事補葺 有堪弘闡助國揚化者 續譯奏聞福資 聖躬最爲殊勝. 天恩允許 請宣付所司中書門下 牒大興善寺三藏不空牒奉 敕宜依請牒至准 敕故牒. 乾元元年(758) 三月十二日.

263 그런데 여기서의 達摩多羅는 경전 속의 달마다라와는 무관하다. 佛典에서 언급하는 달마다라(Dharmatrāta)는 음역으로 曇磨多羅·達磨怛邏多라고도 하며 의역으로는 法救이다. 인도 설일체유부의 논사로, 『大毗婆沙論』卷77(『大正藏』27, 396a)에 "說一切有部有四大論師, 各別建立三世有異. 謂尊者法救說類有異, 尊者妙音說相有異, 尊者世友說位有異, 尊者覺天說待有異."라는 내용이 있다. '婆沙會四大論師'란 法救, 妙音, 世友, 覺天 등이다. 법구의 일생이나 사적은 자세히 전하지 않지만 『大毗婆沙論』·『尊者婆須蜜菩薩所集論』·『俱舍論』 등에서 그를 '大德法救'·'尊者法救'·'尊者曇摩多羅'·'大德'이라 칭하며 많은 곳에서 인용하고 있다. 禪宗의 初祖인 菩提達磨(Bodhidharma)도 때로는 達摩多羅로 불리는데, 菩提達磨·菩提達摩·菩提達磨多羅·達摩多羅·菩提多羅라고도 하며, 통칭 達磨라고 한다. 菩提達磨의 名號가 혼동되어 쓰이는 것은 『歷代法寶記』(『大正藏』51) 書末에서 '菩提達摩多羅'라 한데서 시작된다.

기 전후에 서하를 경유하여 티베트불교로 진입하였다.[264]

달마다라는 범어로 Dharmatrāta이다. Dharma는 '法'이고 -trāta는 '救度'이므로 Dharmatrāta는 '法救'로 번역된다. 그런데 그것을 티베트에서는 '法增'이라 번역한다. 법증은 갈당파(噶當派)[265]의 대사大師로, 관세음의 화신으로 여겨지는 법증거사法增居士(仲敦巴・傑衛炯乃)이다.[266] 그는 항상 등에 경협을 지고 있으며 옆에는 와호가 있다. 법증거사는 16존자를 잘 시봉하여 감응을 얻어, 무량광불이 구름 속에 출현하는 것을 보고 그의 지시에 귀를 기울인다.

---

264 西夏 肅南 문수산석굴, 杭州 飛來峰 등의 불교유적은 西夏, 宋, 元, 티베트불교의 요소가 섞여 있어 布袋和尙의 進入과 造像의 노정을 보여준다. 謝繼勝 等(2007), 『江南藏傳佛教藝術：杭州飛來峰石刻造像』(杭州：浙江古籍出版社)의 論文 참조.

265 噶當派는 1056년에 창설되었는데 '噶'은 '佛語', '當'은 '교수'라는 말이다. 즉 '갈당'은 불교의 도리를 가르친다는 뜻이다. 이 학파는 顯敎를 위주로 하므로 우선 현교를 배운 후 밀교를 공부해야 한다고 주장하여 현교의 전파에 큰 영향을 주었다. 1409년에 유명한 밀교개혁가인 쫑카파는 갈당파의 가르침을 바탕으로 하여 겔룩파(格魯派), 즉 황모파를 창설하였다.

266 仲敦巴(1005-1064)는 티베트불교 噶當派의 開派 祖師로 熱振寺를 창건하였다. 아티샤존자가 만년에 티베트에 갔을 때 그에게 입문하고 법통을 이었다. 그는 평생 수계하지 않았지만 가장 경건한 불교거사로 인정받는다. 티베트 탕카에서 仲敦巴는 속인의 복장으로 熱振寺를 배경으로 하여 많이 그려졌다.
　　東噶仁波且는 『紅史』 '十六尊者' 조목의 주석에서 達摩多羅는 仲敦巴에서 왔다고 언급하였다. '○十六尊者：按佛教說法, 釋迦牟尼圓寂時對羅喉羅等十六尊者說："我的教法在贍部洲消亡前, 你們也不會入滅, 須護持我的教法。" 因而十六尊者在贍部洲十六個地方弘揚佛教。漢地佛教十八羅漢中的和尙尊者是唐太宗迎請十六尊者到國都長安時, 負責招待十六尊者的人, 以後成爲皇帝供養的對象, 當了八個皇子的老師。十八羅漢中的居士達哈嶺拉 (達摩多羅) 的來歷是, 十一世紀初, 阿底峽到了西藏, 住在榮葉巴寺時, 一天十六尊者來到阿底峽的面前, 仲敦巴招待十六尊者, 因而他被列入羅漢之中。西藏十六尊者的畫像和塑像, 最先是在十世紀末, 喇欽貢巴饒色的弟子魯麥仲窮到了長安後, 臨摹了唐太宗迎請十六羅漢時所造的塑像, 回到拉薩後, 照此摹本在榮葉巴的十聖地佛殿中塑造了十六尊者的塑像, 此後流行於西藏各寺院。雖然十六尊者都是印度的阿羅漢, 但通常西藏寺院中他們的畫像上的衣著與漢地的和尙相同, 原因卽在於此。十六尊者的事跡詳見策卻林喇嘛容增仁波且意希堅贊所著《十六尊者的傳記》十函。' 蔡巴司徒・貢噶多傑著, 東噶仁波且注釋, 陳慶英・周潤年譯(1984), 『紅史』(拉薩：西藏人民出版社), 注釋 323 참조.

이 법증나한은 익서견찬益西堅贊의 『십육존자전』(十六尊者傳) 및 5세 달라이 라마의 『십육존자공봉법·무진불법지보』(十六尊者供奉法·無盡佛法之寶) 등에도 보인다.[267] 그런데 이들 문헌 및 전설에서는 모두 법증거사를 닝샤 하란산인으로 보고 있다.[268] 전설의 대강은 다음과 같다.

> 달마다라는 깊고 해박한 지식과 큰 지혜를 갖추었으며 불을 엄격하게 수행하였다. 미래불, 즉 미륵불인 16존자가 당 숙종의 초청을 받아 방문하였을 때 달마다라거사는 하란산에서 하안거 중이었다. 이산에는 사나운 맹수가 많았는데 달마다라는 법력을 사용하여 호랑이를 자기의 오른쪽 무릎에 두어 다른 동물의 공격을 막게 하였다. 거사 달마다라의 임무는 그 16존자를 시봉하는 것이었다.
> 달마다라가 들고 있는 불자拂子는 16존자를 시봉할 때 사용하며, 보병은 16존자를 淨水之心으로 시봉하기 위해 준비한 정수병이다. 달마다라의 보병과 불자에 내재된 의미는 관세음보살의 대자대비를 상징하는 것이다. 淨水는 마음의 때를 씻어 내는 것이고 보병은 淨水와 같이 순결한 관세음보살의 자비심을 상징한다.[269]

티베트불교에서 법증을 하란산인이라고 보는 근거(이유)는 다음과 같

---

267 東噶仁波且(2002), 『東噶藏學大辭典』(北京:中國藏學出版社), 1226-1227. ; 紮雅仁波且 (1989), 『西藏宗教藝術』(拉薩:西藏人民出版社)의 87-93까지의 티베트어 참고문헌은 모두 16존자의 傳記나 頌文이라고 한다.
268 5세 달라이 라마가 살았던 17세기에 나한 達摩多羅의 사적을 전하는 전거는 이미 있었다. 달마다라는 觀音의 화신으로 북인도에서 傳法을 위해 왔는데 그 사적은 마치 菩提達摩의 경우와 흡사하다. 단지 보리달마가 온 남인도 대신 북인도라 했을 뿐이다.
269 扎雅着, 謝継胜 譯(1989), 『西藏宗教藝術』(拉薩: 西藏人民出版社), 287-289.

다. 우선 앞에서 언급한 것처럼 토번의 돈황 점거시기인 중당시기에 막고굴 159·222·237굴 벽화에 그려진 오대산도는 오대산신앙이 행해졌음을 말해 주며, 토번의 한 승려가 이곳으로 구법하러 갔다고 한다.[270] 또한 선종이 서하에 전파되는 과정에서 벽화가 그 토대를 제공하였다. 서하 건국 후 중국 선종과의 잦은 접촉으로 규봉산圭峰山 초당사草堂寺 종밀宗密(780-841) 대사의 어록이 서하문으로 번역되기도 하였다.[271]

그런데 여기에서 말하는 당 숙종대의 하란산인 달마다라는 바로 신라의 무루를 의미하는 것으로 보인다. 전설의 사실 여부를 떠나 천축구법행을 했던 무루는 늘 보승불을 염송하는 신승이었기에 티베트 불교에서 무루가 복호나한으로 간주 된 것이다.

그리고 이 추측을 뒷받침하는 또 한 가지 근거는 다음과 같다.『익주명화록』(益州名畵錄)[272]에 의하면 노능가盧楞伽는 758년에 대성자사大聖慈寺(757년 창건) 벽에 행도승을 그렸다. 이 화사畵史 자료는 지덕(756-758), 건원(758-760)에서 상원(760-761)의 6년간 중당시기에 촉지蜀地에서 제작된 행도승 도상의 연대를 확정한다.[273] 이 시기는 당 숙종 이형李亨이 '안사

---

270 "爲了將來重修佛寺, (桑喜等)五位使臣便到五台山聖文殊菩薩的佛殿去求取圖樣. 這座佛殿修建在山頂上 籠罩在非人的霧靄之中 據說只用七天便修成了."『巴協』, 8. ; 紫洛, 『吐蕃求〈五台山圖〉史實雜考』,『民族硏究』, 1998年 3期, 95-101.

271 K. J. Solonin은 圭峰禪은 西夏佛敎의 主幹으로, 會昌滅佛(845) 후에도 계속 발전하였다고 한다. K. J. Solonin, Tangut Chan Buddhism and Guifeng Zong-mi刊,『中華佛學學報』第11期, 365-424.

272 黃休複,『益州名畵錄』, "至德二載, 起大聖慈寺. 乾元初, 於殿東西廊下, 畵行道高僧數堵, 顔眞卿題, 時稱二絶." 이 책에 盧楞伽가 "妙格上品六人" 중의 한 명으로 되어 있다.

273 난을 피해 수도의 수많은 시인과 화가들은 玄宗을 따라 巴蜀으로 피난하였고, 동시에 일부 예술가들은 태자 李亨을 따라 靈武로 가서 8세기 후반의 예술 圖像 및 그 풍격이 크게 변화하였다. 즉 行道僧 도상도 이 시기에 四川과 서북변경으로 진입한 것이다.

의 난 발발(755년)로 756년 7월에 영무에서 등극한 시기이다. 또한 하란
산 백초곡의 신라승 무루를 모셔와 내사(內寺)에서 기양(祈禳)을 주관하게 한
시기이기도 하다. 무루는 상원3년[274]에 입적한 것으로 기록되었는데 그
가 숙종에게 발탁된 그 시기부터 입적까지의 6년이 위의 6년과 묘하게
겹친다.

이상과 같이 티베트의 나한 전설과 영무, 하란산,[275] 서하 오대산의 형
성배경은 무루의 기록과 매우 관련이 깊다. 전설에서 말하는 당 숙종 대
의 16존자의 방문 시기는 현종의 행촉(幸蜀), 숙종의 영무 주병(駐兵) 시기이
자 무루의 활동기[276]였다.

하란산은 중·만당시 경사(京師)의 병란으로 인한 피난처였는데 토번은
이 시기에 중국에서 16나한을 받아들였다고 한다. 티베트문헌에 의하면
랑달마찬보(朗達瑪贊普)[277]의 멸법시(唐 武宗會昌元年, 841), 티베트의 여섯 대

---

274 무루의 입적시기에 대해 758년(『불조역대통재』권10, 『대정장』49, 598c4)과 762년(『송고승전
  』권21, 『대정장』50, 846c)의 두 가지 설이 있다. 역사적으로 상원3년은 없었으므로 권덕영은
  758년 설을 지지한다. 권덕영(2007), 「신라 '西化'구법승과 그 사회」, 『정신문화연구』30권 2
  호, 331-332.
275 『全唐詩』卷566, 당의 시인 韋蟾의 「送盧潘尙書之靈武」, "賀蘭山下果園成, 塞北江南舊
  有名. 水木萬家朱戶暗, 弓刀千隊鐵衣鳴. 心源落落堪爲將, 膽氣堂堂合用兵. 卻使六番諸
  子弟, 馬前不信是書生."에서 처럼, 唐人들은 보통 靈武와 賀蘭山을 연관시켜 보았다.
276 『宋高僧傳』(권30) 참조, 「唐朔方靈武下院無漏傳」(新羅國僧人 無漏) "所還之路山名賀
  蘭, 乃憑前記逡入其中, 得白草穀結茅棲止. 無何安史兵亂, 兩京版蕩, 玄宗幸蜀, 肅宗訓
  兵靈武, 帝屢夢有金色人念寶勝佛於禦前. 翌日, 以夢中事問左右, 或對曰 '有沙門行跡不
  群, 居於北山, 兼恒誦此佛號.' 肅宗乃宣征, 不起. 命朔方副元帥中書令郭子儀親往諭之,
  漏乃爰來. 帝視之日 '眞夢中人也.'" ;『佛祖歷代通載』卷第12, "秋七月, 皇太子卽位於靈武,
  是爲肅宗. 旬日, 諸鎭節度兵至者數十萬, 乃以房管爲相, 兼元帥討賊, 未幾爲祿山所敗.
  於時寇難方劇, 或言宜憑福佑, 帝納之. 引沙門百餘人, 行宮結道場, 朝夕諷唄. 帝一夕夢
  沙門身金色誦寶勝如來名, 以問左右, 或對曰, '賀蘭白草穀有新羅僧名無漏者, 常誦此佛,
  頗有神異.' 帝益訝之, 有旨追見無漏, 固辭不赴. 尋敕節度郭子儀諭旨, 無漏乃來見於行在.
  帝悅曰, '眞夢中所見僧也.'旣而三藏不空亦見於行宮, 帝並留之, 托以祈禳."
277 朗達瑪(Gldarma, 799-842)는 토번의 마지막 왕으로 達瑪·朗達日瑪·達磨(『新唐書』)라고

사가 서강西康[278]에 가서 각 사찰의 16나한의 그림과 조각을 보고 특히 노매盧梅, 중궁대사仲窮大師 등의 나한상을 그려 모셨다.

그 후 나한이 더 전래되었다. 달마다라(법증)는 하란산인이다. 즉 중만 당대의 승려가 하란산으로 와서 수행하였고 숙종이 영무에 왔으며, 서하대에 이 지역이 불교성지 오대산[279]으로 크게 유명해졌다.

숙종이 영무에서 즉위한 후 꿈에서 본 승려가 보승불호를 염송한 것은 티베트불교의 달마다라의 내원 기록과 중요한 관계가 있다. 이상의 사적은 모두 오대에서 송 사이에 기록되었으며 이때의 보승여래불은 이미 완전히 행각승의 형상으로 변하였다.

숙종이 현몽한 신라승이 하란산에서 염송한 '보승불'은 곧 행각승 형상의 보승불이었다. 이로 인해 5세 달라이 라마는『공양십육나한의궤』(供養十六羅漢儀軌)에서, 숙종 대에 티베트 땅에 나한이 전입하였는데 달마다라는 바로 하란산인이라고 언급하였던 것이다. 글자를 분석해 보면 '보승寶勝'은 '法寶'의 '寶'와 '증익'·'발전'·'장대'라는 뜻의 '勝'이다. 다시 말해 달마다라의 티베트어 이름(chos-vphel, 法增)은 '法救'가 아니고 '寶勝'에

도 한다. 그의 재위기간에 일어난 滅佛 이후 토번은 분열되었다.

278 西康省은 淸代에 설치된 22省의 하나로 康이라고도 하며 雅安이 主都이다. 省의 동쪽 경계는 四川, 南界는 雲南·인도, 西界는 토번, 北界는 靑海이다. 康은 藏區三部의 하나로 西部에 있으므로 西康이라 하였다. 西康省은 중국 내지로 진입하는 西藏의 주요도로였다. 주 관할지는 四川 甘孜藏族自治州·涼山彝族自治州·雅安市·阿壩藏族羌族自治州西部·西藏東部昌都市·林芝市 등이며 藏族이 중요민족이다.

279 「唐朔方靈武龍興寺增忍傳」의 增忍은 武宗會昌元年(841)의 폐불 초기에 賀蘭山으로 피신하여 淨地인 白草穀에 은거하였는데 그곳은 바로 西夏대의 오대산사가 있던 拜寺口(혹은 拜寺溝)에 해당된다. "會昌初, 薄遊塞垣訪古賀蘭山, 中得淨地者白草穀, 內發菩提心, 頓掛儒冠直歸釋氏, 乃薙草結茅爲舍, 倍切精進. 羗胡之族競臻供獻酥酪, 至五載, 節使李彦佐嘉其名節, 於龍興寺建別院號白草焉, 蓋取其始修道之本地也."

서 온 것이다.

하란산이 불교성지가 된 것은 서하 대에 문수도량이 하란산으로 옮겨지며 오대산의 지위를 획득하고 오대산사가 창건되면서 부터였다. 이로 인해 문수보살은 서하에서 특별한 존숭을 받으며 돈황 막고굴, 유림굴榆林窟, 하서의 여러 석굴 및 서하에서 불화의 중요한 소재가 되었으며 서하 왕실의 중요인물들은 종종 문수보살의 화신으로 표현되기도 하였다.

명의 주전朱㫋이 찬한 『영하지』(寧夏志)의 문수보살 관련 기재[280]는 막고굴 제61굴의 「五台山圖」를 밝힌 것이다.[281]

한편 『송고승전』에 의하면 당 의봉원년(676)에 계빈국의 불타바리(佛陀波利)가 북인도에서 오대산으로 문수보살을 친견하러 왔는데, 문수 화신인 백의노자白衣老者는 불타바리에게 불경을 가지고 당으로 올 것을 요청하였다. 이에 고승은 경당經幢에 다라니를 새겨 가지고 갔다.[282] 하란산내

---

280 朱㫋(1996), 『寧夏志箋證』(銀川: 寧夏人民出版社), 96, "文殊殿, 在賀蘭山中二十餘裏. 聞之老僧, 相傳元昊僭居此土之時, 夢文殊菩薩乘獅子現於山中, 因見殿宇, 繪塑其相. 畫工屢爲之, 皆莫能得其仿佛. 一旦, 工人鹹飯於別室, 留一小者守視之, 忽見一老者鬖髿然, 徑至殿中, 聚諸彩色於一器中潑之, 壁間金碧輝煥, 儼然文殊乘獅子相. 元昊睹之甚喜, 恭敬作禮, 眞夢中所見之相也, 於是人皆崇敬. 逮之元時, 香火猶盛, 敕修殿宇, 每歲七月十五日, 傾城之人及鄰近郡邑之人詣殿供齋, 禮拜. 今則兵火之後焚毀蕩盡."

281 莫高窟 제61굴은 五代 歸義軍節度使 曹元忠이 조성을 시작하여 약 950년경에 완성되었다. 이 굴은 문수보살을 숭배하기 위해 조성되었으므로 문수가 사자를 타고 있는 泥塑像이 있어 '文殊堂'이라 하였다. 그러나 塑像이 파손되어 사자의 꼬리와 네 다리의 흔적만 남아 있다. 西壁에는 높이 3.6m, 너비 13.6m의 五台山化現圖가 있는데 문수보살이 오대산에서 顯靈한 이야기와 중생들이 산에 올라 예불하는 모습을 묘사하고 있다.

282 『宋高僧傳』卷二, 「唐五台山佛陀波利傳」, "釋佛陀波利, 華言覺護, 北印度罽賓國人 忘身徇道遍觀靈跡. 聞文殊師利在淸涼山, 遠涉流沙躬來禮謁. 以天皇儀鳳元年丙子杖錫五台, 虔誠禮拜悲泣雨淚, 冀睹聖容. 俟焉見一老翁從山而出, 作婆羅門語謂波利曰"師何所求耶?" 波利答曰 "聞文殊大士隱跡此山, 從印度來欲求瞻禮."翁曰"師是彼國將佛頂尊勝陀羅尼經來否? 此土衆生多造諸罪, 出家之輩亦多所犯, 佛頂神咒除罪秘方, 若不齎經, 徒來何益? 縱見文殊亦何能識? 師可還西國將彼經來流傳此土, 卽是遍奉衆聖廣利群生, 拯接幽冥報諸佛恩也. 師取經來至, 弟子當示文殊居處." 波利聞已, 不勝喜躍, 裁

의 문수전과 막고굴 제61굴의 문수당에 그려진 흑의黑衣를 입은 백발노자白髮老者가 함께 보이는데 이것은 즉 서하 왕 원호元昊가 자신을 불타바리에 비유한 것으로 본다.

서하는 하란산을 북오대산이라 상정한 후 산서성의 오대산과 관련 있는 인물, 전설 등을 모두 하란산에 이식하였다. 티베트인들은 불타바리가 11~13세기에 서하의 북오대산(즉 하란산)을 방문하여 하란산인이 되었다고 한다. 12~13세기 전후에 선종화의 흥기로 서북 변방의 서하인에게 복호나한 및 약간의 성도상聖圖像이 전래되었다. 예를 들면 산취구 벽화 제2굴 용도甬道 입구의 복호나한 및 항룡降龍나한, 과주瓜州 동천불동東千佛洞 제2굴 남북 용도 입구상부 벽화의 한산寒山 · 습득拾得과 포대화상의 조상으로 보아 토번과 서하의 교류로 서하인에게 선종화의 포대화상, 복호나한 같은 장전藏傳 도상 체계가 전수된 것이다. 자연히 선종 복호나한과 행도승 달마다라의 도상은 중첩된다.[283]

당연히 복호나한은 선종수묵화의 전래, 유행과 관련이 있으므로 돈황 만당 오대의 행각승이 바로 복호나한인지는 알 수 없지만, 티베트불교에서의 달마다라 조상은 두 가지로 나뉜다. 하나는 돈황 오대시기의 행각

抑悲淚向山更禮, 擧頭之頃不見老人. 波利驚愕, 倍增虔恪, 遂返本國取得經回. 旣達帝城便求進見, 有司具奏, 天皇賞其精誠崇斯祕典, 下詔鴻臚寺典客令杜行顗與日照三藏於內共譯. ; 『廣淸涼傳』에도 같은 내용이 있다. 『大正藏』卷51.

283 667년에 오대산을 참배한 釋慧祥의 『古淸涼傳』의 다음 내용으로 그림으로 그려진 상황을 알 수 있다. "昔有一僧 遊山禮拜 到中台上 欲向東台 遙見數十大蟲 迎前而進. 其僧 誓畢身命 要往登之. 俄而祥雲鬱㪍 生其左右 顧眄之間 冥如閉目 遂深懷大怖 慨恨而返. 餘與梵僧釋迦蜜多 登中台之上 多羅初雲必去 後竟不行 餘以爲聖者多居其內矣." 釋慧祥, 『古淸涼傳』(卷上), 『大正藏』卷51, 1095. ; 그 밖에 복호나한의 하란산 진입은 어쩌면 조기문헌에서 기록한 五台山에서 출현한 老虎, 阻擋大師 行進의 전설과 관련 있는 것인지 모른다.

승, 혹은 현장玄奘 조상의 주요 특징을 그대로 계승한 것이다. 또 하나는 선종 복호나한 도상에 보다 가까운 것으로 승려와 호랑이가 그려져 있는 데 단 승려가 행도승은 아니다.

당 정관 이후 현장의 사적은 '행승'·'행도승'·'행각승' 등으로 불리는 취경고승도상取經高僧圖像을 만들어내었다. 그로인해 행도승은 서역, 돈황 등을 호지하는 신중의 직능을 갖게 되었다. 이렇게 실크로드를 통해 취경 전법한 행도승을 보승이라고도 불렀는데, 이로 인해 만당·오대에 특정의 세속신으로서의 보승여래가 생겼다.

안사의 난 후 숙종이 영무에서 즉위하고 신라승 무루의 하란산 불교전설이 활성화되며 하란산과 행각승, 보승여래의 도상이 구성되었다. 그 도상은 당과 티베트간의 불교교류의 중요한 예이다. 토번이 당에서 받아들인 나한체계 그 자체는 행도승과 하란산의 구성요소를 포함하고 있다. 토번, 서하와 오대산의 특수한 관계에서 조성된 하란산과 오대산은 불타바리, 달마다라, 행각승 등, 티베트불교의 '달마다라' 도상을 형성하였다. 양송시기를 거치며 선종이 중국에서 서하로 이입되어 반호伴虎나한의 선종화가 점차 행도승 형상의 달마다라로 대체되었고, 티베트불교사상 중 돈파仲敦巴 거사의 사적과 뒤섞여 티베트어 명칭인 '居士法增(dge bsnyen chos vphel)'을 형성, 달마다라를 대신하여 13세기 이후 티베트불교 예술 중 두 가지의 달마다라도상을 형성하며 복호나한과 행각승이라는 두 가지 양식으로 나타나게 되었다.

(3) 오진의 불교사상

① 태장계 밀교승 오진悟眞

오진은 한국 고대의 15명의 천축구법승 가운데 마지막 구법행을 떠난 인물로 『대당청룡사삼조공봉대덕행상』,[284] 「금태양계사자상승」[285] 등에 그 행적이 전한다. 오진의 모습을 보여주는 또 다른 자료는 오백나한을 담은 화집인 『오백금신나한도』(五百金身羅漢圖)와 설명, 또 그 그림을 모

---

[284] 『대정장』50, No.2057_001, 「大唐青龍寺三朝供奉大德行狀」, "(전략) 建中二年. 新羅國僧 惠日. 將本國信物. 奉上和上. 求授胎藏金剛界蘇悉地等. 並諸尊瑜伽三十本. 已來授訖. 精通後時. 卻歸本國. 廣弘大教. 精誠絕粒持念. 悉地現前.遂 白日沖天竺國王宮中瞻禮. 求乞其法. 空中□言西大唐國. 有秘密法法有青龍寺. 同年新羅國僧悟眞. 授胎藏毗盧遮那 及諸尊持念教法等. 至貞元五年. 往於中天竺國. 大毗盧遮那經梵夾餘經. 吐藩國身歿.(후략)"

[285] 『속장경』59, No.1073, 唐 海雲集, 「金胎兩界師資相承」(1卷), "金胎兩界師相承: 金剛界・ 遮那・金薩・龍猛・龍智・金智・無畏・不空・含光(保壽寺)・惠朗(大興善寺)・天竺阿闍 梨(崇福寺)・德美・惠謹・俗居士趙梅・曇貞(青龍寺)・覺超(保壽寺)・契如・惠德・惠 果・惠應(大興善寺)・惠則(同)・惟尙(城都府)・辨弘(汴州)・惠日(新羅國)・空↑(日本 國)・義滿(青龍寺)・義明(同)・義操(同)・法潤(青龍寺)・義眞(同)・義舟(同)・義圓(同)・深 達(景公寺)・海雲(淨住寺)・大遇(崇福寺)・從賀(醴泉寺)・文[菀-夕夕](同)・均亮(新羅國 或均諒)・常堅(青龍寺)・法全(玄法寺)・敬友(安國寺)・文懿(同)・智滿(永保寺)・自愻(興 唐寺)・惠忿(薦福寺)・弘印(新羅國)・圓仁(日本國)・圓載(同)・圓珍(同)・遍明(同)(眞如親 王)・弘悅(青龍寺)・俗居士茂炫(建武郭)・文秘(同)・義照(同)・義潛(同)・義政(同)・義一 (龍興寺)・俗居士吳殷批雲巨唐大和八年歲在甲寅仲秋月二十淨住寺梵字傳教沙門海雲 集；胎藏界・遮那・金手・掬多・無畏・金智・不空・一行(大興善寺)・玄超(保壽寺)・惠 果(青龍寺)・惠應(大興善寺)・惠則(同)・惟上(或雲惟明成都府)・辨弘(汴州)・惠日(新羅 國)・悟眞(同)・空↑(日本國)・義滿青龍寺・義明(同)・義操(同)・義眞(東塔院)・深達(景 公寺)・海雲(淨住寺)・大遇(崇福寺)・文[菀-夕夕](醴泉寺)・義懃(同)・法潤(同)・道升(淨 住寺)・法全(玄法寺)・敬友(安國寺)・文懿(永壽寺)・智滿(永保寺)・弘印(新羅國)・操玄 (慈恩寺)・圓仁(日本國)・圓載(同)・圓珍(同)・遍明(同)・宗睿(同)・弘悅(青龍寺)・文逸(安 國寺)・茂炫(丁建武)・唯謹(同)　批雲巨唐大和八年歲次甲寅十月上旬有八日淨住寺傳教 芯芻海雲集."

델로 하여 만든 각종 소조들이다. 그 중 화집과 관련 있는 소주의 서원사 오백나한당의 설명[286]이 가장 자세하다

지금까지 국내에서는 『대당청룡사삼조공봉대덕행장』으로 밀교승 오진 의 행적을 추정하였다. 그 행장은 불공의 제자이면서, 금강계·태장계의 양부 밀법을 모두 계승한 혜과惠果의 것인데, 내용 중 혜과에게 가르침을 받은 제자들을 열거하면서 오진을 소개[287]하고 있는 것이다.

그 내용에 의하면 781년(建中2년)에 신라승 혜일惠日이 신물信物[288] 등을 가지고 청룡사[289]로 가서 스승 혜과에게 바쳤으며, 오진은 그 해에 혜과 에게서 '태장비로자나胎藏毗盧遮那' 및 '제존지념교법諸尊持念教法' 등의 가르 침을 받았다고 한다. 이 부분에 근거하여 그 동안 국내 학계에서는 신라 승 혜일과 오진이 장안에 간 시기를 781년으로 보았다.

그러나 소주 서원사의 선각線刻에 의하면 오진이 당에 간 것은 781년이 아니고 적어도 경덕왕 대(742-765 재위) 무렵의 일이었다. 이때는 삼국통

---

286 蘇州, 西園寺 (線刻), "悟眞常尊者, 唐代新羅國人, 法號悟眞, 尊者少年時卽來中國硏習 佛學知識, 與他同來中國的還有惠日等人. 長期居住在長安大寺, 以學密宗『毘盧遮那經』 及諸尊持念教法爲主, 學識廣博, 是當時的名僧之一. 悟眞曾遊訪大江南北, 遍訪高僧大 德, 增益學行. 爲了進一步硏究佛法, 於唐德宗貞元五年(789)前往中天竺, 求得posic本『大毘 盧遮那經』及 梵夾餘經, 在返回中國的途中, 圓寂於吐藩(西藏)地區.悟眞尊者勤學不倦, 相 求不捨的品德受到廣大僧俗的仰慕.
287 "同年新羅國僧悟眞, 授胎藏毗盧遮那及諸尊持念教法等. 至貞元五年, 往於中天竺國. 大 毗盧遮那經梵夾餘經. 吐藩國身歿."
288 信物이란 '증명하는 物品'을 말하는 데 고대의 신물로는 情書·詩歌·器具·香囊·同心 結(가사의 끈 매는 방법) 등이 있다. 여기서 혜일이 신라에서 가져왔다는 신물이 구체적으로 무엇인지는 알 수 없다.
289 청룡사는 唐의 밀교 명찰로 섬서성 西安에 있는데 隋 文帝대인 582년에 창건되었으며 初 名은 '靈感寺'이다. 그 후 영감사는 621에 폐사되었는데 高宗 龍朔2년(662), 城陽公主가 주 청, 觀音寺로 중창하였다. 睿宗 景雲2년(711)에 靑龍寺로 고쳤다. 會昌5년(845)의 훼불시에 被廢된 후 다음 해에 중창되며 護國寺라 하였다. 宣宗 大中9년(855)에 다시 靑龍寺라는 사 명을 회복하였다.

일을 둘러싸고 오랫동안 불편한 관계를 유지해 오던 신라와 당이, 경덕왕의 적극적인 한화정책과 구법승들의 활약으로 긴밀하게 협조하던 시기였다.

오진은 장안의 대흥선사(大寺)[290]에서 공부하였는데 당시 대사는 수·당을 통틀어 장안에서 가장 큰 사찰이었으므로 보통 '대사[큰절]'라고 불렀다. 당시 그곳에는 혜초가 천축구법행을 마치고 장안으로 와서 금강지와 불공의 제자로 오랜 세월 동안 머물고 있었다.

불공이 대흥선사에 관정도량을 열면서 그곳은 밀교의 중심 사찰이 되었다. 그래서 밀교승 혜초나 오진도 그곳에 머물렀던 것이다. 한편 무루無漏도 756년에 불공과 함께 영무에서 돌아와 몇 년간 장안의 내사에서 기양을 하였음은 이미 서술하였다.[291]

혜초는 천축구법행(723-727)을 마치고 장안으로 와서 금강지의 가르침을 받던 중 741년에 금강지가 입적하자 다시 불공의 제자가 되었다. 당시 혜초는 밀교고승이 집전할 수 있는 기우제를 지내거나 불공의 대표적

---

290 大興善寺는 晉 武帝 司馬炎에 의해 泰始에서 泰康연간(265-289)에 창건되었으며 처음에는 遵善寺라 하였다. 隋 文帝 開皇年間에 西安城을 大興城으로 증축하였는데 이때 절이 성안의 靖善坊 한 부분을 차지하였으므로 '大興'이란 말과 '善'字를 취해 대흥선사라 하였다 한다. 수 당대에는 불교가 성행하여 인도에서 傳敎나 유학을 위한 구법승들이 많이 왔는데 그들은 寺內에서 佛經翻譯과 密宗을 傳授하였다. 大興善寺는 이로 인해 장안의 3대 譯場 중의 하나가 되었으며, 중국밀교의 발원지이자 국제문화교류지가 되었다. 開皇7년(587) 무렵에 역경장이 시설되고 開元4~8년(716-720)에 開元三大士인 善無畏·金剛智·不空이 이곳에서 500여부의 밀교전적을 번역하였다. 756년에는 불공이 주지가 되었는데 불공은 玄宗·肅宗·代宗의 3朝帝師이다. 그는 절에서 息災呪法을 행하고 灌頂道場과 戒壇을 시설하였다. 이 절은 후에 靑龍寺와 함께 밀교의 중심도량이 되었다. 一行和尙도 이곳에서 天文數學과 密法을 공부하였다.

291 오진은 어렸을 때부터 당 황실 주변에서 활동하던 무루, 혜초와 같은 신라승의 활약을 보고 성장했던 것으로 보인다. 따라서 오진이 혜초와 무루의 가르침을 받았거나 그들의 영향으로 천축구법행의 장도에 올랐을 가능성은 충분하다.

인 제자 '6혜철'의 하나로 꼽히는 등, 인정받는 고승이었다.

오진 역시 당대 최고의 밀교승 혜과에게서 가르침을 받았다. 그럼에도 오진이 성공한 승려로서의 안정적인 삶 대신에 목숨을 건 천축구법행을 택한 데에는 신라 출신의 선배인 혜초나 무루의 영향도 분명 작용했을 것으로 보인다.

오진의 천축행의 직접적인 목적은 『대비로자나경』(7권) 등의 범본 경전을 가져오는 것이었다. 『대비로자나경』은 태장계 소의 경전의 하나로 이미 선무외와 일행—行이 번역하였으며, 『대일경』(Mahāvairocana Tantra) · 『대비로자나성불신변가지경』(大毗盧遮那成佛神變加持經) · 『비로자나성불경』 · 『대비로나경』이라고도 한다.

그런데 『대비로자나경』은 이미 번역되어 널리 쓰이고 있었는데 오진이 그것을 구하러 간 것으로 보아 당시 천축에 그 경의 다른 판본이 있었거나, 기존의 번역본에 의문점이 있었던 때문으로 추측된다. 오진이 『대비로자나경』과 함께 가지고 왔다는 범협여경梵夾餘經[292]은 또 다른 밀교관련 경전들일 것으로 추측되지만 정확히는 알 수 없다.

오진의 법통은 금강지[293]→ 불공[294]→ 담정曇貞→ 혜과惠果로, 불공의 제

---

292 범협梵夾은 梵經, 梵篋, 梵典이라고도 하며 범어로 貝葉이나 자작나무 껍질(樺皮), 종이 등에 쓴 경전이다. 때로는 '一切經典'을 대표하는 말로도 쓰인다.

293 金剛智(669-741, Vajrabodhi)는 인도인으로 善無畏 · 不空과 더불어 開元三大士의 하나이다. 금강지는 해로로, 선무외는 육로로 왔는데 해로 · 육로는 金剛部와 胎藏部의 灌頂傳授密法을 중국에 가져온 것으로 나누어 부르는 말이기도 하다. 따라서 금강지와 선무외는 중국 兩部 밀법의 시조이다. 금강지는 720년에 낙양과 장안으로 와서 大唐國師가 되었다. 그는 慈恩寺 · 資聖寺 · 大薦福寺 등에 壇場을 세우고 밀교경전을 번역하며 대중을 교화하였다. 그가 가는 곳마다 金剛界大曼茶羅灌頂道場이 건립되었다. 금강지는 741년에 세수 71세, 법랍 51세로 입적하였으며 付法제자로는 불공 · 一行 · 慧超 · 義福 · 圓照 등이 대표적이다. 금강지의 번역으로는 『金剛頂經瑜伽修習毗盧遮那三摩地法』(1권) · 『千手千眼觀世

자 담정은 제자 혜과의 행장에 일부 언급[295]될 뿐, 자세한 행적은 알 수 없다. 오진의 스승인 혜과(746-805)는 9세에 담정의 제자가 되었다.[296] 혜과는 불공에게서 관정을 받았고, 또 선무외의 제자인 현초玄超에게서 밀법을 받아 금강계와 태장계 밀법을 융회하여 '금·태불이설金·胎不二說'을 건립하였다.[297]

그 후 혜과는 명을 받고 내전에 들어 기도하는 등, 대종·덕종·순종 3대 황제의 예우를 받았다. 또 혜과는 장안의 청룡사 동탑원東塔院에 관정 도량을 설치하여 활동하였으므로 '비밀유가대사秘密瑜伽大師'로도 불렸다. 혜과는 불공의 입적 후 최고의 전법 아사리가 되어 수법受法 제자가 매우 많았는데 그 중 변홍辯弘(訶陵國 출신), 혜일惠日, 오진, 공해空海 등이 대표적이다.

晉菩薩大身咒本』(1권)·『千手千眼觀自在菩薩廣大圓滿無礙大悲心陀羅尼咒本』·『不動使者尼羅秘密法』(1권)·『瑜伽念誦法』(2권)·『七俱胝陀羅尼』(2권)·『曼殊室利五字心陀羅尼』(1권)·『觀自在瑜伽法要』(1권) 등, 8部11卷이 있다.

294 不空(不空 金剛, 705-774, Amoghavajra)은 사자국인으로, 법호는 智藏, 혹은 不空智라 한다. '불공'은 그가 관정을 받았을 때의 이름이다. 『貞元釋敎錄』(卷15)에 의하면 그는 어려서 출가하여 14세에 闍婆國(현 자바)에서 금강지를 만나 중국으로 왔다. 720년에 낙양에 도착하였고 개원12년(724)에 낙양 廣福寺에서 비구계를 받았다. 또 한 가지 趙遷의 『不空三藏行狀』에 의하면 불공은 西域人으로 어려서 외삼촌을 따라 중국으로 왔다. 10세에 武威, 太原 등을 週遊하였고 13세에 우연히 金剛智를 만났다고 한다.

295 『대정장』권50, No. 2057_001, 「大唐靑龍寺三朝供奉大德行狀」, "先師諱惠果和尙. 俗姓馬氏. 京兆府萬年縣歸明鄕人也. 幼年九歲 便隨聖佛院. 故三朝國師內道場持念賜紫沙門諱曇貞和尙. 立志習經. 至年十七. 爲緣和尙. 常在內道場, 持念不出, 乃於興善寺三藏和上."

296 불공은 혜과를 처음 보고 다음과 같이 칭찬하였다고 한다. '此兒爲密藏之器, 必興我法. 由是愛撫惠果, 不異父母. 遂口授大佛頂大隨求梵本, 並普賢行願·文殊之贊偈等. 已則兼修禪律.' 空海도 자신이 찬한 碑에서, '始則四分秉法, 後則三密灌頂.'이라 하였다. 『대정장』50, No.2057, 「大唐靑龍寺三朝供奉大德行狀」 참조

297 불공의 제자 중 7명이 겨우 금강계 1부를 얻었을 뿐인데 오직 혜과만이 양부의 師位를 받았던 것으로 보아 그의 법기를 추측해 볼 수 있다. 혜과는 이후 38년간 밀교를 널리 가르쳤으며 805년(順宗 永貞元年) 12월 15일, 청룡사 동탑원에서 춘추 60, 법랍 40세로 입적하였다.

밀교는 일체를 대일여래의 현현으로 보고, 대일여래의 지덕智德 방면을 금강계라 하며 '본래 갖추고 있는 이성', 또는 5대大 혹은 정보리심淨菩提心을 태장계라 한다. 태장계의 기원은 남인도 여래장학파로부터 시작된 것으로 추정되는데 나란타사那爛陀寺를 중심으로 하여 전 인도로 퍼졌다. 그런데 태장계는 현장과 의정의 구법행 중에는 아직 나란타사에 전입되지 않았으며 무주武周(690-705)에서 개원연간(713-741) 사이에 전입한 것으로 보인다.

태장계는 밀교에서의 비유어로, 불성이 중생신衆生身에 은장隱藏되어 있으며 이성이 일체제법을 총섭하는데, 마치 아이가 일체불─切佛의 공덕을 갖추고 모태에 있는 것과 같다고 해서 붙은 이름이다.

금·태 양부의 구별은 관찰의 면과 입장이 같지 않은 데에 있다. 본래 갖추고 있는 상(本來具有之相)이 태장계이므로 혹 태장계만다라를 본유만다라本有曼荼羅·이理만다라·인因만다라라고도 한다. 태장계만다라는『대일경』에 근거하여 본경의 중심교의('菩提心爲因, 大悲爲根本, 方便爲究竟')를 도회圖繪한 것이다. 이로 인해 태장계만다라의 조직도 역시 이 3구의 뜻을 표현하고 있다. 당에서는 금강계가 융성하며 태장계를 그 일부분으로 받아들이게 되었으므로 당의 수많은 밀교수행자는 그 두 가지를 동시에 수행하면서도 금강계를 위주로 하였다.

중국의 태장계는 당 개원연간에 입당한 선무외의 전래에 이어 제자 일행─行이『대일경소』를 지으며 그 뒤를 이었다. 그것을 중국에서의 태장계의 첫 전승으로 본다. 후에 불공삼장이 금강지의 입적 후에 스리랑카에 갔을 때 보현普賢 아사리에게서 금강계와 태장계 양부 관정을 받고 다시 당으로 돌아와 두 번째 전승자가 되었다. 그런 연유로 불공은 제자가 매우 많아 당밀은 불공 문하를 중심으로 금강계와 태장계가 융합하게 되었다.

오진은 그의 법명이 『당해운집』(唐海雲集)의 「금태양계사자상승」(金胎兩界師資相承)의 태장계에 전하는 점이나, 그가 태장계 소의 경전인 『대비로자나경』을 구하기 위해 천축행을 한 것으로 보아 태장계 밀교의 법맥을 이었음을 알 수 있다.

② 오진과 나한신앙

오진의 불교사상은 태장계밀교에 있지만 오히려 나한신앙이 더 강조되었다. 중국이나 한국, 일본의 여러 사찰에는 오백 명의 아라한을 모신 오백나한당이 조성되어 있다. 나한은 8정도가 완성된 수행자의 단계로 신견身見·계취戒取·의疑·탐貪·진瞋·치痴 등, 일체 번뇌가 영진永盡한 상태이다. 즉 현재의 법(現法)에서 그대로 해탈의 경계를 체득하는 존재인 것이다.[298]

사료의 부족으로 그간 오진에 관한 대부분의 연구[299]에서는 밀교승이나 천축구법승을 열거할 때 그 법명이 들어가는 정도에 불과하였다. 단

---

298 고익진(2012), 『불교의 체계적 이해』(광주: 광륵사, 보급판), 95-103.
299 김복순(2012), 「『삼국유사』「歸竺諸師」조 연구」, 신라문화제학술발표논문집 33. ; 김호동(1999), 「『續高僧傳』과 『大唐西域求法高僧傳』에 입전된 韓國高僧의 행적」, 嶺南大學校 民族文化硏究所. 『民族文化論叢』, Vol 20 ; 金永德(2001), 「密教의 韓國的 受容의 一例 - 三十七尊을 中心으로 - 」, 『密教學報』 제3집, 밀교문화연구원 ; 고영섭(2015), 「법사들이 천축으로 간 까닭은?」, 『『삼국유사』 인문학 유행』(서울: 박문사) ; 엄기표(2011), 「부안 고부이씨 묘 출토 다라니에 대한 고찰」, 『한국 복식』 29호 ; 陳景富(2003), 「西安地區幾個佛教園林建設的論證」, 『陝西行政學院學報』(西安: 陝西省行政學院).

일 연구로는 그가 479번째 나한임을 소개한 것[300]이 있는데 그것을 바탕으로 이제 소주蘇州 서원사 등의 여러 사찰에 전하는 오진상존자에 관한 기록을 토대로 그와 나한신앙과의 관계를 고찰해 본다.

후기밀교[301]가 시작되는 8세기에는 혜초・혜일・무루・오진・불가사의 같은 밀교승이 천축이나 당으로 구법행을 떠났다.[302] 그 가운데 오진[303]은 밀교승이면서 중국의 오백나한 중의 한 명으로 입전되어 있다.

중국불교사에서 최초의 오백나한은 절강성 천태산에서 동진東晉대에 출현하였다. 나한신앙은 당과 오대에 특히 흥성하였는데 954년에 도잠선사道潛禪師가 오백나한당을 창건했다는 기록이 있다. 985년에는 천태산 수

---

300 桂美香(2015), 「신라 悟眞의 오백나한 입전 현황 고찰-제479번 羅漢 新羅國 悟眞常尊者-」, 『한국불교학』76권, 한국불교학회, 395-424.

301 대승불교가 등장하며 불교는 유신론적 특징을 띠게 되었고, 불보살에 의한 구원론적 관념을 보완하여 대중화를 도모하였다. 그 후에는 힌두교의 주술적 요소들을 적극적으로 흡수한 밀교가 등장하였다. 밀교의 발전과정은 세 단계로 나눈다. 6세기까지의 밀교를 초기밀교라고 하는데 이 시기는 힌두교의 영향으로 밀교적 의례가 투입된 단계이다. 7세기까지는 중기 밀교로, 중관학파와 유식학파의 교리를 받아들여 사상과 실천체계를 정비한 시기이다. 그리고 8세기 이후를 후기밀교라고 한다. 그런데 밀교경전은 이미 3세기경에 등장하였다. 밀교가 유행하게 된 이유는 밀교의 수행과 의례가 富와 勸力 등의 세속적인 욕망을 실현하는 수단으로 알려졌기 때문이다. 그와 동시에 밀교는 깨달음을 성취하는 강력하고 효과적인 수단으로 여겨졌기 때문이다.

302 그 가운데 玄超・義林・不可思議는 선무외로 부터 태장계 부법을 받았으며, 혜일과 오진은 혜과로부터, 均諒은 불공으로 부터 금강계 부법을 받았다. 정병삼(2005), 「慧超의 활동과 8세기 신라밀교」, 『한국고대사연구』. ; 그런데 오진은 혜과로 부터 태장계 부법을 받았을 것으로 보인다.

303 悟眞이라는 법명을 사용한 승려는 안동 下柯山 鶴巖寺에 머물던 의상의 제자 중에도 한 명이 있다. 그는 특히 亞聖이라고도 불렸는데 밤마다 팔을 뻗어 영주 부석사의 석등을 켰다고 한다. 『삼국유사』・「의상전교」조, 『한불전』6, 349b12. ; 한편 그는 80권 본 『화엄경』이 신라에 전해진 뒤 그 품수에 대해 唐의 了源에게 편지로 문의했다고 한다. 균여, 『釋華嚴旨歸章圓通鈔』, 『한불전』4, 120a19-b11. ; 또한 屈直敏(2004), 『敦煌 高僧』(北京: 民族出版社), 101-108에 수록된 釋悟眞은 돈황 출신으로 속성이 唐氏이며 생존연대가 신라의 오진보다 약 백여 년 후인 인물이다.

창사壽昌寺에 16나한과 오백나한이 함께 봉안되었다. 그 이후 오백나한을 모시는 사찰은 전국 각지로 퍼졌다.

오백나한은 처음에는 명호가 없었으나 나중에 관명을 부여받게 되었는데 그 기원에 대해 두 가지 설이 있다. 첫째, 광서성 선산宣山 회선산會仙山 백룡동白龍洞의 마애비각磨崖碑刻에 새겨진 '供養釋迦如來住世十八尊者五百阿羅漢聖號'인데 현재 전하지 않는다. 둘째, 남송 공부랑工部郎 고도소高道素가 1134년에 새긴 강음군江陰軍 건명원乾明院 오백나한존호이다. 그것은 가장 오래된 명호로, 고도소는 각 경전에서 500명의 이름을 따서 1134년 12월에 새겼다고 하는데 사실상 모든 명호가 경전상의 인물에 근거한 것은 아니다. 그 비석은 훼손되었으나 『가흥속장경』(嘉興續藏經) 제43함函[304]에 기록이 있으며, 지금 남아 있는 것은 명 숭정연간에 중각重刻한 것이다.

한편 오백나한당과 관련한 오래된 기록으로는 송 소식蘇軾(1037-1101)의 「광동동완현자복사오백나한각기」(廣東東莞縣資福寺五百羅漢閣記)가 있다. 자복사는 962년에 창건되었는데 11세기 말에 조당선사祖堂禪師가 자복사 주지를 할 때 오백나한각을 지었다. 소식은 그의 청으로 1100년에 「광동동완현자복사오백나한각기」[305]와 「재생백찬」(再生柏贊)·「조당백장로찬」(祖堂白長老贊)·「사리탑명」(舍利塔銘) 등을 써 주었다고 한다. 그런데 그 비기에서 나한의 명호는 보이지 않는다.

---

304 『嘉興藏』·『徑山藏』이라고도 함.
305 蘇軾, 「廣東東莞縣資福寺五百羅漢閣記」, 『東坡文集』後集20, "(전략) 東莞古邑, 資福禪寺, 有老比丘, 祖堂其名. 未嘗戒也, 而律自嚴 ; 未嘗求也, 而人自施. 人之施堂, 如物在衡, 捐益銖黍, 了然覺知. 堂之受施, 如水涵影, 雖千萬過, 無一留者. 堂以是故, 創作五百, 大阿羅漢, 嚴淨寶閣. 湧地千柱, 浮空三成, 壯麗之極, 實冠南越. 東坡居士, 見聞隨喜……."

중국의 오백나한 중에는 신라 출신의 고승 두 명이 포함되어 있다. 2001년에 제455번째 무상공존자無相空尊者가 신라 왕자 출신의 정중무상 대사임이 밝혀졌고, 2015년에는 제479번째[306] 오진상존자悟眞常尊者가 신라의 마지막 천축구법승인 오진임이 밝혀졌다. 중국에서 나한은 승속의 존경을 받으며 신앙의 대상이 되어 왔는데 오진이 오백나한의 대열에 오른 것은 그의 뛰어난 수행력 때문으로 보인다.[307]

오진이 천축에서 경을 구해 오다가 동토번에서 입적한 후 어떻게 오백나한의 대열에 들었는지는 알 수 없다. 오진이 오백나한의 반열에 들기 위해서는 중국인들의 엄격한 평가기준에 합격했어야 했을 것이다. 그 기준은 말할 것도 없이 승려로서의 수행력이나 두타행이었을 것이다. 혹은 그 역시 무루와 마찬가지로, 천축구법행을 하는 승려들의 수호자인 보승여래寶勝如來로 인정받았을 수도 있다.[308]

우리나라의 대표적인 오백나한상은 은해사 말사인 거조암, 안변 석왕사釋王寺 오백나한전, 청도 운문사 영산전 등에 있다. 그런데 오백나한의

---

306 간혹 480번째로 분류된 곳도 있다. 桂美香(2015), 「신라 悟眞의 오백나한 입전 현황 고찰-제479번 羅漢 新羅國 悟眞常尊者-」, 『한국불교학』76권, 한국불교학회, 395-424 참고.

307 5백나한의 전설은 수많은 경전에 있지만 그 하나하나의 이름은 없었다. 중국불교에서 말하는 오백나한의 명호와 순서는 남송 高道素의 『江陰軍乾明院羅漢尊號石刻』에 따른 것으로, 1134년 12월에 제1나한인 阿若憍陳如부터 제500나한인 願事衆尊者까지 구성되었다. 비석은 사라졌으나 비문은 『嘉興續藏經』제430函에 남아 있다. 그밖에도 오진상 존자의 명호를 전하는 두 종류의 탁본집이 있다. 첫째, 『石橋五百尊羅漢像』(5冊)은 1798년(清 嘉慶3)에 常州知府 胡觀瀾이 石橋寺의 탁본을 모아 간행한 것으로 石橋寺는 浙江省 天台縣 天台山下 方廣寺이다. 方廣寺는 蓮花峰 아래에 있는데 503년(梁 武帝 天監2)에 창건되어 興廢를 겪고 明代 崇禎年間에 堵允錫과 王夫之 형제 등이 수선하였다. 둘째, 清末에 南嶽 衡山 祝聖寺에서 탁본한 것이다. 清 釋心月 翻刻, 『五百羅漢像贊』(5卷).

308 오진이 정중 무상과 더불어 중국의 오백나한 중의 한 사람이 된 과정이나 선정이유는 앞으로의 연구대상이지만, 그는 당, 송, 명, 청대를 이어 오늘날까지도 중국인들의 존경을 받으며 수많은 사찰의 오백나한당에서 제 479번째 존자로서의 지위를 묵묵히 유지하고 있다.

존호는 중국과 한국이 달라, 한국의 경우에는 고려시대에 정해진 명호가 오늘날까지 이어오고 있다.[309]

오진의 이름은 『대당청룡사삼조공봉대덕행장』(大唐靑龍寺三朝供奉大德行狀)·『당해운집』의 「금태양계사자상승」의 태장계에 전한다. 오진은 소년시절부터 장안의 대흥선사에서 공부하였으며, 또 매우 뛰어난 수행승이었기에 신라, 당, 천축, 토번을 아우르는 넓은 지역을 넘나들며, 당 말에서 송 대 사이에 중국의 오백나한에 입전되었다.

〈표 IV-7〉 오진상존자가 봉안된 사찰

국명	사찰명	지역	비고
중국	서원사西園寺	소주蘇州(칠언절구 있음)	荣枝長生金銅粒, 利源時湧夜光珠, 嘻笑人間人不識, 謂我俗子與凡夫.
	복호사伏虎寺	사천성四川省 아미산峨眉山	
	공죽사筇竹寺	운남성雲南省 곤명시昆明市	東方雕塑寶庫中的明珠
	귀원사歸元寺	호북성湖北省 무한시武漢市	
	영은사靈隱寺	절강성浙江省 항주시杭州市	
	보광사寶光寺	사천성 성도成都 신도新都	
	벽운사碧雲寺	북경北京	

---

309 반면 중국과 일본의 오백나한의 명호는 기본적으로 동일하지만 시대와 지역에 따라 구성이 약간씩 달라진 곳도 있다. 청의 강희제와 건륭제가 입전된 곳도 있으며 심지어 耶穌(예수)존자가 입전된 곳도 있다.

	하방광사下方廣寺	절강성浙江省 천태산天台山	
	나한사羅漢寺	사천성四川省 십방什邡	
	칠탑사七塔寺	강소성江蘇省 영파宁波	
	옥천사玉泉寺	호북성湖北省 당양當陽	
	천영선사天寧禪寺	강소성江蘇省 상주시常州市	
	연화사석굴蓮華寺石窟	감숙성甘肅省	석각상으로 宋·紹聖二年(1095)에 雕造
	백세궁百歲宮	안휘성安徽省 지주池州 구화산	
	화정사華亭寺	운남성雲南省 곤명시昆明市 서산西山	
	보화사寶華寺	상해上海	홍콩의 보련선사 그림과 동일
한국	안양사安養寺	경북 영주	오진상존자는 맞으나 지물이 다름

중국의 여러 사찰에 전하는 내용에서는 다음과 같이 오진상존자를 설명하고 있다.

"오진상존자는 당대 신라[조선]인으로 법호가 悟眞이다. 존자는 소년시에 중국에 와서 불학을 깊이 연구하였다.

중국 이름은 오진상존자이고 나한으로서의 서열명[排名]은 '五百羅漢 第肆佰柒拾玖尊'이다. 장안의 大寺에 오랫동안 머물렀으며 출생지는 당대 신라국[朝鮮]이다. 密宗 및 諸尊持念[310] 敎法을 위주로 배웠으며 학식이 廣博했던 당시 명승의 하나이다. 후에 佛法의 眞諦

를 구하기 위해 당 덕종 貞元5년(789)에 중천축으로 가서 珍本 『大毗
盧遮那經』 및 梵夾餘經을 구하였다. 귀국도중에 西藏에서 圓寂에
들었다. 그는 싫증냄이 없이 부지런히 공부하였으며 항상 不舍[멈추
지 않음]의 品德을 구하여 승속의 앙모를 크게 받았다."[311]

    오진의 또 다른 모습을 보여주는 것이 소주의 서원사 오백나한당의 설
명이다. 거기에는 다른 자료에서는 찾아 볼 수 없는 한 구절이 있는데,
'오진이 대강大江(즉 양자강)의 남북을 주유하며 고승대덕을 두루 방문하여
학행學行을 증익 하였다.'[312]는 것이다. 오진의 명성이 중국 여러 곳에 퍼
지고 나한의 반열에 오를 수 있었던 것은 오진이 천축으로 떠나기 전인
바로 이 시기(781-789)의 행적 때문일 것으로 추측한다.[313]

---

310 持念이란 승려가 '經呪(經文과 呪文)를 염송하는 것'을 말한다. '持'는 손으로 물건을 꽉 움
    켜잡는 느낌으로 진심으로 佛號를 염하는 것이다. '念'은 '今'과 '心'을 합한 글자로, 마음을
    바로 지금 여기에 집중한다는 것이다. 산란한 우리 마음을 佛號의 각 한 자마다에 집중하여
    우리의 惡習으로 묶인 業障을 소멸시키는 역량을 기르는 것이다.
311 출전, "悟眞常尊者, 唐代新羅國(朝鮮)人, 法號悟眞, 尊者少年時卽來中國硏習佛學. 中文
    名悟眞常尊者羅漢排名五百羅漢第肆佰柒拾玖尊長居於長安大寺出生地唐代新羅國(朝
    鮮)人五百羅漢第肆佰柒拾玖尊. 長居於長安大寺, 以學密宗及諸尊持念教法爲主, 學識廣
    博, 爲當時名僧之一. 後爲求佛法眞諦, 於唐德宗貞元五年(789)前往中天竺, 求得珍本《大
    毗盧遮那經》及梵夾餘經, 於歸國途中圓寂於西藏地區, 他勤學不倦, 常求不舍的品德,
    受到廣大僧俗的仰慕." 여기서 '(朝鮮)'이라고 한 것은 이 글이 명대에 기록된 것을 바탕으로
    하였기 때문이다.
312 蘇州, 西園寺 (線刻), "悟眞常尊者, 唐代新羅國人, 法號悟眞, 尊者少年時卽來中國硏習
    佛學知識, 與他同來中國的還有惠日等人. 長期居住在長安大寺, 以學密宗『毗盧遮那經』
    及諸尊持念教法爲主, 學識廣博, 是當時的名僧之一. 悟眞曾遊訪大江南北, 遍訪高僧大
    德, 增益學行. 爲了進一步硏究佛法, 於唐德宗貞元五年(789)前往中天竺, 求得珍本『大毗
    盧遮那經』及『梵夾餘經』, 在返回中國的途中, 圓寂於吐蕃(西藏)地區.悟眞尊者勤學不倦,
    相求不捨的品德受到廣大僧俗的仰慕."
313 그러나 그 부분에 대해서는 충분한 사료를 찾을 수 없었다. 가장 오래된 명호의 기록으로
    는 『複齋碑錄』·『金石續編』에 天台山 石橋寺 오백나한의 명호가 있었다고 하나 전하지
    않는다. 1134년(紹興4)에 새긴 江陰軍乾明院羅漢尊號碑도 있었으나 전하지 않는다. 그런데

오진은 양자강 남북을 오가며 매우 폭넓고 활발한 교유를 하다가 789년에 『대비로자나경』 및 여러 경전을 구하기 위해 티베트를 경유[314]하여 중천축으로 갔다. 오진의 구법기에는 당과 토번과의 관계가 긴밀하였기에 육로를 이용하였던 것으로 보인다.

오진은 마침내 『대비로자나경』과 기타 범본 경전들을 가지고 돌아오다가 안타깝게도 토번의 어딘가에서 입적하였다. 현재 오진을 모신 탑도 비문도 어디에 있는지 알 수는 없지만, 그의 탁월한 수행력이나 두타행, 박식함 등에 관한 사료가 중국의 방지方志나 사지寺志에 전하였을 것이며, 그것을 바탕으로 이르면 당말, 혹은 오대, 늦어도 송초에 오백나한의 명호를 정할 때 제479번째 나한인 오진상존자로 입전되었을 것이다.

乾明院비는 明 崇禎16년 高承埏이 감숙성 涇縣의 관청에 새긴 것을 아들 高佑紀가 다시 새겼는데 그것이 嘉興藏第43函에 입장되었다. 그것이 오진의 나한 존호에 관한 근거이다. 이들 명호는 宋 대에 붙은 것이며, 나한의 수행이 매우 뛰어나 '金身'으로 표현했다고 한다.

314 토번의 송첸캄포왕과 네팔의 브리쿠티공주와의 결혼으로 인도와 네팔, 토번을 있는 길이 개통되었고, 이어 문성공주와의 혼인로인 唐蕃古道가 개통된 이래, 현조, 혜륜 등의 많은 구법승이 문성공주의 후원을 받으며 이 길을 통해 천축을 오갔다. 710년 무렵에는 당의 금성공주가 문성공주에 이어 두 번째로 토번왕에게 下嫁하며 토번의 불교계에 큰 힘이 되었다. 그러나 그녀의 남편 赤德祖贊(704-755 재위)의 대신 瑪尙仲巴傑의 독단으로 불교계는 무참한 탄압을 받았다.(구체적인 탄압 내용은 변인석, 앞의 책, 302의 본문 및 각주 10) 참조) 그러나 그 아들 赤松德贊(755-797 재위)은 불교를 부흥시켜 사찰을 세우고, 승려를 배출하였으며 불경을 번역하였다. 그 대표적인 사찰이 그 유명한 삼예사(Samye Monastery, 桑耶寺)이다. 그는 삼예사에서 마하연(돈문파)과 아티샤(점문파) 존자의 돈점논쟁을 참관하였다. 또 신라 원측의 『유가론기』가 토번으로 전해진 것이나, 무상선사의 선법이 아티샤존자와 마하연선사의 돈점 논쟁에 앞서 이미 전해지는 등, 신라와 당, 당과 토번, 토번과 신라의 불교를 둘러싼 교류가 활발한 시기이기도 하였다.

3. 사상적 특징

1) 소승불교의 수용과 인식

지금까지 천축구법승의 사상과 그 특징에 대하여 크게 소승불교와 대
승불교의 두 범주로 나누어 고찰해 보았다.[315] 아육왕阿育王은 전쟁으로
인한 대규모 살육에 회의를 느끼고 불교에 귀의한 후 자신의 아들과 딸
까지 포함한 대규모 전도단을 전 인도와 스리랑카로 파견하여 불교를 적
극적으로 전파하였다. 그로 인해 지역마다 약간씩 다른 부파가 생겼다.

이른바 18(혹은 20)부파는 각 파의 사상을 바탕으로 붓다의 가르침을
해석하고 신앙하였는데, 그들의 가르침은 동서를 오가며 무역을 하던 상
인들과 전법승들에 의해 동북아시아까지 전파되었다.

중국에의 불교 전파는 중앙아시아를 거쳐 중국으로 전래된 북방 유전
流傳과, 해로를 통한 남방 전래가 있다. 인도 불교의 각 부파의 교설敎說은
기원전후에 이 두 방향으로 전파되어 중국에는 대승·소승 불교가 동시
에 전입되었다. 2세기에 대승과 소승이 공존하였음을 보여주는 대표적인
예가 안세고安世高이다. 스승인 안세고는 소승경전을 번역하였고, 제자인
안현安玄과 엄불조嚴佛調는 『법경경』(法鏡經) 같은 대승경전을 번역한 것이
다. 그래서 중국에서는 이렇게 혼재되어 전래한 소승과 대승의 효과적인
이해를 위해 천태 지의의 교상판석 같은 불교이해 방법도 등장하였다.

---

315 앞에서도 언급한 것처럼 이때의 소승불교는 계율과 아비달마를 중시한 초기불교에 해당된
다. 法顯이나 현장, 의정, 혜초 같은 천축구법승들이 남긴 기행문에서 각 지역 불교의 주류
가 대승인지 소승인지, 혹은 그 혼합 상태인지를 밝힌 것과 같은 개념이다.

안세고의 번역은 위진남북조 대의 불교 전파에 큰 영향을 주었지만 소승불교 각파는 곧 사라졌고, 수당 대에는 대승불교가 그 중심이었다.

한전漢傳 불교 13대 종파 중 비담종毗曇宗·성실종成實宗·구사종俱舍宗 등은 소승 종파이었다. 중국의 율학이나 율종은 모두 소승 율본律本에 의거하고 있기에 현재까지도 화지부化地部의 『오분율』(五分律), 법장부法藏部의 『사분율』, 대중부大衆部의 『마하승기율』, 설일체유부의 『십송율』 외에 상좌부上座部의 『선견율비바사』(善見律毗婆沙) 등의 소승경전이 풍부하게 남아 있다.

중국에서 한역되기 시작한 남전과 북전의 법과 율은 공통점도 많았지만 차이점도 많았다. 계율에 관한 여러 문헌들 중 위魏(220-265)의 법시法時가 250년대에 처음으로 『승기계본』(僧祇戒本) 중 바라제목차를 번역하였다. 이어 강승개康僧鎧는 담무덕파의 백갈마白羯磨인 『담무덕율부잡갈마』(曇無德律部雜羯磨)를 번역하였고 담무제는 255년에 그것을 중역重譯하여 『갈마』라 하였다. 이로써 다르마굽타에 의해 설립된 화지부의 일파인 담무덕파의 계율이 처음으로 중국에 소개된 것이다.[316]

290년 무렵까지의 경전 번역기에 이어 동진시대가 되며 불교는 비로소 본격적으로 전파되기 시작하였다. 300년대의 도안, 구마라집의 활동으로 불교는 상류층으로 확산되었고 400년대에 와서야 정착되었다.

경전 번역에는 무엇보다 범어와 중국어를 잘 아는 인적 자원이 가장 필요함에도, 4세기 후반의 번역가인 축불념쓰佛念 이전에는 그런 승려가 없었기에 자의적인 해석이 많고 결락이 심하여 어떤 경우에는 거의 이해

---

316 5세기에 담마약사에 의해 『四分律』이 번역되며 담무덕파의 계율 전체가 중국에 소개된다.

할 수 없는 번역물이 되었다. 그런 혼란을 해결하고자 법현이 천축구법 행에 나섰다.

법현과 같은 시기에 동진에서 활동하던 전법승 마라난타가 384년에 백제에 불교를 전파한 뒤 백제에 어떤 경전과 계율서가 전래되었는지는 알 수 없지만, 6세기 초에 범본 율전을 구하고자 천축구법행을 떠난 겸 익은 계율과 비담학이라는 백제 불교의 정체성을 확립시켰다.

겸익은 법현이 고민했던 것처럼, 백제불교계의 위상을 정립하기 위해 서 범본 율전을 구해와 번역하여 승단의 기강을 세우고자 했다. 겸익에 관한 유일한 기록인 「미륵불광사사적」(彌勒佛光寺事蹟)의 문장에는 아비 담장과 오부율문을 구해온 구법승이자 역경가라는 겸익의 정체성이 그 대로 담겨 있다.

겸익은 5년에 걸친 천축 유학을 끝내고 범승梵僧 배달다삼장倍達多三藏과 더불어 범본 아담장阿曇藏(아비달마논장)과, 설일체유부·법장부·대중부· 화지부·음광부의 다섯 부파에 전하는 율문律文을 가지고 귀국하였다. 겸 익이 유학과 취경에 성공하고, 함께 범본 율문 등을 번역할 삼장법사[317] 를 모시고 온 것에서 보아 당시 천축의 불학이 매우 활발히 연구되고 있 었음을 짐작할 수 있다.

겸익은 서북인도에서 번창한 설일체유부의 율학을 공부하였을 것으로 여겨지는데, 그렇다면 배달다삼장 역시 설일체유부에 속한 승려였음을

---

317 倍達多三藏이 阿曇藏(아비달마논장)과 5部 律文의 번역을 위해 온 것으로 보아 그는 특히 논장(아비달마)과 율장(계율학)에 더욱 조예가 깊었을 것으로 짐작된다. 그가 중국도 아닌 한 반도까지 전법을 위해 온 것은 백제인에게 백제인의 언어로 佛法을 쉽게 전달해 주고자 하 는 자비심에서 비롯된 것으로 더욱 그 의미가 깊다하겠다.

짐작할 수 있다. 설일체유부는 산스크리트를 사용하였으며 2세기 경 카슈미르의 환림사環林寺에서, 제3차 결집에서 완성된 삼장에 대한 주석서를 만든 제4차 결집에 대해 전한다.

겸익이 구하고자 했던 계율서인 비나야 삐타까(⑤ Vinaya Piṭaka)는 붓다 재세 시에 이미 구전의 형태로 유통되고 있었던 것으로, 겸익의 취경과 역경은 중국에 의존하던 경전 수입을 넘어, 범본을 통해 붓다의 원음에 한층 다가가고자 했던 점에서 큰 의의를 찾을 수 있다.

이상에서 살펴 본 바를 바탕으로 겸익의 천축구법행의 의미를 정리해 보면, ① 겸익은 한국역사 최초의 천축구법승이며, ② 백제의 뛰어난 항해술을 바탕으로 해양실크로드를 이용하였다. ③ 겸익의 구법행의 목적은 유학과 취경에 있었으며, ④ 천축의 삼장법사와 함께 일련의 계획 하에 이루어진 역경을 하였다. ⑤ 또한 중국에 전해지지 않았던 파조부라부婆粗富羅部의 율서까지 포함한 오부율문 전체를 도입하였다는 점 등으로 정리할 수 있다.

백제의 겸익이 중천축의 가야 대율사에서 계율과 아비달마를 공부하고 온 후 정관연간(627-649)에는 신라의 아리야발마와 혜륜도 천축으로 갔다. 의정의 기록에 의하면 아리야발마도 나란타사에서 율장과 논장에 관한 책을 많이 보았다고 한다.

아리야발마 역시 겸익처럼, 신라의 불교가 도입기를 거쳐 정착기가 되면서 나타난 교단의 계율 관련 문제를 근본적으로 해결해야 할 필요를 느꼈던 데서 구법행을 결심하였다. 아리야발마는 나란타사에 머무르면서 율장과 논장에 관한 책을 많이 보았으며 패엽경貝葉經을 사경하여 고국에 돌아오고자 하였다. 아리야발마가 어떤 계율서를 입수하고자 했는지 정확히는 알 수 없지만, 그의 활동시기로 보아 율사律師 의정과 마찬가지로 근본설일체유부의 율서를 구하였을 것으로 짐작된다.

의정삼장은 율부[318]를 가장 중시했으며 특히 설일체유부[319]에서 분파된 근본설일체유부의 율을 중시하였다. 설일체유부의 율장律藏은『십송율』(十誦律)인데, 근본설일체유부의 율의律儀의 요지도 기본적으로는『십송율』과 같은 것이었다.

다음으로 아비담장을 공부했던 천축구법승을 통해 한국불교의 비담학 모습을 추정해 본다. 율승 겸익이 5년간의 유학에서 돌아와 율서와 함께 번역한『아비담장』은 '존재'의 분석에 치중했던 부파시대의 논서로 설일체유부(Ⓢ Sarvāstivāda)가 근본으로 의지한『아비달마장』이란 논장이다.

중국에 불교가 초전 될 무렵, 인도는 부파불교의 전성기로, 양梁 혜교慧皎의『고승전』,「담가가라전」(曇柯迦羅傳)이나 승우僧祐의『출삼장기집』(出三藏記集),「비구대계서」(比丘大戒序) 등에서의 율의 전승을 통해 그 모습을 일부나마 알 수 있다.

경전 역시 부파에 따라 선택되었는데, 중국에서는 설일체유부의 번역본이 많았다. 최초의 역경가인 안세고도 설일체유부의 것을 주로 번역하였다. 율서와 마찬가지로 논서 역시 설일체유부에 속한 아비달마류가 많이 한역되었다. 설일체유부 논사의 주요 논서는 16국, 특히 동진이 시작

---

318 義淨은 중국에 전해진 율법은 너무 복잡하다며, 율전을 복잡하게 하는 것은 근본적으로 승려들을 집중시키지 못하게 하여 계율이 자연히 쇠락한다 하였다. 특히 계율을 강의하는 율사들에게 律典은 간단명료해야 한다는 점을 원칙으로 강조하였다. 義淨, 宮林昭彦・加藤榮司 譯(2004),『南海寄歸內法傳』(京都: 法藏館), 19-21.

319 說一切有部는 根本上座部에서 分出한 이후 서북인도에서 유행하였으며, 중앙아시아로 전래된 후 다시 新疆을 거쳐 중국으로 들어왔다. 說一切有部는 이미 자신들의 완전한 경전 세트와 기타 문헌도 풍부하게 구비하고 있었다. 이 部派에서 수많은 大師와 학자가 나왔으며, 중국불교와 서역간의 특수한 인연으로 설일체유부와 깊은 관련을 갖게 되었던 것이다.

되며 많이 역출되었으며 또한 그 체계도 완비되어 중국불교사상의 발전에 미친 영향이 지대하다.

그 영향으로 남북조에서 수당 대에 비담종 혹은 비담학파 및 비담사毗曇師가 출현하였다. 현장이 귀국 후 역출한 부파방면의 경전도 설일체유부, 혹은 설일체유부와 관련된 것이었는데 이는 결코 우연이 아니다. 현장이 번역한 경전은 모두 당시 중국불교에서 가장 필요하고 유익한 경전으로 엄선된 것이었다. 비담사의 전통은 현장의 제자들에게서 체현되었다.

'아비담'(혹은 아비달마)이란 무아無我의 해명을 위해 임시로 상정한 윤회주체로서의 '존재에 대한 분석'을 의미한다. 부파불교 중 설일체유부가 가장 주도적인 부파였으며, 또한 겸익이 가져온 아비담장 역시 설일체유부의 소의 논서이었을 것으로 짐작되므로 겸익이 인연을 맺은 부파는 설일체유부일 것으로 추정된다.

불교전통에서 경經(sūtra)은 '신념을 증장시키기 위한 것'으로 '마음(믿음)으로 읽는 것'이고, 논論(Abhidharma)은 '지혜를 증장시키기 위한 것'으로 '분별(지혜)로 읽는 것'이었다. 아비달마에 대해 설일체유부는 정리법성正理法性을 개발 현시顯示한 것이었고, 유가행파에게는 계경契經의 종요宗要를 선양한 것, 제법의 체상을 널리 분별한 것이었다.[320]

아리야발마와 혜륜은 『구사론』을 중시하고 있다. '불법지식의 보고寶庫'라 존숭 받을 만큼 불교도들의 필독서였던 세친世親의 『구사론』은 진제眞諦의 『아비달마구사석론』과 현장의 『아비달마구사론』 등 두 가지 역본이

---

320 권오민(2014), 「부파불교 散考」, 『문학 / 사학 / 철학』, 제36호, 79.

있다. 그런데 생존 시기로 보아 아리야발마가 본 것은 진제의 번역본이며 혜륜은 현장의 번역본도 보았을 가능성이 크다.

한편 의정은 아리야발마를 기록하며 그가 총령을 넘고 천축의 '광협廣脅'에 이르렀다고 하였다.[321] 그런데 현장이 번역한 중현의 『아비달마순정리론』, 「변수면품」(辯隨眠品)에 의하면 중현이 한 때 '광협'에 있었다고 하여 아리야발마가 그곳에 간 이유를 생각해 보게 한다. 그리고 그 점에서 아리야발마 역시 겸익과 마찬가지로 소승 부파 중의 하나인 설일체유부의 논지를 일관되게 주장한 중현의 입장을 따랐을 것으로 짐작된다.

한편 의정은 당승 현조의 마지막 천축 행에 동참했던 신라승 혜륜을 직접 만났는데, 의정은 그를 '범어를 잘 하고 구사에 밝은' 신라승으로 기록[322]하였다. 현조玄照와 혜륜은 천축과 『구사론』이라는 두 가지 공통점으로 맺어진 사제관계로, 의정 당시의 중국불교는 구사론과 계율, 유식학 등, 다양한 불학이 연구되던 시기였다.

당 태종과 고종 대는 통일왕조에 기반을 둔 튼튼한 경제력과, 활발한 국제적 분위기를 바탕으로, 좀 더 정확하고 다양한 원전을 도입하기 위해 현장·현조 등, 수많은 구법승들이 서역과 천축으로 구법행을 떠났다. 신라승 혜륜이 장안에서 현조와 사제관계를 맺은 것도 역시 그런 분위기에서 『구사론』이라는 공동 관심사가 잘 결합한 때문이었다.

---

321 『大唐西域求法高僧傳』상권, "阿難耶跋摩者 新羅人也. 以貞觀年中出長安之廣脅(王城小名)追求正教親禮聖蹤.(후략)"
322 『大唐西域求法高僧傳』상권, 「혜륜」, "惠輪師者 新羅人也. 梵名般若跋摩 (唐云惠甲). 自本國出家. 翹心聖境 泛舶而凌閩越. 涉步而屆長安 奉敕隨玄照法師西行 以充侍者. 既至西國. 遍禮聖蹤. 居菴摩羅跋國 在信者寺 住經十載. 近住次東邊北方 覩貨羅僧寺 元是覩貨羅人 爲本國僧所造. 其寺巨富 資産豊饒. 供養湌設 餘莫加也. 寺名健陀羅山茶. 慧輪住此. 既善梵言 薄閑俱舍. 來日尚存 年向四十矣. 其北方僧來者 皆住此寺爲主人也."

불교교리사에서 볼 때 『구사론』은 6세기에서 7세기 사이에 천축과 중국, 신라에서 많이 연구되었음을 알 수 있다. 그리고 우리나라의 천축구법승 가운데서 『구사론』을 공부하기 위해 유학을 한 승려로는 혜륜이 대표적이다. 겸익이나 아리야발마 처럼 혜륜도 설일체유부의 설을 따른 것으로 생각된다.

천축구법승의 구법목적은 당시 유행하던 불학의 흐름에 발맞추어 이루어졌다. 계율사상과 비담사상은 초기불교와 부파불교의 가르침을 이해하는 기본 텍스트였다. 백제의 겸익은 계율과 비담사상으로 자신의 정체성을 드러내었다.

그는 백제에 전래된 한역 율서의 미비점을 보완하고 새로운 율서를 구해서 번역하고자 하였으며, 소승교학인 설일체유부의 소의 논서 『아비담장』을 구하기 위해 중천축의 대율사大律寺로 갔다.

천축구법승들은 인도에서 유행하던 불교사상을 정확히 알고 있었으며, 또한 그것이 취경이던 혹은 유학이던, 자신이 속한 불교계에서 꼭 해결해야할 문제와 관련되었기에 현장에 가서 그것을 해결하고자 하였다.

2) 대승불교의 수용과 이해

천축구법승은 그 시대의 논의의 쟁점이 되는 불교사상에 대한 적극적인 해결을 위해 구법의 길을 떠났다. 혜업慧業은 유식가이었으므로 나란타대학에서 유가행파의 논서인 『양론』(梁論)을 초사抄寫하였다. 혜업과 같은 시기의 현장 역시 유가행파의 승려로, 신유식을 공부하기 위해 나란타사로 갔다.

현장이 유학 후 장안으로 돌아왔다는 소식을 듣고 원효와 의상이 그에게서 신유식을 배우기 위해 당 유학을 두 번이나 시도했던 점을 보면 혜업은 신라불교계의 유식학 유행의 선두에 서 있었던 것으로 보인다.

『양론』, 즉 『양섭론』은 무착無著의 『섭대승론』(攝大乘論, ⑤Mahāyāna -samgra ha-śāstra)과 세친世親의 『섭대승론석』이다. 『섭대승론』은 대승 유가행파瑜伽行派의 기본 논서이다. 이 논은 유식唯識의 성립 이유와 삼성설三性說 및 아뢰야식阿賴耶識 등, 유가행파의 학설을 집중적으로 다루고 있다. 또 유가행파가 소승불교나 다른 대승학파와 같지 않다는 점들을 논함으로써 대승유가행파의 기본서적이 되었다.

세친은 『섭대승론석』에서 이 논을 상세히 해석하였는데 이 두 논서를 바탕으로 당의 섭론종攝論宗이 성립되었다. 『섭대승론』에서 '攝'은 경境·행行·과果의 십수승+殊勝으로 대승 불법의 요의를 '통섭'한다는 말이다. 십수승은 십승상+勝相이라고도 하는데 십승상을 불교수행의 경·행·과의 배열순서에 의거해 보면 유식무진사상唯識無塵思想으로, 전체 불교체계를 관조하여 불교철학의 세계관을 완성시키고 있다.

대승공종大乘空宗에서는 삼계三界란 '일심一心'에서 창조되는 것으로 본다. 단 어떻게 창조되는지에 대해서는 일심의 함의가 무엇인가 하는 등의 문제와 함께 자세한 해석은 하지 않고 있다. 그 후 법상유식학法相唯識學은 그 문제에 대해 이론적인 해석을 하였다. 먼저 6식識의 돌파로, 유식가는 전통불교에서 사람의 인식을 안·이·비·설·신·의의 6식으로 나누어 뚜렷한 한계성을 가지고 있었으므로 정신세계의 복잡한 정황을 해명할 수 없었다.

『섭론』에서는 사람의 인식 전 과정을 훈습熏習과 종자種子의 관계로 아려야식阿黎耶識의 존재와 작용을 잘 설명한다. ㉠ 훈습이 종자가 되는 단계, 즉 인식의 형성, ⓛ 섭지攝持와 은장隱藏 종자 단계로, 즉 인식이 정신 주체 중에 적취積聚되는 단계, ⓒ 종자가 (果報로) 성숙하는 단계로, 즉 인식이 외재 행동으로 전화轉化하는 등의 3단계가 그것이다.

이어 불교사상사에서 6~7세기는 곧 화엄의 시대였다. 화엄사상은 699년에 80권 본『화엄경』이 번역되며 본격적으로 연구되기 시작하였다. 천축구법승 원표의 중요한 구법 목적은 80권 본『화엄경』의 취경에 있었다. 대승경전인『화엄경』은 번쇄한 이론으로 일반인에게서 멀어진 부파불교를 대신하여 대승불교에 맞게 새롭게 집성된 것이다.

보드가야의 보리수 아래를 설처說處로 하여 붓다의 완전한 깨달음의 경지인 법계法界, 혹은 연화장세계를 묘사하는『화엄경』은 별행경의 품수에 따라 60권(晉本)·80권(周本)·40권의 세 종류가 있다.

무측천이 80권 본『화엄경』을 구하고자 692년에 우전국으로 사신을 파견하였을 무렵, 원표 역시 같은 목적으로 구법로에 올랐다. 측천무후가 통치하던 시기의 당은 화엄철학이 통하였다. 강력한 중앙의 통치 권력이 화엄의 이상주의적 철학을 지지할 수 있었기 때문이다.

신라화엄의 특색 중의 한 가지는 광대한『화엄경』을 210자字의 「화엄일승법계도」로 축약하여 그것을 행도行道하면서 읊는『화엄경』의 실천을 중시했다는 것이다. 또한 중국 문수신앙의 본거지인 오대산을 한반도에 이식하였다는 점과, 원표元表의 천관보살처럼 산악숭배사상과 연결된 보살신앙 역시 신라화엄의 한 특색이라고 할 수 있다. 원표는 천축구법승 가운데 유일한 화엄승이며 또한 겸익, 의신義信과 더불어 한반도로 다시 돌아온 구법승이기도 하다. 필자는 원표의 구법 시기에 대해『송고승전』의 천보연간(742-756)이 아니고 측천조(684-705)임을 입증하였다.

또 그가 귀국 전까지 수행했던 나라연동굴의 위치도 소개하였으며 그가 가져온 범본『화엄경』에 의해 영덕현 화엄 본산인 지제산支提山 화엄사가 창건 되었다는 점도 밝혔다. 원표의 생애와 구법시기, 신라 화엄계의『화엄경』수용 상황 등에 이어 원표의 불교사상이『화엄경』·「보살주처품」의 천관보살신앙[323]에 있음도 살펴보았다.

『화엄경』은 인간과 사회의 원융무애를 구경처로 하며 인간의 해탈을 그 목적으로 삼고 인간을 구원하고자 한다. 원표에 앞서 자장과 원효, 의상도『화엄경』,「보살주처품」신앙과 관련된 설화를 갖고 있다.

원표는 무측천 통치기(684-705)에 천축과 서역까지 다녀온 구법승이고, 우전국에서 80 화엄을 가지고 와 복건성 천관산天冠山(支提山)에서 50여 년을 수행하며 이름을 떨친 화엄승이다. 원표에 관한 9종 이상의 중국 측 자료에서는 원표와 선종간의 관련성을 찾을 수 없으나 한국 측 자료에는 원표가 한국 최초의 선종사찰인 보림사의 창건주로 되어 있다. 원표와 보림사와의 관련성은 알 수 없지만 원표의 불교사상은 천관보살신앙임에 분명하다.

거의 대부분의 불교학이 중국에서 한반도로 일방적으로 전래된 한국 불교사의 상황에서, 직접 우전국에 가서 범본 80권『화엄경』을 구해온 화엄승 원표의 구법 행은 매우 괄목할 만한 사건이다.

원표는 천축·서역을 순례한 구법승이자, 동아시아에서 80권 본『화엄경』을 조기에 수입한 인물 중의 한 명이다. 이에 필자는 위의 기본 사료들과 선행연구, 그 당시의 시대 조류나 국제정세 등에 관한 연구서 등을

---

323 『화엄경』의 보살주처사상에 의하면 지제산은 천관보살의 상주처이다. 支提山은 天鳳山, 佛頭山, 牛頭山, 天冠山이라고도 불리었는데, 이 山名은 80권 본『華嚴經』의 제 32「諸菩薩住處品」에서 유래한다.

통해 다음과 같은 추론을 도출할 수 있었다.

첫째, 원표는 통일 후인 670에서 680년 사이에, 고구려 유민으로 태어나 신라인으로 살았다. 그는 늦어도 10대에는 출가하였으며, 690년 전후에 신라를 떠나 중국·스리랑카·천축·서역을 주유하고, 우전국 황관봉皇冠峰의 한 사찰에서 범본 80권 『화엄경』을 구해왔다.

둘째, 원표는 『화엄경』을 지고 남중국 복건성 영덕현에 있는 천관보살의 주처지인 지제산으로 가서 50여 년을 화엄 수행하여, 그곳을 중국 화엄학의 성지로 만들었다. 그는 당시 천축구법승들이 일반적으로 이용한 해양실크로드를 이용한 것으로 보인다. 이는 당시 해로가 보편적인 천축로였으며, 또한 복건성의 천관보살 주처지인 지제산을 참배하고자 하였기 때문으로 보인다.

셋째, 원표는 복건성 지제산의 나라연동굴에서 약 50여년을 수행하다가, 755년에 자신이 늘 독송하던 『화엄경』을 나라연동굴에 두고 귀국했다. 이 경은 회창폐불會昌廢佛 이후 발견되어 10세기의 대표적 호불왕護佛王인 오월왕 전숙錢俶에게 전해져 나라연동굴은 나라연사가 되었다. 또한 전숙은 화엄사華嚴寺(후에 華藏寺, 支提寺 등으로 사명이 바뀜)라는 화엄사찰을 창건하여 범본 경전을 모셨다. 그리고 그곳은 송·원·명 황실의 지원을 받는 주요 사찰이 되었다. 지제산은 중국인들에게 화엄성지로 여겨져 이지역 화엄 신앙의 구심점이 되었다.

넷째, 원표는 755년 경, 80세 정도의 노구를 이끌고 신라로 돌아왔다. 그의 귀국 이유는 경덕왕의 적극적인 한화漢化 정책과 연관이 있어 보인다. 왕에게 있어 원표는 천축국까지 다녀온, 국제 정세에 상당한 감각을 지닌 존재로 느껴졌을 것이다. 원표의 도움에 대한 답례로 왕은 사찰 창건의 주요 시주자가 되었다.

다섯째, 원표가 경덕왕의 후원을 받아 창건한 사찰은 장흥 가지산 보림사가 아닌, 천관산 천관사로 보인다. 8세기 중반의 신라 왕실 주변의 불교계는 유가승들이 주로 활약하고 있었다. 경덕왕은 보다 안정적이고 강한 신라를 만들고자 중국의 여러 선진 정책을 적극 도입하는 한화정책을 펼쳤다. 그리고 불국사·석굴사 창건을 비롯하여 다방면으로 불교계의 큰 발전을 이끌기도 했다. 그 시기에 원표도 경덕왕의 귀국 요청을 받은 것으로 보인다.

원표는 거의 80세가량이 되어 귀국했기 때문인지 이후 행적이나 입적 시기, 다비 장소, 사리탑 조성 등, 어느 것에 대해서도 알려지지 않았다. 아마 그는 복건성 지제사에서 처럼, 장흥 천관산에서도 80 권 본『화엄경』을 조석으로 봉독하며, 화엄승으로서의 일생을 마쳤으리라 짐작된다.

『왕오천축국전』을 남긴 혜초는 4년가량의 천축 및 서역 구법행을 마치고 728년에 장안으로 와서 50년 이상을 당의 밀교 중심부에서 활동하였다. 혜초가 태어날 무렵인 8세기 초에 개원삼대사開元三大士에 의해 순밀이 전파되며 2부 대법大法인 태장계의 『대일경』과 금강계의 『금강정경』(金剛頂經)이 번역, 보급되었다. 당의 밀교는 '인간은 본래부터 청정한 본성을 갖추고 있다.'는 천축의 여래장학파에서 그 근원을 찾을 수 있다.

혜초는 733년(30세) 1월 1일부터 8년 동안 장안 천복사薦福寺에서 스승 금강지와 밀교경전인 『대승유가금강성해만수실리천비천발대교왕경』을 연구했으며 740년(37세)에 금강지의 지도 아래 경전의 한역을 시작했다. 741년(38세)에 스승 금강지가 입적하였고 그는 불공의 제자가 되었다.

불공은 금강지의 입적 후 스리랑카에 가서 1,200권의 밀교 경전류를 수집하여 746년에 중국으로 돌아왔는데, 혜초가 불공의 6 제자 중 한 명이었던 것으로 보아 이때 동행했을 가능성이 크다. 현종은 불공에게 홍려시鴻臚寺에 머물게 하고 내도량을 설치, 관정을 받았다. 그는 안사安史의 난을 통해 즉위한 숙종에게도 전륜왕위轉輪王位 칠보관정七寶灌頂을 주었다.

혜초 역시 밀교의식에 정통하여 대종 황제의 명으로 기우제祈雨祭의 제문을 작성, 774년에 주질현 흑수욕 옥녀담玉女潭에서 기우제 의식을 주관하여 사리우를 내리게 했으며, 대흥선사의 관정도량에서 『인왕호국경』을 염송하는 중임도 맡았다.

당밀의 특색은 태장계와 금강계가 혼합되었다는 것에 있는데 밀교는 '제3의 뛰어난 가르침'이라는 뜻에서 '금강승金剛乘'이라고 칭하였다. 밀교승들은 계율을 중시하였으며, 현교顯敎에 비해 극히 신비주의적이고 상징주의적인 교의를 사자상승하는 것이 특징이다. 밀교는 남녀노소를 불구하고 금생에 성불할 수 있다는 즉신성불을 설함으로써 엄청난 반향을 불러일으켰다.

혜초가 구법행을 할 무렵, 서아시아의 이슬람세력이 인도를 석권하면서 인도불교는 북부에서 침공한 이슬람정권과, 남부의 힌두교정권의 정치, 외교적 협공을 받게 되었다. 이슬람 측으로 부터는 우상숭배나 주술적인 요소를 이유로 무력탄압을 받았고, 힌두교측에서는 힌두교와 별 다를 바 없는 현상이라 공격받았다.

같은 시기에 중국에서는 순밀경전인 『대일경』이 번역되었고, 또 금강지와 제자 불공은 『금강정경』계 밀교를 소개하였다. 이로써 천태교학이라는 중국인 중심의 불교사상의 시대에서, 성불을 목적으로 하는 중기 밀교가 본격적으로 도입되어 그 기초 위에 중국의 밀교가 확립, 수용되었다. 나아가 불교를 호국사상과 결합한 불공은 당 황실의 귀의를 받고 여러 힘을 얻으며 중국밀교의 전성기를 초래하였다.

혜초는 불공의 6고족 중 밀법을 개시할 수 있는 승려로, 불공의 입적 후 황제에게 표문을 올려 스승의 장례에 베풀어준 배려에 감사드리고 스승이 세웠던 관정도량을 존속시켜줄 것을 청하기도 하였다. 혜초는 만년에는 오대산 건원보리사乾元菩提寺에 들어가 780년(德宗建中元年)에 다시 『대교왕경』 한역본을 녹출錄出하였다. 혜초가 쓴 『대교왕경』의 서문에 의하면 혜초는 780년 4월 15일에 스승과 함께 번역한 구역본을 오대산 건원보리사에 가지고 들어가 5월 5일까지 20일간 다시 필수하여 『일체여래대교왕경유가비밀금강삼마지삼밀성교법문』(一切如來大敎王經瑜伽秘密金剛三摩地三密聖敎法門)을 펴내었다.

혜초에 관한 기록이 건중 2년 이후에는 없는 것으로 보아 당에서 54년 이상의 활동을 마치고 780~783년(建中年間)에 오대산 건원보리사에서 입적한 것으로 보인다.

천축구법승 가운데서 무루는 밀교승으로, 그의 불교사상이 『화엄경』의 오대산 문수신앙과 직접적으로 관련되지는 않는다. 그런데 무루는 11세기에 서하西夏 왕국(1032-1227)에 의해 화엄의 오대산문수신앙과 관련하여 다시 한 번 역사에 등장하게 된다.

오대산이 문수보살의 주처지가 되는 근거 역시 『화엄경』에 있다. 경에서 묘사되는 문수보살은 몸이 자금색紫金色이고 동자의 모습이며, 정수리에 다섯 개의 상투를 틀고 있다. 그는 아이의 모습이지만 이미 청년이고 또 위맹하며 '제불의 모母'이고 '일체보살의 스승'이라고 한다. 왼손에는 청련화를, 오른손에는 보검을 잡고서 항상 사자를 타고 출입한다. 문수보살은 대승불교에서 제 보살의 수장으로 간주된다.

밀교승 무루는 서하와 송의 정치적 상황으로 재등장한다. 감숙성, 섬서성에 살던 티베트계 탕구트(Tangut)족이 세운 서하국은 전성기에는 그 영토가 고비(戈壁)·난주蘭州·황하·옥문玉門에 까지 이르렀다. (티베트)불교를 국교로 한 서하는 당시 동아시아 불교계의 흐름에 맞게, 국왕부터 일반인에 이르기까지 『화엄경』 오대산문수보살에 대한 신앙이 매우 강하였다. 문수신앙은 밀교와 함께 호국과 호왕護王의 공능을 다 갖추고 있었기에 통치자들에게 더욱 매력적이었기 때문이다.

그런데 서하왕실은 송과의 정치적인 충돌로 더 이상 문수보살의 성지인 산서성 오대산에 갈 수가 없게 되자, 그에 대한 해결책으로 무루가 수행하던 닝샤(寧夏) 회족자치구 은천銀川 서쪽의 하란산賀蘭山을 서하국의 오대산으로 상정하게 되었던 것이다. 그러면서 무루의 수행처이던 백초곡白草穀과 그의 유체를 모신 굉불탑宏佛塔은 자연히 서하불교의 중심지가 되었다.

오대산신앙[324]은 당대에 본격적으로 번창하였는데 먼저 밀교승 불공은 '안사의 난' 이후 오대산을 전국 불교의 중심지이자 호국도량으로 만들었다. 이때 무루 역시 불공과 함께 숙종의 호국기도회를 이끌고 있었다. 또 청량清凉 징관澄觀은 오대산신앙에 금강계 만다라의 오방불五方佛 개념을 도입하여 문수보살의 특성인 지혜를 결부시켜 새로운 해석을 시도하였다.

오대산신앙은 서하 건국 전부터 이미 동아시아 불교신도들 사이에 크게 유행하였다. 서하왕 덕명德明, 원호元昊도 일찍이 사신을 파견하여 오대산에 참배하였는데 원호가 대하국大夏國을 건국하며 서하의 오대산 참배

---

324 중국의 오대산신앙은 "동북방의 清凉山에 文殊菩薩이 1만의 眷屬을 거느리고 항상 설법한다."는 60권 본 『화엄경』· 「菩薩住處品」과, 『佛說文殊師利法寶藏陀羅尼經』에서 석가모니가 金剛密跡主菩薩에게 "내가 滅度한 후 瞻部州의 동북방에 나라가 있어 大振國이라 이름 한다. 그 국토 중에 五頂이라고 하는 산이 있고, 文殊舍利童子가 遊行居住하면서 모든 중생을 위하여 설법할 것이다."라 한 데에서 비롯되었다.

는 불가능한 일이 되어 버렸다.

이에 서하통치자들은 요遼와 신라, 일본을 모방하여, 서하인들이 조상 대대로 영산으로 여겨왔던 하란산에 오대산을 이입하고자 하였다. 그 중에서도 무루가 수행하던 백초곡은 문수보살의 거주처로 가장 적합한 곳이었다. 그래서 서하인들은 산서성 오대산 사묘의 양식에 의거하여 하란산 백초곡(현 拜寺溝)의 방탑方塔지역에 새로 북오대산사北五台山寺를 창건하였다.

이상과 같이 하란산(즉 북오대산)의 북오대산사는 산서성의 오대산을 대신해 문수보살이 거주하는 서하불교의 성지가 되었다.

또한 무루는 영무에서 숙종에게 발탁된 고승이기도 했지만, 특히 티베트나 서하에 보승불신앙과 복호나한, 오대산신앙 등으로 큰 영향을 주었다. 무루는 금강계 밀교승으로 늘 보승불(Ⓢ Ratnaketu Tathāgata)을 염송했다고 하는데 보승불은 금강계 오해탈륜五解脫輪 중 제3 정남방의 월륜月輪 중앙에 위치한다. 그 밀호密號는 평등금강平等金剛이며, 종자는 독𑖧 혹은 치𑖨이고 삼매야형을 보주寶珠로 한다. 또 이 존은 보생불寶生佛이라고도 한다. 보승여래는 서방에 거주하며 보생여래는 남방에 거주한다 하였지만, 이 시기의 보승여래는 때로는 보생여래와 같은 용어로 쓰였다.

보생불은 남방 환희세계에 위치하여 마니보복덕취摩尼寶福德聚 공덕으로 중생의 일체 원망願望을 만족시킨다. 보생여래의 불토는 제3 불토인 구덕정토具德淨土로, 성각成覺의 일체 품성과 능력을 갖추고 있다고 한다. 보생불의 밀호는 평등금강 외에 대복금강大福金剛이라고도 하며, 현교 경전에서는 종종 남방보당불南方寶幢佛, 남방보상불南方寶相佛이라고도 한다. 보생불은 대부분 수법修法, 관상觀想의 붓다, 대일여래의 평등성지平等性智를 나타내고 수행의 묘덕과 복취지덕福聚之德을 대표한다.

바로 보승불의 이런 수승한 능력은 숙종에게는 더 없이 필요한 존재였던 것이다. 안사의 난이 해결되지 않은 상태였기에 병력 유지비 등, 막대한 경제적인 어려움으로 고통 받던 숙종에게 '일체의 어려움을 다 들어주고 재부財富를 관장'하는 보승불이야 말로 가장 신앙하고 싶은 대상이었을 것이다. 따라서 늘 보승불을 염한다는 하란산의 신라고승 무루는 그 존재만으로도 숙종에게 힘이 되었던 것으로 보인다. 756년에 즉위한 숙종은 신이한 고승인 무루를 현몽하고 그를 불공삼장과 함께 가까이 모셨다.

무루와 중국 황제와의 밀접한 관계는 약 270년이 지나 서하왕실에 의해 재현되었다. 보승불신앙은 서하불교에서 매우 중요한 의미를 지니고 있었기에 늘 보승불을 염했다는 무루가 서하인들에게 재조명된 것은 당연한 일이었다.

무루는 후에, 역시 티베트불교를 신앙했던 서하왕실에 의해 보승불의 이명인 복호나한과 관련된 인물로, 또한 천축구법승의 안전을 수호하는 복호나한으로 다시 역사에 등장한다.

하란산 산취구山嘴溝 석굴 중 2굴 용도 입구 벽화에 그려진 '서역이나 천축인의 모습(胡貌梵相)'의 복호나한은 12세기 중후기에 조성된 것으로 그 사상적 배경은 선종이다. 중국인들은 인도의 16나한을 복호나한 등 두 존자를 첨가하여 18나한으로 만들었다.

티베트 불교에서는 보통 그 둘을 달마다라達摩多羅(Dharmatrāta, 法救 혹은 法增)와 포대화상布袋和尙으로 본다. 달마다라는 행각승을 표현한 것으로 8~9세기, 11~13세기에 유행하였다. 서하 오대산(즉 賀蘭山)의 사찰 곳곳에는 문수, 보승여래, 보리달마菩提達摩뿐 아니라 달마다라 도상도 많이 보인다. 무거운 경낭經囊을 등에 맨 행각승이 걷고 있으며 그 오른쪽에는 호랑이가 그려져 있다. 호랑이는 9세기 이후에 등장한다.

서방을 호지하는 보승여래는 천축구법승들(즉 行脚僧)에게는 호신불이자 본받고 싶은 대상이었기에 만당·오대에서 송 대까지에는 행각승들을 보승여래라고도 하였다.

티베트에서는 Dharmatrāta를 '법증法增'이라 번역하는데 그는 바로 갈당파噶當派에서 관세음의 화신으로 여겨지는 법증거사이다. 거사는 항상 등에 경협經篋을 지고 있으며 옆에는 와호臥虎가 있다. 5세 달라이 라마는 『십육존자공봉법·무진불법지보』 등의 문헌을 들어 거사를 닝샤 하란산인으로 보고 있다. 사실 여부를 떠나 천축구법행을 했던 무루는 늘 보승불을 염송하는 신승이었기에 티베트 불교에서 무루가 복호나한으로 간주 된 것이다.

이상과 같이 티베트의 나한 전설과 영무, 하란산, 서하 오대산의 형성 배경은 무루의 기록과 매우 관련이 깊다. 전설에서 말하는 당 숙종 대의 16존자의 방문 시기는 현종의 행촉幸蜀, 숙종의 영무 주병駐兵 시기이자 무루의 활동기였다.

이상의 사적은 모두 오대에서 송 사이에 기록되었으며 숙종이 현몽한 신라승이 하란산에서 염송한 '보승불'은 곧 행각승 형상의 보승불이었다. 이때의 보승여래불은 이미 완전히 행각승의 형상으로 변하였다. 이로 인해 5세 달라이 라마(『供養十六羅漢儀軌』)는 '숙종대에 티베트에 나한이 전입하였는데 달마다라는 하란산인'이라고 언급하였던 것이다.

마지막 천축구법승인 오진은 금강계·태장계의 양부 밀법을 모두 계승한 혜과에게 가르침을 받은 제자중 하나로, 늦어도 경덕왕 대(742-765 재위)에는 입당한 것으로 보인다.

오진은 같은 시기에 장안의 대흥선사(大寺)에서 혜초와 함께 머물고 있었다. 따라서 오진의 천축구법행에는 신라 출신의 선배인 혜초나 무루의 영향도 분명 작용했을 것으로 보인다. 불공이 대흥선사에 관정도량을 열면서 그곳은 밀교의 중심 사찰이 되었다. 한편 무루도 756년에 불공과 함께 영무에서 돌아와 몇 년간 장안의 내사에서 기양祈禳을 하였다.

오진의 천축행의 직접적인 목적은 이미 선무외와 일행一行이 번역하여 유통되고 있던『대비로자나경』(7권,『大日經』) 등의 범본 경전을 가져오는 것이었다. 오진은 그의 법명이『당해운집』의「금태양계사자상승」의 태장계에 전하는 것이나, 그가 태장계 소의 경전인『대비로자나경』을 구하기 위해 천축행을 한 것으로 보아 태장계 밀교의 법맥을 이었음을 알 수 있다. 오진의 법통은 금강지→ 불공→ 담정→ 혜과로 이어진다.

이상과 같이 15명의 천축구법승은 그 구법 목적이나 행적으로 보아 계율과 비담을 중시했던 소승불교, 화엄(천관보살신앙, 문수신앙), 보승불신앙, 밀교(금강계, 태장계), 나한신앙(오백나한, 복호나한) 등의 대승불교 등, 불교사상사의 흐름에 맞게 구법행을 하였던 것을 알 수 있다.

동서를 횡단하며 무역을 하던 소그드상인의 무리와 함께 동래한 전도승들의 노력으로 불교는 4세기에 한반도에 까지 전파되었다. 그러나 범어에 대한 몰이해나 붓다의 가르침을 잘 모르던 초기 역경가들에 의한 오역으로 고대 중국과 한국, 베트남, 중앙아시아 승려들의 천축구법행이 시작되었다. 그들은 불학의 전당인 나란타대학에 가서 당시의 가장 논의의 중심이 되던 학문을 탐구하고, 오역되거나 아직 수입되지 않은 범본 경전을 구해와 번역하고자 하였다. 그들의 그런 용기 있는 행동은 비단 불교의 발전뿐 아니라 동서 문명의 교류라는 위대한 결과를 초래하였다.

V

▌천축구법승의 의의

1. 동아시아불교에서 천축구법의 의미

사람은 누구나 삶의 목적이 있어 자신이 선호하고 추구하는 방향으로 살고자 한다. 출가자의 경우에는 삶의 목표와 목적이 훨씬 뚜렷하다. 그들은 '깨달음'을 얻기 위해 혈연으로 이루어진 집을 나와 엄격한 계율 하에 공동생활을 한다.

출가자들은 승가 공동체에서 제각각의 인연과 훈습에 따라 독특한 자신의 특성을 드러내며 다양한 모습의 수행자가 된다. 그들 수많은 승려 가운데서도 천축구법승의 행적은 특별하다. 그들은 오로지 두 다리에 의지하여 머나먼 길을 걸었으며, 모든 것을 길에서 해결해야 했다. 길을 떠나는 순간부터 이미 그들의 목숨은 없는 것이나 마찬가지였다.

최소한의 안전이 보장된 승가를 떠나 천축까지 간 구법승은 극소수였다. 그들에게는 목숨을 걸고서라도 '왕천축往天竺'해야 할 이유가 있었다. 우선 그들은 붓다의 원음이 담긴 경전의 원본을 찾아 번역하고자 했으며, 붓다의 발걸음과 자취가 남아 있는 성지를 찾아 참배하고자 했다.

혹은 최고의 석학들이 모여 있는 나란타대학으로 가 최고의 스승을 만나서 가장 선진적인 학문을 연구하고자 하였다. 천축으로 가는 구법승들의 발걸음은 계율, 비담, 유식, 중관, 화엄, 밀교 등의 불교사상사의 흐름에 맞추어 줄을 이었다.

중국은 진한시대 이후로 서역, 천축과의 교류를 시작하였고, 남북조대에 이르면 인도문화의 영향으로 중국문화에도 큰 변화가 생겼다. 인도문화는 불교의 전래에 수반되어 유입되었으며, 그것은 주로 전도승에 의한 불교경전의 역경을 통하여 뿌리내리게 되었다.

한편 그 과정에 의해 번역된 경전의 보급은 천축구법승이라는 집단을 양산하였다. 천축구법승들의 주 구법목적이 취경과 그것의 새로운 번역에 있었던 만큼, 그들을 천축으로 가게 했던 경전이 어떤 것이며, 어떻게 번역되었는지를 살펴 볼 필요가 있다.

불교가 전래된 후 147년부터 대월지大月氏·안식安息·강거국康居國 등에서 동래東來한 고승들에 의해 역경이 이루어졌다. 그런데 그들은 중국말을 잘 몰랐고, 또 필수筆受를 맡은 중국인은 불교 교의敎義를 잘 몰라 '역경譯經'은 곧 '역경逆境'이었다. 이때 전래된 경전은 거의 소승불교경전이었으며『아함경』 중의 소품小品이 많았다.

남북조시대에는 불교의 영향으로 중국문화는 더욱 충실해 졌으나 번역은 여전히 미진하였다. 그래서 주사행朱士行(260), 축법호竺法護(265), 법현(399), 지엄智嚴, 보운寶雲, 지맹智猛 등의 구법승이 줄을 지어 서쪽으로 갔다. 그들이 서역에서 구한 대부분의 범문경전은 이 시기의 중국문화에 큰 영향을 미쳤다.

같은 시기에 구마라집鳩摩羅什, 진제眞諦 등이 동래하여 대소승경론을 역출하였다. 남북조 시기에는 『법화경』·『화엄경』·『열반경』 등의 대승경론과 『중아함경』 같은 소승경론 및 『사분율』 등의 소승율이 번역되었다. 아울러 그것들을 기반으로 성실종成實宗·십지종十地宗·섭론종攝論宗·열반종·삼론종三論宗 등의 제 종이 창종 되었다.

불교가 전래된 지 600년 이상이 지난 당 대는 불경 번역의 전성기였으며 학술적인 면에서도 그러하였다. 현장삼장은 귀국 후 645년부터 입적 시 까지 1,350여 부의 대소승경론을 역출하였다. 그 후 우전의 실차난타實叉難陀, 의정, 보리유지, 불공 등이 『화엄경』, 『대일경』 같은 대승현밀教大乘顯密教 경전을 번역하였다. 이상과 같이 중국의 구법승과 서역, 천축의 전법승들의 노력으로 중국은 방대한 양의 경전을 보유하게 되었고 다양한 불학이 연구되었다.

각종 편의시설이 갖추어진 오늘날에도 인도나 중앙아시아, 동남아시아로의 여행은 결코 쉽지 않다. 시차 문제는 곧 해결되겠지만, 이질적인 기후와 음식, 언어, 문화, 풍습으로 인한 차이는 여행자를 유혹하는 매력이자 괴롭히는 난제이다. 인도, 방글라데시, 네팔 같은 힌두교 국가에는 여전히 신분제가 존재하고 있으며 그곳에서 외국인은 불가촉천민으로 분류된다. 한편 인도네시아의 이리안자야 같은 곳은 최근까지만 해도 식인의 풍습이 보고될 정도로 문화적 차이가 크다.

현재도 이럴진대 천 몇 백 년 전의 상황은 상상조차 어렵다. 천축구법승들의 목숨은 구법을 위해 한반도를 떠난 시점부터 이미 길에 버려진 것이었다. 얼마나 많은 유명, 무명의 승려, 혹은 재가자들이 동아시아에서 천축으로 갔을지 알 수 없지만 그들 중 대부분은 아무런 흔적도 남기지 못한 채 이역만리 어디에선가 숨을 거두었을 것이다.

전체 출가자 중에서 천축으로 간 구법승은 극히 일부에 불과하지만, 그들의 구법행에 의해 동아시아의 불교는 명실상부한 경율론 삼장을 갖추게 되었고, 붓다의 초기 가르침부터 밀교에 이르기까지 온전히 전해질 수 있었다.

또한 천축구법승들의 용기 있는 구법행은 비단 불교의 전파뿐 아니라 동서 문명교류의 주역이라는 역할까지 담당했다. 진리 탐구의 구도심을 자량으로 하여 온갖 악조건을 기꺼이 감내하며 구법의 길에 오른 그들의 용기 있는 행동은 동아시아의 정치·경제·사회·문화·종교·관습 등의 모든 면에 큰 영향을 주었으며, 앞으로도 많은 사람에게 무한한 감동을 줄 것이다.

그들에 의해 이루어진 동과 서의 문명교류의 흔적은 동아시아의 역사, 문화와 깊이 연결되어 있으며, 사찰의 벽화나 장식 같은 미술, 음악, 전통음식, 장례의식, 우리의 사고관념 등에 폭넓게 영향을 끼치고 있다.

2. 한국불교에서 천축·서역의 영향

천축구법승들의 목표는 '취경取經'과 '성지 참배', '유학'으로 요약된다. 구법승들이 경을 가지러 가거나(取經) 전법승들이 경을 가져와서(送經) 알아들을 수 있는 언어로 바꾸는 것(譯經)은 곧 전법을 위한 것이었다. 그리고 전법은 곧 문화의 수입과 수출이라고 할 수 있다.

우리나라 구법승의 서행은 520년대의 겸익부터 시작된다. 겸익은 율서를 구하기 위해 천축으로 갔으며, 그 후 당 대의 아리야발마, 원표, 무루, 오진 등도 '취경'이 목적이었음을 알 수 있다.

사람에 따라 관심분야가 다르고, 호기심이나 탐험심, 자신의 일에 대한 열정이 다르다. 한반도에 불교가 전래된 후 다양한 계층의 수많은 사람들이 출가하여 붓다의 제자가 되었다. 그들 가운데는 보다 선진적인 학문을 공부하고자 외국유학을 꿈꾸는 경우도 있었을 터이고, 붓다의 가르침에 심취하여 붓다의 자취가 남아있는 불적지에의 참배에 여생을 바친 경우도 있었을 것이다. 이에 그간 법명 정도라도 알 수 있는 천축구법승들의 행적을 살펴보았다.

중국의 구법승들은 일단 한국의 구법승에 비해 거리상으로나 심리적으로나 부담이 적었을 것이다. 그들은 모국어가 통하는 곳에서 페르시아 상선을 탈 수 있었고, 길을 떠나 천축까지 도착하는 시간과 노력도 한국 구법승에 비해 반감되었다.

그런 상황에서도 천축구법행을 실행에 옮긴 한국 고대의 15명의 구법승은 이미 그들의 삶 자체로 우리에게 많은 가르침을 준다. 그들은 자신이 신앙하는 종교의 진리를 찾아 평생을 보내었다. 설령 그 길이 두 번 다시 돌아오지 못할 길이었을지라도 그들은 과감하게 그 길을 선택하였다.

총 15명의 천축구법승 가운데 겸익과 의신은 6세기, 아리야발마·혜업·구본·현태·현각·두 무명승·혜륜·현유는 7세기, 원표는 7~8세기, 혜초, 무루, 오진은 8세기의 천축구법승이다. 그들 가운데는 현각, 혜륜, 현유처럼 중국의 천축구법승과 동행한 경우도 있었으며, 신라의 두 실명승은 함께 이동하였다. 나머지 10인의 경우, 자세한 것은 알 수 없지만 독자적인 구법행을 한 것으로 보인다. 15인 중 겸익, 의신, 원표는 귀국하였으며, 아리야발마, 혜업, 혜륜 등은 천축에서 입적하였다. 두 실명승은 파로사에서 입적하였고, 현태, 혜초, 무루, 오진은 중국에서 활동하다 입적하였다.

한국고대 천축구법승들의 구법행은 단순히 이동거리로 보아서도 중국이나 서역, 동남아시아 승려들의 구법행보다 훨씬 큰 고통이 따르는 행위였다. 더구나 한반도에 전래된 경전이나 그것에 바탕을 둔 교학적인 면에서는 더 말할 필요도 없었다. 한반도의 불교도들은 변방인으로서의 아쉬움과 열등감을 적지 않게 느꼈을 것이다. 중국에 비해 천축에서 수입되는 교학이나 경전의 수가 턱없이 부족했을 것이기 때문이다. 더구나 이미 중국에서 한 번 변형된 상태의 불교를 받아들이다 보니 붓다의 원음에서는 한층 더 멀어질 수밖에 없었다.

그 모든 문제를 극복할 수 있는 최선의 방법은 직접 천축으로 가서 확인하는 것이었다. 그래서 고구려, 백제, 신라의 많은 승려들이 천축으로 길을 떠났다. 그것이 그들의 비율이 중국 출신 천축구법승에 비해 상대적으로 높은 이유이다.

고대 한국의 천축구법승들에 의해 전래된 것은 비단 불교 경전만이 아니었다. 그들의 구법행에 의해 인도나 서역, 중국의 문화가 상호 교류하였으며, 그 내용은 신화와 전설, 철학, 역사, 문학, 갖가지 동물, 식물, 의약품, 식료품, 건축기법, 문자, 음악, 무용, 악기, 미술, 의생활, 식생활, 주생활 등, 실로 인간생활의 모든 영역에 미치는 것이었다.

VI

결론

이 책은 한국 고대의 천축구법승 15명의 생애와 활동 영역, 구법로, 그들의 불교사상을 총괄적으로 살펴보는 것에 그 목적을 두었다. 1,700년에 달하는 한국불교사에서 배출된 수많은 승려 가운데서 천축구법승이 차지하는 숫자는 극히 미미하다. 그나마 일부 사적이라도 전하는 승려는 겨우 15명에 불과하다.

그들의 활동기간도 6~8세기로 한정되는데, 6세기에는 백제의 겸익과 신라의 의신義信이, 7세기에는 『대당서역구법고승전』에 기록된 9명(아리야발마 · 혜업 · 구본 · 현태 · 현각 · 두 무명승 · 혜륜 · 현유)이 천축으로 갔다. 이어 천조天朝(684-705)에는 원표가, 720년대에는 혜초가, 천보연간(742-756)에는 무루가 그 뒤를 이었다. 마지막으로 789년에 오진이 취경을 위한 천축행을 하였다.

실제 천축행에 성공한 인물은 겸익, 의신, 아리야발마, 혜업, 현태, 현각, 혜륜, 원표, 혜초, 오진 등 10명이다. 구본求本은 『대당서역구법고승전』의 목차에만 법명이 있기에 실제 그가 어디까지 갔는지 알 수 없으며, 두 실명승은 수마트라섬의 파로사 항, 무루는 총령葱嶺이 서쪽 한계선이었다. 현유는 스리랑카에서 출가했다 하였으므로 천축까지 갔는지의 여부는 알 수 없다.

한반도 출신 승려들의 천축구법행이 6세기부터 시작되는 이유는 4세기말에 공인된 불교가 약 100년에 걸쳐 점차 국가의 지도이념으로 자리잡고 일반 민중에게 까지 보급되며 교리연구나 경전 확보 등, 불교학을 재정비해야 했기 때문이었던 것으로 보인다.

또한 그들의 행렬이 8세기 말에서 그친 것은 인도에서 힌두교의 불교 잠식으로 불교의 영향력이 급감하였고, 이슬람세력의 침입마저 겹쳐 더욱 그 입지가 좁아진 때문이었다. 천축구법승의 감소는 비단 한반도 뿐 아니라, 중국과 동남아, 서역 등 여러 지역의 공통된 현상이었다.

그런데 한반도에서 천축까지의 노정을 고려해 보면, 한반도 출신 구법승들의 수고로움과 노력은 중국, 동남아, 서역 등의 승려에 비해 비교가 안 되게 컸음을 알 수 있다.

그들은 육로든 해로든, 일단 바다를 건너 입당하여 장안까지 갔으며, 장안에서 다시 육로, 혹은 해로로 천축으로 가야 했다. 그들은 취경이나 성지 순례, 유학을 위하여, 언어와 음식, 기후와 풍토, 가치관과 관습이 다른 수많은 지역을 지나 엄청난 거리를 이동하였다.

그들이 살았던 시대는 한반도에 불교가 전래되어 생활 깊숙이 뿌리내리던 510년대에서 790년 대 무렵이었다. 6세기의 겸익에서 8세기의 혜초, 무루, 오진에 이르기까지, 그들의 구법을 전하는 사료도 희소하고, 또 그들의 행동반경이 워낙 넓었기에 그 행적을 찾기는 더더욱 어렵다.

그들의 발걸음이 닿은 아시아 대륙 대부분 지역에 대한 현지답사가 본 연구의 중요한 부분이 되겠으나, 그러기에는 현실적인 어려움이 적지 않다. 따라서 이 책을 통해 구법승 개개인의 면모를 다 밝히기에는 애초부터 한계가 있었다.

또 한 가지 연구를 진행하며 느낀 근본적인 어려움은 사료의 부족이었다. 겸익과 의신에 관해서는 이능화가 정리한 극히 소량의 문장뿐이고, 다른 구법승의 경우에도 결코 만족할 만큼의 사료는 없었다. 다행히 구법승들이 남긴 구법기와 전기傳記, 비문에, 또 어렵게 찾아낸 중국의 일부 지방지와 사지寺志 등이 소중한 사료가 되었다.

이 책은 다음과 같이 서술되었다. Ⅱ장에서는 법현의 『불국기』를 필두로 하여 현장의 『대당서역기』, 송운의 『송운행기』, 의정의 『대당서역구법고승전』·『남해기귀내법전』, 혜초의 『왕오천축국전』, 찬영의 『송고승전』, 고려승 각훈의 『해동고승전』 등의 1차적 사료를 살펴 보았다. 그 밖에　　『삼국유사』·『오공입축기』(悟空入竺記)·『계업서역행정』(繼業西域行程)·『범승지공전고』(梵僧指空傳考)·『서역승쇄남양결전』(西域僧鎖喃嚷結傳)·『남천축바라문승정비』(南天竺婆羅門僧正碑)·『당대화상동정전』(唐大和上東征傳)·『당왕현책중천축행기일문』(唐王玄策中天竺行記逸文)·『당상민역유천축기일문』(唐常愍歷遊天竺記逸文) 등과 『영하지전증』(寧夏志箋證)·『영하부지』(寧夏府志)·『영덕현지』(寧德縣志) 같은 중국의 지방지 등의 사료와 역저를 통해 중국과 한국, 베트남, 토하라 등, 고대 동아시아 불교 국가들의 천축구법승에 관한 기록을 살펴보았다.

Ⅲ장에서는 천축구법승의 행로를 육로와 해로로 나누어, 육로에서는 서역도西域道에 대해 개괄한 후 중국과 한국의 구법승 개개인이 어떤 경

로를 통해서 천축으로 갔으며, 그들이 경유한 지역이 당시 어떤 상황이었는지를 살펴보았다.

백제의 겸익이 과연 그 시기에 해로를 통해서 서행할 수 있었는지에 대해서 백제 항해술에 관한 연구를 바탕으로 가능성을 추적해 보았다. 또한 겸익이 유학한 곳이 상가나대율사常迦那大律寺가 아니라 '가야伽倻의 대율사'라는 의견을 제시하였다.

구법승 가운데 장안을 거쳐 천축으로 가는 2차 유학의 목적을 이루지 못하고 인도네시아에서 입적한 두 신라승(失名僧)이 마지막으로 머문 파로사婆魯師의 위치도 살펴보았다. 이어 사자국獅子國에서 수계한 고구려의 현유玄遊에 대해서도 간략히 서술하였다.

화엄승 원표는 그 사상적 기반이 『화엄경』, 「보살주처품」의 천관보살신앙이므로 그 주처지에 대해 중국과 스리랑카, 인도와 우전국에 이어 전남 장흥의 천관산의 관련성을 제시하였다. 혜초의 구법로 역시 남해양南海洋(동남아시아)을 연결한 해로였기에 그 시대 상황을 살펴보았다.

Ⅲ-2에서는 천축구법승의 행적을 나란타대학 유학, 서역에서의 구법, 중국에서의 전법으로 나누어 서술하였다. Ⅳ장 천축구법승의 사상과 특징에서는 구법승들이 천축으로 간 가장 근본적인 이유인 불교사상에 대한 고찰을 하였다. 크게 소승불교(즉 초기불교)와 대승불교로 나누어, 우선 Ⅳ-1에서는 겸익·아리야발마·혜륜의 구법동기인 계율사상과 비담사상에 대해 살펴보았다.

Ⅳ-2의 대승불교에서는 의정이 발견한 혜업慧業의 초사본抄寫本 『섭론』을 통해 유식사상과 『섭대승론』을 고찰하였고, 화엄사상에 대해서는 원표와 천관보살신앙, 무루와 오대산신앙으로 나누어 살펴보았다. 끝으로 밀교사상의 서술에서는 밀교 고승 혜초가 당 황실 주변에서 고승으로 인

정받으며 기우제를 주관하고 스승의 장례식에 도움을 준 황제에게 감사 인사를 올리는 등의 행적을 통해 혜초의 존재감을 가늠해 보았다.

또한 무루와 보승불신앙, 복호나한과의 연관성을 고찰해 보았으며, 오진이 정중 무상에 이어 제479번째 나한으로 입전되어 오늘날까지도 중국인들의 신앙의 대상이 되고 있는 것에 대해 조사하였다.

이어 Ⅳ-3에서는 Ⅳ-1과 Ⅳ-2의 서술을 바탕으로 소승불교와 대승불교의 수용과 그 인식을 종합적으로 정리하였다.

마지막으로 Ⅴ장에서는 동아시아불교계에서 천축구법을 하게 된 이유를 알아보았고 또 구법행의 의미를 살펴보았다. 이어 천축구법승들이 한국불교에 미친 영향에 대해 고민해 보고 그들이 후대에 끼친 의미와 영향을 생각해 보았다.

15명의 천축구법승들의 행적을 되살리기는 쉽지 않았지만 혜륜·원표·혜초·무루·오진 등에 대해서는 다음과 같이 약간이나마 새로운 내용을 도출해 낼 수 있었다.

첫째, 혜륜에 대해서는 『대당서역구법고승전』의 「혜륜전」과 그와 동행한 승려를 기록한 「현조전」, 같은 시기에 활약한 당의 사신 왕현책에 관한 사료를 종합적으로 검토하여 655년 무렵 당, 토번, 네팔, 천축을 연결하는 통행로나 정치 상황 등을 통해 그 행적을 살펴보았다.

둘째, 원표의 구법시기에 대한 『송고승전』의 오류를 지적하였다. 또한 복건성 영덕시 지제산에 남아 있는 화엄승 원표의 강한 영향력을 되짚어 보았다. 그가 수행하던 지제산 나라연동굴은 오랜 세월이 지난 지금까지도 여전히 신비한 공간으로 중국 화엄불자들에게 중요한 성지로 여겨진다. 또한 그가 신라로 돌아올 때 동굴에 두고 온 범본 80권 본 『화엄경』은 오월왕 전숙錢俶에게 전해져 영덕현 화엄 신앙의 중심지인 화엄사가 창건되었다.

한편 혜초에 대해서는 그가 천축과 서역을 돌아보고 당의 수도 장안에 있는 대흥선사에서 50년 이상을 머무르며 활동하였던 내용에 대해 살펴보았다. 그 과정에서 금강지의 입적 후 불공을 비롯한 37명의 대표적인 밀교 고승들이 사자국으로 갔을 때 혜초가 동행했을 가능성도 제시하였다. 또한 그가 쓴 제문이나 표表, 『대교왕경』 같은 경전을 통해 당 밀교사에서 혜초의 입지도 가늠해 보았다.

그리고 신라 왕자 출신의 구법승 무루에 관해서는 다음과 같은 사실을 알 수 있었다. 그는 천축으로 가다가 총령에서 발길을 돌려 닝샤 하란산 백초곡에서 수행하던 중 '안사의 난으로 영주에서 즉위한 숙종의 극진한 존숭을 받았다. 당시 숙종의 입지는 몹시 불안한 상태였기에 불력佛力으로 그 고통에서 벗어나고자 행재行在에 내사內寺를 설치하여 백 명의 승려로 하여금 국난을 극복할 수 있는 기도회를 열고 무루와 불공삼장에게 그 기도회를 주관하게 하였다.

무루가 염송하던 보승불은 금강계 밀교에서 재부財富를 관장하는 존재였기에 '안사의 난으로 재정적으로나 여러 가지 면에서 압박을 받던 숙종으로서는 무루의 불력에 무척이나 의지하고 싶었을 것이다.

당시 무루는 그 지역에서 매우 신이한 고승으로 알려져 있었으며, 이후에는 불공삼장과 함께 당의 밀교계를 대표하는 인물이 되었다. 무루가 입적하자 그의 유체를 하란산에 안장하고자 이운하였는데, 하원下院에 이르자 운구가 더 이상 움직이지 않았다. 사람들은 무루가 그곳에 안장되기를 원한다고 여겨 그곳에 탑을 세워 모셨다고 한다.

그간 그 위치에 대해서는 알려진 바가 없었으나 필자는 그곳이 은천銀川의 굉불탑宏佛塔이며, 하란산의 수행처는 방탑方塔유지임을 제시하였다.

굉불탑과 방탑이 폐허로나마 남아있을 수 있었던 것은 그곳이 서하왕국의 수도였으며 서하왕실에 의해 건립되었기 때문이다. 서하의 역대 통치자들은 오대산을 대신하여 하란산을 문수보살 주처지로 상정하였으며, 보승불을 염하던 무루는 서하국에 의해 역사에 재등장하게 되었던 것이다.

15명의 천축구법승 중 마지막 인물인 오진은 그간 법명 정도만 알려져 있었으나 무상공존자에 이어 제479번째 나한으로 입전되어 중국인들의 신앙의 대상이 되고 있음을 주장하였다. 그가 오백나한에 입전된 것은 그의 뛰어난 수행력과 신이함이 당의 불교인들에게 깊은 인상을 주었기 때문일 것으로 보인다.

이상 15명의 천축구법승은 수많은 출가자 중에서도 특히 불교의 발상지인 천축으로 가는 것을 삶의 목표로 하였다. 그들에게 천축구법의 장도長途는 일신의 안위를 위해서가 아니라, 자신이 믿고 있는 종교에 대한 진리 탐구였고, 그것을 위해서는 어떤 고난이라도 극복할 수 있는 종교인으로서의 정체성을 증명하는 것이었다.

부록 1 『왕오천축국전』 용어

『왕오천축국전』 권상卷上

번호	용어	『일체경음의』	의미 혹은 용례
1	閣蔑 (각멸)	眠[龖]反昆侖語也古名林邑國於諸昆侖國中此國最大亦敬信三寶也	Khmer (Cham족 근거지)
2	撥帝 (발제)	上音[鉢]	三摩撥帝 說三摩地 (T15n0651)
3	葛荈都 (갈랄도)	中郎葛荈反蕃語也	麻訶葛荈(?) (Mahākāla, 大黑天)
4	萍流 (평류)	音瓶泛舶遠遊猶如萍草浮於水上隨風不定也	漂流(표류하다)
5	鬢鬚 (체수)	上體計反下相庾反南方夷人裝飾各異或鬢髮或剪[鬚]或文身或椎髻穿耳跣足朝霞哥縵例皆如此其字或從弟作[鬃]或從刀作剃今傳文從彡作鬢須爲正也	남방인 두발양식
6	抄掠 (초략)	上初敎反下音略兩字並借用非本字	搶劫, 掠奪(약탈하다)
7	屯戹 (둔액)	上追倫反韻詮云屯塞也周易難也傳文從[辵]作迍遭也下正體厄字從戶乙聲	위험, 재난
8	廻路 (회로)	熒[潁]反廣雅回遠也從[辵][囘]聲[囘]象遠界	(멀리 돌아가다)
9	翩翩 (편편)	音篇翩翩者如鳥飛行之貌也	(새가 가볍게 나는 모양)
10	杳杳 (묘묘)	[要/日]小反韻詮云杳杳空遠也深幽也	어둡다. 멀다. (컴컴한 모습)
11	掛錫 (괘석)	古畫反韻詮云掛懸也又吳音怪訓釋[貌]同或作挂	'懸掛錫杖'의 줄임말(雲水行脚僧이 휴대하는 錫杖)
12	盼長路 (반장로)	攀慢又字書盼邪視也說文雲詩曰美目盼兮從目分聲	먼 길을 (바라)보다.

13	撩亂 (요란)	上音遼下音亂	紛亂, 雜亂, 擾亂
14	山岊 (산파)	怕巴反考聲照曜也花白[貌]也從白巴聲傳 文從山作[山*巴]非也[岊]亦山阿也	山嶽, 小陵 (작은 언덕)
15	倥傯 (공종)	上苦貢反下[揚]貢反考聲雲倥[傯]無歡情 貌或從手作控揍心速也	피곤하여 졸린 모양
16	牙嫩 (아눈)	奴鈍反考聲雲小弱也或作[暖]也	奴鈍(아둔함)
17	參差 (참치)	上楚今反下廁緇反或前後左右也	(가지런하지 않은 모양)
18	邀祈 (요기)	上音[暖]下音其或雲祈禱也於靈神賢聖處 乞願求福也	귀신에게 비는 행위
19	恰如 (흡여)	上坑甲反相似也	흡사 -와 같다.
20	輥芥 (곤개)	昆穩反韻詮雲轉之令下也或從手作[打- 丁+圂]以手轉也或作緄考聲雲如車轂轉也	(須彌輥芥海投針, 一失人身難再尋)
21	崎嶇 (기구)	上起宜反下曲愚反前法顯傳中已釋並從山	(험한) 산
22	槍矟 (창삭)	上七羊反下霜捉反長矛	長槍
23	麞鹿 (장록)	上音章無角鹿也或名麃鹿麃音炮或名麂鹿 音幾皆[獐]之類也	麃鹿, 麂麃 (사슴, 노루)
24	玳瑁 (대모)	上音大或作[玳]下音妹考聲雲龜類甲有文 而鏊或作金色光淨無文理	거북종류
25	龜鱉 (귀별)	上歸甲蟲之最露者其類頗多具如爾雅說 下編減反鼀之小者形圓龜之類而腹下無甲 者	거북, 자라
26	迸水 (병수)	百孟反韻詮雲迸散落也	급격히 흐르는 河水
27	嶷然 (억연)	疑棘反出崖壁立高峻[貌]	屹立한 모양
28	渤澥 (발해)	上盆沒反下諧買反大海噴湧也或雲大鼈名 也	渤海, 자라
29	溢穹蒼 (분궁창)	上普悶反大波上湧也穹蒼虛空天也	창공, 창천

30	走竄 (주찬)	上正體走字從夭從止下倉亂反鼠走奔穴曰竄	
31	黿鼉 (원타)	上音元大[鱉]也久則有神能害人亦魅人下音[陀]水介蟲也形似守宮四足有尾身長五六尺皮堪爲鼓皆有方鱗如碁[屍@句]文	大鱉, 豬婆龍(양쯔강 악어)
32	椰子漿 (야자장)	上音野遮反南方果樹名也形如芭蕉葉堪爲席皮堪爲索以縛船舶耐水而不爛且堅大舶盡用, 其果大如杯[百-日+丂/皿]有[刺][吉*殳]甚堅爲盞杓其內瓤白而甛如蜜味南方上味果也	야자열매의 액체부분
33	木柵 (목책)	下音策畨人山居野處[竪]木爲牆名爲木柵柵字從木冊聲冊音同上象穿簡也	木制의 柵欄, 목책
34	杆欄 (간난)	上音幹, 下音闌, 以木橫圍住處防禽獸等名曰杆欄也	보호용 난간, 방책
35	錐頭 (추두)	上音佳針之大者曰錐	錐子(송곳), 큰 침
36	壓舶 (압박)	上音押下音白海中大船	큰 배
37	拋打 (포타)	上普包反以物遙投也下得冷反韻英雲捶也	唐代의 무대 공연의 일종
38	峻滑 (준활)	上[筍][門@壬]反山壁立也下還刮反不澀	(미끈한 산의 모습)
39	聒地 (괄지)	上官活反聲聒耳也從耳舌聲	땅이 진동하는 소리

『왕오천축국전』 권중卷中

번호	용어	『일체경음의』	의미 혹은 용례
1	裸形國 (나형국)	魯果反赤體無衣曰裸或從人作 [裸]亦從身作[裸]今避俗諱音胡瓦反上聲	나형국
2	摘笄國 (적기국)	上張革反, 下音哥, 蕃語也.	국명(蕃語)
3	吠曬 (폐쇄)	所界反	바이샬리(?)
4	杖撥 (장발)	半沫反從手	지팡이로 치다
5	迄乎 (흘호)	香乙反	-(시대)에 이르러
6	跣足 (선족)	先典反	맨발
7	鶻路 (골로)	胡骨反魯字彈舌呼	回鶻路 (실크로드 일부?)
8	自撲 (자박)	龐[邀-兒+八]反與電音同[邀-兒+八]音尨剝又 疣音馬邦反	스스로를 때리다
9	墳壟 (분롱)	上扶聞反下力家反	墳隴, 墳墓
10	手掬 (수국)	弓六反	두 손으로 물을 뜸
11	波羅疕斯	[疕]音懍點反梵語也文中從日作昵非之也	바라나시
12	阿戍笴 (아수가)	音哥梵語也此雲無憂王	아소카왕
13	挿頭 (삽두)	楚匣反從手從千從曰會意字	(뾰족한 것을) 꽂는 부분
14	頹毁 (퇴훼)	上徒雷反摧壞也	무너지고 붕괴됨
15	淼淼 (묘묘)	彌裸反大水[貌]	물의 세력이 큼, 큰 물
16	一毯 (일담)	他敢反	담요(모포) 한 장
17	毛褐 (모갈)	寒割反	짐승의 털, 혹은 굵은 麻制로 된 短衣
18	土堝 (토과)	古禾反土釜是也	진흙으로 만든 솥

『왕오천축국전』 권하卷下

번호	용어	『일체경음의』	의미 혹은 용례
1	婆簸慈 (파파자)	波個反胡語也	胡語
2	犛牛 (모우)	[尣]包反長毛牛也傳作[貓]兒字非也	털이 긴 검은 소(야크)
3	牙囓蟣蝨 (아설기슬)	上研結反蟣音幾蝨音瑟傳文俗字相傳作風 不成字也	이(서캐)가 물다.
4	磽磕 (교갑)	上巧交反下堪合反土[狹]山隘多石[貌]也	험준한 산
5	作傔 (작겸)	簾念反韻英雲傔從也事主而隨行者也	노예로 만들다
6	手磋 (수차)	倉何反或從手作搓二手相摩也傳中從足作 蹉是蹉陀字非此用	磋(상아로 만든 물건)
7	餧五夜叉 (위오야차)	萎僞反聲同畏與食也	五夜叉를 먹이다
8	盜撚 (도연)	念協反手把衣角曰撚	옷 모서리를 잡다
9	抛身 (포신)	拍包反投身入水池也	투신하다
10	靉靆 (애체)	上哀改反下台乃反欲雨之雲舊發而密厚也	짙은 구름이해를 가림
11	謝颶 (사율)	雲[郁]反胡語也或雲謝颶越國屬吐火羅界	吐火羅의 한 지명
12	羶穢 (전예)	上扇然反羊臭	냄새나고 더러움
13	氈裝(전장)	上章然反下音壯以氈爲衫也	털옷을 입다
14	匙箸 (시저)	上音時飯匕也下除慮反古今正字從竹從著 省聲也傳文中從助作[筯]非正俗字也	숟가락과 젓가락
15	胡篾(호멸)	眠[繁]反胡語也	胡語

16	播蔑(파멸)	上波個反地名也	(지명;파미르?)
17	峭嶷(초의)	上千笑反下[宜]棘反山高險峻	험준한 산
18	擘地裂 (벽지열)	上音百	땅이 쪼개지다
19	瀑布(폭포)	上音仆懸流水也	폭포
20	頤貞	上音夷人名安西節度使	이정(인명)
21	張莫党 (장막당)	當浪反番語人名也	장막당(인명)
22	迦師佶黎 (가사길려)	佶勤乙反胡語唐雲[蔥]嶺鑛	嶺鑛(지명)
23	薺苨 (제니)	上齊祭反下泥底反藥名也言阿魏根似此藥 而臭如大蒜煎成阿魏藥	제니(藥名)
24	凶沙 (신사)	上撓交反白色石藥也鍍金作用似白礬而爽 也	(紅)凶沙
25	克捷(극첩)	下潛葉反	적을 물리치다
26	明惲(명운)	威粉反僧名	(법명)
27	姓麴(성국)	穹六反羌姓也	羌族의 한 姓
28	邵子明	音紹亦人名也	소자명(인명)
29	倏經	上升六反考聲雲倏忽光動[貌]集訓雲不覺 光陰移改迅疾過時之也	
30	翹英(교영)	祇遙反英字從草	아름다운 尾羽 혹은 향긋한 찻잎
31	解纜(해감)	上皆駭反上聲字若音賈者非也下藍淡反系 船索也從糸形聲字	배를 묶어놓는 끈, 닻줄을 풀다
32	殉命(순명)	旬俊反韻詮雲[亡]身從物曰殉	목숨을 바치다
33	寶嶼(보서)	徐與反上聲字海中洲與聲也	아름다운 섬
34	兩轍(양철)	列反韻英雲車輪行轍跡也說文雲從車徹省 聲也	轍(수레바퀴 자국 철)
35	翎羽(영우)	曆丁反韻英雲鳥羽也從羽令聲也	공작 깃털

36	玄飆(현표)	慓姚反考聲雲疾風也自下而上也從風焱聲也焱音同上	심한 회오리바람
37	滄溟(창명)	上音倉海東海之別名也溟卽北海之名也亦有南海	蒼天・大海

〈원문 1〉

『宋高僧傳』(권21), "釋無漏 姓金氏 新羅國王第三子也. 本土以其地居
嫡長將立儲副. 而漏幼慕延陵之讓. 故願爲釋迦法王子耳. 遂逃附海艦
達於華土. 欲遊五竺禮佛八塔. 旣度沙漠涉于闐已西至蔥嶺之墟入大伽
藍. 其中比丘皆不測之僧也. 問漏攸往之意. 未有奇節. 而詣天竺. 僧曰
舊記無名未可輒去. 此有毒龍池可往敎化. 如其有驗方利涉也. 漏依請
登池岸. 唯見一胡床 乃據而坐. 至夜將艾. 霆雷交作. 其怪物吐氣. 蓬勃
種種變現眩曜無恒. 漏瞑目不搖. 譬如建木挺拔. 豈微風可能傾動邪. 持
久乃有巨蛇驤首於膝上. 漏悲憫之極爲受三歸而去. 復作老人形來致謝
曰 蒙師度脫義無久居.吾 三日後捨鱗介苦依. 得生勝處. 此去南有磐石
是弟子捨形之所. 亦望閑預相尋遺骸可矣. 後見長偉而夭矯僵於石上歟.
寺僧鹹默許之. 又曰 必須願往天竺者. 此有觀音聖像. 禱無虛應可祈告
之. 得吉祥兆可去勿疑. 漏乃立於像前入於禪定. 如是度四十九日. 身嬰
虛腫略無傾倚. 旋有鼠兒猶彈丸許. 咋左脛潰. 黃色薄膿可累鬥而愈. 漏
限滿獲應. 群僧語之曰觀師化緣合在唐土. 心存化物所利滋多. 足倦遊
方空加聞見不可强化. 師所知乎. 漏意其賢聖之言必無唐發. 如是卻迴
臨行謂漏曰 逢蘭卽住. 所還之路山名賀蘭. 乃馮前記遂入其中. 得白草
穀結茅棲止. 無何安史兵亂兩京版蕩. 玄宗幸蜀.肅 宗訓兵靈武. 帝屢夢
有金色人念寶勝佛於禦前. 翌日以夢中事問左右. 或對曰 有沙門行跡不
群居於北山. 兼恒誦此佛號. 肅宗乃宣徵不起. 命朔方副元帥中書令郭

子儀親往諭之. 漏乃爰來. 帝視之曰 眞夢中人也. 迨乎羯虜盪平翠華旋
復. 置之內寺供養. 諒乎猴輕金鎖鳥厭雕籠. 累上表章願還舊隱. 帝心眷
重答詔遲留. 未遂歸山. 俄雲示滅焉. 一日忽於內門右闇之上化成雙足.
形不及地者數尺. 闇吏上奏. 帝乘步輦親臨其所. 得遺表乞歸葬舊隱山
之下. 卽時依可. 葬務官供. 乃宣卸門扇置之設奠. 遣中使監護. 鹵簿送
導. 先是漏行化多由懷遠縣. 因置廨署. 謂之下院喪至此神座不可輒擧.
衆議移入構別堂宇安之. 則上元三年也. 至今眞體端然曾無變壞. 所臥
中禁戶扇. 乃當時之現瑞者存焉.”

〈원문 2〉

『佛祖統紀』(권40), “肅宗(亨玄宗第三子) 至德元載. 正月範陽節度使安祿
山反. 五月玄宗太子百官. 發長安將幸蜀至馬嵬百姓數千人請太子留東
破賊室. 金城沙門道平.力 勸議兵靈武. 以圖 收複. 遂以平爲金吾大將
軍. 至臨皋屢與賊戰大破之. 事定行封平固辭. 乃敕住崇福興慶二寺. 賜
紫衣金帛. 七月太子卽位於靈武. 尊玄宗爲太上皇 ○帝在靈武. 以軍須
不足. 宰相裴冕請鬻僧 道度牒.謂之香水錢(賣牒始) ○時寇難方盛. 或勸
帝宜憑佛祐. 詔沙門百人. 入行宮朝夕諷唄. 帝一夕夢沙門身金色誦寶
勝如來. 以問左右. 或對曰 賀蘭白草穀有新羅僧無漏常誦此名. 召見行
在. 旣而不空至. 遂並留之托以祈福 ○杜鴻漸奏. 辯才住龍興寺. 詔加
朔方管內教授 ○上皇駐蹕成都. 內侍高力士奏. 城南市有僧英幹. 於廣
衢施粥以救貧餒. 願國運再清克複疆土. 欲於府東立寺爲國崇福. 上皇
說禦書大聖慈寺額. 賜田一千畝. 敕新羅全禪師爲立規制. 凡九十六院.

八千五百區. 全禪師後往池州九華山坐逝. 全身不壞骨如金鎖. 壽九十
九 ○十二月. 上皇自成都還京師 ○詔沙門元皎. 於鳳翔開元寺建藥師
道場. 忽會中生李樹四十九莖. 皎等表賀. 敕答曰 瑞 李滋繁國興之兆.
生處伽藍之內. 亦知覺樹之榮感此殊祥. 與師同慶 ○詔迎鳳翔法門寺佛
骨入禁中立道場. 命沙門朝夕贊禮. 敕五嶽各建寺. 妙選高行爲之主. 白
衣誦經百紙. 賜明經出身爲僧. 時僧標中首選. 或納錢百緡者. 許請牒剃
度 ○羅浮山沙門慧常. 因采茶入山洞. 見金字榜羅漢聖寺. 居中三日而
出. 乃在茅山人間五年矣

乾元元年(複稱年)敕不空三藏入內. 爲帝灌頂授戒法. 感大樂說菩薩放
光證戒

二年三月. 詔天下州軍. 臨江帶郭上下五里置放生池. 凡八十一所.
升州刺使顏眞卿撰碑雲. 動者植者 水居陸居. 舉天下以爲池. 磬域中而
蒙福. 乘陀羅尼加持之力. 竭煩惱海生死之津 ○詔南陽慧忠禪師入見.
敕居千福寺. 號稱國師. 上問. 師在曹溪得何法. 師曰 陛下見空中一片
雲麼. 上曰見. 師雲. 釘釘著懸掛著(五祖戒師代雲.好事不如無)上問. 如何是
十身調禦. 師起立雲. 還會麼. 上雲. 不會. 師顧左右雲. 與老僧過淨瓶
來. 上元元年. 敕中使往韶州曹溪迎六祖衣缽. 入內供養 ○吳興沙門抱
玉入京 受戒. 帝夢吳僧誦法華經口出五色光. 翌旦師入關. 關吏問何來.
答曰. 善誦法華遠來受戒. 關令以聞. 帝召見果夢中所見者. 賜坐誦經.
至隨喜品. 口角放光五色. 帝大說. 令別築香壇特爲受戒. 賜名大光. 封
天下上座 ○敕僧尼朝會. 毋得稱臣

洪覺範曰. 嵩明教每歎沙門高尙. 見天子無臣禮. 自唐令瑂首壞其端
(此事未見所出)歷世因之. 於是不疑彼山林逸士天子猶不得臣之. 況沙門
之道尊居三寶爲世歸依者乎. 故正宗記之表. 首尾言臣某. 以存故事. 其

間自敘則止稱名. 當時公卿莫不重其高識

　　述曰. 易曰. 不事王侯高尙其事. 記曰. 儒有上不臣天子. 下不事諸
侯. 後漢王儒仲被征見光武. 稱名不臣. 有司問其故. 對曰. 天子有所不
臣. 夫儒生隱士. 尙知以道自高. 況世外學佛名居福田. 豈當臣 事世主
自取汙辱. 若肅宗者. 可謂知尊釋氏. 深識大體者矣

　　召沙門子鄰入禁中講經. 賜紫服充供奉. 初師遊學歸寧. 以母亡三載.
詣泰山祠誦蓮經. 誓見天齊王.王見形曰. 師生時母多食雞卵. 取白傅頭
瘡. 坐是之由在獄受苦. 鄰悲號求免. 王曰. 往鄮山禮阿育王 塔. 或可原
也. 鄰卽到山寺哀訴. 禮至四萬拜. 聞空中聲. 仰視見亡母. 乘雲氣謝之
曰. 承汝之力已得 生忉利天. 今寺後峰翠微庵.卽師棲止處 ○尙書左丞
王維與弟縉. 皆篤志奉佛. 素衣蔬食. 別墅在輞川. 嘗吟遊其間. 母喪.
表請以輞川第爲佛寺

　　寶應元年. 河南尼眞如. 屬祿山之亂避地楚州. 月夜二皂衣引東行升
天. 至大城見天帝(當是帝釋天主)諸天王(當是三十二天王. 及四門天王)相謂曰.
下方喪亂殺戮過多. 請以第二藏寶鎭其國.乃具以寶名及鎭法授眞如. 令
前二吏導其歸. 如以狀白之州. 其寶十三枚. 皆白玉寶珠. 置日中白光屬
天. 夜則如月. 其名曰玄黃天符穀璧如意珠玉印碧色寶等. 刺史崔侁表
上之. 帝謂太子曰. 上天眷祐有德者. 乃克當之. 汝以楚王入爲太子. 今
楚州獻寶. 天將以祚汝也. 乃悉以寶授之. 改元寶應. 賜眞如寶和太師.
敕長安立寶應金輪寺

　　述曰. 自肅宗至昭宗. 凡十三帝而唐亡. 是知十三寶之賜. 所以昭其
祚也. 史雖載之不知其爲天肇之識也 佛祖統紀卷第四十(終)

〈원문 3〉

『佛祖歷代通載』(권13), "(丙申)肅宗亨改至德元載(玄宗第三子. 祿山反. 玄宗幸蜀. 權立太子於鳳翔.因卽位. 李泌爲相. 郭子儀李光弼爲平安祿山史思明之亂. 帝年五十二崩葬建陵. 在位七年)

(四十一)五月. 逆賊安祿山陷長安. 玄宗幸蜀. 或謂車駕入蜀之初. 有守臣與祿山偕反者. 其人曾爲閬守. 有畫像在路次. 玄宗忽見之不勝大怒. 命侍臣. 以劍斬像首. 其人時在陝西. 不覺其首無故忽墮於地. 及是駕至成都渡萬里橋. 悟一行金合當歸之讖. 於是洗然忘憂雲.

秋七月. 皇太子卽位於靈武. 是爲肅宗. 旬日諸鎭節度兵至者數十萬. 乃以房琯爲相. 兼元帥討賊. 未幾爲祿山所敗. 於時寇難方劌. 或言宜憑福祐. 帝納之引沙門百餘人. 行宮結道場. 朝夕諷唄. 帝一夕夢沙門身金色誦寶勝如來名. 以問左右. 或對曰. 賀蘭白草穀有新羅僧名無漏者. 常誦此佛頗有神異. 帝益訝之. 有旨追見無漏. 固辭不赴. 尋敕節度郭子儀諭旨. 無漏乃來見於行在. 帝悅曰. 眞夢中所見僧也. 旣而三藏不空亦見於行宮. 帝並留之托以祈禳."

〈원문 4〉

『神僧傳』(권8), "釋無漏. 姓金氏. 新羅國王之次子也. 少附海艦達於中華. 欲遊五竺禮佛八塔. 旣渡沙漠涉于闐已西. 至蔥嶺入大伽藍. 其中比丘皆不測之僧也. 問漏攸往之意. 未有奇節. 而詣天竺. 僧曰. 舊記無名未可輒去. 此有毒龍池可往教化. 如其有驗方利涉也. 漏依請登池岸. 唯

見一胡床. 乃據而坐. 至夜將艾雷電交作. 其怪物吐氣. 蓬勃種種變現眩
曜無恒. 漏瞑目不搖動. 久之乃有巨蛇驤首於膝上. 漏悲閔之極爲受三
歸而去. 複作老人形來致謝曰. 蒙師度脫義無久居. 吾三日後舍鱗介苦.
依得生勝處. 此去南有盤石. 是弟子舍形之所. 亦望間預相尋遺骸可矣.
漏默許之. 又曰 必須願往天竺者. 此有觀音聖像. 禱無虛應可祈告之.
得吉祥兆可去勿疑. 漏乃立於像前入於禪定. 如是度四十九日. 身嬰虛
腫略無傾倚. 旋有鼠兒猶彈丸許. 咋左脛潰黃色薄膿可累鬥而愈. 漏限
滿獲應. 群僧語之曰. 觀師化緣合在唐土. 心存化物所利滋多. 足倦遊方
空加聞見不可强化. 師所知乎. 漏意其賢聖之言必無唐發. 如是卻回. 臨
行謂漏曰. 逢蘭卽住. 所還之路山名蘭. 乃馬前記遂入其中. 得白草穀結
茅棲止. 無何安史兵亂. 肅宗訓兵靈武. 屢夢有金色人念寶勝佛於禦前.
翼日以夢中事問左右. 或對曰. 有沙門行跡不群居於此山. 恒誦此佛號.
召至. 帝視之曰. 眞夢中人也. 及旋置之內寺供養. 累上表章願還舊隱.
帝心眷重. 未遂歸山. 俄雲示滅焉. 一日忽於內門右閤之上化成雙足. 形
不及地者數尺. 閤吏上奏. 帝乘步輦親臨其所. 得遺表乞歸葬舊隱山之
下. 卽時依可. 遣中使監護送導. 先是漏行化多由懷遠縣. 因置廨署. 謂
之下院. 喪至此神座不可輒舉. 衆議移入構別堂宇安之. 至今眞體端然
曾無變壞."

〈원문 5〉

『新修科分六學僧傳』(권28), 「證悟科」, "唐無漏 姓金氏. 新羅國王子也.
幼慕延陵之節. 竟讓儲貳. 而委質釋迦法中. 旣附艦西遊華夏. 尋度流

沙. 陟蔥嶺. 將盡禮天竺勝跡. 會異比丘語之曰. 子於舊記未嘗有名. 而
輒欲往其亡乃不可乎. 因使敎化毒龍. 以進其堅忍. 禱祈觀音. 以篤其智
願. 而漏或爲龍授三歸依戒. 或於像前. 住禪定者四十九日. 然比丘猶以
爲子之緣. 特於唐土尤稔. 乃反結庵於賀蘭山之白茅穀. 安史之亂. 肅宗
治兵靈武. 屢夢金色人前唱寶勝如來名號. 詢之群臣. 擧以漏對. 卽征聘不
爲起. 後命朔方副元帥. 中書令郭子儀. 躬至諭旨. 始奉詔. 逮陛謁. 上瞠視
曰. 此誠夢中所見者. 留之內道場供養. 寇平. 百官扈蹕歸京師. 漏上表乞還
山. 上優答不允. 上元三年. 忽化去. 現雙足形於內道場門之右闑上. 度去地
可數尺許. 吏白狀. 上禦步輦過之. 得遺表其所閱之. 其言指. 槪求歸葬故山
而已. 詔可遣中使監護鹵簿導送. 且置廨宇於懷遠縣. 蓋漏平生所由往來
也. 喪輿至此. 堅不可擧. 於是別構堂以奉安之. 體貌至今無變壞. 其堂內門
闑. 卽內道場之門闑也. 然當時所現雙足之跡猶存雲."

〈원문 6〉

『古今圖書集成』(淸, 陳夢雷,『博物彙編神異典釋敎部彙考』), "肅宗至德元
載. 詔沙門. 諷頌祈福 按唐書肅宗本紀. 不載 按佛祖統紀. 肅宗至德
元載. 帝在靈武. 以軍需不足. 宰相裴冕請鬻僧道度牒. 謂之香水錢. 時
寇難方盛. 或勸帝宣憑佛祐. 詔沙門百人. 入行宮朝夕諷唄. 帝一夕夢沙
門身金色. 誦寶勝如來. 以問左右. 或對曰. 賀蘭白草穀. 有新羅僧無漏.
常誦此名. 召見行在. 旣而不空至. 遂並留之. 托以祈福."

〈원문 7〉

『隆興佛教編年通論』卷第十七, "(전략)秋七月皇太子卽位於靈武. 是爲
肅宗. 旬日諸鎭節度兵至者數十萬. 乃以房管爲相兼元帥討賊. 未幾爲
祿山所敗. 於時寇難方刻. 或言宜憑福佑. 帝納之. 引沙門百餘入行宮結
道場. 朝夕諷唄. 帝一夕夢沙門身金色. 誦寶勝如來名. 以問左右. 或對
曰. 賀闌白草穀有新羅僧名無漏者. 常誦此佛.頗有神異. 帝益訝之. 有
旨追見. 無漏固辭不赴. 尋勅節度郭子儀諭旨. 無漏乃來見於行在. 帝悅
曰. 眞夢中所見僧也. 旣三而藏不空亦見於行宮. 帝並留之托以祈禱.(중
략) 乾元元年. 新羅僧無漏示寂. 於右合門合掌淩空而立. 足去地尺許.
左右以聞. 帝驚異. 降蹕臨視. 得遺表乞歸葬舊穀. 有護送舊居建塔. 至
懷遠縣下院輒擧不動. 遂以香泥塑全身留之下院.

〈원문 8〉

『隆興佛教編年通論』(卷第十七), "⊙(乙未)(○安祿山請以蕃將三十二人代漢
將. 十一月反. 兵十五萬發範陽陷東都) (丙申)肅宗亨改至德元載(玄宗第三子. 祿
山反. 玄宗幸蜀. 權立太子於鳳翔. 因卽位. 李泌相. 郭子儀李光弼爲平安祿山史思明
之亂. 帝年五十二崩葬建陵. 在位七年)
　　⊙五月(중략) 秋七月. 皇太子卽位於靈武. 是爲肅宗. 旬日諸鎭節度
兵至者數十萬. 乃以房琯爲相. 兼元帥討賊. 未幾爲祿山所敗. 於時寇難
方刻. 或言宜憑福祐. 帝納之引沙門百餘人. 行宮結道場. 朝夕諷唄. 帝
一夕夢沙門身金色誦寶勝如來名. 以問左右. 或對曰. 賀蘭白草穀有新

羅僧名無漏者. 常誦此佛頗有神異. 帝益訝之. 有旨追見無漏. 固辭不
赴. 尋敕節度郭子儀諭旨. 無漏乃來見於行在. 帝悅曰. 眞夢中所見僧
也. 旣而三藏不空亦見於行宮. 帝並留之托以祈禳.

　　⊙(丁酉)正月. 安祿山子慶緒使李豬兒. 弑祿山而自立. 九月副元帥郭
子儀破安慶緒複京師. 十月帝至自靈武. 十二月太上皇至自西蜀 ○未幾
於內禁立道場. 講誦贊唄甚嚴. 宰相張鎬曰. 天子之福要在養人. 以一函
宇善風俗. 未聞區區佛事能致太平. 願陛下以無爲爲心. 不以小乘擾聖
慮. 帝不納. 尋敕五嶽各建寺妙. 選高行沙門主之. 聽白衣能誦經五百紙
者度爲僧. 或納錢百緡請牒剃落. 亦賜明經出身及兩京平. 又於關輔諸
州納錢度僧道萬餘人. 進納自此而始. 改乾元複稱年 ○史思明殺安慶緒
複反.

　　⊙(戊戌)是歲新羅僧無漏示寂於右合門. 合掌淩空而. 立足去地尺許左
右以聞. 帝驚異降蹕 臨視. 得遺表乞歸葬舊穀有詔護送舊居建塔. 至懷
遠縣下院. 輒舉不動. 遂以香泥塑全身. 留之下院.”

참고문헌

1. 경전 및 원전류

『大正藏』권51.

『大日本佛教全書』.

『華嚴經』(『大正藏』10).

『大智度論』(『大正藏』25).

『大日經疏』(『大正藏』39).

『歷代三寶紀』(『大正藏』49).

『宋高僧傳』(『大正藏』50).

『開元釋教錄』(『大正藏』55).

曇噩, 『新修科分六學僧傳』(『卍新纂續藏經』77).

「大唐靑龍寺三朝供奉大德行狀」(『大正藏』50).

唐 海雲集, 「金胎兩界師資相承」(1卷, 『卍新纂續藏經』55).

梁 慧皎, 『高僧傳』.

『新唐書』, 「郭子儀傳」.

『寧德縣志』(1522-1566).

『高麗史』.

『東國輿地勝覽』.

『北史』제97, 「西域傳」.

『世宗莊憲大王實錄』.

『東文選』21(속편).

『舊唐書』.

「新羅國武州迦智山寶林寺諡普照禪師靈諡碑銘」, 『朝鮮金石總覽』.

「新羅國武州迦智山寶林寺事蹟記」.

覺訓, 『海東高僧傳』.

一然, 『三國遺事』.

天因, 「天冠山記」, 『東文選』68.

許穆, 「天冠山記」.

성해응, 「天冠山」, 『研經齋全集』51.

陸心源(1814), 『唐文拾遺』 68卷(嘉慶 19年).

장흥문화원(2011), 『冠山邑誌』(광주: 송정문화사).

정구복 외(1997), 『譯註 三國史記』(한국정신문화연구원).

梁克家 著, 陳叔侗 校注(2003), 『淳熙三山志』(北京: 方志出版社).

何喬遠, 『閩書』.

謝肇淛, 『支提寺志』(淸康熙三十三年版).

劉永明, 張智 主編(1996), 『支提寺志』, 『中國佛寺志叢刊』第105冊 (揚州市: 江蘇 廣陵
　　　　　　古籍刻印社).

贊寧(1987), 『宋高僧傳』(北京: 中華書局).

義淨 原著; 王邦維 校注(2004), 『大唐西域求法高僧傳校注』(北京: 中華書局).

義淨, 宮林昭彦·加藤榮司 譯(2004), 『南海寄歸內法傳』(京都: 法藏館).

玄奘, 辯機原著, 季羨林等校注(1985), 『大唐西域記校注』(北京: 中華書局).

東晉沙門釋法顯 撰·章巽 校注(2008), 『法顯傳校注』(北京: 中華書局).

足立喜六 著(1937), 『法顯傳考證』(上海: 商務印書館).

謝弗著, 吳玉貴譯(1995), 『唐代的外來文明』(北京: 中國社會科學出版社).

2. 단행본

한국

겸전무웅, 장휘옥 역(1993), 『화엄경이야기』(서울: 장승).

고경 감수, 김희태·최인선·양기수 역주(2001), 보림사중창기(장흥: 장흥문화원).

고병익(1987), 「慧超의 印度往路에 대한 考察」, 『佛敎와 諸科學』, 동국대학교출판부.

고익진(1984), 韓國古代 佛敎思想史 硏究, 박사학위 논문(동국대학교대학원).

＿＿＿(1987), 『한국의 불교사상』(서울: 東國大學校出判部).

＿＿＿(1986), 『신라밀교의 사상내용과 전개양상』(서울: 동국대학교출판부).

＿＿＿(1997), 『한국고대불교사상사』(서울: 동국대학교출판부).

권상로(1979), 『한국사찰전서』(서울: 동국대학교 출판부).

기무라 기요타카(木村淸孝), 정병삼 외 옮김(2005), 『중국화엄사상사』(서울: 민족사).

김규현(2005), 『혜초따라 5만리』상·하(서울: 여시아문).

김두진(2002), 『신라 화엄사상사연구』(서울: 서울대학교출판부).

金福順(1981), 『新羅下代華嚴宗硏究』, 韓國硏究院.

_____(1990), 『新羅華嚴宗硏究』(서울: 민족사).

_____(2002), 『한국고대불교사연구』(서울: 민족사).

金相鉉(1999), 『신라의 사상과 문화』(서울: 일지사).

_____(1995), 『한국불교사산책』(서울: 우리출판사).

_____(1997), 『한국의 차시』(서울: 民族社).

김석중, 백수인(2004), 『長興의 가사문학』(장흥: 장흥군).

김잉석(1986), 『華嚴學槪論』(서울: 法輪社).

도단양수, 계환 역(2007), 『중국불교사』(서울: 우리출판사).

동북아역사재단 편(2009), 『사기 외국전 역주』(서울: 동북아역사재단).

마르코 폴로·김호동 譯(2002), 『동방견문록』(서울: 사계절).

방학봉 저(2004), 『중국을 뒤흔든 우리선조 이야기』1·2 (서울: 일송북).

변인석(2010), 『정중 무상대사』(파주: 한국학술정보(주)).

불교통신강좌 1, 『往五天竺國傳』, 불교통신대학.

불함문화사 [편](2003), 『韓國佛敎學硏究叢書』新羅佛敎 篇(고양: 불함문화사).

불함문화사 [편](2005), 『韓國思想論文選集』268(고양: 불함문화사).

서윤길(2006), 『한국밀교사상사』(서울: 운주사).

松長有慶·張益 譯(1993), 『밀교경전성립사론』(서울: 불광출판부).

順天大學校博物館(1995), 「迦智山 寶林寺」- 情密地表調査 -.

연민수 [외]엮음(2013), 『(역주)일본서기』(서울: 동북아역사재단).

오다니 나카오 지음(2008), 『대월지』(서울: 아이필드).

李能和(1918), 「彌勒佛光寺事蹟」, 『朝鮮佛敎通史』(서울: 寶蓮閣).

이범교(2008), 『밀교와 한국의 문화유적』(서울: 민족사).

장휘옥(1991), 『海東高僧傳硏究』(서울: 민족사).

장흥문화원(2001), 『역주 보림사중창기』(장흥: 무돌).

정수일 역주(2004), 『혜초의 왕오천축국전』(서울: 학고재).

정수일(2005), 『실크로드학』(서울: 창비).

_____(2006), 『한국속의 세계 상·하』(서울: 창비).

_____(2006), 『실크로드 문명기행』(서울: 한겨레 출판).

_____(2002), 『문명의 루트 실크로드』(서울: 효령 출판).

_____(2006), 『고대 문명교류사』(서울: 사계절).

_____(2001), 『이븐바투타여행기 1·2』(서울: 창비).

지관 스님 역주(1995), 『역대 고승 비문』 고려편 2(서울: 가산불교문화연구원 펴냄).

平川 彰 외 지음, 정순일 옮김(1996), 『화엄사상』(서울: 경서원).

책임편집 이주형(2009), 『동아시아구법승과 인도의 불교 유적』(사회평론).

최인선, 김희태, 양기수 글·사진(2002), 『보림사』(서울: 학연문화사).

최인선(1995), 『迦智山寶林寺: 精密地表調查』(順天大學校博物館).

최종남 외 저(2011), 『역경학 개론』(서울: 운주사).

허흥식(1986), 『高麗佛教史研究』(서울: 일조각).

황수영(1967), 『考古美術』 통권 81호.

중국

戒幢佛學研究所 編著(2004), 『西園寺五百羅漢』(長沙: 岳麓書社).

昆明市園林局 昆明市文化館 編(1979), 『筇竹寺羅漢堂』(北京: 北京市特种工藝工業
          公司畵冊組).

屈直敏(2004), 『敦煌 高僧』(北京: 民族出版社).

羅振玉(1909), 『慧超往五天竺國傳殘卷札記』, 『敦煌石室遺書』第1冊.

羅香林(1960), 『唐代广州光孝寺与中印交通之關係目录』(香港; 中國學社).

雷潤澤 等 編著(1995), 『西夏佛塔』(北京: 文物出版社).

達倉宗巴·班覺桑布, 陳慶英譯本(1986), 『漢藏史集』(拉薩: 西藏人民出版社).

東初(1991), 『中印佛教交通史』(台北: 東初出版社).

蒙曼 著(2008), 『武則天』(桂林: 广西師范大學出版社).

白漁(2004), 『唐蕃古道』(北京: 中國青年出版社).

白化文 等 主編(1996), 『中國佛寺志叢刊』第105冊(揚州: 江蘇广陵古籍刻印社).

史金波(1993), 『西夏佛教史略』(臺北: 臺湾商務印書館).

釋東初(1985), 『中印佛教交通史』(台北: 台北東初出版社).

呂澄(1989), 『中國佛教』(上海: 知識出版社).

黎曉林 等(2007), 『中國新都宝光寺---五百羅漢(全彩版500張)』(四川: 四川美術出版社).

愛宕顯昌(1989), 『韓國佛教史』(臺北: 佛光文化).

烈維(S. Lévi) 等 著·馮承鈞 譯(2003), 『王玄策使印度記』(北京: 中國國際广播出版社).

寧夏文物考古研究所(2005), 『拜寺沟西夏方塔』(北京: 文物出版社).

吳彬(2008), 『五百羅漢圖卷』(天津: 天津楊柳青畵社).

袁冰凌 編著(2013), 『支提山華嚴寺誌』(福建: 福建人民出版社).

尹継佐(2011), 『宝相庄嚴:五百羅漢集釋』(上海: 上海文化出版社).

云一 著(2012), 『五百羅漢之謎(全彩)』(武漢: 武漢出版社).

冉云華(1975), 「慧超『往五天竺國傳』中天竺國新箋考」, 『敦煌學』2.

王建光(2008), 『中國律宗通史』(南京: 鳳凰出版社).

王榮國(1997), 『福建佛教史』(廈門: 廈門大學出版社).

王堯 主編(1997), 『佛教与中國傳統文化』下冊 (北京: 宗教文化出版社).

劉永明, 張智 主編(1996), 『曹溪通志』上·下, 『中國佛寺志叢刊』第111·112冊 (揚州
　　　　市: 江蘇广陵古籍刻印社).

劉永明, 張智 主編(2006), 『支提寺志』, 『中國佛寺志叢刊』第105冊 (揚州市: 广陵書社).

李斌城(2002), 『唐文化史』上(北京: 中國社會科學出版社).

任継愈 主編(1993), 『中國佛教叢書: 禪宗編. 全十二冊』(南京: 江蘇古籍出版社).

任士英(2000), 『唐肅宗評傳』(西安: 叄秦出版社).

張家成(1998), 『虛云: 行脚天涯度蒼生』, 中天出版社.

張曼濤(2005), 『西域佛教研究』, 『現代佛教學術叢刊』권80(北京: 北京圖書館出版社).

張星烺, 朱杰勤(2003), 『中西交通史料匯編』4권 (北京: 中華書局).

張一純 箋注(2000), 『往五天竺國傳箋釋徑行記箋注』(北京: 中華書局).

張家成(1998), 『虛云: 行脚天涯度蒼生』(新北: 中天出版社).

周一良, 錢文忠 譯(1996), 『唐代密宗』(上海: 上海遠東出版社).

智炬, 藍吉富 主編(民國77年), 『宝林傳』, 『禪宗全書』第1冊 (台北: 文殊).

陳景富(1999), 『中韓佛教關系一千年』(北京: 宗教文化出版社).

湯用彤(2008), 『漢魏兩晋南北朝佛教史』(武漢: 武漢大學出版社).

馮承鈞(2011), 『中國南洋交通史』(新北: 台湾商務印書館).

何勁松(1999), 『韓國佛教史』 上・下(北京: 宗教文化出版社).

黃炳章(1987), 『房山云居寺石經』(北京: 中國佛教出版社).

[唐]慧超(著), 張毅(箋釋, 1994), 『往五天竺國傳箋釋』(北京: 中華書局).

Yang, Han-Sung and Yun-Hua, Jan(1984), *The Hye Ch'o Diary, Memoir of the Pilgrimage to the Five Regions of India*, Berkeley / Seoul, Sh. Iida & L. W. Preston.

일본

鎌田茂雄(1988), 『新羅佛教史序說』(東京: 東京大學東洋文化研究所).

高楠順次郎(1915a), 「慧超往五天竺國傳に就て」, 『宗教界』11/7.

高楠順次郎(1915b), 『慧超傳考』, 『大日本佛教全書』(『遊方傳叢書』第1), (東京: 佛書刊行會).

高楠順次郎(1915c), 「往五天竺國傳箋釋」考訂, 『大日本佛教全書』(『遊方傳叢書』第1), (東京: 佛書刊行會).

宮阪宥勝(1978), 『密教の理論と實踐 講座密教第1卷』(東京: 春秋社).

金岡秀友(1980), 『金光明經の研究』(東京: 大東出版).

那波利貞(1954-1956), 「唐代の敦煌地方に於ける朝鮮人の流寓に就いて」, 『文化史學』8.

大穀勝眞(1934), 「慧超往五天竺國傳中の一二に就て」, 『小田先生頌壽記念朝鮮論集』, 京城.

木村清孝 著・李惠英 譯(1996), 『中國華嚴思想史』(東京: 東大圖書公司).

山口瑞鳳(1983), 『吐藩王國成立史研究』(東京: 岩波書店).

桑山正進 編(1992), 『慧超往五天竺國傳研究』(京都: 京都大學人文科學研究所).

石井敎道(1978), 『華嚴敎學成立史』(京都: 平樂寺書店).

蘇田豊八(1931), 『往五天竺國傳箋釋』(北平: 錢稻孫校印).

蘇田豊八(1933), 『東西交涉史の研究 西域篇』, 岡書院.

羽溪了諦(1914), 『西域之佛教』(京都: 法林館).

李道業(2001), 『華嚴經思想研究』(京都: 永田文昌堂).

李惠英(2000), 『慧苑撰『續華嚴略疏刊定記』の基礎的研究』(東京: 同朋舍).

羽田 亨(1941),「慧超往五天竺國傳迻錄」,『京都大學史學科紀元二千六百年記念史學
　　　　論文集』(『羽田博士史學論文集』上卷(歷史篇)).

佐藤 長(1977),『古代チベット史研究』2卷(京都: 東洋史研究會(repr. 同朋舍)).

佐藤 長(1979),『チベット歷史地理研究』(東京: 岩波書店).

平川 彰(1974),『インド佛敎史』下(東京: 春秋社).

3. 논문

桂美香(2011),「원표(元表)의 생애 재고찰」,『문학/사학/철학』27.

_____(2012),「高句麗 元表의『華嚴經』拿來 考察」(동국대학교 불교학과 석사논문).

_____(2015),「天竺求法僧의 行蹟과 思想 硏究 -7-8세기 慧輪·元表·慧超를 중심으
　　　　로-」,『한국불교학』75집, 한국불교학회.

_____(2015),「신라 悟眞의 오백나한 입전 현황 고찰-第479番 羅漢 新羅國 悟眞常尊
　　　　者-」,『한국불교학』제76집.

_____(2015),「無漏와 西夏의 北五臺山 신앙 관련성 고찰」,『한국불교학회 2015 추계
　　　　학술대회자료집』, 2015. 11. 14. 발표.

_____(2016),「無漏와 닝사(寧夏) 지역 불교 관련성 고찰」,『한국불교학』78집.

고영섭(2014),「불광(佛光) 겸익(謙益)과 옹산(翁山) 현광(玄光)」,『문학/사학/철학』제36
　　　　호.

권덕영(2007),「신라 '西化'구법승과 그 사회」,『정신문화연구』30권 2호.

권오민(2014),「부파불교 散考」,『문학/사학/철학』제36호.

권혜영(1999),「삼국시대 신라 구법승의 활동과 역할」,『장보고와 21세기』(서울: 혜안).

김문경(1997),「7~10세기 신라와 강남의 교섭관계」,『중국의 강남사회와 한중교섭』(서
　　　　울: 집문당).

_____(1998),「해상활동/구법승의 순례」,『한국사』9, 국사편찬위원회.

_____(1999),「나당항로와 의상, 의천의 당송길」,『불교춘추』14.

김병곤(2006),「新羅 下代 求法僧들의 行蹟과 實狀」,『佛敎硏究』.

金福順(2012),「『삼국유사』「歸竺諸師」조 연구」, 신라문화제학술발표논문집 33.

_____(1988), 「신라하대 화엄의 일례-오대산 사적을 중심으로」, 『사총』33.

_____(2015), 「의정의 대당서역구법고승전과 신라인」, 『신라문화』45.

_____(2014), 「경주 괘릉의 문헌적 고찰」, 『신라문화』44.

_____(2013), 「신라 지식인들의 서역 인식」, 『경주사학』38.

_____(2007), 「혜초의 천축순례 과정과 목적」, 『한국인물사연구』8.

변인석(1999), 「唐 長安 都城안의 寺刹과 新羅僧侶」, 『정토학연구』 제2호

김리나(1979), 「황룡사의 장육존상과 신라의 아육왕상계 불상」, 『震檀學報』, 震檀學會.

金相鉉(2007), 「新羅와 唐의 佛敎典籍 交流」, 『신라학 국제학술대회 논문집』제1집.

_____(2008), 「『瑜伽師地論』의 전래로 본 7세기 전반의 실크로드」, 『신라학 국제 학술 대회 논문집』 제2집.

_____(2012), 「일본에 전한 신라불교전적의 연구 현황」, 서울대 규장각.

_____(2008), 「『瑜伽師地論』의 전래로 본 7세기 전반의 실크로드」, 『신라학 국제학술 대회 논문집』제2집.

金知見, 「新羅 華嚴學의 系譜와 思想」, 『學術院論文集』(人文・社會科學篇)12.

김호동(1999), 「『續高僧傳』과 『大唐西域求法高僧傳』에 입전된 韓國高僧의 행적」, 『民族文化論叢』20, 嶺南大學校 民族文化研究所.

김희태(2009), 「조선후기 『장흥 보림사 중창기』의 고찰」, 『역사학연구』 36 (호남사학회).

_____(2008), 「탑산사의 문헌적 접근」, 『탑산사 복원을 위한 기본계획』(장흥군・순천대학교박물관).

로버트 버스웰(1997), 「국가시대 이전의 한국불교」, 『21세기 문명과 불교』(서울: 동국대학교).

樓正豪(2010), 「새로 發見된 新羅入唐求法僧 惠覺禪師의 碑銘」(고려대학교 한국사학과 석사논문).

閔泳珪(1965), 「義湘傳」, 『韓國의 人間像』3(서울: 新丘文化社).

박경원(1961), 「靈巖寺의 古蹟」, 『考古美術』15.

박노준(1997), 「당대 오대산 문수신앙과 그 동아시아적 전개에 관한 연구」, 성신여자대학교 박사학위논문.

박대남(2009), 「사찰구조와 출토유물로 본 분황사 성격고찰」(『한국고대사탐구』, 한국고대사 탐구학회).

朴樹珍, 「조선시대 天冠山의 공간 인식 양상」, 『溫知論叢』第20輯.

_____(2010), 『長興地域歌辭文學의 文化地理學的 研究』, 漢陽大學校 博士論文.

소재영(1987), 「法藏이 義湘에게 보낸 편지」, 『한남어문학』.

송위지(1999), 「한반도와 남방문화에 관한 사료모음」1, 2. 「불전 및 기록으로 보는 불교와 해양」, 『불교와 문화』.

신광희(2015), 「오백 폭에 담긴 호국의 염원 고려시대 「오백나한도」」, 『문학/사학/철학』(한국불교사연구소).

심경순(2000), 「6세기전반 謙益의 求法活動과 그 의의」(이화여대 석사학위논문).

安啓賢(1982), 「五臺山信仰과 韓國佛教」, 『韓國佛教史研究』(서울: 同和出版公社).

呂聖九(1993), 「元表의 生涯와 天冠菩薩信仰研究」, 『國史館論叢』48.

_____(1998), 「入唐求法僧 無漏의 生涯와 思想」, 『선사와 고대』10.

윤명철(1997), 「21세기 해양의 시대와 동아시아 불교의 미래」, 『불교와 문화』, 대한불교진흥원.

李丙燾(1976), 「天理大 圖書館所藏의 唐法藏致新羅義湘書(墨簡)에 대하여」, 『韓國古代史研究』(서울: 博英社).

이정수(1994), 「불공삼장의 문수신앙에 관한 연구」(동국대학교 석사논문).

이종수(2008), 「숙종 7년 중국선박의 표착과 백암성총의 불서간행」, 『불교학연구』(불교학연구회).

이주형(2008), 「인도로 간 구법승과 신라불교」, 『신라학 국제학술대회 논문집』제2집.

이지관(1983), 「韓國佛教에 있어 華嚴經의 位置」, 『불교학보』20.

李春姬(修海, 2009), 「慧超『往五天竺國傳』의 求法行路 研究」(동국대학교 석사논문).

정병삼(2010), 「혜초가 본 인도와 중앙아시아」, 『동국사학』49.

_____(2005), 「慧超의 활동과 8세기 신라밀교」, 『韓國古代史研究』37.

_____(2005), 「8세기 신라의 불교사상과 문화」, 『新羅文化』25.

정병조(2004), 「한국구법승들의 중국내 활동에 관한 연구」, 『한중 불교문화 교류사자료집』, 한국불교연구원.

정성본(1993), 「淨衆無相禪師 研究」, 『淨衆無相禪師 研究』, 佛教映像會報社.

정수일(2002), 「혜초의 서역기행과 8세기 서역불교」, 『문명교류사』(서울: 사계절).

_____(2004), 「혜초의 서역기행과 『왕오천축국전』」, 『한국문학연구』20.

조명제(2008), 「栢巖性聰의 佛典 편찬과 사상적 경향」, 『역사와 경계』68.

조범환(2008), 「張保皋의 海上勢力과 華嚴神衆信仰 : 天因의 「天冠山記」분석을 중심으로」, 『신라문화』32.

曺永祿(1998), 「중국 복건지역 한국관련 불적 탐사기」, 『신라문화』15, 동국대학교 신라문화연구소.

_____(2000), 「최근 한중 불교 교류사 연구의 경향과 특징」, 『동국사학』34.

채인환(1991), 「百濟佛教 戒律思想 研究」, 『불교학보』28.

許興植 著(1986), 「영암사 적연국사와 천관사」, 『高麗佛教史研究』(서울: 一潮閣).

王小甫(1998), 「七八世紀之交吐藩入西域之路」(『北京大學百年國學文粹』, 史學卷, 北京大學出版社).

陳景富(2003), 「西安地區幾個佛教園林建設的論證」, 『陝西行政學院學報』(西安: 陝西省行政學院).

_____(2004), 「한국 승려의 長安에서의 활동」, 『佛教研究』23.

邱高興(2001), 「李通玄佛學思想述評」, 『中國佛教學術論典』9(台北:佛光山文教基金會).

賴鵬擧(2006), 「西北印的"龍族"與大乘經典的起源」, 『敦煌研究』, 第五期.

許龍九(1997), 「元表法師 考證 推移」, 『佛教研究』I, 沿邊佛學研究會編.

拜根興(2008), 「入唐求法 : 鑄造新羅僧侶佛教人生的輝煌」, 『陝西師范大學學報』(哲學社會科學版).

高楠順次郎(1915a), 「慧超往五天竺國傳について」, 『宗教界』第11卷 第7號.

羽田亨, ポ-ル=ペリオ編(1926), 「慧超往五天竺國傳殘卷」, 『敦煌遺書』第1集 (上海).

大谷勝眞(1934), 「慧超往五天竺國傳中の 一二について」, 『小田先生頌壽記念 朝鮮論集』.

羽田亨(1941), 「慧超往五天竺國傳移錄」, 『京都大學史學科紀元二千六百年記念史學論文集』, 京都『羽田博士史學論文集』上卷).

定方晟(1971), 「往五天竺國傳」和譯, 『東海大學紀要』文學部, 第16輯.

4. 인터넷 검색

賀璐璐, 「"天宮"中的驚世發現」宏佛塔修繕發掘記, 新消息報, 2011-0 4-21.

繆品枚, 「神僧元表傳經」, 《宁德蕉城在線》.

宁德蕉城在線, 「高麗元表法師"負經"之謎」, 中韓文化交流見証(三都澳僑報 2009, 12
월 24일).

賢志法師, 「閩東茶文化東傳的使者－空海, 元表大師」, 《世界禪茶論壇：賢志
法師觀点2009年11月16日 鳳凰网華人佛教》.

역사추적, 혜초 KBS1, 부처님 오신날 특집. 2010.5.1.

http://baike.baidu.com. 「悟眞常尊者」(검색일자: 2015.6.15.)

www.ttxw.cn, 「天台山是"五百羅漢道場"」, 中國天台新聞網[2008年 8月26日](검색일자:
2015.6.15.)

www.baohuasi.org/e_book2011/xz-42792.pdf.(검색일자: 2015.6.15.)

http://view.QQ.com. 「五百羅漢的來曆」, 騰訊網[2008年7月24日],
(검색일자: 2015.7.10.)

www.jcedu.org/art/lha/10/index24.htm, 「西園寺五百羅漢」, 戒幢佛學教育網
(검색일자: 2015.7.15.)

www.360doc.com/content/13/0722/09/33, 「500羅漢圖釋大全 500羅漢」
(검색일자: 2015.7.15.)

www.500nahan.com, 경북 영주 안양사 홈페이지 참조(검색일자: 2015.6.16.)

賢志, 「閩東茶文化東傳的使者－空海、元表大師」, 《世界禪 茶論壇：賢志法師觀点
2009年11月16日 鳳凰网華人佛教.

《高麗元表法師"負經"之謎》, 中韓文化交流見証, 宁德蕉城在線(三都澳僑報 2009,
12月 24日).

5. 사전류

鄒逸麟(1996~1997), 『中國歷史大辭典-歷史地理』(上海: 上海辭書出版社).

丁福保 編(2011), 『佛學大辭典』(北京: 中國書店出版社).

平川 彰(1997), 『佛教漢梵大辭典』(東京: 靈友會).

諸葛計 / 銀玉珍(1989), 『吳越史事編年』(杭州: 浙江古籍出版社).

崔從 纂編(1988), 『宁德支提寺圖志』(福州市: 福建省地圖出版社).

『佛光電子大辭典』.

정수일(2013), 『실크로드 사전』(파주: 창비).

_____(2014), 『해상실크로드사전』(파주: 창비).

찾아보기

자

차

저자 계미향

연세대학교 사학과 졸업. 동국대학교 일반대학원 불교학과 졸업(철학박사, 한국불교사 전공).
동국대학교 불교학술원, 동국대학교 겸임교수 등 역임. 현 한국불교선리연구원 상임연구원.
주요 논문으로 「고구려 元表의 화엄경 拿來고찰」, 「중국서부의 문수신앙과 西夏 오대산의 개창」,
「신라 悟眞의 오백나한 입전 현황 고찰」, 「고려 의선(義璇)의 삼장법사 법호 고찰」이, 저술로 『고려
충선왕의 생애와 불교』(2021년)가 있다.

문현인문학총서 12
한국 고대의 천축구법승

2022년 12월 15일   초판인쇄
2022년 12월 26일   초판발행

지 은 이 계 미 향
펴 낸 이 한 신 규
본문디자인 김 영 이
표지디자인 이 은 영
펴 낸 곳 **문현**출판

주소 05827 서울특별시 송파구 동남로11길 19(가락동)
전화 02-443-0211 팩스 02-443-0212 **E-mail** mun2009@naver.com
홈페이지 http://www.mun2009.com
출판등록 2009년 2월 24일(제2009-14호)

출력 GS테크   **인쇄 · 후가공** 수이북스   **제본** 보경문화사   **용지** 종이나무

ⓒ 계미향, 2022
ⓒ 문현출판, 2022, printed in Korea

ISBN   979-11-87505-27-3 93220   **정가** 33,000원

* 이 책은 저작권법에 따라 보호를 받는 저작물이므로 전제와 복제를 금지합니다.
* 이 책 내용의 전부 또는 일부를 사용하려면 반드시 저작권자와 문현출판의 서면 동의를 받
  아야 합니다.
* 파손된 책은 구입하신 서점에서 교환해 드립니다.